한국정치학회 2023년 저서 학술상 수상

지구환경정치

형성, 변화, 도전

신상범 지음

명인문화사

지구환경정치: 형성, 변화, 도전

제1쇄 펴낸 날 2022년 2월 28일
제2쇄 펴낸 날 2024년 2월 20일

지은이 신상범
펴낸이 박선영
주 간 김계동
디자인 전수연
교 정 김유원

펴낸곳 명인문화사
등 록 제2005-77호(2005.11.10)
주 소 서울시 송파구 백제고분로 36가길 15 미주빌딩 202호
이메일 myunginbooks@hanmail.net
전 화 02)416-3059
팩 스 02)417-3095

I S B N 979-11-6193-051-0
가 격 27,000원

ⓒ 명인문화사

간략
목차

세부
목차

도해
목차

서문

이 책은 지구환경정치학의 역사와 이론 그리고 각국의 환경정치와 최신 쟁점을 소개하는 것을 목적으로 한다. 지구환경정치는 1960년대 말 혹은 1970년대 초반에 국제환경정치로 시작하여 주권국가뿐 아니라 다양한 행위자들이 참여하여 역동적인 과정을 보여주며 먼 길을 달려왔다. 이 책은 독자들이 이러한 변화의 흐름과 과정을 파악하는 데 도움이 되도록 기획되었다. 이 책을 집필할 때 필자는 학부 수업을 염두에 두고 수업에서 사용될 교재로서 목차와 내용을 설정해 보았다. 이미 국내에 몇몇 지구환경정치 교과서가 있지만, 이 책은 가장 최근의 쟁점들을 포함한다는 점에서 약간의 차별성을 가진다고 할 수 있다. 무엇보다도 필자는 이 책을 통해 환경문제를 왜 정치학 혹은 국제정치학에서 접근해야 하는지, 그 경우 어떤 장점이 있는지를 각 장에서 일관되게 설명하고자 하였다.

이 책이 처음 기획된 것이 2011년이니 필자의 나태함이 적나라하게 드러난다. 이 책은 2013년에 처음 서술이 시작되어 중간의 긴 공백 이후 2020년부터 다시 작업하여 이제야 완성되었다.

이 책은 한때 중요했지만 지금은 덜 중요해진 주제들, 예전이나 지금이나 중요한 주제들, 그리고 새롭게 중요하게 부상하는 주제들로 구성되어 있다. 특히 한때 중요했지만 지금은 덜 중요해진 주제들이 포함되어야 하는 이유는 지구환경정치의 진화 과정을 이해하고 앞으로를 예측하는 데 도움이 되기 때문이다. 이 그룹에 속하는 주제들 중 대표적으로는 청정개발체제(Clean Development Mechanism)가 있다. 이 외에도 많았지만 일일이 다 포함할 수는 없었다. 반면 새롭게 부상하는 주제 중에서도 포함되지 못한 것이 있는데 대표적으로 탄소중립과 그린뉴딜의 정치이다. 이 주제는 이 책의 한 장으로 설명하기보다는 별도의 체계적인 연구 성과로 기획되어야 한다고 생각했다.

이 책은 필자 개인의 작업에 의해 만들어졌지만, 이 과정에서 결정적인 역할을 한 사람들이 있다. 첫 번째는 학생들이다. 필자는 2006년 9월 연세대학교 국제관계학과에 처음 부임한 이래 줄곧 자원환경과 국제관계라는 학부 과목과 Global Environmental Politics라는 대학원 과목을 가르쳤다. 이 책은 이 수업에서 매주 정성스럽고 탁월하며 재치 넘치는 메모를 써 주고 열정적으로 수업에 임해준 국제관계학과 학생들의 헌신으로 만들어졌다고 해도 과언이 아니다. 두 번째는 필자가 속해 있는 환경정치연구회의 회원들이다. 이 연구회는 2013년 초대 회장이신 전남대학교 정치외교학과 오경택 교수님의 주도하에 약 10여 명의 정치학자로 시작되었으며, 현재는 약 40여 명의 회원이 활발한 연구 활동과 학문적 연대를 실천하고 있다. 이 책이 만들어지는 과정에서 환경정치연구회 회원들의 직간접적인 도움과 격려가 큰 힘이 되었다.

마지막으로 이미 수많은 명저를 출판한 경험으로 나에게 큰 조언을 해 주고 여기까지 이끌어 온 아내 박선미 교수와 정치외교학 전공자로서 풍부한 지식과 분석 능력으로 많은 도움을 준 아들 신동현에게 진심으로 감사의 마음을 전한다. 그리고 누구보다도 제때 출판하지 못한 필자의 원고를 흔쾌히 받아 주신 박선영 대표님께 감사의 마음을 전한다.

2022년 2월

신상범

1부

지구환경정치의
기원과 전개

서론

생태학적 환경이라는 주제는 인문학(철학, 역사학 등), 사회과학(사회학, 정치학, 경제학, 지리학 등), 자연과학(물리학, 화학, 지구과학 등), 공학(환경공학) 등 다양한 학문에서 접근할 수 있다. 이 책은 (국제)정치학적 관점에서 환경문제에 접근하여 다양한 이론적, 경험적 쟁점들을 소개하고 문제를 진단하며 그 해결책들이 어떻게 모색되어 왔는지를 분석한다. 정치학 특히 국제정치학에서는 환경문제에 대한 연구 성과가 상당히 축적되어 있으며 이 주제가 국제정치학의 중요한 하위 분야 중 하나로서 정착되었다. 따라서 이 주제에 대한 다양한 세부 주제들을 공부할 수 있는 이론, 개념, 그리고 용어들이 이미 상당한 정도로 발전되었다. 이 책에서는 이러한 이론적 토대와 경험적 사례들을 체계적으로 소개한다. 이 장에서는 먼저 지구환경정치란 무엇이며 그것은 어느 수준에서 어떻게 접근할 수 있는지를 설명한다. 또한, 이 분야 전체를 공부하는 데 있어서 필요한 기본적인 용어들을 소개한다.

1. 지구환경정치란?

정치란 크게 보아서 권력이나 물질적 이익 혹은 이념 등 무언가 가치 있는 것을 둘러싸고 그와 관련된 행위자들이 전개하는 다양한 상호작용의 모습이라고 할 수 있다. 이 상호작용은 어떤 경우 힘의 우열관계를 바탕으로 하여 거칠고 적나라한 방식으로 전개되기도 하지만 또 어떤 경우에는 행위자들이 스스로 만들어 운영하는 제도에 의해 예측 가능한 모습으로 전개되기도 한다. 행위자들은 다양한 규모의 공동체를 만들고 스스로 그 구성원이 되어 상호작용의 범위를 정한다. 상호작용을 하는 과정에서 구성원들은 때로는 경쟁과 갈등관계에 놓이기도 하고 때로는 협력하기도 한다. 갈등은 단순한 힘겨루기가 되기도 하고 마치 축구 경기처럼 일정한 규칙을 정해 놓고 진행되기도 한다. 마찬가지로 협력도 더욱 힘 있는 구성원의 양보와 결단으로 전격적으로 이루어지기도 하지만 보다 제도화된 형태로 전개되기도 한다. 구성원들이 공동체를 이루어 무언가를 공유하는 한 상호작용은 지속될 것이고 정치는 항상 필요하게 될 것이다. 마찬가지로 구성원들이 같은 이해관계와 같은 생각을 하고 있지 않은 한 영원히 갈등이 종식되는 것이란 기대할 수 없다. 결국, 좋은 정치란 이러한 상호작용을 얼마나 안정적이고 제도화된 형태로 유지·관리하고 그럼으로써 궁극적으로 공동체의 규범적인 성숙을 추구하는 것이라고 할 수 있다.

환경정치(Environmental Politics)란 생태학적 환경문제를 둘러싸고 구성원들이 전개하는 상호작용의 모습이라고 할 수 있다. 여기서 구성원들이 누구이냐의 문제는 공동체의 범위를 어떻게 정하느냐에 따라 달라질 수 있다. 이 책의 주제이기도 하고 제목이기도 한 지구환경정치(Global Environmental Politics)란 전 지구, 즉 글로벌 수준에서 전개되는 환경정치를 의미하며, 따라서 그 구성원은 지구 전체에 속해 있으면서 환경문제에 이해관계나 관심을 가진 모든 행위자를 말한다. 가장 대표적인 행위자는 물론 주권국가이지만 이들 이외에 국제기구, 환경운동단체, 기업, 지방정부, 개인, 그리고 이 각각의 행위자들이 만들어 내는 네트워크 등 비국가행위자 역시 주권국가 못지않게 중요한 역할을 하고 있다. 따라서 요약하여 다시 말하자면 지구환경정치란 전 지구, 즉 글로벌 수준에서 생태학적 환경문제를 둘러싸고 주권국가 및 비국가행위자가 전개하는 다양한 상호작용의 모습이다.

여기서 글로벌이라는 표현은 환경정치가 전개되는 수준이나 영역을 의미하기도 하지만 보다 다양한 행위자들을 포함하는 의미를 가지고 있기도 하다. 사실 주권국가가 환경정치에서 주요 행위자 역할을 했던 1970년대와 1980년대에는 지구환경정치라는 말보다 국제환경정치(International Environmental Politics)라는 말을 더 많이 사용했다. 국제란 말 그대로 '국가 간'이라는 뜻인데, 1990년 이후 비국가행위자들의 역할이 점차 중요해지면서 국제정치학 연구자들은 국제라는 말 대신에 지구 혹은 글로벌이라는 표현을 더 많이 사용하게 되었다.

다른 모든 정치와 마찬가지로 환경정치 역시 매우 복잡하고 다차원적인 현상이다. 다차원적이라는 것은 정치가 일어나는 차원, 즉 층위가 다양하다는 것이다. 예를 들어, 마을에서 주민들이 공동으로 사용하는 저수지를 보다 지속가능한 방식으로 관리하는 문제를 둘러싸고 마을 주민들이 서로 갈등하기도 하고 협력하기도 할 것이다. 이때 환경정치는 마을이라는 수준에서 발생한다. 반면 멸종위기에 처한 야생동·식물종의 국제거래에 관한 협약인 CITES에서는 약 180여 개의 회원국이 모여서 멸종위기에 놓인 동식물들의 국제 거래를 제한하거나 관리하는 문제를 협의하는데 이 경우 환경정치는 국제 수준에서 발생한다. 복잡하다는 것은 이 층위들이 서로 연결되어 있다는 것이다. 예를 들어, 지구기후변화정치의 경우 한 마을의 주민부터 시작해서 국제기후변화협약의 협약당사국, 기후변화와 관련된 수많은 국제기구와 단체, 기업, 개인들이 모두 이해당사자로서 연결되어 있으며, 이들이 함께 기후변화라는 하나의 문제를 둘러싸고 직간접적으로 정치에 참여하고 있다.

이렇게 복잡하고 다층적인 지구환경정치를 어떻게 하면 보다 체계적이고 쉽게 이해하고 관찰할 수 있을까? 국제정치학이 발전시켜온 패러다임들(접근법들)과 핵심 개념들 그리고 이론들은 이에 도움을 줄 수 있다. 이 책에서는 현실주의와 자유주의, 관념적 접근, 그리고 급진적 접근 등 네 가지의 국제정치 접근법과 각 접근법이 발전시켜 온 주요 개념과 이론들을 소개한다. 이 네 접근법은 각각 힘(Power), 제도(Institutions), 관념(Idea), 그리고 구조(Structure)라는 키워드로 대표되는데 이들은 지구환경정치의 여러 현상을 설명하고 분석하는 데에도 유용한 도구가 된다. 지구환경정치에서 힘, 패권 또는 영향력은 환경협력을 촉진하기도 하고 방해하기도 한다. 예를 들어, 국제포경위원회(IWC: International Whaling Commission)에서 1986년에 결정한 상업적 포경 전면 금지(Moratorium)는 당사국들의 자발적인 합의라기보다는 미국의 강요, 즉 힘으로 만들어진 결과였다. 반대로 기후변화협약과 교토의정서는 미국이나 중국 등과 같은 영향력 있는 국가들이 온실가스 감축에 참여하지 않음으로써 협약의 효과성이 크게 제약되었다. 마찬가지로 국제환경조약 등 다양한 형태의 제도들 그리고 과학적 신념이나 의식 등 관념적인 요인들이 지구환경협력을 촉진하거나 제약하는 사례도 매우 많이 발견된다.

이들 주요 키워드 및 접근법들은 각각 다른 관점에서 다른 개념이나 이론을 사용하여 지구환경문제를 진단하고 그 처방을 제시한다. 그러나 이들은 공통으로 다음의 세 가지 문제를 제기하는데 이들은 이 책에서 핵심적으로 탐구하고자 하는 주제이기도 하다. 첫 번째 문제는 지난 약 반세기 동안의 지구환경정치의 역사에 관한 것이다. 서구 선진국들이 산업화와 근대화의 부작용으로 환경문제에 직면하고 그것을 자각하기 시작한 1960년대 이후 지금까지 지구환경을 보호하고자 하는 수많은 노력이 지구 곳곳에서 실행되었다. 이러한 노력은 과연 어떤 성과를 남겼는가? 혹은 수많은 노력에도 불구하고 어떤 한계를 가지는가? 만약 성과가 있었다면 그것을 가능하게 했던 요인은 무엇인가? 두 번째 문제는 협력에 관한 것이다. 지구환경정치에서 행위자들은 언제 어떠한 조건에서 협력하는가? 다시 말해서 국가 및 비국가행위자 간의 환경협력을 촉진하거나 지연시키는 요인들은 무엇인가? 세 번째 문제는 거버넌스에 관한 것이다. 지금까지 전개되어 온 지구환경정치는 과연 일정한 형태의 질서를 만들어 내었는가? 만들어 내었다면 그 질서는 누가 주도하며 어떤 모습을 띠고 있는가? 질서가 거의 존재하지 않거나 존재하더라도 그것이 불평등한 것이라면 이 문제는 누가 어떻게 해결할 수 있는가? 정치가 질서를 만들어 내지 못한다면 시장은 그럴 수 있는가?

 이 책의 목적은 이러한 문제들에 대한 직접적인 해답을 제공하는 것이 아니라 독자들이 스스로 이 문제들에 대한 각자의 견해와 해법을 도출해 낼 수 있도록 안내하는 것이다. 이 책에서 소개하는 세부 주제들과 쟁점들은 모두 위의 세 핵심 문제들과 직접 연관된 것이며 독자들이 그 문제들을 다양한 각도에서 바라볼 수 있게 한다. 따라서 세 문제에 대한 잠정적이고 절충적인 대답과 미래에 대한 전망이 결론에서 간략히 제시되지만 궁극적으로 이는 독자들 스스로가 판단해야 하는 문제이다. 다만 과학적 탐구의 기본 조건 중 하나가 반증 가능한(falsifiable) 진술들을 제시하는 것이라고 할 때, 우리는 이 문제들에 대한 정답도 없으며 해답을 찾는 데 도움을 주는 어떠한 종류의 절대적 진리도 전제하지 않아야 한다는 점을 고려해야 할 것이다.

2. 몇 가지 개념들 및 분석 수준

지구환경정치를 공부하는 데 있어서 가장 먼저 해야 할 일 중 하나는 몇 가지 용어를 정의하는 것이다. 그중에서도 먼저 정치, 정책, 제도, 레짐(Regime), 법 등 비슷하지만 약간씩 다른 용어들을 정의하고 구분하는 것이 중요하다. 정책이나 법은 모두 크게 보아서 제도에 해당하는 것이다. 제도란 어떤 공동체에서 구성원들의 행위에 제약을 가하는 일정한 사회적 질서의 메커니즘이라고 광범위하게 정의할 수 있다. 이 메커니즘에는 법, 정부의 정책, 규정, 공식적이거나 비공식적인 규칙, 관습 등이 모두 포함될 수 있다. 이 메커니즘은 국가가 일방적으로 만들 수도 있지만, 구성원들의 자발적 합의에 따라 만들어질 수도 있다. 따라서 환경법이나 환경정책은 모두 환경제도에 속하는 것이고 이 책에서는 환경제도를 환경법, 환경정책, 환경 관련 규칙이나 규범 등을 모두 포함하는 포괄적인 개념으로 사용할 것이다. 또한, 위에서 설명했듯이 제도는 환경정치가 발생하고 전개되는 여러 양상 중 하나이고 그와 동시에 그것을 분석하는 개념 중 하나이기 때문에 정치라는 개념과 구분된다. 사실 정치는 제도화되거나 제도화되지 않은 구성원들 간의 상호작용을 모두 포함하기 때문에 가장 포괄적이고 기본적인 개념이라고 할 수 있다.

국제관계학에서 제도와 관련 있는 용어로서 국제레짐(International Regime)이 있는데 이 또한 '구성원들의 기대를 수렴하게 하는 일련의 원칙, 규범, 규칙, 그리고 그 밖의 모든 결정 절차들'이라는 크레즈너(Stephen Krasner)의 정의에서 볼 수 있듯이 매우 광범위한 개념이다.[1] 국제레짐은 지구환경정치학에서는 주로 주권국가가 만들어 내는 국제환경조약을 분석하는 개념으로 사용됐는데, 1990년대 이후 국제환경조약의 효율성과 효과성이 다소 감소하고 그 대신 다양한 비국가행위자가 만들어 내는 다양한 형태의 네트워크나 이니셔티브들이 중요한 역할을 하게 되면서 '국제'라는 단어와 '레짐'이라는 단어 둘 다 지구환경정치학에서 점차로 그 비중이 감소하게 되었다. 또한, 정의에서도 알 수 있듯이 이 개념은 제도라는 개념으로 대체되거나 그 개념 내에 포함될 수 있다. 따라서 이 책에서는 국제레짐이라는 개념의 사용을 최소화할 것이며 그 대신 보다 구체적으로 조약이나 회의 등의 용어를 더 많이 사용할 것이다.

사실 제도는 지구환경정치에서 다른 두 키워드인 힘과 관념보다 훨씬 더 중요한 개념이라고 할 수도 있다. 지금까지 지구환경보호를 위한 국가들의 협력은 주로 국제회의를 개최하여 문제를 확인하고 협력의 조건들을 논의하며 이를 바탕으로 조약을 맺고 그것을 실행하는 방식으로 이루어졌다. 회의에서 합의되어 선언된 원칙들은 국제환경법의 기본 골격이 되었고 각각의 조약에서 만들어진 조약문들은 분야별 세부 법 조항이 되었다. 조약의 성패에서 때때로 힘이나 관념이 중요한 역할을 하지만 결국 핵심은 국가들이 자신들의 주권을 조금씩 양보하면서 어떻게 조약을 만드는 데 합의하는지 그리고 만든 조약을 얼마나 잘 준수(Compliance)하는지이다. 이러한 과정은 한마디로 제도화(Institutionalization)라고 할 수 있으며 지구환경정치 연구도 한때 국제환경레짐에 집중되기도 하였다.

그러나 국제환경조약의 황금기라고 할 수 있는 1970년대와 1980년대를 지나서 1990년대 그리고 2000년대로 이르게 되자 사람들은 조약들이 기대했던 것보다 효과적으로 작동하지 않는다는 것을 알게 되었다. 수많은 환경조약 중 어느 정도 성공을 거두었다고 평가할 수 있는 것은 성공적이라는 것에 대한 정의를 어떻게 내리든 간에 아마 10여 개 미만일 것이다. 지구환경정치를 공부하는 학자들이 공통으로 가장 성공적인 조약이라고 평가하는 것은 오존층 보호를 위한 비엔나협약(Vienna Convention on the Protection of Ozone Layer)이다. 이 밖에 남극조약(Antarctica Treaty)도 성공적이긴 했지만, 이 조약의 경우 사실 조약 당사국들의 행동을 규제하는 의무 이행 사항이 거의 없다. 이 밖에 선박에 의한 오염방지 국제협약(International Convention for the Prevention of Pollution from Ships)이나 멸종위기에 처한 야생동·식물종의 국제거래에 관한 협약(CITES: Convention on International Trade in Endangered Species of Wild Fauna and Flora), 그리고 월경성 장거리 대기오염에 관한 협약(CLRTAP: Convention on Long-range Transboundary Air Pollution)들도 부분적으로 성공적이었다고 평가한다.

또한, 결정적으로 우리가 당대에 직면한 가장 큰 환경문제인 기후변화 및 지구온난화를 다루는 레짐들이 지지부진하면서 주권에 기반을 둔 협약에 대한 기대는 급격히 감소하였다. 조약이 성공적이지 못했다는 것은 조약의 실행이 해당 환경문제의 개선을 가져오지 못했거나 해당 당사국들이 어떤 이유에서든 조약 준수를 잘 하지 않았다는 것을 말한다. 잘 만들어진 제도는 거래비용을 낮추고 집합행동의 딜레마를 해결하는 데 도움을 주는 등 지구환경협력에서 많은 긍정적인 역할을 할 수 있다. 그러나 제도는 주어진 것이 아니라 구성원들이 어떻게든 만들어야 하는 것이며,[2] 일단 한 번 만들어진 제도는 자체적인 관성에 의해 잘 작동되고 유지될 것이라는 보장도 없다. 따라서 좋은 제도를 만들고 유지하는 것은 사실 무척이나 어렵고 정교한 과제이며, 이 과제를 수행하는 과정에서 힘이나 영향력, 과학적 합의나 도덕적 신념 등 관련된 많은 요인이 중요한 역할을 하기도 한다. 결국, 지구환경정치에서 제도는 중요한 요인이지만 제도만으로 지구환경정치의 모든 것을 다 설명할 수는 없다.

레짐이나 제도와 더불어 중요하게 소개되어야 할 개념은 거버넌스이다. 지구환경정치학에서 거버넌스의 문제를 오랫동안 연구해 온 영(Oran R. Young)에 의하면 거버넌스란 '어떤 사회나 인간 집단이 집합적으로 바람직하지 못한 결과를 지양하고 사회적으로 바람직한 결과를 지향하게 하는 노력에 해당하는 사회적 기능'이라고 정의된다.[3] 다시 말해서 거버넌스란 일정한 공동체의 구성원들이 집합적으로 바람직한 결과를 만들어 낼 수 있는 하나의 시스템이자 최소한의 질서를 의미하거나 혹은 그러한 질서가 만들어지는 과정을 의미한다. 이 시스템의 핵심적인 특징은 다음과 같은 두 가지이다. 첫째, 이 시스템 내에서 정부의 기능은 일부분만을 차지하고 정부 이외에 기업이나 무역 네트워크와 같은 사적 행위자들 그리고 환경단체나 전문가 집단과 같은 시민사회의 행위자들이 큰 역할을 한다는 것이다. 그리고 더욱 나아가서 '정부 없는 거버넌스(governance without government)'도 가능할 수도 있다. 둘째, 이 시스템에서 나타나는 주요 의사결정 방식은 하향식이라기보다는 상향식이다.

지구환경정치학에서 거버넌스 개념이 중요하게 두드러지게 된 것은 그만큼 우리가 만들어 낸 지구환경정치의 질서가 복잡해졌다는 것을 뜻한다. 보다 구체적으로는 누가, 무엇을, 어떻게 만드느냐의 세 측면에서 모두 복잡해졌다고 할 수 있다. 한편에서는 위에서 언급한 대로 주권국가가 주로 하향식으로 만든 레짐이 약화되어왔던 반면 이와 동시에 다른 한편에서는 다양한 새로운 행위자들이 다양한 형태의 조직과 네트워크들을 자발적으로 만들어 왔고 그 결과로서 현재 우리가 목격하는 복잡하고 다소 무질서해 보이는 지구환경 거버넌스가 형성된 것이다. 이 안에는 개별 국가, 지방정부, 기업, 단체뿐 아니라 네트워크나 이니셔티브 형태의 행위자들도 다양하게 존재하며, 특히 기후변화가 점차 지구환경정치에서 가장 중요한 의제로 주목받으면서 이제는 기후변화가 독자적으로 지구환경 거버넌스 내에 일종의 하부 거버넌스(sub-governance)를 형성하고 전체 지구환경 거버넌스 내에서 큰 영역을 차지하고 있다.[4]

'누가, 무엇을, 어떻게'와 함께 덧붙여야 할 것은 '어디서'이다. 그리고 이것은 사실 분석 수준 또는 범위의 문제이기도 하다. 지구환경 거버넌스는 다층적 성격을 가지고 있는데 그 이유는 위에서도 언급한 바와 같이 환경정치가 발생하는 층위가 다양하기 때문이다. 국제관계학에서는 보통 개인, 국가, 그리고 국제 등 간단하게는 세 차원, 좀 더 세부적으로는 그 이상의 분석 수준을 제시한다.[5] 이 책에서는 지구환경정치의 분석에 가장 알맞은 방식으로 세 수준을 설정하는데 그것은 글로벌 수준(global level), 지역 수준(regional level), 그리고 국가 및 그 이하 수준(national and sub-national level)이다. 글로벌 수준이란 전 지구 차원을 말하는데 여기서 환경정치는 어떻게 전개되는지, 즉 행위자는 누구이며 어떤 방식으로 어떤 형태의 조직이나 네트워크들이 만들어지고 있으며 행위자들 간에 어떻게 갈등하거나

협력하는지를 관찰하는 것이다. 이 수준에서는 국제환경조약, ISO 14001
과 같은 환경인증의 국제표준 그리고 그린피스(Greenpeace)와 같이 전 지
구적 차원에서 활동하는 환경단체나 그들의 캠페인 등을 잘 관찰할 수 있을
것이다.

　지역 수준은 동북아시아, 북아메리카, 서유럽 등 지역을 단위로 환경정
치를 관찰하는 것이다. 예를 들어, 동북아시아의 경우 한국, 중국, 일본의
환경장관회의나 지방정부 간 환경협력 네트워크 그리고 상대적으로 미약
하긴 하지만 시민사회의 환경단체 지역 네트워크 등 다양한 행위자들에 의
한 다양한 조직 형태들을 관찰할 수 있다. 마지막으로는 국가 및 그 이하 단
위로서 한 국가 내에서 혹은 그 이하 수준, 즉 지방정부나 마을공동체 수준
에서 환경정치가 전개되는 것을 관찰하는 것이다. 지방정부 중에서 특히 글
로벌 환경정치에서 핵심적인 역할을 하는 것이 도시이다. 도시는 전 세계
인구의 약 70%가 거주하는 지역이고 따라서 전 세계 이산화탄소 배출량의
70% 정도가 도시에서 발생하며 폐기물 역시 약 70%가 도시에서 발생한다.
따라서 글로벌 차원에서 지속가능한 환경을 만들고 기후위기에 효과적으로
대응하는 데 있어서 도시의 역할이 점차 부각되고 있다.

　중요한 것은 각 수준이 분석적 편리함을 위해 분리되었지만, 사실은 서
로 연결되어 있다는 것이다. 예를 들어, 국가 수준에서 볼 때 그린피스 서울
사무소가 한국의 환경정치에서 어떤 역할을 하는지를 분석할 수 있는데, 만
약 우리가 같은 연구를 동북아 역내의 다른 여러 나라를 대상으로 진행하여
그 결과를 비교·분석하고 또 글로벌 수준에서 그린피스가 지구환경정치에
서 어떤 역할을 하는지와도 비교·분석한다면 결국 그린피스라는 조직을 통
해 세 분석 수준을 넘나드는 방대한 관찰을 하게 되는 것이다.

3. 이 책의 구성

이 책은 크게 3부로 구성되어 있다. 제1부는 지구환경정치의 기원과 전개로서 지구환경정치의 출발점이자 문제의 근원인 공유의 비극 및 그 대안 그리고 이 개념에 대한 비판적 관점 등을 소개한다. 또한, 1972년 스톡홀름에서 개최되었던 유엔 인간환경회의(UNCHE: United Nations Conference on Human Environment)에서부터 지금까지 지구환경정치가 어떻게 전개됐는지를 역사적으로 개관하고 이 과정을 국제관계학의 세 이론적 패러다임을 통해 분석한다. 제2부는 레짐의 형성과 다양한 행위자들의 등장으로서 기존의 국제환경조약과 국제환경법이 어떻게 형성되고 기능하였는지를 설명하고 이들과 더불어 점차로 중심적인 행위자로 부상하는 국제기구, 단체, 기업, 지방정부, 전문가 집단, 각종 이니셔티브와 네트워크 등 새로운 행위자들과 그들의 활동을 소개한다. 또한, 주요국의 환경정치 형성과정과 특징을 소개하고 기후변화의 정치를 개관한다. 제3부는 새로운 도전과 각국의 대응으로서 미국의 국내정치와 기후변화정치와의 관계, 미국의 탄소중립과 그린뉴딜 계획, 한국의 민주주의와 핵발전정책, 공론화위원회의 실험들, 중국의 중앙-지방관계와 환경정치의 특징, 중앙정부의 감찰과 미세먼지 저감, 유럽 도시들의 순환경제체제 구축과 리빙랩의 역할 등을 소개한다. 마지막으로 결론에서는 이 책의 핵심 내용을 요약하고 잠정적인 결론을 제시하며 앞으로 지구환경정치가 어떻게 전개되어야 하는지에 대한 방향을 제시한다.

어떤 학자들은 국제정치가 일종의 "쌍둥이 적자(twin deficit)"에 직면해 왔다고 설명한다. 즉 글로벌 문제들의 효과적인 거버넌스를 위한 제도도 잘 작동되지 않고 있을 뿐 아니라 이를 보완할 수 있는 강대국들의 리더십도 매우 약한 상태라는 것이다.[6] 조금 비판적인 관점에서 본다면 현재의 지구환경정치도 이와 같다고 볼 수도 있을 것이다. 특히 현재 지구환경정치의 대부분을 차지한다고 해도 과언이 아닌 기후변화의 거버넌스를 본다면 많은 사람이 이러한 비관적 평가에 동의하지 않을 수 없을 것이다. 온실가스 감축에 관한 구속력 있는 의무 이행조항을 담은 교토의정서는 사실상 실패했으며 이를 대체하는 2015년의 파리협정의 경우도 회원국들의 자발성에 기초한 초보적인 협력만이 진행되고 있을 뿐이다. 또한, 미국이나 중국과 같은 기후강대국들은 여전히 감축 의지를 보이지 않고 자신의 특수성을 주장하거나 상대방 탓을 하고 있다. 즉 제도는 거의 실패했고 모범을 보여야 할 국가들의 리더십은 부재한 상태가 바로 현재 기후변화의 거버넌스라고 할 수 있다. 물론 최근 유럽연합과 미국 등 여러 나라가 탄소중립과 그린뉴딜 계획을 선언하고 각자 노력하고 있지만, 아직까지 그 어느 국가도 글로벌 리더로서 책임 있는 모습을 보이거나 변화를 선도하고 협력을 유도하는 데 있어서 적극적이지는 않다. 오히려 탄소국경조정 논의에서 보듯이 일부 국가들의 선도적 노력은 다른 국가들에게는 협력의 손길을 내미는 것이 아니라 강제로 자신의 기준에 편입하라는 일방적 통보에 더 가깝다.

이 책은 이러한 현재 상태에 대한 각성을 촉구하거나 이에 대한 대안을 마련하는 것을 목적으로 하지 않는다. 이 책은 독자들이 지구환경정치의 복잡하고 다층적인 성격을 이해하고 다양한 수준에서 다양한 행위자들에 의해 다양한 종류의 환경 갈등과 협력이 진행되고 있음을 정확히 인식할 수 있도록 하는 안내서의 역할을 할 수 있도록 기획되었다. 위에서 예를 든 기후변화의 거버넌스 역시 국제기후변화협약 수준만 볼 때는 위와 같이 부정적인 평가를 내릴 수 있을지 모르지만, 기후변화정치의 전체 모습을 보면 보다 새로운 행위자들이 국제체제 이외의 층위에서 다양한 시도를 통해 일정 정도 긍정적인 변화를 끌어내고 있다는 것 또한 확인할 수 있을 것이다. 이와 더불어 이 책의 각 장은 독자들로 하여금 지구환경정치의 전체 모습뿐 아니라 각각의 세밀한 부분들 역시 이해할 수 있도록 서술되었다. 따라서 궁극적으로 이 책의 목적은 지구환경정치의 전체와 세부 모습을 보여줌으로써 독자들이 스스로 지구환경정치 내에서 긍정적인 측면과 부정적인 측면을 찾아내고 각각의 원인을 밝히며 이를 통해 미래를 전망하고 예측할 수 있도록 효과적으로 돕는 것이다.

문제의 진단: 공유의 비극

툰베리(Greta Thunberg)는 스웨덴의 유명한 환경운동가로서 기후변화의 위험성을 알리고 정치인들에게 시급한 대응을 촉구하는 연설과 캠페인 활동을 펼치고 있다. 그는 2018년부터 본격적으로 이 활동을 시작했다. 기후변화에 적극적으로 대응하지 않는 어른들과 정치인들에 항의하여 등교를 거부하였고 유엔 기후변화협약 당사국총회에 참석하여 소극적인 각국 대표들을 강력히 비난하는 연설을 하기도 했다. 또한, 유엔 기후변화정상회의에서도 연설했고 트위터 활동을 통해 전 세계 청소년층의 연대를 모색하기도 했다. 이러한 활동을 통해 툰베리는 전 세계적으로 유명해졌고 파급력 있는 인물이 되었다. 2019년에는 포브스가 선정한 올해의 여성 100위에 올랐고 세계적 권위의 네이처에서도 올해의 인물 10인에 선정되었다.

툰베리는 성인은 아니지만, 평범한 시민의 입장에서 기후 위기의 심각성에 비해 지도자들의 대응이 너무 안이하고 이는 결과적으로 부도덕한 태도임을 강조했다는 점에서 큰 반향을 불러일으켰다. 그러나 그는 전 세계적으로 지지도 많이 받았지만 동시에 비난도 많이 받았다. 툰베리에 대한 비난은 주로 "어린 학생으로서 세상 현실을 모른다", "선진국 중심 시각으로서 개도국에 이런 급진적 대안을 강요할 수 없다", "본인의 삶과 행동이 주장과 맞지 않는다" 등의 논리로 전개되었다. 이러한 비난에 대응하면서 그의 주장도 좀 더 구체적으로 변했다. 예를 들어, 그는 개도국이 기본적인 삶의 질을 영위하기 위한 인프라를 갖추는 과정에서 탄소를 배출하는 것은 어쩔 수 없지만, 그것을 만회하기 위해 선진국에서는 최대한 빨리 탄소배출을 전면 중단해야 한다고 주장하기도 했다.

그런데 정작 중요한 것은 툰베리가 강조하는 '어른'들 중에는 기후 위기에 적극적으로 대응하고 싶어 하지만, 막상 쉽게 행동으로 연결시키지 못하는 사람들도 많다는 점이다. 즉 기후변화의 위험성을 외면하거나 왜곡하고 이 과정에서 자기 이익을 추구하고자 하는 사악한 '어른'들도 있지만 이에 적극적으로 대응하고자 하는 사람들도 많다는 것이다. 그런데 이들은 그런 마음을 가지고 있음에도 불구하고 왜 행동하지 않는가? 이 질문에 대한 해답 중 하나가 바로 '공유의 비극'이다. 즉 어떤 공동체를 위해 집합적으로 특정한 가치를 추구하는 과정에서 각 개인은 당장 그 가치를 추구하기 위해 협력해야 할 유인이 없으며 오히려 공동체의 다른 구성원들이 협력하지 않는 경우 나의 협력은 나에게 상대적으로 불이익을 가져다주는 딜레마가 협력을 방해하는 것이다. 이 장에서는 공유의 비극이 무엇이며 그것이 지구환경정치에서 어떤 경우 문제의 원인을 잘 설명해 주는지를 논의할 것이다. 그리고 이 딜레마에 대응하기 위해 어떤 종류의 해결책이 있는지를 설명할 것이다.

1. 공유의 비극

공유의 비극(Tragedy of the Commons)은 지구환경정치의 본질을 이해하는 데 가장 중요하고 기본적인 개념(혹은 용어)이다. 기본적으로 이 개념이 설명하고자 하는 것은 딜레마 상황인데 한 공동체에서 누구나가 접근 가능한(비배제성) 그러나 제한된(경합성) 공유 자원에 대한 사용이 남용을 가져오고 결과적으로 그 자원의 효용이 감소하게 되는 현상을 말한다. 이 개념은 미국의 생물학자인 하딘(Garrett Hardin)이 학술지 『사이언스(*Science*)』에 "공유재의 비극"이라는 논문을 1968년에 발표하면서 최초로 대중적으로 소개되었다. 이 논문에서 저자는 합리적으로 자기 이익을 추구하고자 하는 개인들의 행동이 집합적으로는 바람직하지 못한 결과를 가져오게 되는 상황을 비극(혹은 재앙)으로 묘사하고 있는데, 이러한 비극의 대표적인 예가 바로 환경파괴라고 할 수 있다.

하딘이 예로 든 것은 목축업을 하는 사람들이 자유롭게 이용할 수 있는 목초지이다. 목축업을 하는 사람들 각자는 자신의 가축을 목초지에서 방목시킴으로써 이득을 얻는데 만약 개개의 목축업자들이 목초지를 남용한다면, 즉 적절한 수의 가축보다 더 많은 가축을 키운다면, 개개의 업자들은 이에 의해 이득을 얻지만 이를 통해 발생한 비용은 — 여기서는 과잉 방목으로 인한 목초지의 감소 — 공동으로 부담하기 때문에 작아지고 또 당장 지불하지 않아도 되는 것이다. 이 상황에서 개개의 업자들은 만약 그들이 합리적이라면 자신의 이익을 극대화하기 위해 될 수 있는 한 많은 가축을 키우려고 할 것이며, 이러한 개인의 이익 극대화는 결국 목초지의 남용을 가져와 목초지가 파괴되고 구성원 모두에게 최종적인 비극이 발생할 때까지 계속되게 된다는 것이다.[1]

하딘이 예를 든 것은 인클로저 운동이 일어나기 전 중세 영국의 공유지에서의 과잉 방목이었는데 그는 이러한 상황에서 비극을 조장한 핵심적인 두 가지 조건이 바로 합리적 인간의 자기 이익 추구행위와 공동의 자원에의 접근 가능성이라고 설명한다. 그리고 그는 이 두 조건이 있는 한 다른 상황에서도 비슷한 비극이 일어날 수 있음을 주장한다. 예를 들어, 그는 제한된 자원이 남용되고 생태학적 환경이 파괴되는 문제는 모두 이러한 비극으로 설명될 수 있으며 기하급수적 인구증가가 그 비극을 더욱 재촉하고 있다고 강조한다.[2] 하딘은 그가 주로 활동했던 1960년대에 전 세계에 만연했던 인구폭발과 식량안보의 위기를 지나치게 염두에 두었고 또 그가 예를 든 중세의 실제 현실을 정확히 묘사하지 않았다고 비판을 받기도 하였다. 벅(Susan J. Buck)은 중세 영국의 공유지가 제한 없이 접근 가능했다는 가정은 실제 상황과는 다르며 또한 그러한 공유지가 파괴된 것은 인구증가와 인간의 이기심에 의한 남용에 의해서가 아니라 당시 영국에서 여러 정치·경제적 조건이 급속하게 변했기 때문이라고 주장한다.[3] 이러한 비판에도 불구하고 하딘의 메타포는 단순히 인류에게 자원 남용의 위험을 경고하고 경각심을 일깨워주는 것을 넘어서 환경문제와 공유 자원 문제가 발생하는 메커니즘을 밝히는 상징적 용어가 되었다. 그리고 하딘의 이 논문이 환경문제의 원인을 밝혀낸 기념비적인 저작이라고 한다면, 이에 이어 환경문제의 결과를 비교적 구체적이고 상세하게 밝혀낸 저작은 이보다 몇 년 뒤인 1972년에 메도즈(Donella H. Meadows) 등 몇몇 학자들과 전문가들에 의해 『성장의 한계(*The Limits to Growth*)』라는 이름으로 출판되었다. 이 책은 30년이 지난 2004년에 같은 저자들에 의해 『성장의 한계: 30년 업데이트 (*The Limits to Growth: The 30-Years Update*)』라는 이름으로 재출간되기도 하였다.[4]

　사실 하딘은 1974년 『구명선 위의 삶』이라는 또 하나의 우화를 발표하였다. 살려 달라고 외치는 사람들로 가득 찬 바다에 열 명만이 탈 수 있는 구명선이 있다. 그런데 이 구명선에는 열 명분의 음식만이 준비되어 있어서 만일 한 사람이라도 더 타게 되면 그 누구도 자기 분량의 음식을 먹지 못하고 마침내 모두 다 굶어 죽게 된다. 그러므로 물에 빠진 사람을 도와주려고 하는 것은 구명선 자체를 위협하는 것이기 때문에 결국 이러한 딜레마 상황을 극복할 수 있는 유일한 대안은 물에 빠진 사람을 죽게 내버려 두는 것이라고 한다. 하딘은 이 우화를 통해 모든 문제의 근원은 인구과잉이기 때문에 인구가 급증하는 제3세계는 그들의 인구증가에 책임을 져야 하며 서구는 제3세계에 대한 자비적 식량원조를 하지 말아야 한다고 주장한다. 하딘의 저작들 뿐 아니라 메도즈 등 MIT대학 연구팀이 1972년 발표한 로마클럽 보고서인 『성장의 한계』, 그리고 1973년에 출판된 슈마허(Ernst Friedrich Schumacher)의 『작은 것이 아름답다』 등 1960년대 말 또는 1970년대 초반에 서구 선진국에서 출판되어 환경정책 및 환경운동의 촉발 매개가 된 유명한 저서들은 모두 인구증가에 대한 당시의 부정적 시각, 즉 인구증가에 대한 공포를 잘 보여주고 있다.

사실 인구증가와 식량 위기, 기아 및 환경파괴 등은 당시 서구 학계와 시민사회에서 가장 논란이 되었던 주제 중 하나였다. 논쟁에서 전문가들은 인구증가율이 높았던 개발도상국의 인구억제가 시급하다고 주장하였지만 이에 대한 반론으로써 사실 개발도상국에서 생산된 식량이 대부분 선진국에서 소비되고 있고 또한 기아가 식량의 절대부족에서 기인한 것이 아니라 식량 분배의 불균등 때문에 발생한 것이라는 대안적 시각도 등장하였다. 어쨌든 폭주하는 기관차 같았던 서구 선진국들의 발전이 일단락되고 주춤해진 1970년대에 환경에 관한 관심이 증가하면서 인구증가의 부정적 영향에 대한 우려와 공포가 전 세계적인 걱정거리였던 것은 사실이었다. 중국이나 한국에서 산아제한에 관한 정책과 캠페인을 벌인 것도 이러한 맥락에서 이해될 수 있다.

공유의 비극은 게임 이론에서 죄수의 딜레마 게임을 통해서도 설명될 수 있다. 죄수의 딜레마 게임은 두 사람의 범죄 용의자가 체포되었을 때 자백을 하지 않기로 약속했음에도 불구하고 서로를 믿지 못해 결국 둘 다 자백함으로써 더 큰 벌을 받게 되는 상황을 게임 매트릭스를 통해 보여준다.

이 게임에서는 두 용의자가 격리되어 심문을 받으며 두 용의자가 약속대로 자백하지 않는 것(협력)과 약속을 어기고 자백을 하는 것(배반)의 두 선택에 직면해 있다고 가정한다. 그리고 이들의 선택에 따른 대가 혹은 보상(payoff)의 크기도 임의대로 다음과 같이 가정되어 있다. 만약 둘 다 자백하지 않으면 증거불충분으로 둘 다 6개월만 복역하게 되고, 용의자 A가 약속을 어기고 배반하여 자백하였는데 B가 약속을 지켜 자백을 안 했을 경우 A는 자백이 참작되어 3개월 형을 받지만, B는 거짓말한 죄까지 추가되어 2년 형을 받게 된다. 그리고 둘 다 자백하면 둘 다 1년씩 복역하게 된다. 도표 2.1에서 보는 바와 같이 이 게임 구조에서는 A의 입장에서는 B가 어떤 선택을 하든 간에 배반하는 것이 이익이며 B의 입장에서도 A가 어떤 선택을 하든 상관없이 배반하는 것이 합리적 선택이다. 그 결과 둘 다 배반을 하게 되며 이는 둘 다 협력하는 것보다 나쁜 결과이다. 즉 개인의 합리적인 선택이 집합적으로는 차선의 결과 혹은 최선보다 나쁜 결과를 가져오게 되는 딜레마 상황을 게임 구조를 통해 확인할 수 있다.

공유의 비극의 본질은 개개인의 입장에서는 충분히 합리적이라고 볼 수 있는 행위들이 사회적으로, 즉 집합적으로는 바람직하지 않은 (차선의) 결과를 가져오게 되는 것이다. 이것이 올슨(M. Jr. Olson)이 말한 집합행동의 논리이다.[5] 즉 개인이 합리적으로 사적 이익을 추구하더라도 집합적으로 발

도표 2.1 죄수의 딜레마 게임

		죄수 B	
		협력(침묵)	배반(자백)
죄수 A	협력(침묵)	6개월 복역	죄수 A: 24개월 복역 죄수 B: 3개월 복역
	배반(자백)	죄수 A: 3개월 복역 죄수 B: 24개월 복역	12개월 복역

생하는 이익에서 배제되지 않으면, 개인들은 당연히 공동의 이익을 위해 자신을 희생하지 않고 반대로 자신의 이익을 추구하면서 집합행동의 결과를 누리는 선택을 할 것이다. 이 선택이 바로 무임승차(free riding)이다.

물론 공유의 비극과 집합행동의 딜레마로 인한 무임승차 문제는 논리적으로 같은 것이고 동일한 모델로 설명될 수 있다. 그러나 그 해결책을 모색하는 과정에서 어디에 더 중점을 두느냐의 문제에서는 약간의 차이가 있다. 공유의 비극은 앞서 언급한 대로 공유재에 대해 누구나가 접근 가능하지만 (non-excludable) 경쟁적인(rival) 상태, 즉 총 수요가 공급을 초과하는 상태를 전제로 한다. 따라서 이에 대한 해결책은 비극을 초래하는 구성원들의 행위를 바꾸는 방법을 모색하는 데 초점을 맞추어야 할 것이다. 예를 들어, 누구나 접근할 수 있지 않게 만드는, 즉 비배제성을 배제성으로 바꾸는 것이 방법이 될 수 있다. 또는 오염자 부담의 원칙(Polluter Pays Principle)과 같은 규범적인 접근을 통해 공유재의 경쟁적 남용을 막을 수도 있다. 즉 해결책의 핵심은 개개 구성원이 자원의 무분별한 남용을 억제하도록 하는 것이다. 반면 무임승차의 문제에 대한 해결책은 무임승차로 인한 혜택의 공유를 제한하는 것이 아니라 그로 인해 발생하는 비용을 나눠 가지도록 하는 데 초점을 맞춘다. 즉 공유의 비극과는 달리 무임승차의 문제의 경우 구성원들이 혜택을 받은 만큼의 책임을 지게 하는 구조를 만드는 것이다.[6]

2. 공유의 비극과 지구환경정치

오늘날 지구환경정치에서 논쟁거리가 되고 있는 많은 환경문제들은 공유의 비극을 통해 설명될 수 있다. 전 지구인들이 공유하는 지구 공유재(Global Commons)인 대기, 해양, 기후, 극지방 생태 등의 자원에 대한 남용이나 오용으로 인해 발생하는 환경문제는 모두 본질적으로 공유의 비극에 해당한다. 예를 들어, 현재 전 세계적으로 문제가 되는 해양 쓰레기 특히 플라스틱 문제 역시 공유의 비극에 해당한다. 사람들은 국적을 불문하고 플라스틱을 비롯한 각종 폐기물을 해양에 투기하고 있으며 이로 인해 그들이 공유하는 공해(公海)가 오염되어 결국 그 피해를 그들 스스로가 받게 된다. 또한, 해양 어족 자원의 남용으로 인해 어족 자원이 급속히 감소하고 결국 고갈되게 되는 것도 역시 공유의 비극의 예이다. 물론 현재 인류가 직면한 가장 큰 환경문제 중 하나인 기후변화 역시 공유의 비극이다. 전 세계에서 수많은 사람이 온실가스 감축을 고민했지만, 주목할 만한 협력이나 변화는 쉽게 일어나지 않는다.

물론 지구환경정치학에서 다루는 모든 문제가 다 공유의 비극에 해당하지는 않는다. 하지만 공유의 비극은 위에서도 설명한 바와 같이 문제의 본질인 딜레마 상황을 잘 보여주고 있다. 공유의 비극은 국가 간 혹은 여타 행위자 간의 환경협력이 왜 어려운지를 잘 설명해 주기 때문에 지구환경정치학에서 배워야 할 가장 기본적인 용어 중 하나이다. 그리고 사실 이 딜레마는 국제정치학에서 배우는 안보딜레마와도 같은 맥락에서 이해될 수 있다. 오늘날의 국제체제는 국가들의 행동을 통제할 중앙 권위체가 없는 무정부 상태에서 주권국가들이 각자의 국익을 추구하며 경쟁 혹은 협력하는 양상을 보인다. 이때 각국은 자신의 생존과 안보를 스스로 책임져야 하는 상황에 있음을 알고 있으므로 자국의 안보를 위해 될 수 있으면 많은 군사력을 확보하려고 노력한다. 그러나 이러한 단순한 자구 노력이 본의 아니게 다른 국가들의 불안을 증가시키고 다른 국가가 그 국가보다 더 강한 군사력을 확보하도록 한다. 이렇듯 한 나라의 안보가 다른 나라에 불안정을 의미하게 되는 상황에서 개별 국가들은 합리적으로 판단하여 군축하거나 적절한 수준의 군사력을 유지하여 국제체제의 안정을 추구하고자 하지만 서로의 안보 추구행위를 공격적인 위협으로 인식하여 더욱 큰 군사력을 추구하게 되는 딜레마에 빠지게 된다.[7]

공유의 비극을 해결하기 위해서는 먼저 자원의 남용을 막을 수 있는 강력한 중앙 권위체의 역할을 생각해 볼 수 있다. 즉 한 국가 내에서 정부의 역할과 같이 공동체 구성원들의 행위를 감시하고 적절히 통제하는 주체가 설정되고 이 주체가 구성원들의 무임승차를 막고 공유 자원을 적절히 관리하는 것이다. 또 다른 해결책은 반대로 시장에 맡기는 것이다. 공유 자원을 사유화하는 것이 그중 하나의 사례이다. 아프리카코끼리의 상아 수요로 인해 코끼리의 대규모 학살과 상아의 불법 유통이 심각한 문제가 되었던 1980년대에 일부 아프리카 국가들은 국립공원의 일부를 사유화하여 소유자의 책임과 관리하에 코끼리의 개체 수를 조절해 나가면서 적절히 상아를 공급하는 방식을 시도하기도 하였다. 이것은 무분별한 코끼리 살육을 막는 데 부분적으로 기여했다.[8]

물론 국가와 같은 중앙 권위체 그리고 시장은 그 자체로서 많은 한계를 가지고 있다.[9] 그러나 더욱 본질적으로 무정부상태를 본질로 하는 지구환경정치에서는 구성원들 특히 주권국가를 통제할 수 있는 중앙 권위체가 없으며 또한 많은 경우 대기, 기후, 해양 등 사유화할 수 없는 자원이 문제가 되기 때문에 두 해결책 모두 대안이 되지 못하는 경우가 많다. 국제환경정치학의 초기 전문가들인 허렐(Andrew Hurrell)과 킹즈베리(Benedict Kingsbury)가 지적하였듯이 지구환경정치의 문제는 생태계는 하나로 통합되어 있지만, 정치체제는 각자 자국의 이익을 추구하는 주권국가들로 나뉘어 있는 불일치에서 비롯되는 것이다.[10] 와드(Barbara Ward)의 표현대로 전 세계의 인류는 지구호(spaceship earth)라는 우주선을 함께 타고 가고 있고 이 우주선의 연료가 제한되어 있다는 것을 알고 있지만[11] 지구호를 지키기 위한 협력은 쉽게 이루어지지 않는다. 왜냐하면, 지구호라는 공유 자원을 주권국가가 합리적으로 그리고 어떤 경우 합법적으로 남용하고 있기 때문이다.

3. 해결책의 모색

실제로 오늘날 지구환경정치가 전개되는 양상을 보면 공유의 비극이 구체적으로 어떻게 발생하고 있으며 어떻게 해결되는지 혹은 해결되지 못하는지를 쉽게 확인할 수 있다. 이 장에서는 하나의 예로서 멸종위기에 놓인 고래 문제를 통해 이 문제가 어떻게 다루어져 왔는지를 살펴본다.

  인류는 수천 년간 고래를 사냥해 왔지만, 특히 19세기에 들어서면서 고래에서 값비싼 기름을 추출하게 되면서 포경은 가장 유망한 산업 중 하나가 되었고 그에 따라 미국을 중심으로 대규모 포경산업이 발달하게 되었다. 19세기 중반에 포경은 미국의 5대 주력산업 중 하나였고 높은 수익성으로 인해 전 세계 다른 국가들로 확산되었다. 이러한 포경산업의 급속한 발전은 고래 개체 수의 급격한 감소를 가져왔다. 이는 전형적인 공유의 비극에 해당한다. 즉 아무런 제약 장치가 없는 상태에서 누구나 접근 가능하지만 수가 제한된 고래는 합리적으로 이익을 추구하는 각국 포경업자에 의해 무차별적으로 포획당하게 되고 결국 그 개체 수가 감소하고 멸종위기에 놓인 종이 발생함으로써 포경업자 혹은 소비자의 이익 역시 감소하게 되는 것이다.

  1946년 포경 국가들은 고래를 효과적으로 보호하고 고래 산업을 지속가능하게 발전시키기 위해 포경규제국제협약(ICRW: International Convention for the Regulation of Whaling)을 체결하였고 이 협약은 1948년에 발효되었다. 그러나 이 조약의 근본 목적은 고래를 멸종위기에서 구제하는 것이 아니고 효과적으로 포경산업을 지속시키기 위한 것이었다. 이 협약은 구체적인 의사결정기구로서 국제포경위원회(IWC)를 만들었는데 이 위원회에서는 매년 포경 국가의 포획허용량을 결정하였으나 그 결정 과정은 투명하게 공개되지 않았으며 결과적으로 이 위원회 출범 이후 더 많은 수의 고래가 포획되었다. 1951년에서 1962년 사이에 포획된 고래의 수는 2배 이상 증가했으며 몇몇 종은 심각한 멸종위기에 놓이게 되었다. 또한, 이 위원회의한 조직인 과학위원회는 객관적인 데이터가 아닌 상업적 포경을 뒷받침하는 데이터를 생산했고 이러한 과학적 지식이나 정보의 생성 및 제공 과정도 불투명했다.[12]

1960년대가 되자 미국 및 서유럽에서는 고래를 포함하여 동물에 대한 무분별한 살육을 제한하고 특히 멸종위기에 놓인 동식물을 보존해야 한다는 주장이 사회적으로 확산되었다. 이러한 확산에 큰 역할을 한 동물이 고래이다. 사실 서구사회에서는 코끼리나 고래와 같이 덩치가 큰 몇몇 동물들이 각종 매체에서 인간에게 친숙한 이미지로 묘사되었기 때문에 다른 동물에 비해 사람들이 더욱 동감하는 측면이 있었다. 특히 고래는 인간과 같은 포유류이며 돌고래에서 볼 수 있듯이 높은 지능을 지녔다고 믿어지기 때문에 이러한 고래가 멸종될 수 있다는 것에 대해 사람들이 매우 강력하게 반응하였다. 이러한 반응은 포경 반대 혹은 금지 움직임으로 발전하였고 이것을 주도한 나라가 미국이었다. 미국은 앞서 언급했듯이 전 세계에서 포경산업을 가장 먼저 발전시킨 국가였으나 19세기 중후반 석유의 시대가 시작되면서 포경산업이 상대적으로 쇠퇴하기 시작하였다. 1970년대가 되자 미국은 IWC 내에서 상업적 포경을 반대하는 대표적 국가가 되었고 한편으로는 비포경국들을 회원국으로 영입하여 다수를 형성하고자 했으며 또 무역이나 기타 경제 제재 혹은 외교적 압박 등의 수단을 이용하여 포경 국가 중 동맹국 혹은 약소국에 압력을 가하였다.

1985년 미국이 주도한 포경 전면 금지(Moratorium)안이 통과되어 5년간 상업적 포경이 중지되게 되었다. 대부분의 포경국은 처음 몇 년간은 조약을 준수하다가 일본을 중심으로 노르웨이, 아이슬란드 등의 포경국이 소위 과학적 포경(scientific whaling)을 시작하였다. 이는 조약의 8조에 과학적 연구를 목적으로 하는 포경은 특별히 허가해 줄 수 있다는 규정을 이용한 것이다. 1997년 이후 노르웨이와 아이슬란드는 과학적 포경을 중단하지만, 일본은 현재까지도 고래연구소를 중심으로 고래의 멸종을 막으려면 정확한 개체 수와 특징을 파악해야 한다고 주장하면서 포획을 계속하고 있다. 또한, 고래가 하루에 먹는 물고기의 양을 계산하여 고래가 어족 자원의 고갈을 초래하는 주범이라는 등의 주장을 하기도 한다.

또한, 1990년에는 포경 전면 금지가 1년 연장되자 일본, 아이슬란드, 노르웨이 등은 조약을 탈퇴하겠다고 선언하기도 하였다. 또한, 일본은 카리브해 소국들을 포섭하여 총회에서 포경에 찬성하는 표를 만드는 시도를 끊임없이 해 왔다. 그럼에도 불구하고 IWC는 1994년에 남위 40도 이남의 바다에서 모든 종류의 고래 포획을 금지하는 구역을 설정하는 방안을 채택하였고 그 결과 350만 마리의 대형 고래의 약 90%를 보호할 수 있는 남해 고래 보호 구역(Southern Ocean Whale Sanctuary)이 탄생하였다. 물론 일본은 이 결정에 반대했으며 이러한 결정에도 불구하고 과학적 포경을 계속해왔다. 1987년 이후 2013년까지 일본이 과학적 포경으로 포획한 고래는 약 1만 5,000여 마리에 달한다.[13]

이상에서 본 바와 같이 멸종위기에 놓인 고래를 보호하려는 노력은 절반의 성공이라고 볼 수 있다. 포경에 제재를 가하는 많은 규정이 생겨났지만 이를 준수하지 않는 국가들도 여전히 존재한다. IWC는 대표적인 국제환경 레짐이다. 그러나 앞서 언급한 대로 레짐의 성공은 매우 어렵다. 레짐이 효과성과 효율성을 가지려면 기본적으로 참여하는 국가들이 자국의 이익을 일정 정도 양보함으로써 레짐을 준수해야 하는데 이것은 매우 어려운 과제이다. 사실 IWC의 조약 11조에는 조약참가국들이 만약 IWC가 자국의 국익을 손상하는 결정을 내렸을 때 90일 이전에 미리 통보만 한다면 그 결정을 거부할 권한을 가지도록 명시되어 있다. 즉 조약 당사국에게 준수를 거부할 합법적인 권한이 부여된 것이다. 결국, 고래 문제는 제도가 만들어지고 그것이 지배적인 규칙으로 확립되는 것이 얼마나 어려운 일인가를 잘 보여주는 사례이다.

그러나 그럼에도 불구하고 비록 한계는 있지만, 제도는 작동하고 있고 지금도 2년에 한 번씩 개최되는 IWC의 총회에서 다수결의 원칙에 의해 중요한 결정들이 내려지고 있고 대부분 국가가 그 결정을 따르고 있다는 면에서, 공유의 비극을 해결하는 데 제도의 역할을 무시할 수는 없다. 지구환경정치학에서는 영(Oran R. Young)이나 미첼(Ronald Mitchell)과 같은 학자들은 오랫동안 효과적인 지구환경협력을 위한 제도적 조건이 무엇인지를 연구해 왔다. 이들 연구에서는 국제환경레짐들이 가진 감시(Monitoring)와 처벌(Punishment)에 관한 규칙들, 여기에 참여하는 국가들의 국내정치·경제적 속성들, 참여하는 국가들의 수, 규칙의 공평성 정도 등 많은 세밀한 요인들이 협력에 큰 영향을 미치는 것으로 나타났다. 즉 레짐의 디자인(regime design)이 중요한 것이다.[14]

　다른 한편으로는 미국이라는 패권국의 힘과 주도권에 의해 모라토리움이 결정된 것을 보면 국제관계에서 패권국이 공유의 비극을 부분적으로나마 해결할 수 있음을 보여주기도 한다. 물론 이러한 미국의 노력 역시 미국의 국익 계산에 기반을 두고 있지만 그러한 패권국의 영향력이 결과적으로 멸종 위기에 놓인 고래의 개체 수 급감을 막고 제도를 안정적으로 작동시키게 한 것은 사실이다. 다만 이러한 패권국의 긍정적 역할이 언제나 작용하는 것은 아니다. 지구환경정치에서 큰 영향력을 행사하는 국가들은 주로 미국이나 일본, 중국이나 인도 등 지구환경에 큰 영향을 미치는 국가들인데 이들은 대부분 환경보호에의 헌신(commitment)을 강하게 보여주는 국가들은 아니다. 미국의 경우 트럼프(Donald Trump) 행정부는 트럼프 대통령 취임 이후 일관되게 국제 환경 및 기후변화 협력에 대해 부정적인 태도와 행동을 보여 왔으며, 적어도 지구환경에 미치는 영향력 면에서는 패권국이라고 할 수 있는 덩치 큰 개발도상국들인 중국과 인도 등도 모범적인 모습을 보여주거나 지구환경협력을 주도하는 역할을 하고 있지 않다. 그런데도 지구환경정치에서 공유의 비극을 해결하는 데 있어서 큰 나라들의 역할은 점점 더 중요해질 것이다. 비록 국가 간 환경협력이 이들 나라의 물질적 이익에 도움이 되지 않는다고 하더라도 이들의 협력과 모범적 태도는 이들의 소프트 파워를 증가시킬 것이며 이 경우 이들은 지구환경협력을 강제력(coercion)이 아닌 동의(consent)를 바탕으로 이끌어 나갈 수 있을 것이다.[15]

고래 사례는 지구환경정치에서 관념적 요인 혹은 지식이나 기술의 논리가 중요한 요인이 될 수 있음 또한 보여준다. 일본을 비롯한 포경 국들은 고래를 먹는 것은 전통적인 식습관이며 문화적 특수성이기 때문에 이러한 문화적 상대성을 존중해 주어야 함을 강조한다. 이러한 문화적 차이나 의식이나 관념의 차이가 공유의 비극을 해결하는 데 방해 요인이 되는 경우가 종종 발생한다. 또한, 과학적 정보나 지식 역시 그것이 어떻게 생성되고 해석되고 이용되는지에 따라 그것이 공유의 비극을 해결하는 데 도움이 되기도 하고 반대로 방해를 하기도 한다. IWC의 과학위원회가 객관적이고 투명한 과학적 정보 수집 및 분석이라는 역할을 하지 못하는 것은 결국 이 과정 또한 국가의 이익이 강력히 개입되며 자국의 이익을 초월하여 과학적 신념을 통해 협력하는 것이 얼마나 어려운가를 보여주는 것이다. 또한, 일반적인 환경 의식 또는 자각(awareness)의 수준과 강조점도 나라마다 그리고 문화마다 다를 수 있으며 한 나라 안에서도 경제적, 사회적 조건의 변화에 따라 달라질 수 있다. 서구 선진국이나 우리나라 모두 산업화가 한창이던 시기에는 굴뚝에서 나오는 연기가 발전과 번영의 상징으로 인식되었다가 그 후 경제 수준이 높아지고 난 후 그것이 기피와 규제의 대상으로 인식되어 그에 따라 적절한 정책이 수립되고 집행되는 것이 그 대표적인 예이다.

이상에서 살펴본 바와 같이 공유의 비극의 해결은 매우 어렵지만 그렇다고 해서 완전히 불가능한 것은 아니다. 또한, 공유의 비극을 해결하는 과정에서 힘(패권), 제도, 관념 등의 키워드가 중요한 긍정적 혹은 부정적 역할을 할 수 있음 또한 확인할 수 있다. 결국, 우리가 명심해야 할 것은 공유의 비극에 대한 다양한 해결책이 존재할 수 있는데 그것들을 일시적이고 임시적인 것이 아니라 공식적이고 지속적이게 만드는 것이다. 이는 다름 아닌 해결책의 제도화라고 할 수 있다. 제도화란 힘, 제도, 관념 등을 통한 해결책들이 구성원들의 지지를 얻어 공식성을 확보하여 그 사회에서 안정적으로 뿌리내리게 되는 것을 말하며 더 나아가서는 구성원들로부터 일정한 가치를 얻게 되는, 즉 내면화되는 과정이라고 할 수 있다. 한 국가 내에서 혹은 한 공동체 내에서 이러한 해결책들이 제도화되는 것은 오랜 시간 동안의 시행착오와 구성원들의 세심하고도 지속적인 노력이 필요하다. 하물며 국제체제에서는 이 과정이 더욱 험난하고 더 많은 실패의 경험이 필요할 것이다. 결국, 우리가 탐구해야 할 것은 왜 어떤 해결책들은 다른 해결책들에 비해 조금 더 제도화되고 내면화되는지, 즉 왜 특정한 해결책들은 다른 것들에 비해 더욱 광범위한 지지를 받으며 오래 지속되는지를 체계적으로 분석하는 일일 것이다.

글상자 2.1	공유의 비극에 관한 수업 활동 예시

수업 시간에 학생들에게 공유의 비극을 이해시키기 위해 다양한 활동이 가능하다. 먼저 가장 간단한 것은 조별 토론을 통해 자신이 직간접적으로 경험한 공유의 비극 사례를 제시하고 그것을 발표해 보는 것이다. 각 조에서는 의견 교환과 토론 이후 가장 대표적인 사례 몇 가지를 발표하는데 이 과정에서 학생들이 생각해내는 다양한 사례들을 공유할 수 있으며 또한 토론 과정에서 학생들이 공유의 비극을 잘못 이해하고 있음이 발견되기도 한다.

 이 활동에서 만약 강사가 해결책까지 모색해 볼 것을 추가로 요구한다면 더욱 큰 교육효과를 기대할 수 있다. 이 경우 강사가 이 장에서 언급된 해결책들 — 국가(정부)를 통한 해결, 시장을 통한 해결(사유화), 제도를 통한 해결, 힘이나 영향력을 통한 해결, 관념적 요인이나 과학적 지식을 통한 해결 — 등을 다양하게 제시해야 한다. 실효성 있는 해결책까지 제

계속 ▶▶

시하라는 요구는 학생들에게 무리한 과제일 수 있다. 특히 공유의 비극은 주로 학기 초에 배우기 때문에 학생들이 해결책을 도출해 내는 것을 어렵게 느낄 수 있다. 그러나 의외로 학생들이 쉽게 해결책을 생각해내는 경우도 많다. 즉 그만큼 쉬운 해결책이 우리 주변에 있음에도 불구하고 공유의 비극이라는 문제의 본질을 파악하고 있지 못했던 경우가 많이 발견될 수 있을 것이다.

　두 번째는 현금을 보상으로 하는 게임을 해 보는 것이다. 이 역시 조별 활동이며 게임의 법칙은 간단하다. 만약 한 조가 5명으로 구성된다면 각 조원에게 종이 한 장씩을 나눠주고 거기에 돈의 액수를 1,000원에서 4,000원까지 쓰게 한다. 이후 강사가 종이를 다 수집하여 종이에 적힌 액수를 다 더해서 총합이 8,000원 이상이 되면 아무도 돈을 받을 수 없다. 반대로 총합이 8,000원 이하라면 적힌 액수대로 해당 조원에게 실제 현금이 분배된다. 만약 5명 모두 1,000원을 쓴다면 모두가 다 받을 수 있다. 만약 4명이 1,000원을 쓰고 한 명이 3,000원을 쓴다면 모두 다 그대로 돈을 받을 수 있지만 3,000원을 쓴 사람은 상대적으로 많은 이득을 보게 된다. 이것을 기대하고 두 명 이상이 3,000원을 쓸 경우 결국 아무도 돈을 못 받게 된다.

　이 게임은 반복해서 진행할 수도 있다. 이 경우 액설로드(Robert Axelrod)가 지적하듯이 다음 라운드 게임에 대한 고려가 게임 참여자의 보상 구조 계산에 영향을 미쳐 협력에 이르게 될 수도 있다. 즉 게임이 앞으로 계속 반복될 거라고 알려주면 학생들이 대부분 협력을 하여 1,000원을 쓰는 경향이 있다.[16] 그런데 액설로드와 다른 학자들도 지적하듯이 맨 마지막 게임에서는 모든 참가자가 다음 라운드가 없다는 것을 알기 때문에 협력을 안 하는 경우도 발견된다.[17]

　또한, 이 게임은 구성원들이 얼마나 동질적인지(학번, 나이, 성별 등등)에 따라 그리고 강사가 어떻게 게임을 설계하는지에 따라 결과가 달라질 수 있으므로 단순한 수업 활동이 아니라 연구를 위한 실험이 될 수도 있

계속 ▶▶

글상자 2.1 계속

다. 만약 실험을 진행하고 그 결과가 연구논문으로 발간되면 이 과정에서 연구비를 받을 수도 있고 그 연구비가 실험에 쓰일 수도 있다.

   필자가 1999년 인디애나 대학교 정치학과에서 오스트롬(Elinor Ostrom) 교수의 대학원 수업을 수강했을 때 첫 시간에 이와 같은 활동을 진행하였고 결과를 모두 취합한 뒤 교수가 직접 현금을 나누어 주었다. 그리고 교수가 이 활동에 관해 설명한 후 간단한 토론이 진행되었다.

3장

지구환경정치의 진화

앞서 1장에서 우리는 지구환경정치를 전 지구, 즉 글로벌 수준에서 생태학적 환경문제를 둘러싸고 주권국가 및 비국가행위자가 전개하는 다양한 상호작용의 모습으로 정의하였다. 이러한 지구환경정치는 언제 어디서 누구에서부터 처음 비롯되었을까? 인류의 역사 자체가 인간을 둘러싼 환경을 활용/훼손하는 과정이었다면 인류가 환경을 소중히 여기고 이에 가치를 부여하려는 경향은 오래전부터 특히 동양 사회에서 도교 및 불교사상을 중심으로 존재해 왔다. 또한, 환경을 보호하고 자원을 지속가능한 방식으로 이용하기 위한 다양한 노력이 인류 역사를 통해 전 세계 곳곳에서 전개되었던 것도 사실일 것이다. 그러나 인류가 환경파괴를 하나의 문제로 인식하고 이를 해결하기 위해 본격적인 노력을 하기 시작한 것은 근대화가 상당 정도 진행된 이후 서구 선진국에서의 일이라고 할 수 있다. 이러한 노력이 서구에서 먼저 시작된 것은 단지 서구가 근대화를 먼저 시도했기 때문이고 그 근대화가 환경을 거의 고려하지 않은 방식의 근대화였기 때문이었다. 환경 역사학자들은 지구환경이 급속도로 파괴된 것은 20세기에 들어와서 산업화와 세계화가 급속도로 진행되면서부터라는 것에 대체로 동의한다.[1]

1. 지구환경정치의 출발: 스톡홀름회의

1950년대와 1960년대에 들어서면서 이러한 서구 선진국들의 산업화 부작용이 가시적으로 나타나게 되었는데 이러한 문제들은 그들이 환경문제를 자각하게 하는 계기로 작용하였고 그 결과 지구환경정치의 진정한 출발점이라고 볼 수 있는 유엔 인간환경회의가 1972년 스톡홀름에서 개최되었다. 영국 런던에서는 1952년 겨울에 사상 최악의 스모그로 인해 1만 명 이상이 목숨을 잃게 되었다. 가장 심했던 12월 5일부터 9일 사이에는 런던 일대가 일시적으로 안정된 고기압권이 되면서 대기가 정체되다 보니 대기 중 오염물질 농도가 극단적으로 상승하여 이러한 참사가 빚어졌다. 또한, 런던 시내의 대중교통수단이 전철에서 디젤 버스로 전환된 직후였기 때문에 급증했던 차량 배기가스도 참사의 직접적인 원인 중 하나였다. 그러나 이 참사는 사실 급속한 발전으로 인해 수십 년간 공장과 차량 그리고 발전소 및 가정에서 지속해서 배출된 대기오염이 임계 수준을 넘어 재앙이 된 것이었다. 대규모 희생자를 발생시킨 스모그의 주요 성분은 이산화황과 일산화탄소였다. 스모그가 너무 심해 가시거리가 확보되기 어려워 구급차의 운행도 제약되고 심지어 실내 대기 역시 심하게 오염되어 영화관의 영화 상영이 중단될 정도였다. 이 사건으로 인해 영국 사람들은 경제발전과 사회변화가 그들 자신에게 해가 될 수 있음을 인식하게 되었고 4년 뒤인 1956년에 영국에서 최초로 청정대기법(Clean Air Act)이 제정되었다.

일본의 구마모토현 미나마타시에서는 1956년에 지역 주민 중 일부가 중

추신경이 마비되고 사망하게 되는 일이 발생했다. 1959년 구마모토 의과대학에서 이 증상의 원인은 메틸수은 중독임을 발표하였고 지역에 있는 신일본질소비료 미나마타 공장이 배출한 수은에 의한 중독일 가능성을 지적하였다. 신일본질소비료회사(치소화학)은 1932년부터 아세트알데하이드를 생산하기 위해 수은을 촉매로 사용하였는데 이 과정에서 발생한 메틸수은을 아무런 정화 장치도 없이 바다에 그대로 방류하였고 이 수은이 연해 물고기에 축적이 되고 그 물고기를 섭취한 지역 주민들에게 수은중독 증세가 나타난 것이다. 중앙 및 지방정부 그리고 회사는 이러한 수은 배출 사실을 부정하여 기나긴 법정 투쟁이 시작되었고 1968년에 정부가 회사의 책임을 인정하였으며 2004년에 와서야 대법원에서 최종적으로 희생자들의 승소 판결이 있었다. 이 병은 니가타현에서 발생한 또 다른 수은중독 증세인 니가타 미나마타병, 도야마현에서 발생한 카드뮴 오염에 의한 이타이이타이병, 그리고 미에현에서 대기오염에 의해 발생한 호흡곤란 및 천식 등의 요카이치 병 등과 함께 일본의 4대 공해병이라고 불린다. 이들은 모두 환경을 고려하지 않은 무분별한 산업화가 인간 자신에게 극심한 피해로 돌아올 수 있음을 극적으로 보여주었던 사례들이었고 일본 사회에서 이러한 환경 의식과 자각이 생겨나는 계기가 되었다.

 미국에서는 1962년 해양 생물학자인 카슨(Rachel Carson)이 살충제의 무분별한 사용이 환경과 인간에 미치는 악영향을 관찰하고 기록한 『침묵의 봄(*Silent Spring*)』이라는 책을 발간하였다. 카슨은 화학회사들이 DDT와 같은 살충제가 물과 토양 그리고 식물에 치명적인 해를 입히고 그 해가 결국 인간에게 돌아온다는 사실을 은폐하고 있다고 주장하였다. 이 책은 발간 직전부터 미국 사회에서 커다란 비판과 논쟁을 얘기하였다. 화학회사들을 이 책의 출판을 저지하려고 하였으며 카슨을 사이비 과학자로 몰아세우고 명예훼손으로 인한 피해를 주장하기도 하였다. 그러나 많은 과학자가 이 책의 각 장의 주장들의 과학적 근거를 제시하는 방식으로 카슨의 논리를 뒷받침해주었고 그로 인해 카슨의 주장은 많은 지지를 얻게 되었다. 이 책은 미국 사회 내에서 그리고 전 세계적으로 매우 큰 파장을 일으켰다. 미국 내에서 카슨은 백악관의 자연보호 대회에 초대되기도 하였고 케네디 대통령은 1963년에 백악관에 환경보호 자문위원회를 설치하기도 하였다. 또한, 이 책은 미국에서 환경단체가 조직되고 환경운동이 활성화되는 데 결정적인 역할을 했으며, 1969년에 연방 환경법이 통과되고 1970년에 지구의 날(Earth Day)이 제정되고 닉슨 행정부하에서 환경청(EPA: Environmental Protection Agency)이 설립되는 계기가 되었다. DDT의 사용은 미국에서는 1972년에 최종적으로 금지되었고 이후 대부분의 선진국 및 개도국에서도 곧이어 금지되었다.

　이러한 환경재앙과 그에 따른 자각은 선진국에서 국내 환경제도를 창설하고 국가 간 환경협력의 방법을 모색하게 하는 데 결정적인 계기가 되었다. 미국, 독일, 프랑스, 일본, 스웨덴 등 대부분의 선진국은 1960년대 말과 1970년대 초에 환경 관련 정부부서를 창설하고 환경기본법을 제정하였다.[2] 또한, 국가 간 환경협력의 필요성을 제기하는 몇몇 사건들도 이 시기에 발생하였다. 1967년 영국 서부 해안에서 난파된 유조선인 토리 캐넌(Torrey Canyon)호는 약 12만 톤의 원유를 유출해 영국 및 프랑스 해안을 오염시키고 그 결과 약 10만 마리 이상의 바닷새가 죽거나 오염되었다. 이 사건 이후 지속해서 유조선이 난파되고 원유가 유출되는 사고가 발생하면서 이 문제를 해결하기 위한 국가 간 협력의 필요성이 대두되었다. 또한, 1960년대 말에 스웨덴에서는 유럽 대륙과 영국 섬으로부터 날아온 공해물질로 인해 스칸디나비아반도의 남쪽 지방이 급속히 산성화되고 있음을 주장하였고 1968년 유엔 경제사회이사회(United Nations Economic and Social Council)에서 스웨덴 대표가 이 문제를 포함하여 환경보호에 관련된 국제회의 개최를 요구하였다. 그리고 궁극적으로 이러한 노력의 결과 1972년 세계 최초로 스톡홀름에서 환경보호를 주제로 하는 국제대회가 유엔 주최로 개최되었다. 이 대회는 많은 한계가 있었음에도 명실공히 근대국가체제가 성립된 이후 최초로 주권국가들의 대표들이 모여 환경문제에 대한 정보와 인식을 공유하고 그 해결책을 찾으려고 노력했던 '국제적' 시도였다는 점에서 지구환경정치의 출발점이 된다.

이 대회의 공식 명칭은 '유엔 인간환경회의(UNCHE: United Nations Conference on Human Environment)'인데 당시 환경을 생태계 전체보다는 인간 중심으로 생각했던 경향을 반영하는 것이다. 유엔은 이 대회를 시작으로 지금까지 최소한 다섯 번의 대형 환경회의를 조직하였다. 첫 대회 후 20년이 지난 1992년에 브라질의 리우데자네이루에서 '환경과 개발에 관한 유엔회의(UNCED: United Nations Conference on Environment and Development, 이하 리우회의)'가 개최되었고, 그로부터 10년 후인 2002년에는 남아프리카 요하네스버그에서 '지속가능발전을 위한 세계정상회의(The Earth Summit on Sustainable Development)'가 개최되었다. 이 대회는 일명 Rio+10이라고 불리기도 하였다. 이로부터 다시 10년 후에 다시 리우데자네이루에서 일명 Rio+20이라고 불리는 '유엔 지속가능발전회의(United Nations Conference on Sustainable Development)'가 개최되었다. 이 중 가장 성공을 거둔 대회는 단연코 첫 대회라고 할 수 있다. 즉 주권국가들이 모여 환경문제를 논의하고 국제협력의 방안을 모색하였던 첫 출발은 매우 성대했으며 그 후 약 20년간 수많은 국제환경조약이 체결되었다. 1992년 리우회의는 이러한 성공을 자축하는 축제의 장이었지만 이후 기후변화와 같은 더 큰 도전에서 지구환경정치는 효과적인 협력을 끌어내지 못했고 기존의 많은 조약도 효과적으로 작동하지 못하게 되는 경우가 많았다. 이후 10년마다 회의는 열렸지만 1972년이나 1992년과 같은 기회와 추동력은 더이상 발현되지 못하고 있다.

스톡홀름회의에서는 국가들이 다루어야 할 중요한 환경문제가 무엇인지 그들의 협력의 목표와 우선순위가 무엇인지 등을 논의했으며 그것을 실현

하기 위한 법적, 정치적 틀을 만들기 위해 노력했다. 이러한 노력은 서문과
26개 항목의 원칙으로 구성된 스톡홀름선언(Stockholm Declaration) 그리
고 총 6개 분야에서의 109가지 정책 조언들로 이루어진 스톡홀름 행동 계
획(Stockholm Action Plan)으로 구체화 되었다. 또한, 이 대회에서 국제환
경협력을 위한 구체적인 기구로서 유엔 환경계획(UNEP: United Nations
Environmental Programme)의 창설이 제안되었고 같은 해 창설되었다.
이렇게 해서 스톡홀름회의는 유엔에 최초로 환경이라는 이슈를 가져왔으
며 그것이 지속적으로 다루어질 수 있는 기틀을 마련하였다. 스톡홀름회의
는 지구촌의 여러 문제를 함께 논의하는 이른바 '글로벌 주민 총회(global
town meeting)'의 원형이 되었다. 이후 열린 환경 관련 회의만 해도 1974
년 부쿠레슈티에서 개최된 세계인구회의(World Population Conference),
1976년 로마에서 개최된 세계식량회의(World Food Conference), 1977년
마르델플라타에서 개최된 유엔 물회의(United Nations Water Conference)
그리고 같은 해 나이로비에서 열린 유엔 사막화회의(United Nations Con-
ference on Desertification) 등이 있다.[3]

그러나 스톡홀름회의의 이러한 성과는 주로 선진국의 관점과 이해관계
를 반영한 것이었다. 개발도상국들은 아직 산업화의 성과를 즐기지도 못했
거나 아예 산업화를 시작도 못 한 경우도 많았기 때문에 산업화의 부산물로
서의 환경문제라는 대전제 자체에 공감하기 힘들었다. 이들은 이러한 입장
을 유엔총회에서 결의안 제출이라는 방식으로 강력히 표현하였는데 이들
이 다수를 차지했기 때문에 1960년대 말부터 1970년대 말까지 일련의 환
경 관련 결의안이 G-77 그룹에 의해 제출되고 총회에서 통과되었다. 스톡
홀름회의가 열리기 6개월 전에도 이들은 개발과 환경(Development and
Environment)이라는 총회 결의안을 제출하였는데 주 내용은 전 세계적으
로 확산되고 있는 환경문제에 관한 관심이 개도국의 발전 과제를 침해해서
는 안 되며, 환경정책은 기본적으로 개별 주권국가에게 맡겨져야 한다는 것

이었다. 총회에서 이 결의안은 찬성 85표, 반대 2표, 그리고 기권 34표로 통과되었다. 미국과 영국은 반대하였고 나머지 모든 선진국은 기권하였다. 이 결의안은 환경문제에 대한 개도국의 견해를 아주 명확히 드러냈으며 스톡홀름 회의의 과정과 결과에 큰 영향을 미쳤다.[4]

　구체적으로 개도국의 입장은 스톡홀름선언에 반영되었다. 선언의 제8원칙과 제9원칙에서는 인간의 환경이 유지되고 개선되기 위해서는 사회경제적 발전이 필수적이며 저발전 및 자연재해로 인한 환경문제를 겪고 있는 개도국들은 발전을 통해 이러한 문제들을 해결할 수 있으며 이 과정에서 선진국들이 재정적, 기술적 지원을 해 주어야 한다는 것을 명시하였다. 또한, 제10원칙에서는 개도국이 수출하는 식량이나 원자재 등 1차 생산품들의 수출 가격이 일정한 수준으로 보장되어야 이들이 환경관리를 적절히 해가면서 발전을 할 수 있다고 설명하였으며, 제12원칙에서는 개도국들이 환경안전판(Environmental Safeguard)을 그들의 발전 계획에 포함하기 위한 재정적, 기술적 지원이 필요하다고도 명시하였다. 이렇게 스톡홀름회의에서 개도국의 목소리가 힘을 얻게 된 것은 그때까지의 여타 국제협력레짐에서 흔히 볼 수 없는 현상이었다. 한 분석에 의하면 스톡홀름회의는 경제협력 기구 등 다른 레짐에 비해 투명하고 개방적인 의사결정을 하였고 무엇보다도 1국 1표 체제라는 공평한 의사결정 방식을 보여주었다. 또한, 개도국들은 경제협력레짐에서와는 달리 환경레짐에서는 영향력을 크게 행사할 수 있었는데 그것은 그들이 지구환경에 미치는 영향이 매우 크기 때문이다.[5] 사실 국제통화기금(International Monetary Fund)과 같이 고액 기부 국가를 중심으로 의사결정이 이루어지는 것이 관례였던 당시에 이러한 회의는 개도국의 위상을 높이는 데 크게 이바지하였다.

　스톡홀름선언에서 훗날 국제환경법이 정립되고 발전되는 데 가장 큰 기틀이 된 것은 원칙 1과 원칙 21이다. 원칙 1은 "인간은 인간의 삶에 행복과 존엄을 주는 환경 안에서 자유, 평등 그리고 합당한 삶의 지위를 영위할 기본권을 갖고 있고 동시에 현재와 미래세대를 위해 환경을 개선하고 보호해야 할 엄중한 책임을 갖는다"라는 서술이다. 물론 이것은 건강한 환경을 누릴 권리를 확실하게 선언한 것은 아니고 아직 그러한 권리가 일반적으로 국제법적으로 인정된 것도 아니었다. 그러나 스톡홀름선언은 이 원칙 1로 인해 많은 국가의 헌법에 환경 인권(environmental human rights)의 개념이 만들어지게 되는 결정적인 역할을 했다. 원칙 21은 "유엔 헌장과 국제법에 따라 국가는 그들의 환경정책에 따라 자국의 자원을 개발할 주권적 권리를 갖고 자국의 법령과 통제 내에서의 활동이 다른 국가 또는 국가 관할권의 범위를 벗어난 지역에 환경피해를 주지 않도록 할 책임을 갖는다"라는 서술이다. 이 원칙은 스톡홀름에서 가장 격렬하게 토론되었던 것인데 20년 이후 리우회의에서 채택된 리우선언의 원칙 2에서 다시 등장하였고 오늘날 국제관습법의 구속력 있는 원칙으로 인정받고 있다.[6]

스톡홀름회의에는 세계 113개국 대표들이 참여하였는데 사실 113개국 중 국가의 수반이 참석한 나라는 인도와 스웨덴 두 나라뿐이었다. 그러나 국가 대표들뿐 아니라 19개의 정부 간 기구들 그리고 400여 개 이상의 비정부 조직들이 참여하여 그 규모는 당시로서는 매우 이례적으로 컸다고 할수 있다. 이 회의는 개최 자체만으로도 국제환경정치의 출발점이라는 큰 의미가 있으며 향후 20여 년간 많은 국제환경조약이 체결되었다. 또한, 이 회의는 많은 국가에서 환경제도화가 시작되는 계기가 되었다. 이 대회 전후로 많은 국가가 환경법과 환경 부서를 만들었다. 1971년에 138개 국가를 대상으로 조사한 자료를 보면 국가 차원에서 환경부(혹은 환경국)를 가진 나라는 총 7개였는데 그중 2개가 개도국이었으며 나머지 5개국의 경우 자연 자원의 보호와 관리를 목적으로 하는 부서의 성격이 강했다. 그러나 그로부터 20년이 채 지나지 않은 시점인 1989년 UNEP에 의해 실시된 조사에 의하면 158개 국가 중 120개 국가가 국가 차원의 환경 부서를 보유하고 있었다. 이런 의미에서도 스톡홀름회의는 지구환경정치의 진정한 출발점이라고 할

수 있다.[7]

2. 국제환경조약의 형성과 발전

스톡홀름회의 이후 많은 국제환경조약이 체결되거나 개정되었다. 1970년
대에는 주로 기본적인 환경문제인 물이나 대기 혹은 동식물이나 자연환경
등을 다루는 조약들이 체결되었는데 이를 1세대 국제환경조약이라고 할 수
있다. 이후 1980년대에는 보다 심화된 문제들, 즉 경제발전과 과학적 진보
와 직결되어 나타났던 문제들을 다루는 조약들이 등장했는데 이를 2세대
국제환경조약이라고 할 수 있다.

1세대의 경우 먼저 물과 관련해서는 국제해사기구(IMO: International
Maritime Organization)가 해양 오염 문제를 다루는 몇 개의 조약들의 체
결을 주도했는데 우선 대표적으로는 1972년에 체결된 폐기물 및 기타 물
질의 투기에 의한 해양오염 방지협약(Convention on the Prevention of
Marine Pollution by Dumping of Wastes and Other Matter)이 있다. 이
는 런던협약(London Convention)이라고 불리기도 하는데 폐기물의 해양
투기 문제를 전 지구적 차원에서 다루었던 최초의 협약이라는 의미가 있으
며 이후 1996년에 의정서가 채택되기도 하였다. 이 협약에서는 앞서 서술된
것처럼 일본에서 문제가 되었던 수은이나 카드뮴 그리고 할로겐이나 고준위
핵폐기물 등을 감시대상명단에 포함해 이 물질들의 해양 투기를 금지하고
있고 나머지 물질들은 허가를 통해 투기할 수 있도록 규정하였다. 1996년의
의정서는 이 협약의 실효성에 대한 문제 제기를 수용하여 특정 물질의 투기
를 금지한 1972년 협약과는 달리 해양 투기 자체를 금지하고 그 대신 특정
물질의 해양 투기만을 허용하는 방식으로 규정이 변경되었다.

또한, 1973년에는 선박에 의한 오염방지 국제협약이 체결되었고 이 조약

의 개정판이 1978년에 의정서로 만들어졌다. 이 둘은 해양 오염(maritime pollution)의 약자인 MARPOL이라는 용어를 사용하여 MARPOL 73/78로 불린다. 이들이 규제하는 것은 선박으로부터의 유류 및 유류가 섞인 선박평형수나 세정수, 유해액체물질, 그리고 선박 오수 및 폐기물의 해양 배출, 그리고 선박에 의한 대기 오염물질의 배출 등이다. 앞서 설명한 1967년의 토리 캐년호 원유 유출 사고가 이 조약의 배경이 되었는데 사실 이와 유사한 대형 유조선 난파 및 원유 유출 사건은 1980년대까지 종종 발생하였다. 1973년 첫 제정 당시에는 이 조약을 비준한 나라들이 충분하지 않았고 선박으로부터 유출되는 유류 및 오폐수들을 처리하는 적절한 기술이 고안되지 않아서 조약의 집행이 되지 않았다. 그러나 1978년에는 이러한 약점들을 기술적으로 보완하고 규정들을 더욱 세밀하게 만들어 회원국들의 조약 준수 가능성을 높인 의정서가 채택되었다.

대기와 관련해서 이 시기에 체결된 가장 대표적인 조약은 1979년의 월경성 장거리 대기오염에 관한 협약(CLRTAP)이다. 1950년대와 60년대에 북유럽 스칸디나비아반도의 숲이 황폐해지고 호수의 물고기들이 감소하자 1960년대 말부터 스웨덴 및 몇몇 스칸디나비아 국가들에서는 이러한 자연 파괴가 외국 특히 영국과 서독으로부터 유입된 이산화황에서 비롯된 것이라는 과학적 판단을 내리고 1972년 스톡홀름회의에서 이 문제를 제기하였다. 영국과 서독은 자국 책임을 부인했지만, 과학적 정보 교환과 공동 연구 그리고 정확한 공동 측정을 위한 기술적 협력에 동참하였다. 1975년 핀란드에서 개최된 유럽안보협력회의(CSCE: Conference on Security and Cooperation in Europe)에서 소련은 환경 분야도 유럽 차원의 협력 의제로 포함될 것을 주장하였고 이에 대한 회원국들의 합의가 이루어졌다. 이후 소련은 유엔 유럽경제위원회(UNECE: United Nations Economic Commission for Europe) 차원에서 이 합의의 이행을 촉구하였으며 스웨덴 및 몇몇 스칸디나비아 국가들은 이러한 소련의 적극적 개입을 지렛대로 삼아 공동 조사와 연구 등 협력을 주도하였다. 이 결과 대기오염물질이 수천 킬로미터를 이동할 수 있음이 확인되면서 이 문제에 대한 협력이 가속화되어 결국 1979년에 협약이 체결되었다. 이 협약에는 문제가 되는 산성비를 초래하는 특정 오염물질에 대한 즉각적인 저감 의무가 명시되지 않아 영국이나 서독 등의 주장을 반영한 일종의 절충안이라는 평가를 받기도 하였다. 그러나 이후 1985년의 헬싱키 의정서 등 일련의 의정서를 통해 구체적인 저감 의무가 명시되는 방향으로 발전하였다.[8]

대기 및 수질과 같은 전형적인 산업화로 인한 오염 외에 1970년대에는 자연환경과 동식물의 보호 문제도 대두되어 이에 관한 조약도 체결되었는데 대표적으로는 1972년에 채택된 세계문화 및 자연유산 보호에 관한 협약(Convention on the Protection of the World's Cultural and Natural Heritage) 그리고 1973년에 채택된 멸종위기에 처한 야생동·식물종의 국제거래에 관한 협약 등이 있다. CITES는 1963년에 만들어진 세계보존연맹(The World Conservation Union) 회의에서 채택된 결의안에 바탕을 두고 있다. 사실 특정 종의 동식물을 멸종위기에서 구하자는 생각 자체가 이 당시에는 매우 낯선 것이었다. 이러한 의미에서 CITES는 이 문제에 대한 사람들의 의식을 변화시키는 첫 출발점이 된 것이었다. 조약이 체결되고 발효되었던 1970년대나 지금이나 동식물의 국제적 거래는 매우 다양하고 조직적으로 이루어진다. 살아있는 동물이나 식물에서부터 이들이 가공된 식품, 약재, 목재, 귀금속, 악기 등 거래되는 품목도 다양하고 그 규모도 수십억 달러에 이른다. CITES는 부속서에 약 3만 6,000여 종의 동물과 식물을 멸종위기의 심각성의 정도에 따라 등급을 나누어 등재하고 있으며 특히 부속서 I에 등재된 종은 국가 간 거래가 엄격히 금지된다. 이렇게 국가 간 거래를 막는 방법으로 멸종을 막는 것이 이 조약의 특징인데 이 방법의 효과성은 논쟁의 대상이지만 CITES는 이 분야의 국제협력을 개척한 조약으로써 긍정적으로 평가받을 수 있다.

1970년대에는 이렇게 1세대 조약들이 기본적인 환경문제들을 중심으로 형성되었고 이후 1980년대에는 이전에는 없었고 예측할 수 없었던 문제들을 다루는 조약들이 생겨났는데 그 중 대표적인 사례로서는 1985년에 체결된 오존층 보호를 위한 비엔나협약 그리고 1987년에 체결된 몬트리올의정서(Montreal Protocol)가 있다. 오존층은 성층권에 형성된 일종의 보호막으로서 태양으로부터 오는 자외선복사로부터 인간 및 생태계를 보호해 준다. 1970년대 미국의 과학적 연구로 인간이 사용하는 염화불화탄소와 같은 물질들이 오존층의 파괴를 초래하며 이것이 피부암이나 백내장 등을 일으켜 생명체에 악영향을 미친다는 사실이 밝혀지면서 1970년대 말부터 일부 서구 선진국에서는 염화불화탄소의 사용을 금지하였다. 이후 1985년에 영국의 남극조사단이 남극 상공에서 오존층에 커다란 구멍이 생겼음을 확인하면서 조약을 통한 국제협력이 가속화되었다. 이 조약과 의정서는 지구환경정치의 역사에서 매우 성공적인 환경레짐으로 평가받고 있다. 조약과 의정서가 계속해서 개정되면서 오존층 파괴물질에 대한 금지는 단계적으로 그리고 점진적으로 이행되어왔으며 특히 선진국과 개도국으로 나누어 차별화된 방식으로 이행되었다. 따라서 오존층 파괴물질에 대한 국제적 규제는 전반적으로 성공했다고 볼 수 있다. 이 성공에 가장 큰 영향을 미친 요인은 위에서 언급한 과학적 발견과 증거 그리고 그로 인한 충격이라고 할 수 있다.

2세대 조약의 또 다른 사례로서는 1989년에 채택된 유해 폐기물의 국가간 이동 및 처리의 규제에 관한 바젤협약(The Basel Convention on the Control of Transboundary Movements of Hazardous Wastes and their Disposal)을 들 수 있다. 1970년대와 1980년대에 선진국에서는 병원에서 나오는 주사기나 기타 사용 후 폐기되어야 의료기기, 중금속이나 그 화합 물질들이 함유된 폐전자기기, 폐유나 폐의약품 등의 처리가 비용의 증가, 유해 폐기물 처리에 관한 환경기준의 강화 그리고 님비현상(Not In My Backyard) 등으로 인해 점차 곤란해지자 이 문제를 처리 기준이 낮은 개도국에 수출하는 방식으로 해결하였다. 이 조약은 이러한 유해 폐기물의 부적절한 국제적 거래를 막고자 하는 목적에서 주로 개도국의 적극적 노력으로 조직되었다. 조약의 목적은 폐기물의 국가 간 거래를 제한하고 그들이 환경에 해를 미치지 않는 적절한 방식으로 처리되게 하여 궁극적으로 유해 폐기물이 발생 자체를 줄이려는 것이다. 조약 당사국들은 사전 동의의 원칙에 따라 폐기물을 수출하려는 국가가 수입국에 폐기물에 관한 자세한 정보를 제공해야 하며 수입국이 서면으로 동의서를 제출하는 경우에만 수출을 할 수 있도록 하였다. 이 조약 역시 CITES와 같이 거래 금지 접근(trade ban approach)을 사용하였으며 성공적인 조약 중 하나로 평가받는다.

이처럼 스톡홀름회의 이후 국제환경조약의 체결이 활발해졌다. 국가들이 모여서 함께 논의하고 협력하고자 하는 환경 이슈들과 분야도 다양해졌으며 조약도 포괄적인 기본협약에서부터 구체적인 이행 의무 사항을 담은 의정서로 이어지는 경향을 보였다. 또한, 조약이 처음 생성된 이후 지속적인 개정 과정을 거쳐 왔는데 대부분 개정은 조약을 강화하는 방향으로 이루어졌다고 할 수 있다. 도표 3.1에서 보는 바와 같이 조약의 체결 및 개정 건수를 보면 1990년대까지 지속적으로 증가하는 것을 볼 수 있다. 그리고 처음에는 주로 선진국들이 조약 체결과 협상을 주도했지만 점차로 개도국들이 참여하게 되고 또한 1980년대에는 중진국들이 생겨나면서 이들의 역할도 점차 커지게 되었다.

물론 양적 성장이 질적 성장을 의미하는 것은 아니다. 레짐이 형성되었다고 해서 반드시 그 레짐이 효과적이라는 것을 의미하지는 않는다. 그러나 이 시기는 형성 자체가 의미가 있었던 상황이었고 또한 대부분 레짐 효과성에 대해 낙관적인 견해를 가지고 있었다. 오히려 이 시기에 쟁점이 되었던 것은 수많은 환경조약이 파편화되지 않고 유엔 그리고 그중에서도 UNEP을 중심으로 체계적으로 조직되고 관리되는 것이었다. 많은 환경조약 중 UNEP이 조직한 것도 있지만 유엔의 다른 기구에서 주도한 것도 있고 유엔

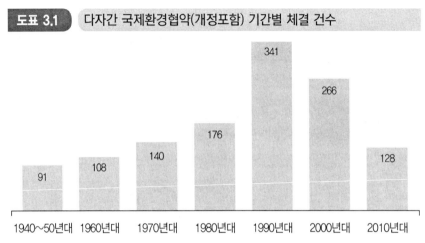

도표 3.1   다자간 국제환경협약(개정포함) 기간별 체결 건수

출처: https://iea.uoregon.edu/ 를 바탕으로 저자가 직접 작성.

과 상관없이 만들어진 것도 있었기 때문이다. 특히 수많은 조약에서 발생하
는 조약문들이 국제법적으로 체계를 갖추기 위해서라도 개별 조약들이 통
합적으로 관리되어야 할 필요성이 제기되었다. 그러나 이 시기에도 그리고
이 이후에도 이러한 지구환경정치 전체의 거버넌스 차원에서의 통합적 질
서는 만들어지지 않았다.

조약이 활성화되고 여러 세부 분야로 확산되었지만 여전히 스톡홀름에
서 제기되었던 개도국과 선진국의 차이에 관한 문제는 남아 있었다. 개도국
은 빈곤으로 인한 전염병 및 열악한 보건 위생 수준, 낮은 기대수명 및 기아
등의 문제에 시달리고 있었고 전반적으로는 환경보다는 경제발전이 시급
한 상황이 대부분이었다. 1980년대에는 한국이나 대만 등 몇몇 중진국들의
약진으로 인해 개도국과 선진국의 소득 양극화 현상이 완화되는 듯했지만,
이들의 급속하고 성공적인 성장은 환경 측면에서 볼 때 개도국에게는 오히
려 환경을 거의 고려하지 않고 경제발전에 성공하여 상대적으로 풍요를 누
리고 있는 또 하나의 사례일 뿐이었다. 즉 1980년대에 와서도 스톡홀름회
의 때와 마찬가지로 여전히 선진국들은 "우리의 실수로부터 배워라(Learn

3장 • 지구환경정치의 진화 **47**

from Our Mistake)"라는 논리에 기반을 두고 국제환경정치에 참여할 수밖
에 없었고 개도국들은 그 논리의 부당함을 주장하지 않을 수 없었다.

　지속가능한 발전(sustainable development)이라는 용어는 이러한 개도
국과 선진국의 대립에서 일정한 타협점이었다. 그리고 이 용어의 최대 장점
인 기발하리만치 지나치게 모호한 표현(brilliant ambiguity)으로 인해 이
용어는 개도국과 선진국 모두에게 전반적으로 환영받았다.[9] 이 용어는 1970
년대 말부터 학자들에 의해 토론되고 연구되기 시작했으나 1987년 환경과
개발을 위한 세계위원회(World Commission on Environment and Devel-
opment)가 '우리 모두의 미래(Our Common Future)' 혹은 흔히 브룬트란
트 보고서(Brundtland Report)라고 불리는 리포트를 출간하면서 전 세계
적으로 널리 알려지게 되었다. 이 위원회는 당시 유엔 사무총장이었던 디 케
야르(Javier Pérez de Cuéllar)가 노르웨이의 수상이었던 브룬트란트(Gro
Harlem Brundtland)에게 환경과 개발 문제를 다루는 위원회를 구성하고
그 둘의 관계라는 핵심적인 쟁점을 연구해 달라고 요청하여 구성되었다. 지
속가능한 발전에 대한 이 위원회가 내린 정의는 아직도 가장 대표적으로 사
용되고 있다. 그 정의에 따르면 지속가능한 개발은 '미래세대들이 그들의
필요를 충족시킬 능력을 훼손하지 않는 방식으로 현세대가 그들의 필요를
충족시키는 발전'이다.[10]

　지속가능한 개발은 필요(needs)와 제한(limits)이라는 중요한 두 핵심 개
념을 가지고 있다. '필요'는 빈곤한 국가 혹은 사람들의 필수적인 조건의 충
족을 의미하는데 이것은 다른 어떤 과제나 목표보다도 우선으로 추진되어
야 함이 보고서에 명시되어 있다. '제한'은 이러한 개발과 번영이 무제한적
이어서는 안 된다는 의미를 가진다. 따라서 이 용어는 '우리의 실수로부터
배우라'는 논리에서 벗어나 개발이 무조건 나쁜 것이 아니라 개발은 반드시
필요하지만 그 역시 제한이 필요하다는 관점을 명확히 하였다. 따라서 이제
쟁점은 이런 식의 발전, 즉 환경과 개발의 균형을 맞추는 것이 어떻게 구체

적으로 가능한지를 모색하는 것이 되었다. 그것은 선진국들과 개발도상국들 등 그 어떤 국가들도 한 번도 시도해 보지 않은 방안을 모색하는 것이었고 그 누구도 한 번도 가보지 못한 길을 가는 것과 같았다. 1989년 12월 유엔총회에서는 지속가능한 개발의 실천을 위해 스톡홀름회의의 뒤를 잇는 '지구환경에 관한 정상회의'를 개최할 것을 결의하였고 이 대회는 3년 뒤인 1992년에 브라질의 리우데자네이루에서 열렸다.

3. 리우회의와 그 영향

환경과 개발에 관한 유엔회의(United Nations Conference on Environment and Development)는 1992년 6월 5일부터 18일까지 리우데자네이루에서 개최되었다. 전 세계 178개국 117명의 수반과 8,000여 명의 공식 대표단, 3,000여 명의 옵서버들과 9,000여 명의 언론인들, 그리고 1만 5,000여 명 정도의 비정부단체 대표들이 참여하였다. 대회의 규모는 당시까지 유례없는 정도였으며 무엇보다도 주권국가 대표 외에 비정부단체, 기업, 과학자와 전문가 집단 등 다양한 행위자들의 참여와 적극적인 의사 개진이 특징이었다. 비정부단체들은 대회에 직접 참가하기도 하였고 대회와 동시에 대회장 밖에서 독자적으로 집회와 회의를 개최하기도 하였다. 기업과 산업계 역시 회의에 적극적으로 참여하였고 대회 기간 중 '지속가능발전을 위한 국제 비즈니스회의(International Business Council for Sustainable Development)'가 창립되기도 하였다.

대회가 열렸던 1992년은 냉전이 해체되고 구공산권 경제가 세계 경제에 통합되고 경제적 세계화가 심화되기 시작하던 시기였다. 1972년에 전 세계 GDP는 약 21조 달러였으나 1992년에는 약 39조 달러가 되었다. 1972년에 전 세계 무역총액은 약 6,400억 달러였으나 1992년에는 약 7조 달러가 되었다. 경제 규모의 증가와 무역 및 투자 자유화의 급속한 진전은 환경에 미치는 압력 또한 증가시켰으나 다른 한편으로는 환경문제에 집중할 여유가 생긴 국가들이 더 증가했음을 말해 주는 것이기도 하였다. 또한, 위에서 서술한 바와 같이 스톡홀름회의 이후 조약을 통한 국제환경협력이 지속적으로 전개되었고 이 역시 리우회의의 낙관론에 영향을 미쳤다. 대회 조직위 측은 이 대회에서 최소한 3개의 환경조약이 체결되고 지속가능한 발전에 관한 구체적인 방안들이 제시되며 이를 이행하기 위한 구체적인 재정구조가 만들어질 것을 낙관하였다.

이러한 낙관론과는 달리 이 대회는 그전까지 표면화되지 않았던 개도국과 선진국 간의 의견 차이와 대립이 시작부터 본격적으로 전개된 대회였다. 대회의 명칭이 환경과 개발에 관한 국제회의인데 시작부터 이 대회가 과연 환경을 위한 회의인지 아니면 개발을 위한 회의인지부터 논란이 되었다. 개도국은 20년 전과 마찬가지로 그들의 우선순위가 개발이며 환경보호가 개발을 대가로 하는 것이어서는 안 된다는 점을 주장하였다. 그들은 그들에게 필요한 식수, 상하수도 시설, 위생, 식량안보 등의 문제를 강조했으며 산림황폐화(deforestation)보다는 사막화(desertification)에 더 큰 관심을 보였다. 반면 선진국은 산림황폐화나 생물다양성, 기후변화 등이 전 지구적 차원에서 사막화보다 훨씬 더 심각한 문제라고 주장하였으며 개도국의 인구증가를 억제하는 것이 식량문제 해결에 있어서 가장 중요한 방법이라고 주장했다.

아마도 개도국과 선진국 간의 의견 차이 중 가장 핵심적인 문제는 환경문제 해결을 위한 자금을 어떻게 조달할 것이냐의 문제였을 것이다. 개도국들은 지구환경 파괴의 책임은 주로 선진국에 있고 또 개도국들은 상대적으로 경제적 여력이 없으므로 선진국에서 자금을 지원해야 하며 또한 개도국의 채무를 탕감하며 선진국 시장에의 접근을 쉽게 하는 등 개도국의 경제발전을 돕는 것 자체가 해결책이라고 주장하였다. 선진국들 역시 대체로 이러한 개도국의 의견에 동의했는데 쟁점이 된 것은 과연 얼마나 많이 부담해야 하느냐, 즉 액수의 문제와 어떻게 조달해야 하느냐 등의 자금 조달 메커니즘의 문제였다.

　액수의 경우 개도국들은 당시 공적개발원조(ODA: Official Development Assistance)를 약 550억 달러를 지원받고 있었는데 그것에 추가하여 700억 달러를 지원해 달라고 요청하였다. 즉 합계 약 1,250억 달러 정도가 되면 리우회의에서 합의된 '의제 21(Agenda 21)'을 실행할 수 있는 규모임을 주장한 것이다. 그러나 선진국은 그 정도의 여유가 없으므로 사실상 그 액수를 조달하는 것이 불가능하다는 태도를 분명히 밝혔다. 그 결과 일종의 타협점으로서 G-77은 선진국의 원조가 늦어도 2000년까지는 평균적으로 그들 GDP의 0.7% 이상이 된다면 일단 받아들일 것이며 이후 원조가 더욱 증가할 것을 희망하였다. 선진국들은 대부분 원칙적으로 0.7%를 맞추는 것에는 찬성했지만 언제까지 맞출 것인지를 정하는 것에는 반대하였다. 단 덴마크의 경우 당시 이미 0.7%를 넘었기 때문에 유일하게 개도국 입장을 지지하였다. 조달 메커니즘에 관해서는 G-77은 기존의 메커니즘과는 다른 별도의 펀드를 신설하여 의제 21의 실행을 전담하도록 할 것을 요구했다. 선진국은 리우회의가 개최되기 1년 전에 세계은행(World Bank) 주도로 설립된 세계환경기금(GEF: Global Environmental Fund)이 개도국의 환경정책에서 큰 역할을 할 수 있다는 점을 강조하였다. 개도국은 이를 거부했는데 그 이유는 세계은행이 개도국 환경 기금을 독점하고 다른 통로들과 가능성을 차단한다는 것이었다. 결국, 여기서도 일종의 타협책이 제시되어 기존에 미리 설립된 세계환경기금이 주요 메커니즘이 되지만 이 기금의 운영방식을 개편하여 좀 더 개도국에 유리한 방향으로 사용될 수 있는 방안을 마련하기로 합의했다.[11)]

　대회의 결과물 중 하나인 리우선언(The Rio Declaration) 역시 이처럼 선진국과 개도국 간의 의견 차이와 정치적 타협의 산물이었다. 이 선언은 총 27개의 원칙으로 구성되어 있는데 거의 모든 원칙에서 개도국이 강조하는 개발과 선진국이 강조하는 환경이 적절히 섞여서 나열되어있는 것을 볼 수 있다. 스톡홀름 때와 마찬가지로 이 선언 역시 구속력 있는 합의문은 아니지만, 선진국과 개도국 모두 각자 단독으로는 지속가능한 발전을 추구할 수 없고 반드시 상대방의 협조가 필요함을 인정한 결과라는 면에서 큰 의의가 있다.

리우선언의 핵심은 앞서 언급한 브룬트란트 보고서에서 소개된 지속가능한 발전이라는 개념이다. 이 책의 부록에 있는 리우선언에서 보는 바와 같이 지속가능발전은 세대 간(inter-generational) 형평성(제3원칙), 환경보호와 개발과정의 통합(제4원칙), 세대 내의(intra-generational) 형평성과 빈곤 완화(제5원칙), 특별한 환경 및 개발의 필요가 있는 국가들에 대한 지원(제6원칙), 지속가능하지 않은 생산과 소비의 제한 및 인구 억제(제8원칙) 등을 포함하며, 시민 참여와 정보에의 접근(제10원칙), 환경법의 제정(제11원칙), 사전주의 원칙의 실행(제15원칙), 비용의 내재화(제16원칙), 환경영향평가제의 실행(제17원칙), 피해국에 대한 배려(제18~19원칙), 다양한 중요 행위자들의 참여(제20~22원칙) 등과 같은 절차적 기준의 마련이 병행되어야 한다. 따라서 전체 27개 원칙이 모두 지속가능발전이라는 개념으로 연결되어 있다고 할 수 있다. 또한, 리우선언은 이후 국제환경법이 발전하는 중요한 계기가 되었다. 구체적으로 공동의 그러나 차별화된 책임(CBDR: common but differentiated responsibilities) 원칙(제7원칙), 사전주의의 원칙(제15원칙), 오염자 부담의 원칙(polluter pays principle) (제16원칙) 등은 향후 국제환경조약에서 자주 사용되는 국제법 원리가 되었다.

스톡홀름선언의 경우 시행령에 해당하는 스톡홀름 행동 계획이 있었듯이 리우선언 역시 구체적인 시행령에 해당하는 '의제 21'이 만들어졌다. 의제 21은 40개의 항목으로 구성되어 있는데 이들이 크게 네 영역으로 나뉜다. 제1영역은 사회경제적 차원으로서 공적개발원조(ODA)의 국제목표 달성, 개도국 채무 경감과 빈곤 극복, 지속가능한 소비 및 인구 문제 등을 포함하고 있다. 제2영역은 개발을 위한 자원의 보존과 관리 차원으로서 대기, 토양, 산림, 해양, 담수, 농지, 생물 등 각종 자원의 보호에 관한 내용을 포함하고 있다. 제3영역은 주요 집단의 역할 강화 차원으로서 지속가능발전의 추진을 위한 여성, 청년, 비정부기구, 지방정부, 노동조합, 농민 등의 역할을 내용으로 한다. 마지막으로 제4영역은 구체적인 집행 도구의 차원으로서 이러한 과제들을 실행하기 위한 재원, 기술 등을 각 기관에서 어떻게 조달할 것인가를 포함하고 있다. '의제 21'은 완결된 문서가 아니라 시간이 지남에 따라 지속적으로 수정·보완되어 개정되도록 기획되었다. 이 개정을 주도하고 '의제 21'을 구체적으로 실행하기 창설된 조직이 바로 유엔 지속가능발전위원회(United Nations Commission on Sustainable Development)였다. 이 조직은 2013년에 마지막 세션을 끝으로 폐회될 때까지 이러한 기능을 수행하였다.

'의제 21'의 제28장에는 지구환경 보호를 위한 지방정부의 역할을 강조하면서 각국 정부가 지방 차원의 행동인 지방의제 21을 추진할 것을 권고함에 따라 우리나라를 포함하여 각국 지방자치단체들이 이를 실현하기 위한 추진 조직을 만들기도 했다. 그러나 실제로 그 어떤 나라에서도 '의제 21'을 실제로 계획한 수준으로 실행한 경우는 없으며 대부분 보여주기식의 실망스러운 수준의 실천 결과를 보여주었다. 또한, '의제 21'은 시작부터 그것을 구체적으로 실행하기 위해서는 재원이 얼마나 필요한지를 명시하였는데 이 재원은 결국 선진국의 공적개발원조 액수로 평가해 볼 수 있을 것이다. 그러나 실제 제공된 액수는 '의제 21'을 집행할 수 있는 양에 훨씬 못 미쳤으며, 따라서 자금 조달 및 집행의 측면에서 측정해 봐도 역시 '의제 21'의 실제 집행은 매우 부족했다고 평가할 수 있다.

리우회의는 매우 중요한 부산물들로서 기후변화협약이나 생물다양성협약 등 이후 시기를 주도하게 될 네 개의 주요 환경조약들을 남겼다. 이는 확실히 산업공해(대기오염, 수질오염, 고체 폐기물)에 주로 초점을 맞추었던 스톡홀름회의보다 리우회의가 한 차원 업그레이드되었음을 보여준다. 유엔 기후변화기본협약(UNFCCC: United Nations Framework Convention on Climate Change)은 말 그대로 기본협약, 즉 인간이 인위적으로 만들어 낸 기후변화 현상을 인식하고 이에 공동으로 대처하자는 기본적인 합의의 틀을 짜는 협약이었다. 이 당시 이 협약에 서명한 서명국들의 의무 사항은 자국의 온실가스 배출량과 미래의 추정치 그리고 온실가스 감축에 관한 정책에 대해 정기적으로 보고하는 것이었다. 그러나 이후 구속력 있는 감축에 관한 합의를 하고 또 그것을 실천하는 과정은 무척이나 길고 험난한 시간이었고 그 과정은 지금도 계속되고 있다. 유엔 생물다양성협약(United Nations Convention on Biological Diversity)은 생물 종과 생태계 전반 그리고 서식지의 보호를 통해 지구 전체의 생물학적 다양성을 확보하고 유전자원의 확보 및 사용에 대한 원칙을 수립하고자 하는 기본협약이었다. 생물다양성은 기후변화보다는 다소 덜 도전적이었던 이슈였지만 이 경우에도 구체적인 의무 사항을 결정하는 단계에 있어서는 주권의 영역을 침해하는 문제가 수반되었기 때문에 기본 틀 단계의 합의에 일단 만족해야 했다. 유엔 사막화방지협약(The United Nations Convention to Combat Desertification)은 건조지역 특히 아프리카 사막 지역의 토양 황폐화 문제에 대한 공동 대응을 촉진하는 것을 목적으로 만들어진 협약으로서 당시나 지금이나 사막화 문제를 다루는 유일한 환경조약이다. 물론 이 경우에도 협약당사국의 구속력 있는 의무 규정이 포함된 합의가 도출되기는 어려웠으므로 협력을 위한 기본 틀의 역할을 하는 협약으로서 사막화 방지를 위한 행동규범을 제시하는 것을 주 기능으로 하였다. 마지막으로 산림원칙(The Forest Principle)은 위의 세 조약과는 달리 협약의 단계까지 이르지 못하고 역시 구속력 없는 선언의 형태로 발표된 것으로서 각국이 자국의 영토 내의 삼림자원에 대한 권한을 가지되 그러한 삼림자원의 지속가능한 관리의 원칙이 있음을 명시했다.

이들 조약이 다루는 이슈들은 모두 일종의 난제(難題)로서 이러한 도전 자체가 스톡홀름에서 출발하여 20년을 지나오면서 가졌던 자신감의 표출이었다. 그러나 결과적으로 이 난제들에 대한 도전이 별다른 성과를 내지 못하면서 국제환경정치를 주도해 왔던 주 행위자였던 주권국가들은 자신감을 잃게 되었다. 결국, 리우회의가 분명 지구환경정치의 역사에서 가장 성대하게 열렸던 축제였음에도 불구하고 시간이 지나면서 후속 작업이 실질적인 결과물을 만들어내지 못하면서 그 의미가 퇴색하게 되었다. 사실 리우회의이후 지속가능발전은 거의 전 세계에서 유보 없이 채택되고 동의 되었으나이것은 역설적으로 그 개념이 광범위하며 모호하다는 것을 보여준다.

적어도 일부 학자들은 이들 조약의 사실상 실패가 1990년대에 급속하게 진행된 경제적 세계화와 관련이 있다고 주장한다. 시장 중심의 세계화는 선진국과 개도국의 격차를 심화시키며 이를 주도하는 미국 등의 국가들은 국제기구와 조약들을 무력화시키며 시장 논리로 국가 간 합의와 약속을 약화한다는 것이 이들의 주장이다. 많은 사람은 냉전의 해체로 인해 안정적 평화 시기가 도래하고 그렇게 되면 군비 경쟁에 들어갔던 자원과 비용이 개발과 협력에 투입되어 환경 등 국제사회의 다양한 문제들의 해결을 촉진시킬 것이라고 예상했으나 실제로는 그 반대로 미국 주도로 세계 경제가 급속히 통합되면서 빈익빈 부익부 현상이 심화되고 경쟁이 치열해지면서 선진국은 선진국대로 그리고 개도국은 개도국대로 그 전보다 환경문제에 관심을 가질 여력이 없어졌다는 것이다.[12] 스톡홀름회의와 리우회의를 조직했던 기업가이자 환경지도자였던 스토롱(Maurice Strong) 역시 경제적 세계화로 인해 주권국가들이 자국의 경제 및 환경에 대한 통제력을 상실하고 양극화가 심화되어 환경이 더욱 나빠진다고 주장하였다.[13]

환경이 개발보다 뒷전에 밀리게 된 것은, 2000년 9월에 열렸던 밀레니엄 정상회의에서 채택된 새천년개발목표(MDGs: Millennium Development Goals)에서 잘 드러난다. 유엔은 새천년을 일종의 정치적 계기로 삼아 범

지구 차원의 문제해결을 위한 각국의 참여와 협력을 유도했는데 그 결과로서 리우회의와 같이 선언과 행동 계획을 도출한 것이 아니라 매우 포괄적이고 추상적인 8개의 목표를 하나의 패키지로 만들어서 발표하였다. 그런데 개발은 제목에 포함됐지만, 환경은 8개의 과제 중 하나로 되어 있는 것만 봐도 지속가능개발에서 지속가능보다는 개발로 강조점이 이동한 것을 알 수 있다.

새천년개발목표가 만들어 낸 또 다른 문제는 이렇게 목표를 패키지로 설정하고 그것을 일정 기간 내에 달성하자는 선언을 한 것 자체였다. 즉 목표들의 패키지화는 일종의 백화점식으로 각종 과제를 골고루 나열한 것에 불과한 것으로서 구체성이 부족하고 강조점이 없어서 실행 가능성 자체가 회의적이다. 이러한 패키지를 만든 유엔은 그것이 그 목표들이 그 전과는 달리 실제 그것을 실행해야 하는 사람들 중심으로 설계되었으며 측정 가능하며 추진 일정과 성취 기한이 설정되었다는 점에서 매우 긍정적으로 평가했다. 그러나 이에 비판적인 사람들은 데드라인 설정 자체가 비현실적이며 이러한 목표 설정이 오히려 유엔의 권위를 약화시키고 국가 간의 협력을 저해한다고 생각하였다. 실제로 2015년이 되어서도 거의 모든 목표는 달성되지 못했고 그 이후 17개의 지속가능발전목표(Sustainable Development Goals)가 다시 설정되었고 또 다른 15년의 기간이 주어졌다.

4. 두 번의 리우 플러스(+) 회의들

2000년대에도 1990년대와 마찬가지로 국제환경조약들이 그들이 다루는 문제들을 해결하지 못하고 효과적인 국가 간 협력을 끌어내지 못하게 되는 경향은 계속되었다. 유엔에서는 새천년의 경우와 같이 전환점이 될 만한 상징적인 계기를 만들어 어떻게든 리우회의의 추진력을 지속시켜 나가기를

원했고 그 결과 리우회의 10주년 기념 해인 2002년에 Rio+10회의를 남아
프리카의 요하네스버그에서 개최하였다. 그런데 사실 이 10년 동안 리우선
언과 의제 21은 거의 실행되지 못하고 있었다. 따라서 Rio+10회의는 리우
회의의 열기를 지속시켜보려는 시도가 아니라 반대로 꺼져가는 불씨를 다
시 살려보려는 시도였다고 하는 것이 더 정확한 서술일 것이다.

이 회의의 정식 명칭은 지속가능한 개발을 위한 세계정상회의(WSSD:
World Summit for Sustainable Development)였다. 이 회의에서는 2년
전인 2000년에 발표된 새천년개발목표를 수용하고 이를 실천하기로 합의
하였으며 물과 하수 위생 에너지, 보건, 농업, 그리고 생물다양성 등의 다
섯 가지 정책 영역(WEHAB agenda)을 우선순위로 설정하였다. 이 과제
를 담은 문건이 리우에서와 마찬가지로 요하네스버그선언(Johannesburg
Declaration)과 실행계획(Plan for Implementation)이라는 이름으로 발
표되었다. 이 선언은 리우선언과는 달리 원칙이 명시된 것이 아니라 국가들
과 국가 외의 다양한 행위자들의 참여와 헌신을 촉구하는 정치적 성격의 서
술이었기 때문에 국제환경법의 발전과 국제환경조약의 활성화에 큰 기여를
하지는 못했다. 실행계획은 다섯 가지 정책 영역별로 구체적인 데드라인을
명시하여 목표를 제시한 것이었다.

또한, 이 회의에서는 특별히 그 전 회의들에 비해 공공기관과 민간 부문
간의 협력(public private partnership)이 강조되고 이러한 파트너십 접근
법(partnership approach)이 활성화되었다. 실제 회의 기간에 다섯 가지
정책영역별로 수많은 파트너십이 구성되어 참여 의사를 밝혔다. 파트너십
은 주권국가나 국제기구와 같은 공적 기관과 비정부단체나 기업 및 전문가
집단과 같은 사적 영역 간의 협력을 의미하지만, 사실은 전자가 그때까지 제
대로 역할을 하지 못했기 때문에 후자의 역할을 강조하는 의미가 더 컸다고
할 수 있다. 실제로 앞서 언급한 대로 환경정치에서 비정부단체나 기업의 역
할이 점점 커져서 1990년대 이후로는 국제환경정치라는 용어보다는 지구

환경정치라는 용어가 더 많이 사용되었다. 이들 사적 행위자들은 1990년 대 중반 이후부터는 조직 자체가 글로벌화되고 또 각각의 조직들이 연대하여 네트워크형 행위자가 되기도 하였다. 서구사회에서는 1990년대 중반부터 많은 네트워크형 시민단체들이 설립되었으며[14] 기업도 1995년에 다국적 기업들의 연합인 세계지속가능발전기업위원회(WBCSD: World Business Council for Sustainable Development)가 설립되어 기업이 환경정책에 참여하는 통로 역할을 하게 되었다. 이와 더불어 세계 각 지역에서 자생적으로 발생한 풀뿌리 환경 운동(grassroot environmental activism) 역시 스스로 사회운동의 형태로 발전하여 큰 영향력을 행사하기도 하고 또 이들 역시 국경을 넘어서서 네트워크화되어 다른 지역의 다른 단체 혹은 운동세력과 연계하여 권력을 강화하는 경향도 나타났다.[15]

Rio+10(WSSD)에는 세계 190여 개 국가의 대표가 참석하였다. 일단 개최국이 남아프리카공화국이다 보니 당시 대통령이었던 만델라(Nelson Mandela)의 참석과 개막 연설이 큰 계기가 되었고 영국 총리였던 블레어(Tony Blair)와 러시아 대통령이었던 푸틴(Vladimir Putin) 등 많은 정상이 참석하였다. 그러나 미국의 부시(George W. Bush) 대통령은 참석하지 않았고 국무장관이었던 파월(Colin Powell)을 보냈다. 사실 부시 행정부는 회의 개최 1년 전인 2001년에 교토의정서의 비준 거부를 선언하였다. 당시 전 세계 이산화탄소 최대배출국인 미국이 어렵게 체결된 교토의정서의 비준을 거부한 것은 지구환경협력에 부정적 영향을 크게 미쳤다. 이런 상황에서 미국 대통령이 직접 회의에 참석하지 않게 되자 이 회의를 비롯하여 주권국가들의 대표들이 협의하는 레짐 차원의 노력들의 효력이 점차 약화되기 시작했다.

2012년에는 리우회의 20주년을 기념으로 하는 정상회의가 다시 리우에서 열렸다. 이 대회의 정식 명칭은 2012 유엔 지속가능발전회의(The 2012 United Nations Conference on Sustainable Development)였으며 이를 통칭 Rio+20이라고 부른다. 이 회의는 WSSD보다도 더 파급력이 약하고 주목을 거의 받지 못했다. 미국, 영국, 독일 등 대부분의 선진 주요국 정상들이 참석하지 않았는데 이 당시 이들의 주요 관심사는 환경과 개발이라는 포괄적이고 모호한 이슈가 아니라 기후변화와 온실가스 감축이라는 보다 구체적이고 직접적인 당면 과제였을 것이다. 교토의정서가 2005년에 발효되자 온실가스 의무 감축을 해야 하는 부속서 1(Annex I) 국가들은 첫 번째 감축기간(the first commitment period)이 끝나는 2012년까지 약속했던 의무 감축을 이행해야 했는데 온실가스를 가장 많이 배출하는 중국은 부속서 2 국가로 분류되어 감축의무가 없었으며 미국은 비준을 거부했기 때문에 감축의 실행과 국제협력 자체가 지속적으로 쟁점이 되었다. 이 회의에서의 키워드는 지속가능발전을 위한 엔진으로서 제시된 '녹색 경제(green economy)'였으며 이를 실행하기 위해 10년과 같이 파트너십이 강조되었다. 또한, 각국 정부들은 이 회의에서 새천년개발목표를 대체할 새로운 패키지를 준비하는 데 합의하였는데 그것이 바로 지속가능발전목표(SDGs)였다.

스톡홀름회의와 1992년의 리우회의에 비해 이 두 번의 플러스(+) 회의들은 지구환경정치의 역사에서 중요한 계기가 되지 못했다. 그러나 그것은 이 두 회의를 주도하고 조직한 행위자들의 잘못도 아니며 참여했던 대표들의 문제도 아니었다. 1992년 이후 확실히 사람들은 국가 간 환경협력이 어렵다는 것을 점차로 강하게 느끼게 되었고 그들이 제시한 지속가능발전이라는 과제가 근본적으로 성취 가능한 것인지에 대한 회의 역시 점차로 커지게 되었다. 이러한 비관론은 추상적인 구호가 아니라 가장 구체적인 문제, 즉 지속가능한 발전을 위해 누가 재정 부담을 얼마나 할 것인가의 문제에서 가장 적나라하게 나타났다. 위에서 보았듯이 이 문제는 40여 년간 선진국과 개도국 사이에서 지속적으로 논쟁이 되어 왔으며 결국 선진국의 공여국들이 ODA를 얼마나 부담하느냐의 문제로 귀결됐다. 선진 공여국들은 1970년에 처음 자신들의 국민총소득(GNI: Gross National Income)의

0.7%에 해당하는 양의 ODA를 마련하자고 약속했다. 유럽연합에 속해 있
는 국가들의 경우 2004년에 이를 다시 한번 약속하기도 하였다. 그러나 도
표 3.2에서 보듯이 2018년 현재까지도 0.7%를 넘은 국가는 몇몇 북유럽 혹
은 서유럽 국가들뿐이며 한국을 포함하여 약 절반 이상의 국가들은 가까운
장래에 0.7%를 넘을 가능성은 거의 없어 보인다.

1992년의 리우회의는 지구환경정치의 역사에서 스톡홀름회의에 이어 두
번째의 거대한 분수령이었음은 확실하지만, 그 이후 그와 같은 분수령이 현
재까지도 만들어지지 않고 있다. 두 번의 플러스(+) 회의들은 사람들의 기
대에도 불구하고 국제환경협력을 촉발하는 계기가 되지 못했다. 물론 2000

도표 3.2 개발원조위원회 국가들의 ODA가 그들의 GNI에서 차지하는 비중(%, 2018년)

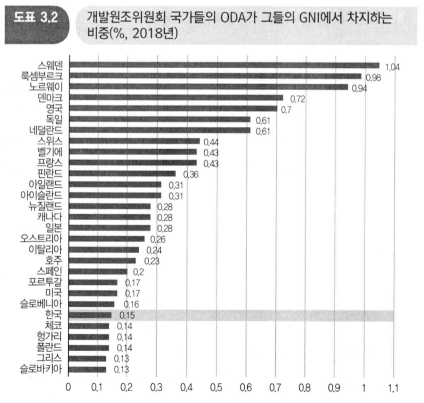

출처: https://donortracker.org/country/south-korea

년대 이후에도 국제환경조약들은 꾸준히 새로 만들어지고 개정되어왔으며 국가들은 여전히 조약을 통한 협력을 시도하고 있다. 그러나 레짐 효과성 측면에서 볼 때 협력이 효과적으로 이루어져 왔다고 볼 수는 없다. 더욱 중요한 것은 리우의 행동 계획인 의제 21을 포함하여 연속되는 유엔의 패키지들이 거의 실현되지 못함으로써 국가 간 합의나 약속 자체의 신뢰성이 저하되었다는 점이다. 또한, 국제환경회의가 지나치게 자주 열리는 것에 비해 결과물은 늘 구속성 없는 선언이나 실현 가능성이 낮은 목표의 발표에 그치게 됨에 따라 일종의 회의 피로(conference fatigue)가 만연하게 되었다.

5. 변화의 경향과 미래에 대한 예측

1970년 미국에서 지구의 날이 제정되고 1972년 스톡홀름에서 최초의 유엔 환경회의가 열리고 난 후 약 50여 년이 지났다. 이 50여 년 동안의 지구환경정치는 많은 변화를 겪어 왔는데 그중에서도 특히 두 가지의 중요한 변화가 있었다. 첫째, 시작은 선진국이 했지만, 시간이 갈수록 개도국의 참여와 역할이 확대되었다. 개도국 중 특히 중국이나 인도 등은 인구 규모로 인해 환경에 미치는 영향력이 크기 때문에 이들의 산업화와 근대화가 진행될수록 지구환경정치에서의 목소리가 더욱 커졌다. 스톡홀름회의와 달리 리우회의에서는 개도국들이 자신들의 주장을 더 강력히 할 수 있었으며 그 결과 앞에서 보았듯이 환경과 개발 간의 균형을 고려한 일정한 타협이 이루어지기도 하였다. 그러나 1997년 교토의정서 채택 이후 기후변화가 지구환경정치의 중요 쟁점이 되면서 개도국들은 기존의 산업공해를 처리해야 함과 동시에 기후변화 특히 지구온난화 완화를 위해 이산화탄소 배출도 줄여야 하는 이중의 과제에 직면하게 되었다. 그런데 교토체제하에서 한국과 같은 비개도국도 1차 의무 감축 기간에는 비부속서 I 국가로 분류되어 감축의무를 면제받는 등 선진국과 개도국 간의 관계가 과거보다 점차 복잡해지게 되었다. 또한, 개도국 내에서도 소득 및 규모 등에 있어서 편차가 심해지면서 이들 간의 견해차 역시 커지게 되었다.

둘째, 각국 정부 대표의 역할이 갈수록 미비해지는 반면 환경단체, 전문가 집단, 기업, 지방정부 등 중앙정부 외의 다양한 행위자들의 참여와 역할이 점차 확대되었다. 리우회의에서는 기업들의 네트워크인 지속가능발전을 위한 국제비즈니스회의가 창립되기도 하였고 그린피스나 세계자연기금(WWF)과 같은 환경단체들은 전 지구적 네트워크를 갖춘 조직으로 성장하였다. 지방정부들 역시 자치단체국제환경협의회(ICLEI)나 C40 등의 조직을 통해 네트워크화되어 영향력을 확대하고 있다. 따라서 우리가 이 장(章)에서는 지금까지 국제환경레짐 수준에서 전개된 정치를 중심으로 지구환경정치의 역사를 살펴보았지만, 레짐 외의 다양한 행위자들이 만들어내는 네트워크 수준에서의 지구환경정치는 상대적으로 더욱 활발하게 전개되어왔을 것이다. 특히 이들의 역할은 기후변화의 시대가 되면서 더욱 확대되었다. 제8장에서 보듯이 기후변화와 관련된 국제협력은 사실상 레짐 수준에서는 실패했지만. 지방정부를 중심으로 다양한 정책과 연대가 시도되고 있다. 즉 전반적으로 지구환경정치는 전 지구 차원의 거시적인 협력보다는 동아시아, 유럽 등 지역 차원으로 좁혀지고 한 국가 내에서도 점차로 지방으로 분권화되고 있다.

지구환경정치의 향후 50년은 불확실성의 50년이라고 할 수 있을 만큼 그 성과를 가늠하기 힘들 것이다. 그러나 최소한 다음의 세 가지 변수가 지구환경협력의 성패를 좌우할 것으로 예측할 수 있다. 첫째, 주권국가의 대표 그리고 그들로 구성된 국제기구 등 공적 행위자에 비해 사적 행위자들의 역할이 커진 것은 사실이지만 후자 그룹만이 지구환경정치를 이끌어 갈 수는 없을 것이다. 결국, 이들 간의 협력(public-private partnership)이 전 지구 차원에서 그리고 각 지역 차원에서 얼마나 잘 제도화되느냐가 중요할 것이다. 둘째, 일반적인 산업공해 저감정책뿐 아니라 특히 기후변화 및 에너지정책에서 갈수록 기술혁신이 중요한 역할을 하고 있다. 최근 스마트 그리드나 미세먼지 예측 시스템 사례에서 보듯이 빅데이터 기반 환경정보 시스템이나 인공지능이나 사물인터넷을 사용한 새로운 정책 도구들이 지속적으로 개발되고 있다. 결국, 향후 환경이나 기후변화정책의 집행 능력(implementation)은 이러한 기술혁신으로 인해 얼마만큼의 가치와 비즈니스 기회가 창출되느냐에 달려 있을 것이다. 셋째, 지구환경정치가 점차로 지역화(regionalization)되고 분권화(decentralization)됨에 따라 비교적 소규모 공동체에서 문제해결을 위한 대안을 성공적으로 마련하는 것이 중요해졌다. 이 과정에서 참여하는 행위자들 간의 소통과 협력을 위한 거버넌스가 중요한데 결국 이러한 거버넌스의 구축을 위해서는 주민 참여가 더욱 활성화되어 주민들 스스로가 자신의 공동체의 조건에 맞는 질서와 규칙을 만들어가는 과정이 중요하게 될 것이다.

글상자 3.1 **대형 국제회의의 실효성과 문제점**

미시건 주립대학(Michigan State University)의 명예교수인 쉑터(Michael G. Schechter)는 *UN-sponsored World Conferences: Focus on Impact and Follow-up* (2001)이라는 책을 편집하였는데 이 책에서 저자들은 리우회의를 비롯해서 1990년대에 개최되었던 유엔 주도의 대형 국제회의들이 과연 얼마나 실효성이 있었는지를 평가하고 분석한다.

그들에 의하면 대형 국제회의는 다음과 같은 장점과 효용을 가지고 있다. (1) 주요 글로벌 문제에 대해 국제사회의 관심과 행동을 촉발함, (2) 개별 국가의 정책에 있어서 국제 기준과 가이드라인을 설정함, (3) 새로운 제안이 토론되고 합의되는 논의의 장을 제공함, (4) 정부들이 문제 해결

계속 ▶▶

의지를 모아 유엔에 정규적으로 전달하는 통로를 설정함, (5) 유엔의 위계와 관료주의를 넘어서려고 시도함, (6) 중요한 글로벌 문제에 대한 정보를 창조하거나 공유함, (7) 특정한 글로벌 문제를 해결하는 개별 국가의 정책 실행을 감시하는 장치를 마련하는 데 도움을 줌, (8) 국가들이나 비정부단체들은 잘하지 못하는 조기경보 기능을 제공함, (9) 유엔의 조직구조상 분리되어있는 이슈들의 연관성을 파악하여 종합적으로 글로벌 문제들을 관찰할 기회를 제공함, (10) 규범적 기능을 제공함.

반대로 대형 국제회의는 종종 비판을 받는데 그 이유는 다음과 같다. (1) 돈 낭비이고 그 돈으로 문제를 해결하거나 아니면 이미 약속된 것들을 이행하는 것이 차라리 좋음. 말을 하는 것보다 행동하는 것이 중요함, (2) 너무 중복되고 늘 비슷한 주제들을 너무 자주 이야기함, (3) 더 중요한 문제들에 관해 관심을 덜 두게 함, (4) 실제 문제를 해결하는 데 도움이 되는 토론이나 합의 과정이 아니라 다른 (서로 모순되는) 해석을 낳는 모호한 문구에 합의하는 정치적인 과정에 불과함, (5) 문제를 해결하는 과정을 약화함으로써 문제를 회피하거나 재정의함, (6) 특정 문제에 대한 선제 대응을 하는 과정에서 특정 비정부단체들을 배제함, (7) 문제를 해결하려고 하지 않고 적당히 타협하려고 함, (8) 지나친 규제의 전조가 됨, (9) 민주주의, 인권 등 선진국 중심의 가치들을 강조함.

저자들은 결국 1990년대 유행했던 대형 국제회의들이 그 이후 국제 거버넌스에서 나쁜 선례로서 계속 악영향을 미치는 것을 막기 위해서는 장기적 관점에서 국제회의의 효과성을 검증하고 최소한 한 회의가 열리고 난 후 다섯 번의 회의에 이르기까지 연속적으로 회의 평가 과정이 이루어져야 한다고 주장한다. 그러나 오늘날까지도 이러한 주장이 실제로 광범위하게 적용되었다고 보기는 힘들다.

출처: Michael G. Schechter, 2001, UN-sponsored World Conferences in the 1990s (Tokyo: United Nations University), pp. 3-7.

국제정치접근법과 환경문제

사회과학이나 자연과학의 각 분과학문이 다 그러하듯이 정치학 그리고 그 하부 영역인 국제관계학에도 국제정치적 현상을 관찰하고 분석하는 데 필요한 도구들이 있다. 우리가 집을 짓는 데 있어서 간단한 삽부터 시작해서 불도저나 굴착기와 같은 중장비 등 여러 종류의 도구가 필요하듯이 사회과학적 분석을 위한 도구들도 여러 종류가 있다. 가장 간단한 것은 개념이다. 개념은 여러 가지 인식 대상들의 공통점을 묶어서 추상화시킨 것이다. 이 개념들이 적절한 방식으로 서로 연결된 것을 가설, 이론, 혹은 모델이라고 하는데 가설이나 이론은 인과성, 즉 원인과 결과의 관계를 내포하는 경우가 많고 모델은 대부분 개념 간의 연관성에만 주목한다. 개념이나 이론보다 더 큰 도구는 접근법, 패러다임, 혹은 시각이라고 하는데 이들은 현상을 관찰하고 분석하는 데 있어서 가장 기본적이고 포괄적인 틀을 제시해 준다. 접근법은 우리가 착용하는 안경 혹은 렌즈와 같이 특정한 이미지를 우리에게 제공해

줌으로써 복잡하고 다양한 현상들을 일정한 법칙에 따라 단순화시켜 우리가 이들을 더욱 체계적으로 이해하는 데 도움을 준다. 초록색 안경을 쓰느냐 파란색 안경을 쓰느냐에 따라 세상이 다르게 보이듯이 국제정치적 현상을 분석할 때도 어떠한 접근법을 취하느냐에 따라 같은 대상이라도 다르게 인식되고 분석될 수 있다. 접근법은 또한 개념이나 이론의 발달에도 영향을 미친다. 학자들이 특정한 렌즈를 통해 국제정치적 현상을 분석할 경우 그에 맞는 개념과 이론들을 주로 만들거나 사용하게 된다. 이 장에서는 국제관계학의 주요 접근법을 소개하고자 하는데 렌즈나 안경이 여러 가지가 있듯이 국제정치접근법도 여러 가지가 있는데 여기서는 현실주의, 자유주의, 관념적 접근(주로 구성주의), 그리고 마르크스주의를 소개하고자 한다.[1]

1. 국제정치접근법의 전개과정

국제정치접근법들은 전쟁과 평화 같은 현실 국제정치의 복잡하고 중대한 현상들을 체계적으로 설명하고자 하는 학자들이나 정치가들의 노력 그리고 그들 사이의 논쟁 과정에서 탄생하였고 진화하였다. 특히 제1차 세계대전을 계기로 하여 국가들 사이의 관계를 안정적으로 만들고 전쟁이나 갈등을 방지하려는 방안의 모색이 활발히 전개되었고 그 과정에서 현실주의와 자유주의라는 두 시각이 형성되었다. 제1차 세계대전은 유럽에서 나폴레옹 전쟁 종식 후 시작되어 100년간 지속된 평화의 시기였던 유럽협조체제(The Concert of Europe)의 종말을 가져온 비극적인 사건이었으며 4년간의 전쟁으로 900만 명의 군인들이 전사할 정도로 참혹한 전쟁이었다.

현실주의자들에 의해 이상주의자(idealists)라고 불렸던 자유주의자들(liberals)은 세력균형(balance of power)과 같은 방식보다는 근본적으로 인간의 진보와 사회적 조화에 대한 신념을 바탕으로 자유와 평화 그리고 민주주의와 같은 가치와 제도들을 함께 추구해 나감으로써 국가 간의 전쟁을 막을 수 있다고 주장하였다. 이들의 이러한 주장과 국제연맹(League of Nations)의 창설과 같은 제도적 노력은 제2차 세계대전의 발발과 인류를 충격에 몰아넣을 정도로 참혹했던 대학살(Holocaust)로 인해 큰 타격을 받았다. 스페인이나 독일 그리고 이탈리아에서 민주주의는 붕괴했으며 인류 역사는 진보가 아닌 퇴보의 길을 걸었으며 인간의 이성보다는 광기가 유럽을 지배하였다. 그럼에도 불구하고 제2차 세계대전이 끝나고 난 뒤에도 자유주의자들은 계속 그들의 주장을 더욱 강하게 제시하였고 이를 실천하고자 노력했다. 자유와 민주주의, 인권과 평화 등과 같은 공통된 가치를 매개로 국가 간의 협력과 공존이 실현될 수 있다는 그들의 주장과 이상은 유엔의 창설 그리고 많은 국제협정의 체결로 실현되었다. 반면 현실주의자들 (realists)은 인류의 진보와 번영 그리고 이성의 힘에 대해 자유주의자들보다 회의적이다. 그보다는 힘 그리고 힘의 분포 상황에 의해 국가 간 관계의 본질이 결정되며 국가들 혹은 여타 행위자들은 도덕적 기준이나 이상적 목표에 따라서가 아니라 자기 이익을 추구하려는 동기에 의해 판단하고 선택하고 행동한다고 주장한다. 모든 행위자가 자기 이익을 추구하다 보면 국제정치에서 전쟁이 갈등은 불가피하고 안정이나 평화는 일시적이고 잠정적일 수밖에 없다. 제1차 세계대전이나 제2차 세계대전 모두 힘의 균형을 유지하는 것이 얼마나 어려운가를 잘 보여주는 사례이며 국제기구나 제도를 통해서 평화를 달성할 수 있다는 주장은 현실에서는 실현되기 어려운 이상에 불과하다고 설명한다.

이렇듯 초기 현실주의와 자유주의는 유럽에서 주로 제1차 세계대전과 제2차 세계대전을 겪으면서 발전되었고 따라서 유럽이 근대 국제정치학 또는 국제관계학의 탄생지라고 할 수 있다. 유럽에서 먼저 발생하게 된 근본적인 이유는 유럽에서 오늘날 우리가 근대 국민국가라고 부르는 국가의 체제가 먼저 형성되었기 때문이다. 30년 전쟁이 끝나고 맺어진 베스트팔렌 조약(The Peace of Westphalia)을 통해 유럽에서는 그때까지 유럽 사람들을 하나로 묶어 놓고 있었던 기독교와 로마제국이라는 두 개의 커다란 정체성이 약화되고 배타적인 영토와 주권을 가진 국가들이 탄생되었다. 이 국가 탄생 과정은 그 이후 시차를 두고 계속되었고 북유럽과 중부 유럽에서 시작되어 남부 유럽과 동부 유럽으로 순차적으로 확대되었다. 이후 자유주의와 민족주의 같은 이념들이 유럽을 휩쓸고 지나가면서 근대국가체제는 더욱 확실히 자리잡게 되었고 그와 동시에 주권국가들 간의 충돌 가능성도 더욱 커졌다. 유럽은 이제 제국이 분열되고 정체성도 약화되면서 수많은 주권국가들이 난립하는 무정부상태가 되었고 이 무정부상태가 바로 근대 국제정치학의 원형이 되었다.

그런데 제1차 세계대전과 제2차 세계대전을 겪으면서 미국이 강대국으로 부상하게 되었고 그에 따라 국제정치학의 학문적, 실제적 주도권도 유럽에서 미국으로 이전되게 되었다. 제2차 세계대전이 끝났을 때 서구 자본주의 진영에서 정치적, 경제적, 군사적 여력이 남아 있었던 국가는 미국밖에 없었고 따라서 미국이 전후 국제정치와 경제의 질서를 주도하게 되었으며 냉전 시대 양극체제의 한 축의 핵심을 담당하게 되었다. 전후 미국에서 발전된 국제정치학은 비교정치나 정치사상 등과 같이 정치학의 하부 영역 중 하나로서 자리잡게 되었고 당시 미국정치학 방법론의 주류 패러다임이었던 행태주의(behavioralism)의 영향을 받아 과학적, 계량적, 실증주의적(positivist) 연구를 수행하였다. 행태주의는 가치판단을 배제하고 사회 현상들 사이에 내재하는 법칙성을 탐구하는 것을 추구하는 것을 강조하였는데 이러한 탐구의 핵심은 바로 인과관계, 즉 어떤 현상을 원인과 결과의 관계, 그리고 인과적 효과를 통한 관계로 이해하고 분석하는 것이다. 행태주의적 방법론은 시간이 지남에 따라 더욱 엄격하고 전문적인 연구 기법들을 발전시키게 되었으며 이는 흥미롭게도 서로 다른 시각을 가지고 있었던 현실주의와 자유주의의 두 패러다임을 방법론이라는 공통분모를 매개로 더욱 가까워지도록 하였다. 즉 현실주의는 국가 간의 협력은 왜 어려운지에 대해서 그리고 자유주의는 어떻게 하면 국가 간의 협력을 끌어낼 수 있는가에 대해 같은 방법으로 탐구함으로써 두 접근법이 점차로 수렴되게 되는 결과를 가져왔다.

양자의 수렴은 인식론이나 존재론적으로 행태주의와는 다른 접근법 혹은 시각들이 국제관계학에서 인기를 얻으면서 더욱 가속화되었다. 마르크스주의 및 급진적 시각은 사회과학적 탐구에서 가치판단이 배제될 수 없다는 기본 관점에서 행태주의와 달랐으며 월러스틴(Immanuel Wallerstein)의 세계체제론(World System Theory)과 같은 구조적, 체제 중심적 설명은 점점 더 개별 행위자들의 합리적 선택으로 전쟁이나 평화, 국가 간 협력 등을 설명하려고 했던 신현실주의자들 및 신자유주의자들과 크게 구분되었다.[2] 또한, 더욱 중요하게는 영국학파(British school)나 포스트모더니즘(Post-modernism) 그리고 구성주의(Constructivism)와 같은 관념적 접근(ideational approach)들이 등장하면서 합리적 선택의 물질적 기초를 전제로 했던 두 접근법과 다른 새로운 시각에서 국제정치적 현상을 설명하려는 시도들이 급격히 늘어났다. 결국, 국제관계학은 기존의 두 주요 접근법들이 점차로 수렴되는 한편 이들과 존재론적으로 혹은 인식론적으로 다른 접근법들이 등장하면서 이들이 공존하는 상태가 되었다.[3]

지구환경정치학도 정치학의 다른 분야와 마찬가지로 국제정치접근법들의 많은 영향을 받았다. 국제관계에서 힘의 우위나 분포를 중요시하는 현실주의 패러다임에서는 환경 이슈를 둘러싼 국가 간 관계의 본질도 힘이라고 가정하고, 힘에 의해 발생하는 환경 분쟁이나 환경협력에 주목한다. 물론 여기서 힘은 군사력이나 경제력, 영토와 인구의 크기 등과 같은 하드 파워 혹은 한 국가가 보유한 도덕적, 지적, 문화적 능력 등을 의미하는 소프트 파워 등 다양하게 정의될 수 있다. 반면 자유주의자들은 국가 간의 관계에 대한 보다 낙관적인 견해를 바탕으로 하여 제도를 통해서 환경협력이 가능하다는 주장을 뒷받침하기 위한 증거들을 찾는 노력을 해 왔다. 마르크스주의자들은 국제경제체제의 구조적 불평등과 마찬가지로 환경의 국제관계 역시 남반구와 북반구 간에 큰 격차가 있음을 주장하고 이러한 격차를 인정하고 이를 해소하기 위해 노력해야 함을 강조한다. 관념적 접근에서 본 지구환경정치는 행위자들이 단순히 물질적 이익에 기초하여 선택하고 행동하는 것이 아니라 환경과 관련된 이념이나 문화, 정신적 과정이나 사회의식과 같은 관념적 요소들이 행위자들의 선택과 행동에 큰 영향을 미치는 보다 추상적인 과정이다. 따라서 지구환경정치학을 공부하기 위해 국제정치접근법을 기본적인 수준에서 이해하는 것이 필요하다.

2. 현실주의 및 신현실주의

현실주의는 정치적 현상을 말 그대로 가장 현실적인 관점에서 관찰하고 설명하려는 시각이다. 개인이나 특정 집단, 국가 혹은 국제기구와 같은 행위자들이 어떤 선택을 하고 행동을 할 때 그들의 가장 중요한 판단 기준은 도덕이나 이상 혹은 자유와 평화와 같은 가치나 신념이 아니라 현실적 이해관계라는 것이 현실주의의 핵심 관점이다. 이러한 관점을 지닌 사상은 동서양의 오랜 역사를 통해 자주 나타났지만, 국제정치적 현상을 분석하는 데 있어서 '현실주의'라는 용어가 처음 쓰인 것은 카(E. H. Carr)가 그의 저술인 『20년의 위기』에서 이상주의나 유토피아니즘에 대비시켜 현실주의적 관점을 소개하면서부터였다.[4] 현실주의는 인간의 본성에 대한 가정에 바탕을 둔 고전적 현실주의에서 점차로 국제체제의 구조 자체의 불안정성을 강조하는 신현실주의(Neo-Realism) 혹은 구조적 현실주의로 진화하였는데 두 버전 모두 국제정치에서 평화와 안정 그리고 협력이 매우 어렵고 그것이 설사 달성된다고 할지라도 일시적이고 불완전한 것이라는 근본적 회의주의를 핵심으로 하고 있다.

고전적 현실주의자의 한 사람인 니버(Reinhold Niebuhr)는 인간은 기본적으로 자기애라는 본성, 감정, 충동 때문에 움직이며 자기애와 이기심 그리고 자기보존과 안전을 위한 권력욕이 인간의 정치적 행동의 기반이 된다고 하였다. 또한, 정치적 집단은 그 집단의 생존과 이익을 위해 움직이며 집단 간의 관계는 권력정치에 의해 결정될 수밖에 없고, 국제정치야말로 인간집단 간의 비도덕적이고 자기이익추구적인 정치적 관계를 보여주는 전형적인 장이라고 설명한다. 따라서 국가는 자국의 이익과 권력 추구를 위해 노력하며 이러한 권력정치의 모습을 인간의 이성과 도덕심으로 완화하기 어렵다. 마찬가지로 모겐소(Hans J. Morgenthau) 역시 인간의 이기심과 권력 추구 욕망을 인간의 정치적 행동의 기반으로 강조하는데 이 둘 중 특히 권력 추구 욕망을 중요시한다. 이기심은 상황에 따라 혹은 경우에 따라 타인의 이기심과 조화를 이루어 공동의 이익 추구라는 방향으로 나갈 수 있지만, 권력욕은 주위의 인간들 사이에서의 자신의 위치라는 문제와 관련된 것이고 본질적으로 제로섬적인 것으로서 이에 기반을 둔 국제정치의 본질 역시 권력정치라고 주장한다. 그는 국제정치가 권력정치의 모습을 가장 적나라하게 보여주는 장이며 이러한 현실을 무시하는 이상주의는 국제정치의 위험성과 불안정성을 간과하여 불행한 비극을 초래할 수도 있다고 하였다.[5]

현실주의자들은 그들의 주장의 사상적 기원을 투키디데스, 마키아벨리, 홉스, 루소 등의 고전적 사상가 혹은 저술가들의 철학에 두고 있는데 이 중 특히 마키아벨리(Nicolo Machiavelli)의 정치사상과 홉스(Thomas Hobbes)의 사회계약론은 현실주의자들에게 큰 영향을 미쳤다. 마키아벨리는 인간 본성이 탐욕스럽고 오만하고 교활하고 잔인하고 폭력적이라고 생각하였다. 따라서 정치적 삶은 항상 불가피하게 투쟁의 성격을 가지게 되며 정치 지도자들은 잔인하고 교활한 방식을 사용하여 통치할 수밖에 없는데 이것을 결코 나쁘게 본다거나 도덕적으로 옳지 않다고 볼 게 아니라 정치의

4장 • 국제정치접근법과 환경문제 **71**

본질이 그러하여서 지극히 당연한 현상으로 이해해야 한다고 주장하였다. 홉스는 사회계약을 통해 국가가 탄생하게 되고 그 존립 근거를 가지게 되는 과정을 설명하기 위해 '자연 상태(the natural condition of mankind)'라는 가상의 조건을 설정하는데 이 자연 상태는 국가 이전, 즉 질서가 존재하기 이전의 상태이다. 자연 상태에서 인간은 고독하고 빈곤하고 잔인하고 불충분한데 그 이유는 각자가 자신의 생존과 이익을 확보하기 위해 사생결단의 싸움을 끊임없이 해야 하고 그 싸움을 종식시키기에 충분한 만큼 힘이 센 절대 강자가 없기 때문이다.

홉스가 설정한 자연 상태는 현실주의자들이 설명하는 국제체제의 모습 그대로이다. 즉 질서가 없는 '만인의 만인에 대한 투쟁 상태(the war of all against all)'를 의미하는데 이것이 바로 국제정치학자들이 말하는 무정부상태이다. 국제체제에는 국내 사회와는 달리 모든 주권국가들을 통치할 수 있는 하나의 중앙 권위체가 없으므로 항상 불안정하고 전쟁 가능성이 크다. 따라서 평화보다는 전쟁이 오히려 더 자연스러운 상태이다. 중앙 권위체가 없으므로 이 체제는 국가들이 자신의 생존과 안전을 책임져야 하는 '자조체제(self help system)'이며 국가들은 자신을 지키기 위해 자신의 힘을 극대화하려고 한다. 그런데 이러한 국가들의 노력이 비록 자신의 생존과 안전을 위한 노력이라 할지라도 다른 국가들에게는 위협으로 인식될 수 있다. 따라서 상대방 국가들 역시 생존과 안전을 위해 더 강력한 군사력을 갖추기 위해 노력할 것이고 이러한 노력들은 집합적으로 볼 때 불필요한 군비경쟁을 가속화하는 결과를 가져오는데 이를 현실주의자들은 '안보딜레마'라고 한다.

국가들이 안보딜레마에서 일시적으로나마 벗어나는 길은 크게 두 가지가 있다. 하나는 상대방이 도저히 도전할 수 없을 정도의 막강한 힘을 가지는 것이다. 즉 극단적일 정도의 힘의 불균형 상태를 만들고 유지하는 것이며 이 과정은 모두 힘이 강한 제국 혹은 패권국가가 주도하는 것이다. 두 번째 방법은 반대로 힘의 균형, 즉 세력균형을 만들고 유지하는 것이다. 힘의 균형이 생기면 마치 1815년 이후 100년간의 유럽과 같이 체제를 구성하는 국가들이 현 상태를 수정하려고 하지 않으며 반대로 균형을 계속 유지하기 위해 연합(coalition)이나 방어조약(defense pact)와 같은 적절한 동맹(alliances)을 시도하기도 한다. 그런데 중요한 것은 두 가지 방법 모두 일시적이라는 점이다. 즉 현실주의자들에 의하면 국제체제의 안정을 영구적으로 확보하는 방법은 없다.

현실주의는 위에서 설명한 바와 같이 행태주의가 유행했던 시기에 와서 더욱 과학적으로 엄밀한 방법을 취하게 되었는데 그 대표적인 저작으로서 월츠(Kenneth Waltz)의『인간, 국가, 전쟁』을 들 수 있다. 월츠는 이 책에서 개인, 국가 그리고 국제체제라는 세 분석 수준을 설정하고 각각의 수준에서 전쟁을 설명하는 방식을 대비시켜 설명한다. 우선 개인 수준에서는 전쟁을 인간의 본성이나 개인의 선호에 의한 선택의 결과로 설명한다. 반면 국가 수준에서 볼 때 전쟁은 민주주의나 독재 등 국내정치체제의 성격과 관련이 있을 수 있다. 예를 들어, 독재 국가가 전쟁을 더 많이 일으킬 가능성이 있다고 가정할 수도 있다. 마지막으로 국제체제 수준에서 전쟁을 분석할 경우 전쟁은 무정부상태라는 국제체제 고유의 불안정성에서 기인하는 것이다. 따라서 이 수준에서 본 전쟁은 구조적인 문제이다. 월츠는 개인 수준과 국가 수준에서의 분석을 비판하고 국제체제 수준에서 국제정치적 현상을 분석해야 함을 주장한다. 이러한 그의 주장과 학문적 업적은 현실주의를 그 이전의 현실주의와 다른 보다 구조나 체제 자체를 강조하는 방향으로 전환하게 하는 계기가 되었다. 따라서 월츠는 신현실주의의 개척자라고 할 수 있다.[6]

신현실주의가 보는 국제체제는 마치 당구대 위에 당구공들이 굴러다니는 모습과 같다. 즉 당구공들이 서로 충돌하는 것은 당구공들 자체의 의지에 의해서라기보다는 당구대 자체가 공들이 서로 충돌하기가 쉽게 만들어졌다는 것이다. 그리고 이러한 상태에서 당구공들, 즉 주권국가들이 할 수 있는 최선의 정책은 언제든지 발생할 수 있는 충돌을 예상하고 이를 최소화해야 한다는 것이다. 신현실주의자들은 국가를 합리적 행위자로 가정하고 합리적으로 자기 이익을 추구하는 국가들이 국제사회에서 협력보다는 배반을 선택하는 경우가 많다는 점을 강조한다. 즉 국가들이 전쟁을 결정하거나 배반을 선택하는 것은 탐욕스럽고 이기적인 본성 때문이 아니라 자기 이익을 추구하고자 하는 합리적 선택의 결과라는 것이다. 또한, 국가 간 협력을 촉진하는 제도들도 역시 무정부상태라는 본질을 변화시킬 수는 없다고 본다. 국가들은 협력이 이익을 가져다준다고 하더라도 만약 협력의 파트너인 상대방 국가가 협력으로 인해 나보다 더 많은 이득을 본다면 이러한 '상대적 이득(relative gains)'에 대한 고려 때문에 협력이 어려울 경우가 있다.

결론적으로 현실주의는 다음과 같은 몇 가지 특징을 가지고 있다. 첫째, 현실주의는 국가들이 당면한 문제 중에서 국가의 생존과 안보가 가장 중요한 것으로 간주한다. 따라서 국가들이 어떤 분야에서 어떤 선택을 하는 상황에서든 먼저 고려하는 것이 자국의 안보라고 가정한다. 국익을 구성하는 요소 중 가장 우선적인 것이 군사안보이고 그다음에 경제적 번영, 정치적 발전, 사회문화적 진보 등을 생각할 수 있다. 둘째, 현실주의는 국가를 합리적인 행위자로 가정한다. 즉 국가들이 주어진 제약 조건에서 언제나 비용을 최소화하고 이득을 최대화하는 방향으로 선택하고 결정한다고 가정하는 것이다. 셋째, 현실주의는 국가를 단일한 행위자(unitary actor)로 가정한다. 현실주의는 그들의 주요 분석 수준이 국제체제이기 때문에 체제 속에서 국가는 주권을 행사하고 국익을 추구하는 단일한 행위자로서 존재한다고 가정하고 국제정치적 현상들을 분석하는 것이 수월할 뿐 아니라 바람직하다고 설명한다. 넷째, 국제정치에서 핵심적 행위자는 주권을 가진 주권국가이다. 주권국가들이 자국의 이익을 추구하는 과정이 바로 국제정치의 본질이며 국제기구나 비정부단체 등의 행위자들은 그들이 대표하는 영토도 국민도 그리고 주권도 없으므로 국제정치적 상호작용에서 책임 있는 결정을 내리거나 그 결정을 실행하기가 매우 어렵다. 다섯째, 국제사회에서 국가 간의 협력은 불가능한 것은 아니지만 매우 어렵다고 주장한다. 즉 협력이 절대로 이루어지지 않는다고 주장하지는 않지만, 협력 자체가 매우 어렵고 특히 국가의 존폐가 걸린 안보 문제에서는 더욱 힘들다는 것이다.

3. 자유주의 및 신자유주의적 제도주의

자유주의(Liberalism)는 현실주의와는 달리 인간 본성과 국제체제의 본질에 대해 보다 낙관적인 관점을 가지고 있다. 자유주의는 보편적이고 영구적인 평화의 가능성에 대한 신념을 강조한 칸트(Immanuel Kant) 그리고 자연 상태를 평등하고 독립적으로 존재하는 개인들이 모여 만들어 낸 평화로운 환경이라고 가정했던 로크(John Locke) 등의 고전적 사상가들에 그 철학적 기원을 찾을 수 있다. 자유주의 패러다임도 현실주의와 같이 국제체제의 본질이 무정부상태임을 인정한다. 그러나 자유주의의 핵심은 이러한 무정부상태에서도 국가들은 그들의 노력으로 협력을 달성할 수 있다는 주장이다. 초기 자유주의자들은 이타적이고 정의로운 인간 본성에 대한 가정을 기초로 하여 세계 평화와 번영 그리고 자유와 민주주의와 같은 가치의 실현을 주장했으나 앞서 설명한 바와 같이 양차 대전을 겪으면서 이러한 진보는 결국 국제체제를 구성하는 주권국가들의 합리적 선택으로 적절한 제도가 창출됨으로써 가능하다는 생각으로 점차 진화하게 되었다.

자유주의는 여러 가지 다른 맥락에서 여러 가지 의미로 쓰일 수 있는 용어이며 때로는 철학을 의미하기도 하고 또 때로는 이념을 의미하기도 한다. 그러나 어떤 경우이든 그 핵심적인 특징은 각종 속박으로부터의 자유를 강조한다는 것이다. 이 속박은 서유럽의 정치사에서 구체제(Ancient Regime)의 봉건적 신분 질서와 종교 권력일 수도 있고 시장에서의 자유로운 거래와 혁신을 방해하는 정부의 정책적, 제도적 개입일 수도 있다. 이러한 속박에서 벗어나 개인의 자유와 권리가 보장되고 이를 통해 민주주의와 같은 정치발전 그리고 자유시장 경제체제의 확립과 같은 경제발전이 이루어질 수 있다는 신념은 하나의 이념 혹은 학문적 조류로 발전하게 되었다. 국제관계학역시 이러한 자유주의의 진화와 발전 과정에 영향을 받아서 이것이 제1차세계대전 이후 지배적 패러다임이 되었던 현실주의에 대한 하나의 대안적시각으로서 자리잡게 되었다.

현실주의와 마찬가지로 자유주의도 다음과 같은 몇 가지 특징을 가지고있다. 첫째, 자유주의는 국제체제는 무정부상태로서 주권국가들이 스스로의 생존을 책임져야 하는 자조체제라는 현실주의의 주장에 동의하며 또한주권국가를 합리적 행위자로 가정하는 것도 동의한다. 물론 일부 자유주의자는 국가가 반드시 합리적 행위자가 아닐 수도 있다고 주장한다. 그래서 이들은 구성주의자들이나 관념적 접근을 선호하는 학자들과 많은 공통점을 가진다. 자유주의는 그 관점의 스펙트럼이 워낙 넓기 때문에 그 안에 많은 다른 관점들을 포괄한다. 중요한 것은 자유주의는 국제사회에서 협력은 어렵지만 불가능한 것은 아니라고 주장하고 이를 입증하기 위해 국가 간 혹은 다른 행위자들 간의 협력이 왜 어떠한 조건에서 발생하고 존속되는지를 탐구한다는 점이다. 둘째, 자유주의는 현실주의와는 달리 국가를 단일한 행위자로 가정하지 않는다. 국제체제에서 모든 국가가 자국의 이익을 추구하는 것은 당연하지만 그 이익 추구 과정을 자세히 살펴보면 국가 내에서 관료, 이익집단, 정당이나 정치세력, 개인 등이 서로 다른 이해관계 속에서 다른 방식으로 국익을 추구하는 복잡한 양상을 발견할 수 있다는 것이다. 따라서 국가가 단일한 행위자라는 가정은 국제관계를 단순하고 핵심적으로 분석할 수 있는 장점을 가졌지만 일단 그 가정을 해제하면 국제관계 특히 외교정책의 다면성을 이해할 수 있다.[7] 셋째, 자유주의는 국제체제에서 주권국가들도 중요하지만, 그 외에 국제기구나 비정부단체와 같은 행위자들도 똑같이 중요한 역할을 한다고 주장한다. 따라서 유엔과 같은 조직의 역할에 대해 비교적 긍정적인 평가를 한다. 넷째, 자유주의자들은 안보의 중요성을 인정하지만, 국제정치에서 경제, 문화, 환경, 복지, 과학기술 등 많은 다른 의제들역시 중요하게 주목받는다고 주장한다. 따라서 이들의 관심은 더욱 폭넓고다양하다고 할 수 있다. 다섯째, 현실주의와는 달리 자유주의는 국제관계에서 규범적이거나 문화적 측면을 중요시한다. 즉 국제정치적 현상을 주로 힘이나 물질적 이익의 관점에서 설명하는 현실주의와는 달리 자유주의는 도덕적이거나 지적인 권력, 문화적 요인들, 인지 과정이나 기타 관념적 요인들이 국제관계에서 중요한 변수가 될 수 있다고 주장한다. 여섯째, 분석 수준에서도 자유주의는 국제체제 수준의 중요성을 강조하는 현실주의에 비해열려 있고 유연하다. 예를 들면, 전쟁이라는 현상을 자유주의는 개인, 국가, 그리고 국제체제의 세 수준에서 모두 분석이 가능하다고 주장한다.

자유주의가 중요시하는 의제들과 연구 주제들은 다양하지만, 대표적으로는 집단안보(collective security), 통합(integration), 안보공동체(security community), 외교정책 결정과정(foreign policy making processes), 상호의존(interdependence) 그리고 제도(institution) 등이다. 이 중 몇 가지만간략히 소개하면 다음과 같다.[8]

국가들이 전쟁을 방지하고 평화를 유지하는 데 있어서 현실주의는 동맹이나 세력균형 혹은 패권의 추구와 같은 방식을 강조하는 반면 자유주의는집단안보라는 개념을 제시한다. 집단안보는 일정한 집단(예를 들어, 국제사회 전체 혹은 동북아 등의 특정 지역) 내에 안보에 관련된 문제가 발생했을때 그 집단의 구성원들(주로 국가들)이 이에 힘을 합쳐 공동으로 대응한다는 뜻을 가진 개념이다. 제1차 세계대전 이후 창설된 국제연맹은 이러한 기능을 수행하는 데 실패했지만 제2차 세계대전 이후 국가들은 다시 한번 유엔을 창설하여 집단안보의 가능성을 타진하고 실천해 왔다.

국제관계에서 통합은 그 심도에 따라 다르게 정의될 수 있고 여러 단계로나눌 수 있지만, 기본적으로는 주권국가들이 각자의 주권에 대한 제약을 감수하고 공동의 제도를 만들어 가는 과정이라고 할 수 있다. 국제관계학에서 가장 영향력 있는 통합에 대한 설명은 기능주의적 설명이라고 할 수 있다. 기능주의에서는 통합을 하나의 집단(혹은 국가)과 다른 집단이 특정한 기능을 중심으로 세분된 연결을 시도하고 이러한 각 기능 분야에서의 연결이 확산되어 점차 높은 수준의 연결(예를 들면, 정치적 연결)까지 가능한 일련의 단계적 과정으로 설명한다. 미트라니(David Mitrany)와 같은 학자가 국제관계에 기능주의적 통합 개념을 도입하고 그것을 연구하게 된 것도 사실은 유럽에서의 정치적 통합의 실패가 결국 제2차 세계대전이라는 비극으로 연결되게 되어 통합이 갈등이나 전쟁을 막을 수 있는 강력한 대안 중 하나라는 문제의식에서 비롯된 것이다.[9] 흥미롭게도 오늘날 유럽은 비록 아직 동서유럽의 모든 국가가 참여한 것은 아니지만, 많은 국가가 공동체를 구성하여 기능주의자들이 예견했던 것과 같이 단계적인 통합 과정을 거쳐서 일정한 수준의 정치적, 경제적, 사회적 통합을 달성했다.

상호의존은 자유주의자들이 주로 권력 중심으로 국제정치적 현상을 관찰했던 현실주의자들의 경향을 비판하면서 제시된 개념이다. 이 개념이 제시된 1970년대는 국제정치 특히 국제정치경제가 미국 중심의 단일 체제에서 벗어나 보다 다원화되고 복잡해지던 시기였고 따라서 무역과 투자가 양과 질 면에서 모두 급속히 증가하였으며 새로운 중진국들과 개발도상국들이 국제경제질서에 편입되었다. 따라서 이러한 복잡하게 얽힌 정치경제적 상호작용은 자유주의자들이 보기에는 국가 간의 전쟁 가능성을 낮추고 국제체제 전체의 안정을 가져올 수 있는 바람직한 현상이었다. 이들은 따라서 이러한 현상을 복잡적인 상호의존이라는 개념을 통해 설명하고자 했다. 상호의존의 정도를 평가하기 위해 학자들은 민감성(sensitivity)과 취약성(vulnerability)이라는 두 기준을 제시한다. 민감성은 상대방의 행동에 따라서 정책을 변화시키면서 어느 정도로 반응하는가를 의미하고 취약성은 정책을 변화시키는 과정에서 얼마나 비용을 지불하는가를 말한다. 특히 국가들 사이에 취약성에서 차이가 날 때 국제체제는 취약성이 높은 국가에 불리한 방향으로 비대칭적인 상호의존이 나타날 수 있다. 예를 들어, 국제유가가 올랐을 때 산유국인 미국에 비해 비산유국인 일본의 취약성이 높아짐에 따라 권력관계에서 일본은 불리하게 될 수 있다. 결국, 이 개념들을 통해 자유주의자들은 권력은 군사력뿐 아니라 경제력이나 이념적인 힘까지도 포함하는 보다 복합적인 과정이라는 점을 강조한다.[10]

제도는 신자유주의, 즉 후기 자유주의자들이 특히 중요하게 여기는 개념으로서 따라서 이들을 자유주의적 제도주의자들(liberal institutionalists)이라고 부르기도 한다. 합리적 행위자인 국가들은 적절한 제도를 만들어 그들이 가진 문제들을 해결하고 이 과정에서 협력을 끌어낸다. 제도는 이 과정을 더 순조롭게 하기도 하고 반대로 이 과정을 망쳐버릴 수도 있다. 즉 제도는 잘 만들어진 규칙들 그리고 그 규칙이 잘 지켜지는지를 모니터할 수 있는 장치들 그리고 그러한 규칙들이 얼마나 공평한지 아닌지 등 국가들의 협력을 촉진할 수 있는 세심한 장치들을 가지고 있어야 하는데, 자유주의자들은 실제 국제관계에서 국제기구나 국제조약 중 이러한 장치들을 잘 만들고 유지하는 사례가 얼마든지 있다고 주장한다.

현실주의가 간결하고 일관된 설명을 그 가장 큰 장점으로 가지고 있다면 자유주의는 반대로 주장이나 설명이 매우 복잡하고 세분되어 있으며 다루는 주제의 범위 또한 매우 넓다. 따라서 자유주의자들 사이에서도 핵심 전제를 제외하고는 견해에 있어서 많은 차이가 보이는 등 일관적이거나 간결하다고 볼 수 없다. 그러나 자유주의는 이 때문에 국제관계학의 풍부한 이론과 가설 그리고 개념들을 발전시켰다. 대표적으로는 민주평화(democratic peace)에 대한 가설 혹은 이론을 들 수 있다. 민주평화란 역사적으로 민주주의 국가들 사이에서는 민주주의와 비민주주의 사이 그리고 비민주주의 국가들 사이에 비해 전쟁이 훨씬 덜 일어났음에 주목하여 국내정치의 자유민주주의적 속성이 국제체제 수준에서의 전쟁을 예방하고 갈등을 완화할 수 있음을 주장하는 키워드이다. 민주주의끼리 전쟁을 할 가능성이 낮은 이유는 크게 두 가지이다. 첫 번째는 민주주의 국가들은 자유주의와 민주주의의 가치와 문화 그리고 이념을 공유하고 있으므로 일종의 문화적 혹은 정신적 동질성이 있다는 것이다. 둘째, 민주주의 국가들의 정치체제는 체계적이고 정교하며 견제와 균형의 원리에 입각한 정책결정 절차들을 가지고 있으므로 전쟁이 독재국가에서와 같이 독재자 1인의 결정과 같이 쉽게 결정되고 집행되지 않는다는 것이다. 따라서 민주평화에 대한 가설은 국내-국제의 두 분석 수준을 넘나드는 설명이라는 점 그리고 제도나 관념적 요인들을 중요시한다는 점 등에서 자유주의가 현실주의와 어떻게 다른지를 잘 보여주는 대표적인 설명이라고 할 수 있다.

그러나 앞서 언급한 대로 국제정치학이 점차 방법론적으로 더 엄격해질수록 신현실주의와 신자유주의의 두 접근법은 점차로 방법 면에서 수렴되는 경향을 보였다. 현실주의는 국가 간의 협력이 불가능하지만 어렵다는 것을 보여주기 위해, 그리고 자유주의는 국가 간의 협력은 어렵지만 불가능하지는 않다는 것을 보여주기 위해 각각 보다 엄격한 과학적 방법을 동원하여 연구 결과를 생산하였다. 이러한 엄격한 방법 중 가장 두드러진 것은 합리적 선택 이론이었다. 합리적 선택 이론은 사회 현상을 개별 행위자의 선택으로 설명하는 이론이다. 이들은 개인은 자신의 선택 결과로서 발생할 비용을 최소화하고 이득을 최대화하는 방향으로 선택한다고 가정하는데 이러한 미시적 선택에 대한 분석이 결국 거시적이고 구조적인 현상을 설명할 수 있다고 주장한다. 따라서 전체를 설명하기 위해 그 전체를 구성하고 있는 부분을 분석하는, 즉 전체를 개별 부분으로 환원하는 방법론적 개체주의(methodological individualism)를 그 인식론적 기초로 하고 있다.[11] 이렇듯 신현실주의와 신자유주의가 합리적 선택이론을 도구로 하여 방법론적으로 엄격한 연구 모델을 구축하기 위해 노력하는 동안, 다른 한편에서는 이와 반대로 관념적이고 전체론적(holistic)인 경향을 가진 접근들이 영향력을 발휘하게 되었다.

4. 구성주의와 관념적 접근 그리고 마르크스주의

국제관계학에서 과학적 탐구를 표방했던 실증주의와 그 구체적인 결과물이었던 합리적 선택이론의 한계를 비판하는 지적 조류들은 마르크스주의나 급진적 이론들, 규범적 이론, 포스트모더니즘, 구성주의 등 매우 다양하게 나타났다. 편의상 이들을 한데 묶는다면 실증주의 이후의 패러다임(post-positivism)이라고 부를 수 있다. 사실 이 조류들의 (이론이나 패러다임들) 등장 자체는 현실주의나 자유주의보다 오래되었거나 시기적으로 일치하기도 하지만 신현실주의와 신자유주의가 점차 동질화되고 수렴되면서 이들이 더더욱 학문적, 정책적 관심을 받게 되었다. 이들을 크게 두 종류로 나눈다면 규범적 이론이나 구성주의와 같이 관념적 요인을 중요시하는 시각과 물질적 이익을 중요시하지만 보다 거시적이고 전체론적인 속성을 가진 마르크스주의 시각으로 나눌 수 있다. 이들 중 구성주의와 마르크스주의를 간단히 소개하면 다음과 같다.

구성주의 혹은 사회구성주의(social constructivism)는 미국 학계에서 심리학이나 교육학 혹은 사회학에서는 이미 1960년대와 1970년대에 등장하였으나 국제정치학에서 이것이 하나의 대안적 패러다임 혹은 접근법으로서 주목을 받기 시작한 것은 1980년대 중반 이후이다. 특히 냉전의 해체 이후 양극체제가 붕괴되면서 종족 갈등과 같이 안정을 위협하는 새로운 도전들이 증가하고 경제적 세계화와 정보화의 진행으로 인해 국제질서가 더욱 복잡해지면서 기존 양대 패러다임이 이러한 복잡한 변화를 설명하는 데에 한계를 드러내면서 상대적으로 구성주의가 더욱 주목을 받게 되었다.[12]

구성주의는 우리가 인식하려고 하는 대상과 인식의 주체가 분리되지 않고 그들이 서로를 만들어내고 규정하는, 즉 구성하는 관계라는 면에서 기존의 실증주의 인식론과는 크게 다르다. 구성주의자들은 구체적 객체로서의 외부세계 다시 말해 사회세계를 '주어진 어떤 것' 즉 우리가 인식해야 할 어떤 대상으로 간주하지 않는다. 오히려 그것은 사람들이 어떻게 생각하고 어떠한 가치나 정체성을 부여하느냐에 따라 지속적으로 변할 수 있는 일종의 유동체이다. 구성주의가 가진 또 하나의 특성은 신현실주의나 신자유주의와는 달리 전체가 부분으로 환원될 수 있다는 방법론적 개체주의를 수용하지 않고 반대로 전체론적 관점을 가진다는 것이다. 사회환경 즉 구조가 행위자들을 제약할 수 있는 정도가 매우 크다고 가정한다. 이러한 점에서 구성주의는 신현실주의나 신자유주의보다는 오히려 구조적 요인을 강조하는 마르크스주의와 공통점을 가지고 있다. 다만 구성주의가 마르크스주의와 다른 것은 이렇게 구조가 행위자를 구성하는 데 있어서 그 구조가 마르크스주의자들이 말하는 물질적 구조가 아니라 정신적, 문화적 구조이다. 즉 구조는 객관적으로 존재하는 것이 아니라 역사적으로 그리고 간주관적으로 (inter-subjectively) 만들어지는 것이라는 점이다.

예를 들자면, 신현실주의나 신자유주의는 우리가 사과를 관찰하는 데 있어서 어떤 사람은 그것을 빨간색의 과일이라고 인식하고 어떤 사람은 둥근 모양의 과일이라고 인식하는 것과 같다. 즉 동일한 현상을 어떤 관점에서 보느냐에 따라 다르게 해석하는 것이다. 앞서 말한 대로 우리가 어떤 렌즈를 사용하느냐에 따라 현상을 다르게 보게 되는 것이다. 그런데 구성주의는 인식하는 우리와 인식하려는 대상인 사과가 분리되어 있지 않고 서로 구성하고 있다고 본다. 인식 이전에 존재하는 사과는 별 의미가 없고 오히려 우리가 관념적으로 그리고 역사적으로 형성해 내는 사과가 특정한 의미를 가진 사회적 현상이 된다는 것이다. 그리고 이러한 현상은 고정적이지 않고 상황에 따라 계속 바뀔 수 있다. 앞에서 언급한 대로 마치 굴뚝에서 나오는 연기를 보고 예전에는 발전과 풍요의 상징이라고 인식했다가 이제는 우리가 지양해야 할 피해라고 인식하는 것과 같다.

국제관계학에서 대표적인 구성주의 이론가 중 하나인 웬트(Alexander Wendt)의 논문 제목인 "무정부상태는 국가들이 만들어내는 것: 권력정치

의 사회적 구성"은 인식 주체와 객체 사이의 상호구성의 중요성을 잘 보여
주고 있다. 웬트는 국제관계학의 주류 접근법들이 대체로 국제체제는 본질
적으로 무정부상태라고 가정하고 그들의 주장을 전개하는데 사실 이러한
가정은 잘못된 것이라고 주장한다. 왜냐하면, 국제체제의 성격은 주어진 것
이 아니라 그것을 구성하고 있는 국가들이 어떻게 만들어내고 또 어떻게 인
식하느냐에 따라 달라질 수 있으므로 '주어진 어떤 것'으로 취급해서는 안
된다는 것이다.[13] 이러한 간주관적 성격을 다른 말로 하면 "내가 그의 이름
을 불러주기 전에는 그는 다만 하나의 몸짓에 지나지 않았다. 내가 그의 이
름을 불러주었을 때 그는 나에게로 와서 꽃이 되었다"라는 김춘수의 시의
한 구절로 압축적으로 표현할 수 있다.[14]

마찬가지로 오누프(Nicholas Onuf)에 의하면 우리가 주권에 부여하는
대외적 독립성, 대내적 지배, 그리고 행위자로서의 주체성의 절대적 성격은
사실상 하나의 허구이거나 이상에 해당하며, 세계정치에서의 사회적 협의
란 주권국가의 공식성이나 중앙집권적인 강제력이 반드시 있어야 하는 것은
아니라고 주장한다. 최근에 논의되고 있는 인도주의적 개입이라든지 NGO
의 역할, 그리고 사이버 공간의 세계정치는 이러한 초주권적인 현상의 예라
고 할 수 있다. 구성주의자들에게 있어서 주권이란 기본적으로 근대 국제관
계의 하나의 사회적 구성물이라고 할 수 있고, 그 형성과정과 더불어 공유나
해체의 가능성도 중요한 연구 대상인 것이다.[15] 같은 맥락에서 냉전체제, 양
극체제, 라이벌 관계 등 우리가 국제관계를 묘사하는 데 사용하는 개념들도
분석을 위한 개념들일 뿐이고 그 성격은 관념적으로 구성되는 것이다. 즉 냉
전체제라든가 남북한 대치 상황이라든가 하는 것이 객관적으로 세상에 존재
하는 실체가 아니라 우리가 그 성격과 내용을 형성해 나간다는 것이다.

구성주의는 그 내부에서도 물질적 요인보다 상대적으로 관념적 요인을
얼마나 중요시하느냐, 미시적 요인들보다 구조를 얼마나 중요시하느냐, 그
리고 인과적 효과보다 구성적 효과를 얼마나 강조하느냐 등에 따라 학자마

다 많은 차이를 보인다. 그러나 이들이 관념적 요인들을 중요시한다는 점에서는 신자유주의자들의 일부, 영국학파 그리고 포스트모더니즘 등과 많은 접점을 가지고 있다. 이들은 규범이나 도덕, 정체성 등 관념적 요인들이 국제관계에서 중요한 역할을 하므로 이들에 대한 분석의 필요성을 강조하는데 이 때문에 이들이 점차 합리성을 바탕으로 하는 신현실주의 및 신자유주의와 논쟁하게 되었고 이들이 결국 오늘날 국제관계이론의 큰 두 흐름을 형성했다. 관념적 요인은 객관적으로 확인하기 힘들고 또 측정하기 위한 지표를 찾기 힘들기 때문에 현상을 설명하거나 기술하는 데 어려움이 있다. 따라서 인과적 분석을 고집하며 방법론적 엄격성을 추구하는 학자들에게는 매우 어려운 탐구 대상이라고 할 수 있다. 그러나 현실의 국제관계에서 이들 요인의 중요성을 결코 무시할 수 없기 때문에 학자들은 다양한 분석 수준에서 제도나 이익 같은 다른 영역의 요소들을 끌어들이는 등 많은 연구를 진행하고 있다.

마르크스주의는 구성주의나 관념적 접근과는 달리 국제관계 분석에서 관념적 요인보다는 물질적 이익을 가장 중요한 변수로 설정한다. 그러나 개별 행위자들이 그들의 이익을 극대화하기 위한 합리적 선택을 함으로써 그 결과 국제협력이 가능 또는 불가능하다고 주장하는 신현실주의 및 신자유주의의 미시적 분석과는 달리 마르크스주의는 국제체제 전체를 하나의 구조로 인식하고 분석하는 구조적 접근이다. 물론 마르크스주의는 국제관계학의 접근법이기 이전에 변증법과 역사적 유물론(historical materialism)을 바탕으로 하는 하나의 철학적 사조이며 자본주의 경제의 원리를 유물론에 입각해 분석한 경제학 연구이기도 하며 계급투쟁과 사회주의혁명을 지향하는 이념이기도 하다. 그러나 이 모든 것의 공통적인 핵심은 ― 적어도 고전적 마르크스주의에서는 ― 역시 물질적 이익이라는 토대를 중심으로 사회현상과 역사 그리고 정치를 분석한다는 것이다. "토대가 상부구조(super-structure)를 결정한다"는 마르크스주의의 유명한 문구는 바로 경제적 이해관계가 경제 이외의 모든 것을 결정하는 핵심 요인이라는 점을 강조한다.

마르크스(Karl Marx)는 이러한 경제적 이익을 중심으로 지배계급과 피지배계급 간의 관계를 변증법적 논리를 통해 서로 의존하면서도 적대적인 모순관계로 설명했다. 그리고 이러한 계급 간의 갈등이 역사발전에서 일정한 수준까지는 생산력의 발전을 가져오지만, 그 한계점에 도달하면 생산관계, 즉 계급 간의 갈등이 생산력의 발전을 저해하게 되고 따라서 계급투쟁을 통해 생산의 양식 자체가 바뀌게 된다고 설명한다. 이러한 생산양식(mode of production)이 역사상 5가지로 나타났는데 이는 원시공산제-고대노예제-중세봉건제-근대자본제-사회주의의 순서로 발전한다고 하였다. 이러한 마르크스 (그리고 엥겔스)의 역사적 유물론을 더욱 발전시킨 사람이 러시아의 레닌이다. 레닌은 생산양식의 변화를 이끄는 계급투쟁의 성공을 위해 프롤레타리아 계급이 구체적으로 어떤 전략과 전술을 취해야 하는지에 보다 집중했다. 또한, 레닌은 자본주의를 한 나라의 발전에 국한해 보지 않고 전체 자본주의 국가들을 하나의 국제체제로 간주하고 자본주의 국가들이 제국주의화하여 식민지에 진출하는 것은 그들의 국내 시장이 포화되어 새로운 시장을 개척하고 또 산업생산에 필요한 원료를 구하기 위해서라고 설명했다. 따라서 이러한 제국주의 국가들의 경쟁이 결국 제1차 세계대전을 가져왔고 사회주의 세력은 이러한 자본주의 세력의 분열을 적절히 파악하고 이용할 수 있어야 한다고 주장했다.

마르크스주의를 한 국가의 국내정치경제의 지배-피지배관계에서 국제체제 수준으로 그 적용 범위를 확장시킨 이러한 레닌의 시도는 이후 라틴아메리카 국가들의 경제발전을 설명하는 과정에서 발전된 종속이론(dependency theory)에 의해 계승되었다. 종속이론은 근대화 이론(modernization theory)의 단선적, 낙관적 발전론을 비판하고 제3세계 국가들의 경우 경제발전이 선진국의 착취로 왜곡되어 선진국과 다른 종속의 길을 걷게 되었다고 주장한다. 종속이론에 의하면 전 세계적 차원의 자본 및 노동의 분업구

조 속에서 제3세계는 선진국에 값싼 원료와 노동력을 공급하는 위치에 구
조적으로 갇히게 되어 선진국 경제에 종속되게 되었으며 이러한 경제적 종
속 하에서 발전은 불가능하다. 또한, 경제적 종속은 곧 정치적 종속을 가져
오게 되며 결국 국제체제는 선진국과 후진국으로 크게 양분되고 고착된다.
이 상태에서 제3세계 국가들이 경제발전을 하는 유일한 길은 종속의 사슬
을 끊어내는 것, 즉 선진국과 경제적 상호작용을 단절하는 것이다.[16]

　종속이론가 중 국제관계접근법으로서 마르크스주의의 유용함을 가장 잘
보여주는 사람은 월러스틴일 것이다. 월러스틴은 그의 책 『세계체제론』에서
자본주의 세계 경제는 16세기부터 유럽을 중심으로 역사적으로 형성되어
19세기 이후 지배적인 체제로 성장하였는데 이 체제는 단일한 분업체계하
에서 불평등한 교역관계로 서로 연관된 중심부(core)와 주변부(periphery)
로 나누어져 있다. 중심부와 주변부는 생산과 교역 면에서 상호 의존적이지
만 결국 잉여가치는 시간이 지날수록 중심부, 즉 선진국 그룹으로 이전하게
되며, 따라서 선진국과 후진국, 중심과 주변 간의 경제적 격차는 더욱 커진
다는 것이 월러스틴의 핵심 주장이다. 또한, 중심부와 주변부는 역사적으로
오랜 기간을 통해 고착된 하나의 구조이기 때문에 이 구조를 변경하기가 매
우 힘들고 주변부 국가들의 중심부로의 이동도 매우 힘들다. 따라서 주변부
국가들이 중심부 국가들과 교역을 계속할수록 주변부의 발전은 어렵게 되고
결국 주변부 국가들이 발전하는 길은 종속이론의 일반적 결론과 마찬가지로
종속의 사슬을 끊는 것이다.[17]

　이처럼 마르크스주의는 기본적으로 국제관계를 구조, 즉 전체 체제 수준
에서 분석하고 있으며 관념적 요인보다는 물질적 이익을 중요시한다. 그러
나 모든 마르크스주의의 이론과 학자들이 물질적 이익의 중요성을 강조하는
것은 아니다. 토대가 상부구조를 결정한다는 결정론적 측면을 상대적으로
강조했던 정통마르크스주의(orthodox Marxism)에 비해 네오마르크스주
의자들(Neo-Marxist)이라 불리는 알튀세르(Louis Althusser)와 플란차스

(Nicos Poulantzas) 등의 주장은 이데올로기나 의식과 같은 관념적인 요인 들의 힘이 자본주의를 유지해 주는 원인이라고 주장한다. 이들은 정치나 관 념을 상대적으로 강조했던 마르크스의 초기 및 중기 저작들에 기반을 두고 자신의 이론을 정립하였다. 그런데 사실 이들의 이러한 주장은 이들이 활동 했던 1970년대보다 훨씬 전인 1920년대에 주로 활동했던 이탈리아의 공산 주의자인 그람시(Antonio Gramsci)의 주장에 영향을 받았다. 그람시는 정 통마르크스주의와는 달리 마르크스주의를 교조적인 유물론 중심으로 해석 하지 않고 당시 이탈리아 좌파들이 처한 현실에 맞게 그것을 재해석하였다. 그람시는 자본주의 지배 세력이 피지배계급에 대한 지배권을 유지하는 것은 그들이 가진 패권, 즉 헤게모니 때문이라고 주장했는데 이 헤게모니는 물리 력과 같은 강제뿐 아니라 피지배자들에 의한 자발적 동의로 구성되어 있다. 다시 말해 강제로 복종하게 하는 힘 외에 피지배자들이 자발적으로 복종하 게 하는 힘이 바로 패권이다. 이러한 그람시의 주장은 이후 마르크스주의를 교조적 유물론에서 벗어나 다양하게 해석할 수 있는 길을 열어주었을 뿐 아 니라 국제관계에서 권력 개념이 진화하는 데 큰 영향을 주었다.[18]

5. 주요 접근법들에 대한 비교분석

지금까지 국제관계학의 접근법들을 주류 패러다임인 (신)현실주의와 (신) 자유주의 그리고 실증주의 이후의 접근법의 예로서 구성주의와 마르크스주 의를 살펴보았다. 이들의 주요 관점과 주장 그리고 특징을 비교의 관점에서 살펴보면 다음과 같다 (표 4.1 참조). 먼저 각 접근법의 키워드를 비교해 보 면 현실주의와 자유주의는 국제체제의 본질이 무정부상태임을 인정하지만, 현실주의는 권력의 상대적 크기를 이용한 세력균형이나 패권을 중요시하는 반면 자유주의는 국제기구나 조약과 같은 제도를 통한 국제협력을 중요시한다는 것을 알 수 있다. 구성주의는 이념이나 의식 또는 규범이나 도덕 등 관념적인 요인들이 국제관계에서 중요한 역할을 한다는 점을 강조한다. 또한, 인식의 주체와 대상 사이의 간주관적 의미의 구성 과정에 주목하여 이러한 복잡하고 추상적인 과정이 외교정책결정이나 갈등 또는 갈등의 해결에서 중요한 변수가 된다고 주장한다. 마르크스주의의 경우 중요한 키워드들은 국제체제, 즉 구조 자체의 불평등, 선진국과 개도국의 관계(North-South Relations), 계급 착취, 중심부와 주변부 등이다.

이러한 각각의 키워드들과 함께 각 접근법은 국제협력에 대해 다른 시각

표 4.1 국제관계학 접근법들 비교

	(신)현실주의	(신)자유주의	구성주의	마르크스주의
키워드	무정부상태 권력 세력균형 패권	무정부상태 제도 협력 상호의존	간주관적 의미 구성적 효과 관념, 이념 도덕, 규범	구조 불평등 제로섬 남북관계
국제협력을 보는 관점	협력은 가능하지만 어렵다.	협력은 어렵지만 불가능하지는 않다.	협력에 있어서 관념적 요인이 중요하다.	근본적인 불평등 관계를 해소해야 진정한 협력이 가능하다.
세계화를 보는 관점	세계화에도 불구하고 주권국가들은 여전히 존속될 것이다.	경제적 세계화가 정치적 세계화를 가능하게 할 것이다.	경제적 세계화가 코스모폴리타니즘의 확산과 일치하지 않을 수도 있다.	경제적 세계화가 중심부와 주변부의 불평등을 더욱 심화시킨다.
주요 이론	패권안정이론	민주평화론	유럽 통합에서 정체성의 역할	세계체제론
지구환경 정치학에서의 함의	국제환경협력은 가능하지만 매우 어렵다. 만약 가능하다면 패권국의 역할이 필요하다.	국제환경협력은 어렵지만 가능하다. 특히 제도의 역할이 중요하다.	국제환경협력에 있어서 인식공동체의 역할이 중요하다.	선진국의 경제발전이 개발도상국의 생태계에 그림자를 드리운다.

을 보여주고 있다. 먼저 앞서 언급한 대로 현실주의와 자유주의는 각각 좀
더 비관적이냐 낙관적이냐의 차이를 보인다. 즉 현실주의는 국제협력이 불
가능하지는 않지만 어렵다는 진술로 그 핵심 주장이 요약될 수 있으며 자유
주의는 국제협력은 어렵지만 불가능하지는 않다는 진술로서 그 핵심 주장
을 잘 표현할 수 있을 것이다. 구성주의는 낙관적이냐 비관적이냐에 대한
관심보다는 국제협력이 가능하다면 그것에 긍정적인 영향을 미치는 특정한
관념적 요인에 주목한다. 유럽 통합에 있어서 하나의 유럽인으로서의 정체
성이 개별 국가들의 국익에 대한 계산을 초월하여 통합의 기초로 작용하는
것이 그 예이다. 마르크스주의는 국가 간 갈등의 본질이 국제체제의 구조적
불평등에서 기인한다고 보기 때문에 불평등의 해소 없이는 국가 간 협력은
불가능할 뿐 아니라 바람직하지도 않다고 주장한다.

　세계화에 대한 각각의 접근법들의 시각 역시 상이하다. 세계화는 경제,
정치, 문화 등 여러 차원에서 진행된다고 할 수 있는데 경제 차원에서 진행
되는 경제적 세계화는 국가 간 경제적 상호작용(무역, 투자, 노동력의 교환,
금융체제의 통합 등)의 강도가 심화되고 범위가 넓어지는 것이라고 정의할
수 있다. 범위가 넓어졌다는 것은 냉전의 해체 이후 구(舊)사회주의권으로
까지 무역 및 투자가 활성화되었음을 의미하며, 강도가 심화되었다는 것은
단순한 상품의 거래와 투자에서부터 서비스업의 교류, 금융 통합, 양자 혹
은 다자간 자유무역협정 등 상호작용의 양상이 매우 다양하고 복잡해졌다
는 것을 의미한다. 이러한 세계화에 대해 현실주의자들은 그것이 불가피한
하나의 전 지구적 흐름이라고 할지라도 주권국가들의 역할이 결코 줄어들
지 않을 것이라고 주장한다. 즉 경제적 세계화가 궁극적으로 정치적 세계화
로 이어져서 세계정부가 출현할 가능성은 매우 낮고 따라서 세계화가 무정
부상태의 현 국제체제의 본질을 바꾸어 놓지는 못할 것이라고 주장한다. 또
한, 세계화가 진행될수록 경제적, 정치적, 군사적 의미에서의 패권국가들의
역할이 더욱 중요해질 수 있고 이들이 세계화의 과정과 속도 그리고 정도를

결정하고 주도할 가능성이 있다고 설명한다. 이에 비해 자유주의자들의 경우 세계화를 보다 낙관적이고 순기능적으로 보고 있다. 이들은 세계화가 국가 간의 경제적 상호의존도를 높여 결국 갈등을 완화하고 국가들을 통합시키는 데 긍정적인 역할을 할 것이라고 예견한다. 따라서 시장이 점차로 통합될수록 정치적 통합도 비록 어렵지만 가능할 것이라고 주장한다. 구성주의자들은 세계화 자체에 대한 순기능적 혹은 비판적 시각보다는 경제적 세계화 과정이 과연 어느 정도로 코스모폴리타니즘(cosmopolitanism)을 수반하는지 혹은 반대로 세계주의가 어느 정도로 경제적 세계화를 촉진하는지 등과 같은 주제에 관심을 보인다. 마르크스주의자들은 경제적 세계화가 국가 간의 불평등한 구조를 더욱 강화할 것인지 혹은 반대로 그것을 개선할 것인지에 관심을 가진다. 그들은 현재 진행되고 있는 경제적 세계화는 선진국의 다국적기업들이 그들의 이익을 극대화하려는 목적으로 진행하고 있는 일종의 '그들만의 게임'일 뿐이며 이 과정에서 글로벌 자본주의는 더욱더 선진국 중심으로 재편될 것이라고 주장한다.

또한, 각각의 접근법들은 자신의 주요 주장과 관점에 기반을 두고 이론이나 가설들을 발전시켰는데 그 대표적인 예를 들면 다음과 같다. (신)현실주의 접근법에 기반을 둔 대표적인 이론은 패권안정이론 또는 가설이라고 할 수 있다. 패권안정(hegemonic stability)이란 국제체제가 단일한 그리고 지배적인 권력을 가진 패권국가(hegemon)가 존재할 때 더욱 안정적일 가능성이 크다는 주장이다. 이는 무정부상태에서 전체 체제의 질서를 주도할 정도로 힘이 막강한 리더가 존재할 때 체제가 그나마 안정적일 수 있다는 주장으로서 국제체제에서 국가들의 권력을 중요시하는 현실주의적 관점에 있음을 이해할 수 있다. 킨들버거(Charles P. Kindleberger)는 제1차 세계대전과 제2차 세계대전 사이의 전간기(interwar period)에 대공황이 발생하고 국제경제가 혼란스러웠던 이유는 안정적인 무역 질서를 주도적으로 구축할 수 있는 리더 국가가 존재하지 않았기 때문이라고 주장하면서 국제정치경제적 안정에 있어서 패권국의 존재를 강조하였다.[19] (신)자유주의에 기반을 둔 대표적인 이론은 앞서 언급한 민주평화론을 들 수 있다. 이는 민주주의 국가들은 공통의 문화적 동질성과 국내정치 제도적 복잡성 때문에 그들 간의 전쟁 가능성이 줄어든다는 주장인데 국가 간의 관계를 낙관적으로 보는 자유주의 시각에 바탕을 두고 있음을 알 수 있다.[20] 구성주의의 경우 미시적 수준에서 특정한 이론이나 가설을 발전시키기보다는 기존 이론이나 가설에 대한 대안적 설명을 주로 제시한다. 위에서 언급한 대로 유럽통합에 있어서 관념적 요인의 중요성을 주장하는 것이 그 예이다. 마르크스주의의 경우 위에서 언급한 종속이론과 세계체제론이 대표적인 이론이라고 할 수 있다.

마지막으로 각 접근법이 지구환경정치학을 공부하는 데 있어서 어떠한 적실성을 가지고 있는지, 즉 지구환경정치학의 맥락에서 접근법들의 유용성을 비교할 수 있다. 먼저 현실주의의 경우 무엇보다도 국제환경협력이 어려운 이유를 잘 설명할 수 있다. 현실주의 시각에서 볼 때 국가들은 합리적으로 자국의 국익을 추구하는 행위자이다. 만약 국가들이 국제환경레짐에의 참여와 의무 사항 이행이 국익에 도움이 되지 않는다고 판단하면 그들은 레짐에 참여하지 않으며 협력하지 않을 것이다. 그리고 사실 이는 자유주의자들도 동의하는 결론이다. 자유주의의 시각에서는 국가들의 환경협력을 위해서는 적절한 제도적 장치가 필요할 것이다. 국가들의 의무사항 이행을 정확히 모니터하고 그러한 이행의 비용을 절감시켜줄 규칙을 적절히 제정한다면 국가들의 환경협력이 성공할 수 있을 것이다. 따라서 앞서 언급한 대로 이 두 접근법은 국제협력에 대해 비관적 혹은 낙관적 견해를 갖느냐가 결정적 차이이다. 구성주의 및 관념적 접근이 지구환경정치에서 중요시하는 사례는 환경협력에 있어서 인식공동체(epistemic community)의 역할이라고 할 수 있다. 인식공동체란 어떤 문제를 제기하고 그 문제의 원인이 무엇인지를 밝히고 이에 필요한 지식을 동원하는 모든 과정을 공유하는 전문가들의 집단이라고 할 수 있다. 이들은 지식이 형성되고 또 그것이 정책적 함의를 가진 결론으로 만들어지는 전 과정을 함께 수행해내는데 이러한 수행의 결정적인 비결은 이들이 단순히 객관적인 사실들에만 기초하는 것이 아니라 특정한 문제와 관련된 가치판단과 신념을 공유한다는 점이다. 지중해 보호와 같은 환경문제에 있어서 전문가나 과학자 집단들이 자국의 이익 계산을 초월하여 환경보호에의 신념을 공유하며 책임감 있는 결론을 내리는 것이 이 예에 해당한다.[21] 마르크스주의의 경우 몇몇 학자들이 국제체제의 불평등과 양극화 현상을 환경문제에 접목하여 '그림자 생태학(shadow ecology)'이라는 개념을 발전시켰다. 그림자 생태학이란 한 나라의 경제발전이 다른 나라의 환경에 그림자를 드리운다는, 즉 나쁜 영향을 미친다는 의미인데 선진국 벌목회사들이 아마존이나 동남아에서 무차별적인 벌목을 감행하여 열대우림을 파괴하는 것이 그 예라고 할 수 있다.[22]

6. 접근법과 지구환경정치의 이해

이상에서 국제관계학의 주류 시각인 (신)현실주의와 (신)자유주의 그리고 이러한 합리적 선택에 바탕을 둔 주류 접근법들과는 다른 실증주의 이후의 경향 중 구성주의와 마르크스주의에 대해 간략히 살펴보았다. 앞서 언급한 대로 접근법, 시각 혹은 패러다임은 모두 복잡한 현상을 체계적이고 과학적으로 관찰할 수 있는 가장 기본적이고 거시적인 틀을 제공해 준다. 즉 우리가 특정 접근법을 택하여 국제관계의 현상을 분석하는 것은 마치 특정 렌즈를 착용하여 특정한 이미지를 관찰하는 것과 같다. 따라서 접근법들은 우리가 현상을 더 쉽게 관찰하고 분석하기 위해 편의상 택하게 되는 도구일 뿐이며 어떤 특정한 접근법이 국제정치적 현상을 더욱 잘 설명한다고 말할 수는 없다. 국제관계학에서 역사적으로 3~4차례의 논쟁들이 있었는데 이러한 논쟁이 시작될 당시에는 서로 다른 시각들이 양립 불가능한 것처럼 보였다. 예를 들어, 현실주의적 시각과 자유주의적 시각은 기본 관점이나 주장과 더불어 현실에서의 정책적 함의도 크게 다르기 때문에, 이들 간의 논쟁은 다소 제로섬적이었다. 그러나 오늘날 접근법들이나 이론들이 복수로 존재하고 또 번창한다는 것에 대해 이상하게 생각할 사람은 아무도 없을 것이다. 문제는 이러한 큰 틀들 속에서 우리가 어떻게 좀 더 정확하게 현실을 관찰하고 분석할 수 있느냐일 것이다.

위에서 살펴본 접근법 중에서 아마도 지구환경정치학에서 가장 많이 등장하는 것은 자유주의 특히 자유주의적 제도주의일 것이다. 앞 장에서 설명한 바와 같이 1972년의 스톡홀름회의 이후 국제환경정치는 환경레짐들을 중심으로 전개됐으며 국가들이 합의하여 적절한 제도적 장치들을 만들거나 만드는 데 실패했던 과정들이 지구환경정치의 역사라고 볼 수도 있을 것이다. 또한, 자유주의는 현실주의에 비해 비정부단체나 국제기구, 기업이나 개인 등 주권국가 이외에 다양한 행위자들의 중요성을 강조하기 때문에 지구환경정치에서 이들의 역할을 분석하는 데 도움이 된다. 그러나 다른 접근법들 또한 자유주의 못지않게 많은 시사점과 함의를 준다는 점을 명심해야 한다. 이 책의 2부와 3부에 포함된 지구환경정치의 많은 양상과 쟁점은 자유주의적 제도주의뿐 아니라 현실주의, 관념적 접근 그리고 마르크스주의 접근법들이 강조하는 주장들과 그들의 분석적 개념들을 통해 소개될 것이다.

글상자 4.1	국제정치경제의 역사와 지구환경정치

제2차 세계대전이 끝난 1945년부터 현재까지 국제정치경제는 크고 작은 많은 변화를 겪었다. 국제정치경제란 정치와 경제가 국제정치 수준에서 상호작용하는 여러 양상을 말한다. 정치와 경제는 서로 영향을 미친다. 예를 들어, 한 국가 수준에서 보면 경제 상황의 악화가 다음 선거에서 정권의 교체를 가져올 수 있으며 반대로 좌파 정당의 집권이 임금을 인상시키고 경제정책의 방향을 바꿀 수 있다. 이러한 상호작용이 국제체제 수준에서 일어나는 것이 국제정치경제이다. 국제체제의 정치적, 군사적 불안정이 국가들의 경제정책에 영향을 미치기도 하고 반대로 국가들의 무역 및 투자 자유화정책이 전체 체제의 안정에 있어서 변화를 가져오기도 한다. 이러한 국제정치경제의 역사적 전개를 간략히 살펴보는 것은 지구환경정치의 역사를 이해하는 데 도움이 된다.

아래의 표 4.2에서 보는 바와 같이 국제정치경제의 역사는 크게 세 시기로 구분된다. 첫 번째 시기는 1945년 제2차 세계대전의 종식 이후 연합군 승전국들이 미국을 중심으로 국제금융과 무역 그리고 경제 재건을 위한 제도를 창설하던 시기에서부터 미국 달러 중심의 고정환율제가 붕괴되던 1971년까지의 시기로서 이를 브레튼우즈(Bretton Woods) 시기라고 부른다. 두 번째는 변동환율제로 전환되고 무역 및 투자 자유화가 확대되는 1970년대와 1980년대의 시기이며, 세 번째 시기는 냉전이 해체되고 경제적 세계화가 본격적으로 진행되는 시기이다.

표 4.2 국제정치경제의 역사와 지구환경정치

	주요 특징	주요 국가들	지구환경정치
제1시기 (1945~1971) 브레튼우즈 시기	냉전의 시작 제도의 창설	미국의 압도적인 주도권	태동기

계속 ▶▶

글상자 4.1 계속

	주요 특징	주요 국가들	지구환경정치
제2시기 (1972~1989) 상호의존의 시기	무역 및 투자자유화 데탕트 집단적 관리(G-7)	미국-서독-일본의 주도권 동아시아 신흥공업 국의 등장	전성기
제3시기 (1990~현재) 세계화의 시기	냉전의 해체 WTO 창설 주기적인 금융위기 지역화	중국 등 BRICs 국가들의 등장 계속되는 미국의 주도권(?)	교착상태

　먼저 제1시기에는 서유럽의 전쟁 복구 및 재건 그리고 국제경제질서의 수립에 있어서 미국의 압도적인 지도력이 큰 역할을 했던 시기이다. 사실 이 시기에는 미국 이외에 이러한 일을 할 여력이 있는 국가는 단 하나도 없었다. 미국은 달러를 기축으로 하는 고정환율제를 채택하였고 다른 나라들 역시 이 시스템에 편입되었다. 또한 국제통화기금(IMF)이나 세계은행 그리고 관세와 무역에 관한 일반협정(GATT: General Agreements on Tariffs and Trade) 등 국제무역과 투자에 관한 조직과 규칙도 제정되었다.

　그러나 미국이 서유럽에 대한 무역 특혜(trade tolerance)로 인해 무역 적자가 증가하고 또 경기 변동 및 월남전과 같은 정치적 요인으로 인해 미국 달러화의 신뢰성과 유동성이 하락하자 1971년 미국은 고정환율제를 포기하였다. 이후 1970년대와 1980년대는 전후 부활에 성공한 서독과 일본 경제의 활황에 힘입어 국제 무역과 투자가 활성화되었다. 여기에 미소 간의 데탕트와 군축 시도로 인해 국가 간의 경제적 상호의존이 더욱 심화되었다. 미국은 여전히 강대국이었지만 세계의 경제 및 정치적 질서를 혼자 감당하기보다는 그러한 역할과 부담을 분담하는 방법을 선택하였다. 이렇게 해서 일종의 집단적 관리가 시도되었는데 Group of Seven (G-7) 등과 같은 몇몇 주요 국가들의 정상들의 모임이 이 당시부터 시작

계속 ▶▶

되었다. 한편 1980년대 중반부터 한국과 대만, 홍콩과 싱가포르 등 동아
시아 신흥 공업국가들이 국제경제무대에 등장하여 빠르게 중요한 행위자
로 부상하였다.

  1989년과 1990년 냉전이 해체되면서 지구 경제는 진정한 의미에서 통
합되었다. 1945년에 창설을 시도했다가 실패했던 국제무역기구는 세계무
역기구(WTO: World Trade Organization)라는 이름으로 1995년에 창설
되었다. 그러나 경제적 세계화가 가속화될수록 그 부작용도 증가하였다.
남미와 러시아 그리고 아시아 등에서 주기적인 금융위기가 발생하였고 그
것이 다른 지역의 다른 국가로 급속히 확산되었다. 한편 유럽은 지역 통합
을 가속하여 하나의 커다란 경제 블럭으로 성장하였다. 미국은 1990년대
발생한 일련의 종족 갈등(ethnic conflicts)과 인도주의적 개입 기회들을
통해 냉전 해체 이후에도 군사적, 정치적, 경제적 영향력이 막강함을 보
여주려 하였고, 이와 동시에 중국과 같이 덩치 큰 개도국들이 세계 경제에
영향력을 행사하기 시작하였다.

  이러한 지구 경제의 전개 과정과 주요 국가들의 부침 과정은 지구환경정
치의 전개 과정과 주요 행위자들의 변화과정과 어느 정도 일치한다. 1970
년대와 1980년대에는 미국, 서유럽 및 일본이 주도하는 국제환경정치가
주류였지만 1990년대 이후에는 중국이나 인도, 브라질 등 규모의 힘을
바탕으로 한 환경 강대국들이 지구환경정치에서 큰 역할을 하였다.

출처: 국제정치경제의 역사적 전개 과정과 시기 구분은 다음의 책을 참조하였다. Joan E. Spero
    and Jeffrey A. Hart, *The Politics of International Economic Relations*, Seventh Edition
    (Boston, Wadsworth, 2013), pp. 1–11.

2부

레짐의 형성과 다양한 행위자들의 등장

5장

국제환경법과
국제환경조약의 진화

지구환경문제의 심각성을 이해하고 그에 대한 해결책을 모색하는 과정에서 학자들은 다음과 같은 다양한 접근이 있을 수 있다고 말한다. 우선 국내법 혹은 국제법을 통해 환경문제의 해결을 시도하는 법적인 접근이 가능하다. 둘째, 환경단체나 기타 이익집단 혹은 환경 시민사회의 역할을 중요시하는 사회적 접근이 있다. 셋째, 국가나 개인이 발휘하는 정치 권력 혹은 국가 간 및 이해당사자 간의 권력관계를 통해 문제를 해결하는 정치적 접근이 있다. 넷째, 시장에서의 이익이라는 유인을 통해 문제를 해결하는 경제적 혹은 시장 중심적 접근이 있다. 다섯 번째, 과학적 정보나 증거 그리고 기술의 발전을 통해 문제를 해결하는 과학적 접근이 있다. 마지막으로 환경문제에 대한 사람들의 인식을 바꾸고 그에 따른 자각에 의해 문제를 해결하는 철학적 접근이 있다.[1] 이 장에서는 국제법, 즉 국제환경법에 의한 접근을 소개한다. 국제법은 국제조약이나 관습 그리고 문명국에 의해 인정되는 법적 원칙 등

99

에 의해 만들어지는데 국제환경법은 대부분 국제환경조약(international environmental treaties)에 의해 만들어져 왔다. 따라서 이 장에서는 국제환경조약의 등장 그리고 그로 인해 탄생한 국제환경법을 소개하고 이러한 국제법적 접근의 성과와 한계에 대해 논의한다.

조약이란 서명국들에게 법적으로 구속력이 있는, 따라서 서명국들이 자신의 관할권 내에서 집행해야 하는, 의무와 권리를 명시한 서면 형식으로 된 문서를 말한다.[2] 즉 조약은 국가 간의 합의에 의해 만들어진 법적 구속력이 있는 문서이다. 따라서 국제법은 국제조약에 의해 만들어지고 이에 반해 법적 구속력이 없는 문서인 양해각서(memorandum of understanding)나 헌장(charter) 혹은 선언(declaration)의 경우는 국제법에 해당되지 않는다고 할 수도 있고 연성법(soft law)이라고 할 수도 있다.

그런데 국제환경정치에서는 국제환경조약뿐 아니라 다자환경협정(multilateral environmental agreements), 국제환경협약(international environmental conventions) 등의 용어도 자주 사용된다. 조약, 협정, 협약은 여러 가지 상황이나 조건 그리고 문맥에 따라 다르게 사용되는 용어이지만 이 책에서는 같은 것으로 취급하고 가능하면 모두 조약으로 통일하기로 한다. 그리고 1장에서 설명하였듯이 국제정치학에서는 이러한 국제조약을 포함하여 국제사회에서 발생하는 모든 제도적 시도를 포괄하여 국제레짐(international regime)이라는 용어를 사용하는데 이 책에서는 이 용어가 너무 포괄적이어서 될 수 있으면 사용을 제한하고자 한다. 따라서 국제환경조약이 이 장에서는 핵심 용어가 될 것이다.

3장에서 언급한 바와 같이 관점에 따라 다를 수 있으나 국제환경조약이 과연 얼마나 효과적이었느냐에 대한 부정적 평가가 많다. 조약들은 기본적으로 어떤 초국가적 권위체가 아닌 개별 주권국가의 자발적인 준수에 의존해야 하는 한계가 있고 이는 주권국가체제가 존재하는 한 해결되지 않을 문제이다. 따라서 성공적이었다고 평가받는 소수 조약은 무임승차 혹은 집합행동의 딜레마를 극복할 수 있도록 세심하게 디자인된 제도적 장치가 있거나 과학기술의 발달로 인해 국가들의 준수를 이끌어 낼 수 있는 대안이 확실히 존재하는 등 매우 예외적인 경우에 해당한다. 1992년부터 지구환경정치에서 큰 부분을 차지해 오고 있는 기후변화의 경우도 대표적으로 사실상 실패한 조약 사례라고 할 수 있다. 그러나 그럼에도 불구하고 지구환경정치는 아직 이러한 국제법적 접근을 기본 프레임으로 하고 있고 그 외에 다양한 행위자들이 다양한 접근을 시도하고 있다. 국가 간 환경협력은 주권국가 체제에서 여전히 포기할 수 없는 기본 틀이며 확실한 다른 대안이 등장하지 않는 한 계속 시도되어야 할 것이다.

다음 절에서는 먼저 국제환경조약들이 집중적으로 발생하게 된 1972년부터 1992년 사이의 시기를 역사적으로 개관하고 국제환경법의 주요 원칙들을 소개한다. 3절에서는 국제환경조약의 효율성과 효과성에 영향을 미치는 요인들을 분석한다. 4절에서는 두 가지 대표적인 조약들의 사례를 제시하고 마지막으로 결론이 이어진다.

1. 국제환경법의 기원과 주요 원칙

국제환경법 전문가들은 국제환경법의 역사를 몇 시기로 구분하여 설명하는데 시기 구분에 있어서 그들 간에 약간의 차이는 있지만, 그들이 모두 강조하는 것은 1972년 스톡홀름회의를 기점으로 본격적으로 국제환경법이 발전하기 시작했다는 점이다. 즉 국제환경법의 역사적 기원이 어느 시점이고 어느 판례인지보다 중요한 것은 1945년 유엔이 창설되고 이후 두 차례의 기념비적 대회가 1972년과 1992년에 열리면서 국제환경조약과 국제환경법이 본격적으로 만들어졌다는 사실이다.

1972년 스톡홀름회의에서 채택된 총 26개 원칙으로 구성된 스톡홀름선

언과 총 6개 분야에서의 109개의 정책 조언들로 이루어진 스톡홀름 행동
계획은 법적 구속력 없는 문구들이지만 환경문제에 있어서 최초로 국가들
이 모여 도출해 낸 원칙이고 이것이 국제환경법의 기초가 되었다. 특히 제
21원칙인 주권국가가 자국의 환경을 보호하되 다른 국가의 환경을 침해하
지 않아야 할 책임도 있다는 문장과 제24원칙인 국제적인 환경문제를 국가
들이 협력하여 대응해야 한다는 문장은 국제환경조약의 일종의 대전제가
되었다.[3]

이후 약 20여 년간 많은 중요한 조약들이 체결되었는데 국제법적 측면에
서 볼 때 다음의 조약들은 특별히 중요하다. 멸종위기에 처한 야생동·식물
종의 국제거래에 관한 협약(CITES의 경우 희귀 동식물의 멸종을 막기 위해
이들의 국제 거래를 금지하는 방식을 사용한 선례가 되었고 폐기물 및 기타
물질의 투기에 의한 해양오염 방지협약(1972)은 해양 오염 방지를 위한 최
초의 본격적인 시도였다고 할 수 있다. 또한, 세계문화 및 자연유산 보호에
관한 협약(1972)은 환경 개념을 인간의 문화적 역사적 영역에까지 확대하는
데 기여했으며, 이 밖에 핵 사고 시 조기 통보에 관한 협약(Convention on
Early Notification of Nuclear Accidents, 1986), 환경영향평가 협약(Con-
vention on Environmental Impact Assessment in a Transboundary Con-
text, 1991), 핵사고 또는 방사성 긴급 상황 시 원조에 관한 협약(Convention
on Assistance in the Case of a Nuclear Accident or Radiological Emer-
gency, 1986), 유류오염의 예비 대응 및 협력에 관한 협약(International
Convention on Oil Pollution Preparedness, Response and Cooperation,
1990), 월경성 장거리 대기오염에 관한 협약(1979) 등도 중요한 이정표가
되는 협약이다.[4]

1992년의 리우회의에서도 스톡홀름회의와 마찬가지로 법적 구속력은
없으나 국제법적으로 중요한 원칙들을 담고 있는 리우선언이 채택되었다.
이 원칙 중에는 지속가능한 개발(sustainable development)처럼 그 이전

에 몇몇 중요한 문서를 통해 이미 논의되어왔던 용어들이 정식 원칙으로 채택된 경우도 있고 선진국과 개도국 간에 공동의 그러나 차별화된 책임이 있을 수 있음을 명시한 제7원칙처럼 새롭게 등장한 원칙들도 있다. 이 밖에도 리우선언은 환경문제의 사전주의적 원칙 등 20년 전의 스톡홀름선언에 비해 진전된 내용을 담고 있으며 이후 국제환경법의 기초가 되는 6개 원칙이 확립되었다고 할 수 있다. 비록 이 원칙들이 이후 국가 간 환경 협상에서 언제나 절대적인 선(善)으로서 받아들여진 것은 아니며 원칙 자체의 추상성 때문에 논란이 있기도 하였지만, 시간이 지남에 따라 점차로 이들이 국제사회에서 내면화되고 있다는 것, 즉 국가들이 하나의 대원칙으로서 인정하고 있다는 것은 사실일 것이다.

2. 국제환경조약의 구조와 형성과정

국제환경법은 크게 전문(preamble)과 본문의 두 부분으로 구성되어 있다. 전문에는 주로 해당 조약이 주로 다루는 환경문제가 소개되어 있고 조약에 참가하는 국가들이 그 문제를 어떻게 접근하는지가 명시되어 있다. 전문은 국가들이 실천해야 할 구체적인 행동 계획이 아니라 규범적인 틀만을 제시하며 종종 특정 국가나 행위자들의 행동을 정당화하거나 반대로 비난하는 문구가 들어가기도 한다. 본문은 서명국들이 이행해야 할 의무 조항들이 명시되어 있는데 그 예로서는 보고 의무, 목표 감축량, 기술 이전 메커니즘 등이 있고 또한 향후 조약이 어떻게 발전할지에 대한 방향도 서술되어 있다. 이러한 법적 구속력이 있는 조항들 외에 이른바 연성법이라고 부르는 법적 장치들이 있는데 여기에는 가이드라인, 권고, 선언, 헌장 등이 포함된다. 본문에는 이들도 포함되는데 시간이 지남에 따라 점차로 이른바 경성법(hard law)보다는 연성법이 더 큰 비중을 차지하는 경향이 있다. 이와 더불어 본문에는

글상자 5.1	국제환경법의 기본 원칙

[1] 주권 및 환경 책임의 원칙(Sovereignty and Responsibility for the Environment)

이것은 스톡홀름선언의 제21원칙에 명시되어 있는 것으로서 국가들이 주권이 미치는 영역 내에서 자국의 환경과 자원을 자유롭게 이용할 수 있고 또 그것을 보존하는 정책을 집행할 수 있는 권한을 가지고 있음과 동시에 다른 주권국가 및 주권 밖의 영역의 환경을 침해하지 않아야 할 책임이 있다는 것을 말한다. 특히 후자는 이른바 'no harm principle'을 환경문제에 적용한 것이다.

[2] 선린 및 협력의 원칙(Good Neighborliness and International Co-operation)

이것은 유엔헌장 제74조에 명시된 선린주의를 환경에 적용한 원칙으로서 스톡홀름선언의 제24원칙 그리고 리우선언의 제7원칙에도 명시되어 있다. 그 핵심 내용은 국가들이 환경문제를 해결하는 데 있어서 다양한 차원에서 다양한 방법으로 적극적으로 협력해야 한다는 것이다.

[3] 지속가능한 개발의 원칙(Sustainable Development)

지속가능한 개발이라는 용어는 1987년 흔히 브룬트란트 보고서(Brundtland Report)라고 불리는 '우리 모두의 미래(Our Common Future)'라는 보고서에 처음으로 공식적으로 등장하였다. 이 보고서에 의하면 지속가능한 개발이란 '미래세대들이 그들의 필요를 충족시킬 능력을 훼손하지 않는 방식으로 현세대가 그들의 필요를 충족시키는 발전'이다. 그러나 이것은 매우 추상적인 수준에서의 정의이며 지속가능한 개발이 구체적으로 어떻게 가능한지에 대한 논란은 이후 계속되고 있다.

[4] 공동의 그러나 차별화된 책임의 원칙(Common but Differentiated Responsibility)

이것은 국제법에서 형평성의 문제(equity)를 환경에 적용한 원칙으로서 구체적으로는 환경

계속 ▶▶

문제에 국가들이 공동으로 대처하되 국가 간에 그 문제를 야기한 책임의 정도가 다르고 그 문제에 대처할 수 있는 능력이 다르기 때문에 책임을 차등 부과하여 형평성을 제고한다는 것이다. 이 원칙은 기후변화 협상 특히 교토의정서가 채택되는 데 있어서 큰 역할을 하였다.

[5] 사전주의의 원칙(Precautionary Principle)
이 원칙은 국가들이 환경문제에 대한 정확한 과학적 진단과 처방을 내릴 수 없는 상황, 즉 과학적 불확실성에 직면한 상황에서도 미리 문제를 해결하는 일종의 선제적 전략을 취해 가능한 환경재앙이나 피해를 사전적으로 예방해야 한다는 것을 말한다. 이것은 리우선언의 제15원칙에 해당하는데 그 내용은 환경문제가 심각하여 회복 불가능한 피해의 우려가 있을 경우 과학적 불확실성이 환경 악화를 방지하기 위한 비용에 대비하여 효과적이라고 판단되는 조치를 지연시키는 구실로 이용되어서는 안된다는 것이다.

[6] 오염자 부담의 원칙(Polluter-Pays Principle)
이것은 환경오염을 야기하고 그 결과로서 발생한 비용에 책임이 있는 사람이 오염 비용과 결과 비용을 책임져야 한다는 원칙이다. 이 원칙이 가장 확실하게 인정되는 곳은 유럽연합(European Union), 유엔 유럽경제위원회(UNECE: UN Economic Commission for Europe), 그리고 경제협력개발기구(OECD: Organization for Economic Cooperation and Development) 등인데, 국제환경협력에서 누가 어디까지 부담해야 하는가는 여전히 논쟁적이다.

출처: Philippe Sands, "Environmental Protection in the Twenty-first Century," pp. 126–130.

조약의 집행을 담당하게 될 국제기구, 조약 발효(entry into force)의 조건, 조약 위반의 경우 처벌 규정, 그리고 분쟁 해결 장치 등을 명시한다. 전문과 본문 이외에 부록(annexes 또는 appendices)이 있는데 여기에는 보통 조약

서명국의 명단이 포함되며 그 밖에 조약의 중요한 과학적 기초가 되는 정보가 명시되기도 한다.[5]

조약의 조직 구성을 보면 우선 당사국총회(COPs: conference of the parties)가 있고 사무국(secretariats), 기술 위원회 혹은 전문가 위원회(technical or expert committees) 그리고 조약의 재정 조달 기제(funding mechanism)가 있다. 당사국총회에서는 서명국들이 정기적으로 모여서 주로 조약의 개정이나 향후 방향에 관한 결정을 내린다. 사무국은 주로 행정적 지원을 하며 전문가 위원회 등은 과학적, 전문적 조언을 한다.[6]

국제환경조약은 종종 단계적으로 진행되는데 가장 흔히 볼 수 있는 패턴이 협약-의정서 방식(convention-protocol method)이다. 먼저 국가들이 모여서 기본협약(framework convention)을 체결하는데 이 협약에는 해당 조약이 다루는 환경문제의 본질, 범위 그리고 원인이 명시되어 있으며 향후 협상의 방향 등 일반적인 사항이 포함되어 있다. 그리고 이후 협상 과정에서 회원국들은 더 구체적이고 자세한 의무 조항을 협상하고 합의하여 의정서에 그러한 법적 구속력이 있는 합의들을 포함하게 된다. 예를 들어, 오존층 보호를 위한 비엔나협약이 1985년에 체결되었는데 이 협약에는 문제의 원인이 되는 주요 물질이 염불화탄소이며 이를 줄여야 한다는 일반적인 합의가 포함되어 있다. 이후 1987년에 체결된 몬트리올의정서(Montreal Protocol on Substances that deplete the Ozone Layer)에는 국가들이 구체적으로 염불화탄소를 얼마나 어떻게 줄여야 하는지에 대한 의무 사항이 명시되어 있다. 비록 사실상 실패했지만, 기후변화의 경우도 1992년 유엔 기후변화기본협약(UNFCCC)에서 기본적으로 온실가스를 감축하기로 합의하였고 1997년의 교토의정서에서 누가 언제까지 얼마나 감축할 것인지를 합의하였다. 이 외에도 월경성 장거리 대기오염에 관한 협약은 1979년에 체결되었는데 이후 1984년부터 1999년까지 8개의 의정서가 후속 조치로서 체결되었고, 유해 폐기물의 국가 간 이동 및 처리의 규제에 관한 바젤협약(The Basel

Convention on the Control of Transboundary Movements of Hazardous Wastes and their Disposal)은 1989년 체결되었고 이후 1999년에 유해폐기물의 국경이동과 그 처리로 인한 피해에 대한 책임배상 의정서(Protocol on Compensation for Damage Resulting from Transboundary Movement of Hazardous Wastes and Their Disposal)가 1999년에 체결되었다.

이렇게 협약-의정서의 2단계로 조약을 체결하는 방식에는 몇 가지 장점이 있다. 우선 무엇보다도 국가들이 부담을 느끼지 않고 조약에 접근할 수 있다는 점이다. 국가들은 처음부터 조약 참여와 의무 실행을 위한 강한 의지를 보일 필요가 없으며 시간을 두고 향후 조약이 자국에 미칠 영향에 관련된 불확실성에 침착히 대처할 수 있다. 그러나 무엇보다도 이러한 2단계 방식이 조약 체결의 지배적인 절차가 된 이유는 근본적으로 국가 간의 환경협력이 그만큼 어렵다는 것을 말해 준다. 국가들이 해당 환경문제의 심각성을 인정하고 그 원인에 대해 합의한다고 해도 구체적으로 그 문제의 해결을 위해 누가 얼마나 희생할 것인지를 합의하기는 쉽지 않기 때문에 일단 기본 협약부터 시작하여 국가들을 협상 테이블에 계속 남아 있게 해야 하는 것이 중요하다. 한 국제환경법 학자는 국제환경법에서 점차로 법적 구속력이 없는 연성법이 중요해지고 또 공적 국제법과 사적 국제법(예를 들어, 국제표준화기구인 ISO에서 만든 표준들과 같이 사적 섹터에서 만들어 낸 규정들)의 구분이 점차로 흐려지고 있다고 지적한다. 이 역시 국제환경협력에서 국제법적 접근이 근본적으로 한계가 있음을 말해 주는 것이다.[7]

국제환경조약은 개별 국가, 환경단체, 개인, 유엔과 같은 국제기구 등 다양한 행위자들에 의해 발의될 수 있다. 일단 이들에 의해 조약 형성의 필요성이 제기되면 각국의 대표들이 모여서 좀 더 자세한 논의를 진행하는데 이 과정에서는 정부 대표뿐 아니라 전문가 등 사적 행위자들도 참여한다. 이후 협상이 진전되어 조약문의 초안이 만들어지면 각국의 보다 고위층 대표들이 참여하여 세밀한 협상을 진행하여 완료한다. 협상 결과 조약문의 최종본이 채택(adopt)되면 국가들은 이를 국내법으로 만들어 비준(ratify)하게 되고, 일정 수 이상의 서명국이 비준을 완료하거나 그 밖에 조약문에 명시되어 있는 발효 조건을 충족시키게 되면 조약은 정식으로 발효된다. 서명국들이 조약문의 최종본에 합의했다고 할지라도 국내에서 비준이 오래 걸리거나 비준에 실패하는 경우도 있으며 발효 조건이 까다로운 경우도 많기 때문에 조약이 채택된 시점과 발효되는 시점 간에는 많은 차이가 있을 수 있다.[8]

국제환경조약을 체결하고 그것이 성공적으로 발효되기까지의 과정에 영향을 미치는 변수들은 다음과 같은 6개의 요인으로 나누어 설명할 수 있다.

첫째, 환경문제로 인해 발생하는(혹은 근시일내에 발생할) 위기 그 자체 그리고 그에 대한 인식은 조약의 성공적인 체결을 좌우하는 가장 근본적인 요인이다. 유럽의 산성비로 인한 피해가 가시적으로 나타난다든지 오존층 파괴로 인해 피부암이 발생한다든지 등의 즉각적이고 가시적인 위협은 행위자들로 하여금 조약을 통한 협력을 적극적으로 추진하게 하는 동기가 된다. 그리고 이러한 위기가 인식되는 과정에서 중요한 역할을 하는 것이 과학적 근거와 정보 그리고 기술발달에 따른 대안의 존재 여부 등이다. 따라서 조약 형성과정에서 과학자들이 패널을 구성하여 공동으로 연구를 진행하고 그 결과를 공유하여 조약 체결 및 유지에 영향을 주기도 한다.[9]

둘째, 조약 체결을 위한 협상 과정에서 특정 국가들, 국제기구 혹은 개인들이 발휘하는 리더십은 조약이 성공적으로 성사되는 데 결정적인 역할을 한다. 앞서 언급한 대로 1986년 포경 전면 금지 결정에서 미국의 역할이 그 대표적인 예인데 이때 미국은 자신이 가진 경제력이나 외교력 등 국력을 이용하여 영향력을 행사하는 방식으로 조약참가국들을 설득하거나 회유하였다. 그러나 이러한 물질적인 보상이나 조건에 기반을 둔 영향력 외에도 리더십은 환경보호에의 헌신이나 의지 등을 보여줌으로써 상대방의 생각을 바꾸는 방식으로 행사되기도 한다.[10]

셋째, 레짐 디자인 즉 조약의 제도적 디자인이 조약 체결을 촉진할 수 있다. 즉 조약이 불확실성을 극복할 수 있는 정보를 제공하거나 투명성을 높일 수 있는 제도적 장치를 마련하여 무임승차 문제를 해결한다든지 혹은 해당 환경문제의 해결에 있어서 거래비용을 낮춘다든지 하는 제도적 장점을 가지고 있을 경우 협상이 성공적으로 진행될 수 있다. 그러나 이와 반대로 실제 협상 과정에서 이러한 제도적 장치가 유인으로 작용하지 않는 경우도 많으며 오히려 긴 협상의 최종 단계에서는 협상을 성사시키기 위해 가장 부정적인 태도를 보이는 당사국의 의견까지도 취합하여 결국 합의된 내용의 수준이 낮아지는 현상(lowest common denominator)이 발생하기도 한다.[11]

넷째, 조약 체결을 위한 협상은 국익에 대한 계산이기 때문에 결국 국내 정치적 요소 역시 매우 중요하게 작용한다. 국내 정치세력의 이해관계나 권력관계, 조약 체결로 인해 이들에게 미칠 손익, 조약의 쟁점이 여론에 의해 공론화되거나 정치쟁점화되는 과정, 대통령이나 행정부의 환경정책에 대한 선호나 태도, 시민사회의 역할 등 많은 국내정치적 요인들이 협상 과정에 영향을 미친다.

다섯째, 선진국과 개도국 간의 관계(North-South Relations)는 협상 과정에서 종종 큰 대립구조를 만들어 낸다. G-77처럼 개도국의 입장이 통일되어 협상 과정에서 정치세력화되는 경우가 있는데 이때 이들은 '종종 공동의 그러나 차별화된 책임' 원칙을 이용한다. 그러나 이와 반대로 개도국 내에서 균열이 발생한다거나 혹은 선진국 그룹 내에서 견해 차이가 발생하는 경우도 있는데 이 경우 협상은 더욱 복잡하고 긴 과정이 된다.

여섯째, 조약은 당연히 주권국가의 대표들이 합의하는 과정이지만 사적 행위자들, 즉 환경 비정부단체나 기업 등이 중요한 역할을 한다. 이들은 자국의 정부를 상대로 로비를 하거나 자신에게 유리한 방향으로 여론을 형성할 수 있으며 직접 조약 체결이 진행되는 현장에 참여하여 당사국총회는 아니더라도 총회와 더불어 동시에 개최되는 실무위원회나 기술위원회, 전문가 자문위원회 등에 참석하여 의견을 개진하고 전체 협상에 중요한 정보나 의견을 제시하기도 한다. 또한, 활동가들은 조직적으로 대회장 밖에서 캠페인을 벌이거나 기자회견을 하여 주위를 환기시키고 협상이 바람직한 결과를 만들도록 압박하는 여론을 만들기도 한다. 그러나 이들의 활동과 영향력에는 근본적인 한계가 존재하는 것 역시 사실이다. 조약이 체결되고 발효되고 나면 직접 조약 의무 사항을 실행하는 것은 사적 행위자들이 아닌 주권국가 단위로 이루어지기 때문에 사적 행위자들의 역할은 국제법적 접근 하에서는 보조적인 역할에 그친다고 주장할 수도 있다.

한편 조약의 형성과정은 국제관계학의 주요 접근법들에 의해서도 설명 가능한데 이들이 레짐 형성에 대해 이론적으로 설명하는 것을 축약하면 다음과 같다.

첫째 현실주의자들은 패권국의 역할을 강조한다. 즉 패권국이 자국의 이익을 추구하고 확대하기 위해 혹은 호혜적인 관점에서 일종의 공공선을 추구하기 위해 국제환경조약의 체결을 주도한다는 것이다. 실제로 국제환경조약에서 패권국들이 자국의 국력을 이용하여 협상을 바람직한 방향으로 이끌기도 하고 반대로 협상을 무산시키기도 한다. 유럽의 산성비와 대기오염 문제를 해결하기 위해 체결된 '월경성 장거리 대기오염에 관한 협약'과 이후 진행된 헬싱키 프로토콜에서 당시 서독(독일연방공화국)이 주도적인 역할을 한 것이 긍정적인 예 중 하나이다. 다만 여기서 주의할 점은 환경정치에서 패권국이란 반드시 전통적인 방식으로 계산된 국력이 아니라 환경에 미치는 영향력 그리고 그것을 결정하는 요인들(인구, 영토, 자원, 산업화의 정도 등)에 의해 정의될 수도 있다는 것이다. 1990년대와 2000년대에 기후변화 협상에서 중국이나 인도와 같은 나라들은 강대국이나 제국은 아니지만, 그들이 처한 산업화의 단계와 인구 등의 조건 때문에 협상에서 큰 영향력을 행사할 수 있었다.

둘째, 자유주의적 제도주의자들은 행위자들이 제도를 만드는 것은 그들이 문제를 해결하는 데 있어서 거래비용을 낮추고 필요한 정보를 공유하고 투명성을 높여 무임승차로 인한 문제를 해결하는 등 제도로 인한 이득이 제도를 만드는 데 필요한 비용보다 크다는 계산을 바탕으로 합리적 선택을 하기 때문이라고 설명한다. 따라서 국가들이 국제환경조약을 만들고 협력하는 이유는 그러한 행위를 통해 이득을 기대하기 때문이며 그러한 국가들의 이득을 잘 충족시켜 줄 수 있는 제도적 디자인을 갖춘 조약이 성공적으로 체결될 가능성이 크다고 할 수 있다. 국가들이 손익계산을 할 때 과학적 정보, 위기의 강도, 해당 환경문제가 자국에 미치는 영향 등 다양한 요인들이 영향을 미치는데 결국 제도주의자들은 이러한 여러 사항을 고려하여 레짐의 형성보다는 레짐의 유지 및 효과성 제고에 더 큰 관심을 가진다.

셋째, 관념적 접근에서는 특정 환경문제가 행위자들에게 어떻게 인지되느냐의 과정을 중요시하고 이 과정이 레짐 형성에서 중요한 역할을 한다는 점을 강조한다. 여기서 중요한 역할을 하는 것이 4장에서 소개한 인식공동체이다. 인식공동체란 어떤 문제를 제기하고 그 문제의 원인이 무엇인지를 밝히고 이에 필요한 지식을 동원하는 모든 과정을 공유하는 전문가들의 집단이라고 할 수 있다. 이들은 지식이 형성되고 또 그것이 정책적 함의를 가진 결론으로 만들어지는 전 과정을 함께 수행해내는데 이러한 수행의 결정적인 비결은 이들이 단순히 객관적인 사실들에만 기초하는 것이 아니라 특정한 문제와 관련된 가치판단과 신념을 공유한다는 점이다. 지중해 보호와 같은 환경문제에 있어서 전문가나 과학자 집단들이 자국의 이익 계산을 초월하여 환경보호에의 신념을 공유하며 책임감 있는 결론을 내리는 것이 이 예에 해당한다. 이러한 과정을 통해 결국 지중해 행동 계획(Mediterranean Action Plan)이 만들어졌고 이것이 지중해 오염 문제를 해결하는 데 큰 역할을 하였다. 관념적 접근에서는 레짐 형성에서 특정 문제에 대한 과학적 학습과 연구 그리고 그러한 과학적 결론과 신념을 공유하는 전문가들의 네트워크가 중요한 요인이 된다고 주장한다.

3. 국제환경조약의 효과성

일단 국제환경조약이 체결되고 나면 그것이 얼마나 효과적이냐가 문제가 되는데 이것을 국제정치학자들은 레짐 효과성(regime effectiveness)이라고 부른다. 레짐 효과성은 다른 말로 표현하자면 국제법적 접근 자체의 효력을 말하는 것이므로 레짐의 형성, 즉 레짐이 어떠한 조건에서 어떠한 과정을 통해 만들어지느냐의 문제보다 훨씬 중요하다. 레짐 효과성은 매우 복합적인 현상이기 때문에 근본적으로 정확히 관찰하고 측정하기 어렵다는 문제가 있다. 국제환경정치를 공부해 온 학자들 사이에서 레짐 효과성이 과연 무엇을 의미하느냐에 대한 합의된 해답은 없는데 그것은 그들이 각자 강조하는 초점이 다르기 때문이다. 어떤 사람은 정치적 측면을 강조하고 어떤 사람은 법적 측면 혹은 규범적 측면을 강조할 것이다.[12] 이 책에서는 이러한 다양한 과점을 크게 두 가지로 나누어 소개한다.

첫째, 국제환경조약으로 인해 국가들의 행동이 변화한다면 그것을 레짐 효과성이라고 부를 수 있을 것이다. 국가들의 행동이 변화하는 것 중 가장 중요한 것은 국가들이 조약을 준수(regime compliance)하는 것이다. 이 때문에 특히 국제환경법학자들 사이에서는 레짐 효과성과 준수가 같은 의미로 자주 쓰인다.[13] 준수는 다시 크게 세 가지로 나눌 수 있는데 첫 번째는 절차적 준수(procedural compliance)이다. 이것은 국가들이 조약의 구성원으로서 최소한의 형식적 책임을 다하고 성의 있는 태도를 보이는 것을 말한다. 예를 들어, 국가들이 당사국총회에 참석하여 토론에 참여하고 조약 체결에 서명하고 자국의 보고 의무를 수행하는 것 등이 여기에 해당한다. 두 번째는 실질적 준수(substantial compliance)로서 조약의 합의 사항과 목표를 이행하기 위해 실제 행동을 하는 것을 말한다. 여기에는 조약의 비준과 그것의 이행을 위한 국내법의 제정 및 실행이 핵심 요인이라고 할 수 있다. 세 번째는 규범적 준수(spirit of the treaty)로서 이것은 조약의 실질적인 목표뿐

아니라 전문에 명시된 포괄적이고 추상적인 목표까지도 달성하려고 노력하
거나 그러한 달성 의지를 표현하는 것을 말한다. 즉 조약의 정신을 내면화
(internalization)하는 단계까지 이르는 것을 말한다. 이 세 가지 의미의 준
수 중 물론 가장 중요한 것은 실질적 준수일 것이다. 그러나 실질적 준수 못
지않게 다른 두 개도 국가들의 행동이 조약에 의해 긍정적으로 변화된 경우
라고 할 수 있으므로 조약의 효과성에 분명히 해당한다.

둘째, 이렇게 국가들의 행동에 있어서 변화가 일어나고 국가들이 조약을
잘 준수한다고 할지라도 조약이 다루는 환경문제가 해결되지 않으면 결국
조약이 효과적이라고 말할 수 없다는 관점이 있을 수 있다. 따라서 이 관점
에 의하면 레짐 효과성은 조약이 추구하는 목표를 달성하거나 조약이 다루
는 환경문제가 해결되는 것을 의미한다. 목표를 달성하는 것은 예를 들면,
기후변화협약에서 교토의정서처럼 온실가스 의무감축량을 구체적인 수치
로 정하고 그것을 달성하고자 노력하는 경우도 있지만, 멸종위기에 처한 야
생동·식물종의 국제거래에 관한 협약인 CITES와 같이 조약의 목표가 멸종
위기에 놓인 동식물의 국제 거래를 막음으로써 이들을 보존하는 것이 목표
인 경우 목표가 수치화되지 않는 경우도 있다. 또한 목표의 달성뿐 아니라
목표를 얼마나 빨리 달성했는지를 측정하는 것도 레짐 효과성을 수치화하
는 한 방법일 수 있다. 문제의 해결 역시 완전한 해결이 있을 수 있으나 그
보다는 상대적인 해결, 다시 말해 조약이 있기 이전보다 상대적으로 문제가
완화된 것을 의미하는 것이 더 현실성이 있다. 문제해결에 초점을 맞출 경
우 주의해야 할 것은 레짐과 문제해결 간의 인과관계를 증명하기 어렵다는
점이다. 즉 문제가 해결되었다고 하더라도 그것이 그 레짐 때문이었는지 아
니면 다른 정치적, 사회적, 과학적 요인 때문이었는지가 불분명한 경우가
많다. 따라서 이 연관성을 정확히 밝히기 위해서는 레짐의 어떤 규칙이 회
원국들의 행동 변화를 가져왔고 그 결과로서 어떻게 문제가 해결되었는지
를 정확히 분석해야 한다.[14]

이와 같은 두 가지 방법으로 레짐의 효과성을 정의하고 측정해 보았을 때 실제로 많은 레짐들은 효과성 측면에서 차이를 보일 것이다. 그렇다면 레짐의 효과성에 영향을 미치는 요인들을 파악해 볼 필요가 있다. 첫째, 행위자들의 선택이 아닌 구조적인 조건들이 있을 수 있다. 예를 들어, 냉전 시대에는 자본주의 진영과 공산주의 진영 간의 대립이 심하여 레짐 차원에서도 이들 간의 협력은 매우 어려웠을 것이다. 또한, 석유파동이나 금융위기와 같이 경제적 상황이 안 좋을 경우 레짐 효과성은 낮아질 것으로 생각할 수 있다. 둘째, 레짐에 참여하는 행위자들이 레짐을 어떻게 운영하고 레짐에 대한 순응을 유도하기 위해 어떤 규칙을 정할 것인지가 중요할 것이다. 레짐이 투명하고 민주적으로 운영되고 레짐을 준수할 적절한 인센티브와 벌칙을 만들 경우 레짐 효과성이 높아질 것이라고 기대할 수 있다. 셋째, 레짐이 효과적으로 작동하기 위해 레짐 외적인 요인의 역할도 중요할 것이다. 개도국의 레짐 준수를 돕기 위한 국제기구나 선진국의 자금 지원이 예가 될 수 있으며 오존층 파괴와 같이 레짐이 다루는 환경문제가 사람들에게 큰 충격을 가져올 경우도 이에 해당할 것이다.[15]

도표 5.1 레짐 효과성

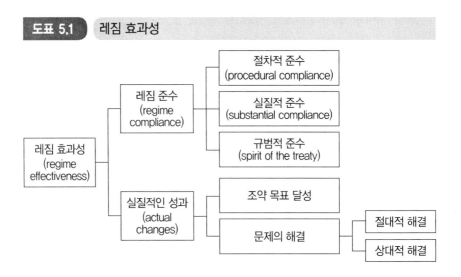

레짐의 효과성 외에도 레짐이 형성되는 과정을 양적으로 혹은 질적으로 측정하고 분석해 볼 수도 있을 것이다. 양적인 측정은 첫 회의에서부터 조약 발효 시기까지의 전체 기간을 측정해서 비교해 볼 수 있을 것이다. 만약 이 기간이 길었다면 조약 형성과정이 어떤 이유에서든 험난하고 문제가 많았음을 말해 주는 것이다. 질적인 측정은 회의 과정에서 당사국 간의 의견 대립이 얼마나 심했는지 등을 회의록을 분석하여 측정해 보는 것이다. 또한 조약이 체결되고 나서 각국에서 조약이 비준되는 과정 역시 양적으로 혹은 질적으로 측정, 분석하고 각국을 비교해 볼 수도 있을 것이다. 이를 통해 예를 들어, 같은 조약이라도 민주주의 국가인 경우 국내의 다양한 정치 세력들과 이익집단들의 이해관계로 인해 비준 과정이 더 길다든지 혹은 조약의 의무 이행이 경제적으로 부담이 되는 개도국일수록 비준이 더 오래 걸릴 것이라든지 등의 가설을 세울 수 있을 것이다. 또한, 공평한 레짐, 즉 조약의 의무 사항 설정에 있어서 선진국과 개도국의 차이를 고려하여 조약 이행 사항을 배분하는 경우 전체적으로 그 조약의 체결 및 비준과정이 더 신속하다고 가정할 수도 있을 것이다. 마지막으로 레짐의 효과성뿐 아니라 효율성도 측정해 볼 수 있다. 이는 주로 투입에 비해 산출이 얼마나 많았는지, 즉 비용과 편익 계산으로 가능할 것이다.

국제환경법학자인 샌드(Peter H. Sand)는 1970년대와 1980년대의 다양한 국제환경조약의 경험을 분석하여 국가들의 협상 과정에서 나타나는 문제점들을 크게 두 가지로 지적한다. 하나는 최소공통분모의 문제이다. 다자 환경조약들은 흔히 참여하는 국가들의 이해관계가 다양해서 합의가 어렵고 결국 최소한의 가장 필수적인 합의에만 이르게 되는 경향이 있는데 이를 최소 공통분모원칙 혹은 기본 합의 원칙이라고 한다. 사실 이 경향은 일종의 딜레마인데 그 이유는 협상 과정에서 조약의 실효성과 효과성을 높이기 위해 실질적인 의무 이행 사항을 추가할수록 이에 찬성하고 참여하는 회원국들의 수가 줄어들 것이고 결국 회원국들의 이탈을 막으려면 최소한의, 그러나 사실 실제로는 별 의미가 없는, 사항에만 합의하게 되기 때문이다. 샌드는 이 문제를 극복하기 위해 다음과 같은 네 가지의 해결책이 가능하다고 주장한다.

첫째는 선택적 유인(selective incentives)이다. 이는 협상 과정에서 특정 회원국에게 별도의 혜택(fringe benefits)을 제공하여 그 국가의 참여를 유도하는 것을 의미한다. 이러한 혜택은 대체로 특정 국가에 타국의 자원, 시장, 기술에의 접근을 허용해 주거나 국제기구에서 자금을 제공해 주는 방식으로 주어진다. 둘째는 차등화된 의무 부과(differential obligations)이다. 선택적 유인이 특정 국가(특히 협상을 지연시키는 국가)에게 일종의 특별 혜택을 주는 것이고 보통 그런 혜택이 협상의 최종 단계에서 전격적으로 이루어지는(last minute add-ons) 반면 차등화된 의무 부과는 협상을 시작할 때부터 비대칭적인 레짐임을 공식적으로 상호 인정하고 각국이 처한 상황에 따라 의무를 차등 부과하는 방식으로 합의해 나가는 것을 말한다. 예를 들어, 국가별로 의무 사항 이행 일정을 정하는 것(country-by-country time plan)이 이에 해당한다. 셋째는 지역화(region-alization) 방식으로서 글로벌 차원에서가 아니라 동아시아, 동북아시아 등 지역 차원에서 레짐을 만드는 것이다. 여기에는 예를 들어, 지중해 오염 문제와 같이 문제 자체가 지역에서 발생하는 경우가 있고 반대로 기후변화와 같이 문제는 보편적이지만 지역 차원에서 레짐을 형성하여 문제를 해결하려는 시도도 있다. 그런데 지역화의 경우 주의해야 할 점은 지리적으로 인접한 국가들이라고 해서 문화적으로 혹은 역사적으로 동질성을 가지고 있기 때문에 지역 레짐이 더 효과적이라고 기대할 수는 없다는 것이다. 오히려 이웃 국가들끼리의 협력이 더욱 어려울 수 있다. 넷째는 목표를 초과 달성하여 일종의 모범사례를 만드는 것(promoting over-achievement)이다. 협상 과정에서 특정 국가(혹은 국가집단)가 합의된 목표보다 더 엄격한 기준을 적용하거나 목표량을 초과 달성하겠다고 약속할 경우 그 국가의 국제적 평판과 신뢰가 높아짐은 물론 다른 국가들의 순응과 협력을 이끌어낼 수 있다.

　최소공통분모와 함께 샌드가 지적하는 또 하나의 문제는 협상 과정이 지연되고 협상안이 최초로 만들어지는 시점부터 국가들이 그것에 합의하고 채택하고 비준하여 발효되기까지 너무 오랜 시간이 걸린다는 것(the slowest boat rule)이다. 이 문제를 해결하기 위해 샌드는 다음과 같은 세 가지 방법을 제시한다. 첫째는 임시로 협약을 하고 나중에 정식으로 조약을 발효시키는 것이다. 이의 대표적인 예가 관세와 무역에 관한 일반협정(GATT)이다. GATT는 조약법에 관한 비엔나협약(Vienna Convention on the Law of Treaties)에서 인정된 절차 중 하나인 잠정적용의정서(protocol of provisional application) 방식으로 40년 이상 조약을 유지해 왔다. 국제환경협상에서도 이와 같은 방식을 이용한다면 협상 과정을 촉진할 수 있다. 둘째는 연성법의 활용이다. 이는 지지부진한 협상 과정에서 때로는 국가들이 큰 난관에 부딪힐 때가 있는데 이런 경우에는 오히려 기본 원칙 수준으로 돌아가서 최초에 가졌던 문제의식을 재확인하고 협상이 결렬되지 않게 하는 차원에서 결의안이나 선언 채택 등과 같은 연성법적 조처를 하는 것이 도움이 될 때가 있다는 것이다. 셋째는 회원국들이 국내 비준 절차를 생략하기 위해 대

표 5.1 다자조약 협상 과정에서의 문제점과 해결책

문제	해결책
최소공통분모의 문제 (the lowest common denominator)	선택적 유인(selective incentives)
	차등화된 의무 부과(differential obligations)
	지역화(regionalization)
	목표 초과 달성(promoting over-achievement)
시간 지연의 문제 (the slowest boat rule)	조약의 잠정 적용(provisional treaty application)
	연성법(soft law options)
	입법 위임(delegated lawmaking)

표들에게 입법 및 법률 개정 권한을 위임하는 것이다. 이는 특히 기술 표준을 채택하고 정규적으로 개정해야 하는 전문적인 과정이 수반된 조약의 경우 더욱더 효과적이며 결과적으로 협상 과정을 촉진할 수 있다.[16]

4. 국제환경조약 사례

1) 유럽의 월경성 장거리 대기오염에 관한 협약 (1979)

1960년대에 서구 선진국들에서 산업화가 진전되면서 당연히 대기오염물질들이 국경을 넘어서는 현상이 발생하였고 이것이 점차 심각한 국가 간 분쟁의 원인이 되었다. 특히 산업화로 인해 대량으로 배출되는 이산화황(SO_2)과 질산화물(NO_x)들이 대기 중에서 화학작용을 통해 산성비로 강수 되는데 이것이 한 국가를 넘어서 지역 전체로 확산되는 현상이 발생하여 문제가 되었다. 이 문제가 처음 발생한 곳은 당연히 산업화를 먼저 시작한 서유럽과 북미였다. 북미에서는 이 월경성 산성비 문제가 주로 1970년대와 1980년대에 미국과 캐나다 사이에서 발생하였다. 이 시기 캐나다 산성비의 약 50%가 미국에서 기인한 것으로 추정되었으며 반대로 미국 산성비의 약 20%가 캐나다에서 기인한 것으로 추정되었다. 양국은 1991년에 미국-캐나다 양자 대기질 협정(US-Canada Bilateral Air Quality Agreement)이 체결되어 이산화황과 질산화물의 배출을 통제하는 공동 노력에 합의하였다. 그런데 유럽의 경우 이에 비해 개입되는 국가의 수도 훨씬 많았고 국가들의 이질성도 훨씬 심했다.

1967년 스웨덴 토양과학자인 오덴(Svente Odén)은 스칸디나비아 지역에 내리는 비에 산성분이 포함되어 있어 토양과 숲 그리고 물고기와 호수를 오염시킨다고 주장하였고 특히 영국 및 독일(당시 서독)에서 발생한 이산화황이 장거리를 이동하여 스웨덴의 토양과 물고기를 오염시킨다는 연구 결과를 신문에 기고하였다. 그는 그 이듬해인 1968년 이 연구결과를 "대기와 강수의 산성화와 그것이 자연환경에 미치는 영향"이라는 제목의 논문으로 *Ecology Community Bulletin*이라는 학술지에 기고하였다. 당시 스웨덴의 가장 큰 소득원은 어업이었기 때문에 산성비 문제는 큰 반향을 일으켰고 1972년 스톡홀름에서 개최되었던 유엔 인간환경회의(UNCHE)에서 스웨덴정부 대표는 이 문제를 상세히 보고하였다. 이 보고는 스톡홀름회의의 결과물인 스톡홀름선언의 제21원칙의 채택에 중요한 역할을 하였다. 매우 논쟁적이었던 이 원칙 21은 한 국가가 그들의 환경정책에 근거하여 자국의 자원을 개발할 주권적 권리를 가짐과 동시에 자국의 법령과 통제 내에서의 활동이 다른 국가 또는 국가 관할권의 범위를 벗어난 지역에 환경피해를 주지 않도록 할 책임을 갖는다는 것을 의미한다.

1972년 경제협력개발기구(OECD)의 주도하에 서독을 포함하여 11개 국이 참여하는 대기오염물질 장거리 이동 측정에 관한 협동 기술 프로그램(OECD Cooperative Technical Program to Manage the Long-range Transport of Air Pollution)이 시작되었다. 이로 인해 이 11개 국가 대부분에 대기오염물질 측정소가 설치되었고 배출량에 대한 정보 교환이 시작되었다. 이 프로그램은 1978년에 OECD로부터 독립하여 명칭을 유럽 장거리 이동 대기오염의 측정과 평가를 위한 협력 프로그램으로 개칭되었다. 이후 1979년 이후로는 유럽의 월경성 장거리 대기오염에 관한 협약(CLRTAP) 산하 조직이 되어 이 조약과 관련된 과학적 정보를 취합하고 제공하는 역할을 하고 있다. 오늘날 이 프로그램은 비공식적 명칭인 유럽감시평가프로그램(EMEP: European Monitoring and Evaluation Program)으로 더 잘 알려져 있다. 한편 1975년 헬싱키에서 개최된 유럽안보협력회의(Helsinki Conference on Security and Cooperation)에서 소련이 유럽 차원의 에너지, 운송, 환경 등에 대한 협력에 적극적인 태도를 보이기 시작하였다. 이는 그 전 1972년의 스톡홀름회의를 소련 및 공산 진영 전체가 보이콧을 했던 것과는 달라진 모습이었다. 이는 당시 국제정치가 동·서간 화해 즉 데탕트 시대였음을 말해주는 것이다. 소련은 서방과의 관계개선을 원했고 환경보호와 같은 주제가 외교적 연결에 있어서 적절하다고 생각하였다. 이를 계기로 스웨덴과 노르웨이가 월경성 장거리 이동 대기오염물질 문제를 제기하였다. 이렇게 이 월경성 대기오염 문제가 동·서간 화해 이슈로 부각되자 유엔에서 이 문제를 주관하기 시작하였다. 따라서 유엔 유럽경제위원회(UNECE)가 이 문제를 주관하게 되었다. UNECE는 유엔의 5개의 지역 경제조직 중 하나로서 미국과 캐나다를 포함하여 34개의 회원국으로 구성되어 있었다. UNECE에서 소련은 월경성 대기오염 문제를 비롯하여 유럽안보협력회의에서 논의된 환경협력의 이행을 촉구하였으며, 1978년에 유럽감시평가프로그램(EMEP)의 연구 결과가 발표되자 서유럽 국가들도 대기오염물질의 장거리 이동을 점차로 인정하게 되었고 북유럽 국가들의 주도하에 협약 체결이 추진되었다.

유럽경제위원회 월경성 장거리 대기오염에 관한 협약(CLRTAP)은 1979년 제네바에서 열린 UNECE 고위 회담에서 32개 회원국들과 유럽위원회 등 33개 당사국이 서명함으로써 체결되었다. 이 협약을 이끌었던 주도 국가는 노르웨이, 스웨덴, 캐나다, 프랑스 등으로 구성된 녹색 그룹이었다. 이 협약은 다음의 네 가지 사항을 핵심 내용으로 한다. 그것은 1) 대기오염이 매우 중요한 문제임을 인식하고, 2) 당사국들은 대기오염 특히 장거리 이동 대기오염물질을 제한하고 점진적으로 줄이고 궁극적으로 금지할 것에 노력을 기울일 것을 선언하며, 3) 당사국들이 정보, 컨설팅, 연구 및 모니터링에 관련된 사항들을 상호 교환할 것을 약속하며, 4) 경제적이면서도 실제 사용 가능한 최고의 기술을 사용할 것을 약속하는 것을 내용으로 한다. 즉, 각국의 정보 공유가 협약의 핵심 내용이며 의무 감축 조항은 영국과 서독의 반대로 포함되지 않았고 다만 많은 대기오염물질 중에서 우선 가장 시급한 이산화황부터 향후 논의를 시작하기로 합의하였다. 이 협약은 1983년에 발효되었고 2020년 현재 51개국이 가입되어 있다. 1979년 협약이 체결된 이후 1999년까지 총 8개의 의정서가 체결되었다 (표 5.2).

이 중 1985년에 체결된 의정서는 헬싱키에서 열렸던 이 협약의 제3차 집행기구(Executive Board) 회의에서 의결되었기 때문에 헬싱키의정서라고도 한다. 이 당시 21개 회원국과 유럽공동체(EC) 등 22개 회원국들이 이 구속력 있는 의정서에 서명함으로써 이 조약은 사실상 그 효과를 발휘하기 시작하였다. 이 의정서에 담긴 합의 사항의 핵심은 최대한 빨리, 즉 늦어도 1993년까지는 이산화황 배출을 1980년 대비 30%를 줄이자는 것이었다. 이 의정서는 1987년 발효되었다. 그러나 최대배출국인 영국은 서명하지 않았고 폴란드는 비준에 실패하였다. 영국은 기준 연도인 1980년이 작위적

표 5.2 월경성 장거리 대기오염에 관한 협약과 의정서들 (2015년 2월 현재)

서명	조약	발효	회원국 수
1979	월경성 장거리 대기오염에 관한 협약	1983	51
1984	유럽감시평가프로그램의 장기 재정 지원을 위한 의정서	1988	46
1985	황화물 및 황화물의 이동 화합물질 30퍼센트 감축을 위한 의정서 (헬싱키의정서)	1987	25
1988	질산화물 및 질산화물의 이동화합물질 배출 통제를 위한 의정서 (소피아의정서)	1991	35
1991	휘발성 유기화합물 및 그 이동화합물질 배출 통제를 위한 의정서 (제네바의정서)	1997	24
1994	황화물 배출량 추가 감축을 위한 의정서 (오슬로의정서)	1998	29
1998	중금속에 관한 의정서	2003	33
1998	잔류성 유기오염물질에 관한 의정서	2003	33
1999	산성화, 부영양화, 지상오존 처리에 관한 의정서	2005	26

출처: David Hunter et al 2015, p. 532.

으로 설정된 것이라고 주장하였으며 폴란드는 저개발 국가로서 배출량 저감에 필요한 장비와 기술 그리고 자본 부족 문제를 제기하였다. 또한, 미국도 캐나다와의 월경성 대기오염물질에 관한 협상에 악영향을 미칠 것을 우려하여 서명하지 않았다. 그러나 전반적으로 이 의정서는 레짐 효과성 측면에서 성공적이었다. 비준에 성공한 모든 회원국이 1993년까지 30% 감축에 성공했으며 그중 12개 국가는 50% 감축에 성공했다.

질산화물 배출량 감소를 의결한 1988년의 소피아의정서의 경우 회원국들은 질산화물 배출량을 1987년 수준으로 동결하기로 하고 1994년부터 이를 시작하기로 하였다. 여기에는 미국과 영국도 서명하였으며 특히 12개의 유럽 국가들은 1998년까지 30%를 감축하기로 추가 발표하였다 (이 경우 기준 년도는 1980년과 1986년 사이에서 자유롭게 정하기로 하였다). 대부분 국가는 1987년 수준으로의 동결 목표를 달성했는데 이 기준 연도의 데이터가 부정확하여 이것이 실제 감축 효과가 있었는지를 판단하기는 어렵다. 또한, 추가 발표한 목표 역시 일부 국가만 달성하였다. 이밖에 1991년의 제네바의정서의 경우 휘발성 유기화합물(VOCs)을 1999년까지 1988년 대비 30%를 감축하기로 합의한 것이며 22개 회원국들과 EC가 서명하였다.

이렇게 협약이 체결된 후 세부적인 의무 사항들이 담긴 의정서들이 계속 뒤따랐다. 이들은 다소 차이는 있지만 대체로 의무 사항이 이행된 것으로 평가된다. 다만 이러한 합의 이행이 과연 협약, 즉 레짐때문이었는지의 문제는 이론의 여지가 있다. 영국의 경우 1980년대의 경기후퇴와 에너지 수요 하락으로 인해 협약에 순응할 수 있는 긍정적 조건이 마련되었던 점이 강조되어야 한다. 또한 네덜란드의 경우도 천연가스로의 전환이라는 변수가 있었으며 노르웨이의 경우 적자인 구리 광산의 폐업 등 국내적 요인들이 중요하게 작용하였다.[17]

전반적으로 이 협약은 시작 단계에서는 국제정치적 요인이 중요했으나 중요한 협상을 이끌어 내는 과정에서는 과학의 역할이 중요했다고 할 수 있다. 협약이 만들어지게 된 가장 큰 배경은 동서 화해, 즉 데탕트에 의한 소련의 적극적인 태도라고 할 수 있다. 그러나 1970년대 말이 되면서 동서관계가 다시 경직되고 신냉전시대가 시작되게 되면서 소련이 다시 비협조적이 되자 스웨덴, 노르웨이 등이 협상을 주도하였고 이 과정에서 과학적 정보의 생산, 공유 그리고 이에 대한 각국의 수용이 큰 역할이 되었다.

앞서 언급한 바와 같이 1972년 OECD가 주도하여 시작된 각국의 관측 및 그 결과에 대한 정보 교환은 이후 이 프로그램이 EMEP로 개편되면서 더욱 체계적으로 진행되었고 이로 인해 장거리를 이동하는 대기오염물질의 발생 및 이동 경로를 관찰할 수 있게 되었다. 또한 이를 바탕으로 모델링을 통해 특정 국가가 이웃 국가에 어느 정도의 피해를 주는지를 추정할 수 있게 되었다. 물론 일부 국가들 특히 가해국은 이 결과에 대해 쉽게 수긍하지 않았으나 지속적이고 체계적인 공동 연구와 협의 과정을 통해 국가들이 과학적 연구 결과를 결국 수용하게 되었다. 이 모델링 과정에서 큰 역할을 한 것은 특히 국제응용시스템분석연구소(International Institute for Applied Systems Analysis)였다. 1994년의 오슬로의정서의 경우 결정적 부하 접근법(Critical Load Approach)을 사용하였는데 이것은 이산화황의 절대적 배출량을 줄이는 것이 아니라 배출이 지속되어 일정한 임계점을 넘어서 사회에 치명적인 악영향을 주는 양을 측정하고 이를 줄이는 방식이다. 이 방식의 채택은 과학의 뒷받침 없이는 불가능했을 것이다.[18]

한 기존 연구는 이 협약의 효과성을 평가하기 위해 다음과 같은 네 가지의 지표들을 제시하였다. 첫째 레짐이 가진 규칙의 엄격성(strength of regime regulations)이다. 이는 이 레짐이 얼마나 구속력 있는 조항들을 포함하고 있는지를 측정하는 것이다. 둘째는 조약에 대한 형식적 준수(formal compliance)이다. 이는 조약 당사국이 조약을 비준하고 이를 국내에서 이행할 수 있는 법적 기반을 만드는 것이다. 셋째는 실제 행동의 변화이다. 이는 실제 조약의 목표를 국내에서 집행하고 오염을 배출했던 국가의 행동이

변화하는 것이다. 넷째는 문제해결이다. 이는 조약이 가진 문제를 해결하는 것이다. 이 연구에서는 표 5.3과 같이 이 네 개의 지표들을 가지고 이 협약을 평가했을 때 전반적으로 "다소 긍정적"이라는 결론을 내린다. 이는 모든 지표로 보았을 때 일정한 수준의 성과는 있었지만, 이것이 아주 만족할 만한 정도의 효과성을 달성한 것은 아니었다는 것이다.[19]

이 협약은 월경성 대기오염에 관한 최초의 국제환경조약이며 지금까지도 회원국의 수, 조약이 지속되는 기간, 조약의 구체적인 성과 등의 측면에서 해당 분야에서 최고의 조약이다. 사실 1985년 헬싱키의정서는 향후 많은 조약에 매우 긍정적인 영향을 미쳤으며 국가 간 환경협력의 가능성을 보여준 몇 안 되는 모범사례 중 하나이다. 특히 국가 간 환경협력에 대한 시도 자체가 지금처럼 많지 않았던 1980년대의 기준으로 볼 때는 이 협약은 매우 효과적인 것으로 평가되었다. 그러나 가해국이 영국 및 서독이 상대적으로 부유한 국가였다는 점 그리고 서독이 자국에도 산성비로 인한 피해가 발생함으로 확인하고 적극적으로 협력하게 되었다는 점 등으로 볼 때 다소 예외적인 사례라고 할 수 있다. 그럼에도 불구하고 처음 문제가 제기될 때부

표 5.3 CLRTAP의 효과성

지표	평가
규칙의 엄격성	의정서가 계속되면서 모호한 문구들이 점차로 줄어들고 보다 구체적으로 됨
형식적 준수	전반적으로 조약에 참여하고 서명하는 당사국이 일정 수를 유지함
실제 행동의 변화	의정서마다 차이는 있으나 전반적으로 조약의 목표를 달성하는 경우가 더 많았음
문제 해결	각 오염 물질마다 다르고 또 의정서 마다 다르지만 전반적으로는 문제 해결이 상당한 수준으로 되었음
총평	다소 성공 (moderate success)

출처: Wettestad(1999)를 바탕으로 필자가 작성함.

터 과학적 정보와 그것의 공유하려는 노력이 있었고 국가들이 적극적으로 공동의 모니터링과 모델링 체계를 구축하였다는 점 등은 향후 다른 지역에서 월경성 대기오염을 위한 협력을 시도할 때 중요한 교훈이 된다.

2) 선박에 의한 오염 방지 국제협약

이 조약은 국제적으로 선박에서 유출되는 석유에 의한 해양 오염을 방지하는 것을 내용으로 한다. 이 조약이 처음 체결된 것은 1954년이었다. 유조선 등 선박들이 고의로 공해상에 석유를 버리는 일이 잦아지자 이를 방지하기 위해 32개 국가가 모여 석유에 의한 해양 오염 방지를 위한 국제협약(OILPOL: International Convention for the Prevention of Pollution of the Sea by Oil)을 체결하였다. 이 협약의 핵심 내용은 선박들이 해안가에 석유를 버리지 못 하게 하고 만약 버릴 경우 정부가 마련한 특정한 저장소에만 버리게 하는 것이었다. 그러나 이 저장소를 만드는 것이 강제조항이 아니었기 때문에 대부분 국가가 이를 만들지 않았고 유조선들은 이 조약을 무시하였다. 이후 1973년에 선박에 의한 오염 방지 국제협약(MARPOL)이 국제해사기구(IMO)의 주도로 체결되었고 이 조약의 의정서가 1978년에 채택되었다. 1973년 조약 자체는 발효되지 못했으나 이후 1983년에 이 조약과 1978년 의정서가 합쳐서 발효되었다. 이 합쳐진 조약은 MARPOL 73/78로 공식적으로 명명되었다. 이 조약은 개개의 오염물질에 관한 세부 규정을 부속서별로 명시하였으며 부속서가 만들어지는 과정에서 조약이 계속 부분적으로 개정되어 1990년대 말에 기본 규정이 확정되었다. 이 규정은 모든 석유의 해양 배출을 금지하고 모든 유조선이 오염물질 저감 장치를 의무적으로 부착하도록 하였다. 이 결과 해양 석유 유출이 크게 줄었으며 거의 모든 유조선이 규정에 따라 장치들을 부착하고 있다. 2018년 현재 156개 국가가 회원국이며 이들 국가 국적의 유조선이 전 세계의 99%를 차지한다.

이 조약이 다루고 있는 석유의 해양 유출 문제는 주로 유조선들이 석유를 해양에 고의적으로 버림으로써 발생하였다. 유조선들은 주로 다음의 두 가지 방식으로 석유를 바다에 배출하였다. 첫째, 유조선(혹은 화물선)에 석유(혹은 화물)가 적재되어 있지 않고 빈 배로 항해할 경우 바닷물을 빈 탱크에 담아 균형을 잡게 되는데 이를 밸러스트수라고 한다. 유조선들은 목적지에 도착하기 전에 이 밸러스트수를 바다에 버리게 되는데 이 과정에서 탱크에 남아 있던 기름이 함께 배출되는 것이다. 둘째, 유조선들이 탱크를 바닷물로 청소를 하는데 이 과정에서 기름이 배출되기도 한다. 이렇게 배출되는 양은 많지 않을 것으로 보이지만 실제로는 매우 많은 양임이 밝혀졌다. 1950년대 초반에 유조선들이 매년 약 2억 5,000만 톤의 석유를 해양으로 운반했는데 이 과정에서 약 30만 톤의 석유가 바다로 배출되었다. 이후 유조선에 의한 원유 수송이 급증하면서 해양에 버려지는 기름은 연간 약 5백만 톤에 이르게 되었다. 또한, 이러한 고의적인 배출 외에도 유조선 좌초 사고가 빈번히 발생하여 대량의 원유가 유출되기도 하였다. 이러한 사고는 단기간에 회복될 수 없는 치명적인 생물학적 피해를 유발하여 해양생태계를 파괴한다.[20]

이 조약에서는 앞의 월경성 대기오염 사례와는 달리 과학의 역할이 결정적이지 않았다. 굳이 과학적 조사와 연구 없이도 고의적 석유 투기와 유출이 생태계 파괴에 미치는 영향이 눈에 확연히 보였으며 그 원인 역시 이미 명확히 드러났기 때문이었다. 또한, 환경단체의 역할도 크지 않았다. 오히려 이 조약에서 가장 큰 역할을 한 것은 사태의 심각성 그 자체와 이의 해결을 요구하는 일반 대중의 관심과 압력이었다. 여기에는 1967년의 토리 캐년호 사고가 결정적인 계기가 되었다. 1978년 MARPOL 의정서가 채택되기 직전 1976년과 1977년 사이에 13건의 원유 유출 사고가 발생하였다. 즉 문제의 파급효과가 너무 컸고 그것이 즉각적으로 드러났기 때문에 국제환경협력의 필요성이 자연스럽게 대두되었다. 특히 미국이나 영국처럼 석유

회사와 자체적인 유조선을 보유한 국가들 그리고 연안에서 기름 유출로 피해를 보는 국가들은 문제 해결에 더욱더 적극적이었다.

이 조약의 성공에 결정적인 영향을 미친 것은 레짐디자인이었다. 즉 국가들이 이 조약을 준수하기 위해서는 조약이 국가들의 행동을 감시하고 조약을 위반했을 때 적절히 처벌할 수 있는 규정을 하고 있어야 하는데 이 조약은 그러한 세부 규정을 잘 갖추고 있었기 때문에 효과적인 레짐으로 평가받을 수 있었다. 이 조약에서 시도되었던 세부 조항은 크게 (1) 기름의 해양 배출의 양과 지역을 제한하는 것(Discharge Sub-regime), 그리고 (2) 각 유조선에 적절한 장치를 부착하여 석유 배출을 막는 것(Equipment Sub-regime)의 두 가지였는데 전자가 크게 성공하지 못한 반면 후자는 비교적 큰 성공을 거두었다. 후자의 경우 다시 다음의 세 가지 방식으로 나눌 수 있는데 첫 번째는 상층부 적재(LOT: Load on Top) 방식으로서 기존의 밸러스트수와 탱크 세정수를 한 탱크에 합치고 물과 기름을 분리하여 물만 배출하고 기름은 다음 수송에 보태는 방식이다. 두 번째는 별도균형수탱크(SBT: Segregated Ballast Tanks) 및 이중선체(double hulls)를 의무화하는 방식이다. 이는 밸러스트수를 적재하기 위한 독립적인 탱크를 만들고 유조선이 좌초하거나 파괴되어도 기름 유출이 최소화될 수 있도록 화물 탱크의 선저를 두 개의 판으로 만드는 것이다. 세 번째는 원유세척방식(COW: Crude Oil Washing)인데 기존처럼 기름 탱크를 물로 세척하는 것이 아니라 원유로 세척하는 시스템을 장착하는 것이다. 이러한 후자의 세 방식은 전자에 비해 장비를 장착해야 하므로 비용이 많이 들었으나 오히려 국가들이 선호했으며 이를 통해 레짐에 대한 순응을 이끌어 낼수 있었다. 그 이유는 전자의 경우 누가 언제 어디서 얼마만큼의 기름을 버리는지를 파악하기가 힘들고 따라서 규칙을 위반하는 경우 처벌이 사실상 힘들다는 한계가 있다. 반면 후자의 경우 처음 장비를 장착할 때는 비용이 들지만 한 번 장착하면 유조선들을 정기적으로 점검만 하면 되기 때문에 감시 비용과 처벌 비용이 거의 들지 않는다.

레짐 디자인이 레짐의 신뢰성과 투명성에 영향을 미치며 이것이 결국 준수를 이끌어 내었던 매우 긍정적인 사례라고 할 수 있다.[21] 실제로 유조선들이 조약에서 요구하는 장비를 장착하고 조약의 규정을 준수하는 것이 확인되면 국제유류오염방지(IOPP: International Oil Pollution Prevention) 인증을 받게 되는데 이 인증은 5년에 한 번씩 갱신된다. 5년 동안은 개개 유조선의 기름 배출 행위를 감시할 필요가 없는 것이다. 또한 흥미로운 것은 이 인증을 정부가 아닌 제3자, 즉 분류사회(classification societies)라는 집단이 발행하는데 이는 매우 효과적이었다. 그리고 이 조약의 또 하나의 장점은 민간 섹터의 참여를 통해 조약의 효과성을 높이는 것이다.[22]

MARPOL 73/78이 비교적 효과적인 레짐인 반면 유조선 난파 및 원유 유출 사고는 지금도 끊이지 않고 발생하고 있다. 다만 앞서 언급한 대로 유조선들이 이중선체를 의무화하고 또 각국에서 이중선체가 아닌 유조선의 입항을 금지하게 되면서 피해는 예전에 비해 줄어들었다고 할 수 있다. 또한, 이 조약에서는 초기 OILPOL 당시의 여러 시행착오로부터의 학습, 원유생산국이면서 자체적인 운송시스템을 갖추고 있었으며 해안 원유 유출의 대표적인 피해국이었던 미국의 적극적인 역할 등이 추가적인 효과성 제고 요인으로 지적될 수 있다.

5. 국제환경조약의 미래

이 장의 서론에서 언급하였듯이 국제환경법에 기반을 둔 국제환경조약은 지구환경문제를 해결하는 여러 접근 중 하나이다. 사실 법적인 접근은 일단 법이 확립되고 그것이 내면화될 경우 다른 접근에 비해 안정적이고 믿을 만한 해결책을 제공해 준다고 할 수 있다. 그런데 문제는 국제사회에서 어떻게 국제환경법이 만들어지고 이것이 내면화될 수 있느냐이다. 이 장에서는 성공한 국제환경조약은 레짐 효과성이 제고되고 참여국의 준수를 이끌어내어 결국 문제해결에 있어서 큰 역할을 할 수 있다는 것을 알 수 있었다. 조약의 당사국들이 조약을 준수한다는 것은 조약문, 즉 국제환경법을 준수한다는 것이며 이는 법이 국제사회에서 내면화될 수 있음을 의미한다. 다만 이렇게 순조로운 사례가 많지는 않음은 사실이며 결국 어떤 경우에 이렇게 성공적인 국제환경조약의 사례가 발생하느냐를 탐구하는 것이 중요하다. 즉 레짐 효과성에 영향을 미치는 요인에 관한 체계적인 탐구가 중요하다.

앞에서 제시된 몇몇 국제정치접근법의 주요 키워드들은 이 탐구 작업에 도움을 준다. 현실주의 접근법에 있어서 국제환경조약은 기본적으로 주권국가 중심의 체제하에서 성립되기 어려운 체제이며 만약 그것이 가능하다면 그것은 패권국의 강력한 주도하에서일 것이라고 주장한다. 따라서 이 경우 레짐 효과성에 긍정적인 영향을 미치는 요인은 협약을 성공시키고자 하는 패권국의 의지와 주도권이다. 반면 자유주의적 제도주의 접근법에서는 레짐 디자인 등 레짐의 속성이 그 성패를 좌우할 것이라고 주장할 것이다. 위의 사례에서도 보았듯이 레짐이 적절한 감시와 처벌 규칙을 가지고 있고 이것이 투명하고 공정하게 실행되는 것이 구성원들에게 인정된다면 구성원들은 그 레짐의 규칙을 준수할 것이다. 반면 마르크스주의나 종속이론과 같은 급진주의자들은 국제환경조약들이 지구환경정치에 있어서 개도국과 선진국의 차이를 더욱 심화시킬 것이며 때로는 선진국의 관점과 선호에 기반을 둔 국제환경조약이 개도국의 지속가능발전에 오히려 악영향을 미칠 수 있음을 주장할 것이다.

향후 국제환경조약은 양자이냐 다자이냐, 혹은 글로벌 차원이냐 지역 차원이냐에 상관없이 대부분 다른 접근들 — 예를 들어, 환경단체의 역할에 기반을 둔 사회적 접근이나 물질적 유인에 기반을 둔 경제적 접근 — 과의 유기적인 상호작용을 필수 요소로 하게 될 것이다. 이는 전통적인 방식의 국제환경조약 형성은 점점 어려워지고 있음을 말해주는 것이다. 사실 이러한 어려움을 촉발한 가장 대표적인 계기가 바로 기후변화협약이었다. 이 협약이 보여준 장기간의 비효과적이고 지지부진했던 일련의 협상 과정은 레짐의 효과성을 떠나서 레짐의 존재 자체의 의미에 의문을 던지게 하였다. 그러나 그렇다고 해서 국제법적 접근이 의미가 없는 것은 아니다. 위에서 언급한 대로 다른 접근들과의 유기적인 상호작용 속에서 국제환경조약은 생성과 개정을 거듭할 것이다. 또한, 지방정부 차원에서도 환경외교와 환경협력이 활발히 진행되고 있고 이것이 국제환경법을 대체할 새로운 질서의 등장을 가능하게 할 수도 있다.

글상자 5.2   국제환경조약 데이터베이스

국제조약에 대한 데이터베이스는 유엔 사이트에서 확인할 수 있지만 국제환경조약에 관한 데이터베이스는 현재까지 총 3~4개에 불과하다. 그 중 오레건 대학(University of Oregon) 정치학과의 미첼(Ronald Mitchell) 교수의 주도하에 만들어진 데이터베이스가 가장 포괄적이고 체계적이다. 이 데이터베이스의 홈페이지는 https://iea.uoregon.edu/ 이다.

이 데이터베이스는 2002년에 연구 프로젝트로 구축되기 시작하였으며 다자환경조약들을 체계적으로 축적하고 분석해왔는데, 2017년부터 양자환경조약도 포함하게 되었다. 현재는 1,300여 개의 다자환경조약, 2,200여 개의 양자환경조약, 그리고 기타 250여 개의 환경조약이 포함되어 있으며, 개별 국가들을 기준으로 하여 그들이 특정 조약에 언제 서명했는지 그리고 언제 비준했는지 등에 대한 정보는 약 9만 개에 이른다. 또한, 조약별로 조약문을 읽을 수 있으며 조약에 이어 맺어진 의정서 그리고 조약의 개정 과정 등을 상세히 파악할 수 있다.

여기에 제시된 국가별 데이터는 사실 개별 국가가 보유한 데이터보다 더 정확하고 포괄적일 수 있다. 왜냐하면 개별 국가의 조약 데이터는 종종 국제환경조약만을 따로 분류하여 자세히 보여주는 경우가 별로 없기 때문

계속 ▶▶

이다. 사실 우리나라도 국제환경조약만을 독립적으로 다루는 자료는 없다. 미첼 교수의 이 데이터베이스에 의하면 우리나라는 총 402개의 활동을 기록했는데 여기에는 협정이나 의정서에 서명하거나 비준한 것 그리고 이들이 개정될 때마다 이에 서명하거나 비준한 것 등 다자 및 양자 국제환경협정에 관해 우리 정부가 해 온 모든 활동이 기록되어 있다.

최근에 미첼교수와 그 동료들은 이 데이터베이스의 특징과 성과를 요약하여 논문으로 출판하였다. 이 논문에서 저자들은 이 데이터베이스를 토대로 하여 그간의 국제환경조약들의 특징을 분석하였다.[23]

이 데이터베이스에 따르면 가장 많이 연구된 조약은 다음의 8개이다. 이들은 가장 널리 알려진 조약이면서 대체로 성공적이었던 조약들이다.

- 유엔 기후변화기본협약(UN Framework Convention on Climate Change)
- 오존층에 보호에 관한 몬트리올의정서(Montreal Protocol on Ozone Protection)
- 생물다양성에 관한 협약(Convention on Biological Diversity)
- 월경성 장거리 이동 대기오염에 관한 협약(Convention on Long-range Transboundary Air Pollution)
- 멸종위기에 처한 야생동·식물종의 국제거래에 관한 협약(Convention on International Trade in Endangered Species of Wild Fauna and Flora)
- 유해 폐기물의 국가 간 이동 및 처리의 규제에 관한 바젤협약(The Basel Convention on the Control of Transboundary Movements of Hazardous Wastes and their Disposal)
- 사막화 방지를 위한 협약(Convention To Combat Desertification)
- 포경 규제를 위한 국제 협약(International Convention for the Regulation of Whaling)

6장

주요 국가들의
환경제도화 과정

이 장에서는 몇몇 대표적인 선진국들인 미국, 독일 그리고 일본의 환경제도화 과정을 비교의 관점에서 살펴보고 이 과정이 이후 개도국의 환경제도화에 어떤 영향을 미쳤는지를 '후발성의 이점(latecomers' advantages)'이라는 용어를 중심으로 논의해 보고자 한다. 또한, 동아시아 몇몇 국가들의 환경제도화 과정과 환경 거버넌스의 특징 등을 개관한다. 제1장에서 언급했듯이 제도란 어떤 공동체에서 구성원들의 행위에 제약을 가하는 일정한 사회적 질서의 메커니즘이라고 광범위하게 정의할 수 있다. 이 메커니즘에는 법, 정부의 정책, 규정, 공식적이거나 비공식적인 규칙, 관습 등이 모두 포함될 수 있다. 따라서 환경제도화란 환경법, 환경법, 환경정책 그 밖에 환경과 관련된 주요 규칙 등이 만들어지고 작동하는 것을 말한다. 역사적으로 볼 때 이 환경제도화 과정이 선진국에서 시작되었고 이후 국제환경정치의 활성화로 인해 개도국으로 확산되었는데 선진국의 환경제도화 과정이 개도국의 그 과정에 어떤 영향을 미쳤는지를 분석하는 것은 중요하다. 이와 더불어 환경 거버넌스도 이미 1장에서 정의하였듯이 일정한 공동체의 구성원들이 집합적으로 바람직한 결과를 만들어 낼 수 있는 하나의 시스템이자 최소한의 질서를 의미하거나 혹은 그러한 질서가 만들어지는 과정을 의미한다. 이러한 질서를 누가 주도적으로 만들고 어떻게 만드느냐에 있어서 각국이 다른 모습을 보이기 때문에 이에 대한 비교 역시 중요하다고 할 수 있다.

1. 환경제도화의 측정과 쟁점

이 장에서는 환경제도화 과정을 비교·분석할 수 있는 대표적인 두 가지 지표로서 기본적인 환경법이 제정된 시기와 정부의 대표적인 환경 담당 부서(환경국 또는 환경부)가 설립된 시기를 사용한다.[1] 환경법의 경우 각국에서 대부분 환경기본법의 제정이 가장 중요한 이정표가 되지만 때에 따라서는 청정대기법(Clean Air Act)과 같이 특정한 산업공해를 처리하는 법이 사실상 환경기본법의 역할을 하는 경우도 있다. 표 6.1은 이 장에서 다루게 될 독일, 일본, 미국 및 주요 동아시아 국가들 환경제도화의 시점을 두 지표로 보여준다. 선진국들의 경우 산업화가 어느 정도 일단락되고 그 부작용을 본격적으로 인식하기 시작한 1960년대 말과 1970년대 초에 걸쳐 환경법과 환경 관련 정부부서가 만들어졌다. 이후 1972년과 1992년의 두 환경 국제회의 사이에 대부분 국가에서 환경기본법과 환경부(국)가 창설되었다. 그런데 개발도상국의 경우 명목상 환경기본법에 해당하는 법을 제정하고 환경 관련 부서를 만들었던 시점과 실제 본격적으로 환경법과 부서 그리고 정책을 가동하고 집행하기 시작한 시점과는 차이를 보인다. 따라서 명목상의 시기를 숫자 1로 표기하고 실질적인 시점을 숫자 2로 표기하였다. 예를 들어, 중국의 경우 1979년에 환경 관련 기본법률이 시범 버전으로 시행되다가 1989년에 와서야 실제로 이 법이 효력을 발휘하기 시작하였다.

환경제도화와 관련하여 먼저 몇 가지 이론적, 정책적 쟁점들은 다음과
같다. 첫째는 국내환경정책과 국제환경정책 간의 관계이다. 이 장에서 다
루고 있는 것은 주로 국내환경정책, 국내 환경제도화 과정인데 학자들은 국
내환경제도화의 수준이 높을수록 과연 그 나라들이 국제환경협력에 더 적

표 6.1   주요국의 환경제도화 시점 비교

년도	환경국(부) 창설	환경(기본)법 제정	년도	환경국(부) 창설	환경(기본)법 제정
1967		일본, 미국	1984		
1968			1985		말레이시아 2
1969			1986		
1970			1987	필리핀 2, 대만 2	대만 2
1971	일본, 미국	독일	1988		
1972	싱가포르	싱가포르	1989		중국 2
1973			1990	한국 2	한국 2
1974	독일, 중국 1	말레이시아 1	1991		
1975	말레이시아, 태국 1	태국 1	1992	태국 2	태국 2
1976			1993		
1977	필리핀 1	필리핀 1, 한국 1	1994		
1978	인도네시아 1		1995		
1979		중국 1, 대만 1	1996		
1980	한국 1		1997	필리핀 2	인도네시아 2
1981			1998	중국 2	
1982	대만 1	인도네시아 1	1999		필리핀 2
1983	말레이시아 2		2000		

출처: Shin (2015), p.75.

극적인지 혹은 국내환경제도화의 패턴이나 거버넌스가 그 나라들의 국제환경협력에서의 태도를 결정하는지에 대해 지속적으로 관심을 보여 왔다. 그러나 지구환경정치에서 사적 행위자들의 역할이 더욱 중요해지면서 이러한 국내/국제 구분도 점차로 의미를 잃어가고 있다. 환경단체들은 종종 한 국가 내에서의 문제 해결을 위해 국경을 넘어 연대하며 네트워크를 만들어 가고 있으며[2] 한 국가 내에서도 각 지방정부들의 국내 환경정책 혹은 환경 및 기후변화 외교가 단일한 모습을 보이지 않는다.

둘째는 환경제도화와 경제발전의 단계 및 속도와의 관계이다. 앞서 설명했듯이 스톡홀름회의에서부터 지금까지 선진국들은 환경을 고려하지 않고 경제발전을 수행했던 자신들의 실수를 반복하지 말 것을 주장하고 있고 반면 개도국은 효과적인 환경제도화와 환경실천을 위해서는 경제발전이 필수임을 주장한다. 이 논쟁의 한 가운데에는 환경 쿠즈네츠 곡선(environmental Kuznet's curve)라는 가설이 있다. 이 가설은 한 국가가 경제발전을 시작하고 난 뒤 소득 수준이 일정한 지점에 도달할 때까지는 오염이 증가하지만, 그 소득 변환점을 지나고 난 뒤에는 오염이 감소하게 될 것을 주장한다. 즉 한 나라의 경제발전이 일정한 수준에 도달하게 되면 환경제도화와 환경실천에 필요한 재정적, 기술적 자원이 마련되고 환경 의식도 높아짐에 따라 공해를 적극적으로 처리하게 되고 결국 오염이 감소하여 환경의 질이 개선될 수 있다는 것이다. 이 가설의 주장은 각국이 처한 여러 가지 경제적, 정치적, 사회적 상황에 따라, 그리고 오염 물질의 종류에 따라 달라질 수 있으므로 선진국 및 개도국의 입장 모두를 뒷받침하는 근거로 이용되었다.

셋째, 환경제도화에 있어서 '후발성의 이점'이라는 용어는 선발주자들인 선진국의 환경제도화가 후발주자인 개도국의 그 과정에 어떤 영향을 미쳤는가를 분석할 수 있는 좋은 개념이다. 원래 후발성의 이점은 경제발전에 있어서 늦은 산업화를 시도한 국가들의 경제발전 패턴을 분석한 거센크론(Alexander Gerschenkron)이 사용한 용어인데[3] 환경정치학에서도 개도국이 선진국으로부터 직·간접적으로 환경정책이나 법, 기술이나 노하우 등을 배우고 따라 하는 현상을 설명하는 데 사용되었다.[4] 누가 누구로부터 무엇을 배우고 따라 해 왔는지 그리고 그 과정에서 원래의 정책이나 기준이 그대로 복사되었는지 아니면 일정한 변형을 일으켰는지 등이 학문적으로 중요한 연구 대상이다. 또한, 후발 주자의 환경제도화 학습은 다른 각도에서 보면 정책의 이전과 확산에 해당한다고도 할 수 있다. 확산은 기존 연구에서 전이, 모방, 선전 효과, 학습, 전염, 전파, 수렴, 편승 등 다양한 개념들과 호환되어 왔는데 한 정책 주체(국가 혹은 지방정부)가 당면한 문제나 이슈들에 대처하기 위해 다른 정책 주체의 사례에 대한 접촉과 학습을 통해 정책을 이식하거나 변형하여 도입하는 것을 말한다.[5] 이 장에서는 후발성의 이점과 확산 및 혁신 문제를 환경제도화의 맥락에서 논의하고 이와 관련된 몇 가지 연구 주제들을 제시할 것이다.

2. 선진국의 환경제도화 과정

미국이나 서유럽 선진국 중 정확히 어느 나라에서 최초로 환경제도화가 진행되었는지를 파악하는 것은 크게 중요하지 않다. 왜냐하면, 어느 한 나라에서 획기적으로 환경제도화를 먼저 시도하여 다른 나라들이 그 나라의 선례를 따라 한 것이 아니기 때문이다. 선진국의 환경제도화는 전반적으로 이들 나라에서 산업화의 부작용으로 산업공해가 심해지고 지구를 보존해야 한다는 자각과 그것을 실천하기 위한 운동이 일어나면서 진행되었다. 선진국에서 산업공해를 심하게 경험한 것이 대체로 1950년대와 1960년대이고 따라서 환경 및 보건 문제에 대한 자각과 행동 그리고 그에 뒤따르는 제도화는 대체로 1960년대 말부터 1970년대 중반까지의 기간에 진행되었다.

미국에서는 1962년 카슨(Rachel Carson)이 『침묵의 봄』을 발간하여 환경보호의 필요성을 제기하였고 스탠퍼드 대학의 에어리히(Paul Ehrlich) 교수가 1968년에 『인구폭탄(*The Population Bomb*)』이라는 책을 발간하기도 하였다. 이러한 학문적 노력과 함께 환경단체들이 조직되기 시작했는데 이들은 오늘날까지도 매우 활발하게 활동하고 있다. 예를 들어, 환경보호기금(EDF: Environmental Defense Fund)은 1967년에 설립되었으며 지구의 벗(FoE: Friends of the Earth)은 1969년에, 천연자원보호협회(NRDC: Natural Resources Defense Council)는 1970년, 그린피스는 1971년에 각각 설립되었다. 물론 시에라 클럽과 같이 그 이전부터 이미 활동을 하고 있었던 조직들도 이 시기에 그들의 활동 방향과 철학을 새롭게 정립하기도 하였다.

이러한 시민사회에서의 자각과 실천을 배경으로 하여 미국에서는 연방 차원이 아닌 지방에서 환경제도화가 먼저 시도되었다. 1962년에 오리건 주가 최초로 본격적인 대기 오염처리 프로그램을 만들었고 이어서 다음 해인 1963년에 연방청정대기법(Federal Clean Air Act)이 제정되었다. 그러나 이 당시까지도 여전히 환경정책은 주로 연방정부가 아닌 주정부 차원의 문제였고 연방정부 차원에서 보건 교육 복지부(Department of Health, Education, and Welfare)가 나설 수 있는 법적 권한은 매우 제한적이었다. 그러다가 미국의 도시들에서 산업공해가 점점 심각해지고 환경운동의 대부였고 Mr. Clean이라고 불렸던 머스키(Edmund Muskie) 상원의원이 1968년 대통령 선거에서 민주당 부통령 후보로 출마하면서 환경문제가 단숨에 정치적인 쟁점으로 부각하였다. 이후 출범한 닉슨 행정부와 의회는 서로 앞다투어 환경제도화를 실행하였는데 대표적으로 의회에서는 1967년에 개정된 청정대기법을 1970년에 또다시 개정하였는데 이 1970년 개정 법안이 대기오염에 관한 가장 실질적이고 포괄적인 규정들을 담은 일종의 완성체라고 할 수 있다. 그리고 행정부에서는 1970년 12월 연방환경보호국(Environmental Protection Agency)의 창설을 위한 규정을 마련하여

1971년 정식 출범하였다.[6]

　일본은 제2차 세계대전 이전에 이미 급속하고 성공적인 경제발전을 이룩하였고 전후 또다시 한국전쟁 특수로 인해 전전의 경제 수준을 회복하고 더욱 발전할 수 있었다. 1955년 자민당이 창당되어 이른바 1955년체제가 시작되어 보수적이고 성장 지향적인 정치적 환경이 조성되어 1960년대에는 더욱 경제성장이 가속화되었다. 그 결과 일본은 1960년대 말에 이미 서구 선진국에 버금가는 정도의 산업화 수준을 달성하였다. 그리고 당연히 그러한 급속한 산업화는 그것을 주도한 사람들이 예상하지 못했던 산업공해를 유발하였고 이것이 몇몇 도시에서는 환경재앙으로 불릴 정도로 심각한 사회적 문제를 초래하였다. 이미 1950년대에 이러한 재앙들이 나타났는데 그중 가장 유명한 것은 구마모토현(熊本県) 미나마타시(水俣市)에서 발생한 수은중독으로 인한 공해병으로서 이 병이 결국 미나마타병으로 명명되었다. 이는 인근 화학공장에서 폐수를 무단으로 배출하면서 앞바다가 수은으로 오염되고 그 바다에서 수확한 해산물을 섭취한 주민들이 수은에 중독되어 신경이 마비되고 장애가 발생하거나 심지어는 사망에 이르기까지도 했던 병이다. 2001년 현재까지 2,265명의 희생자가 공식적으로 집계되었고 그중 1,784명이 사망하였다. 이와 함께 도야마현(富山県)에서 발생한 카드뮴 중독에 의한 공해병인 이타이이타이병(イタイイタイ病), 니가타현(新潟県)의 미나마타병(水俣病), 그리고 요카이치(四日市市)의 천식 등을 합쳐서 일본의 4대 공해병이라고 부른다.

　이러한 환경재앙에 대한 시민들의 대응은 격렬한 저항과 운동 그리고 시위 등의 형태로 나타났다. 이들은 성장 우선 정책이 강했던 자민당 정부와 통산성 그리고 강력한 기업들을 상대로 하여 힘겨운 싸움을 벌였음에도 불구하고 여론의 지원과 공해병 희생자들의 끈질긴 노력으로 보상을 받고 관련 법들이 제정되는 등 부분적으로 성과를 거두었다. 언론에서 더욱 산업공해와 그 피해에 주목하고 대학에서 연구가 활발히 진행되는 등 전반적으로

환경문제에 대한 사회적 관심이 증가하였고 따라서 관료사회와 정치권에서
도 이 문제에 대해 반응하기 시작하였다. 그 결과 통산성과 건강복지부와
의 갈등 속에서도 결국 1967년에는 환경공해처리기본법이 제정되었고 이
법이 정부가 공식적이고 체계적으로 환경정책을 집행하는 최초의 본격적인
근거가 되었다. 이 법은 1970년에 더욱 엄격하고 구체적인 방향으로 개정
되었고 이제 지방정부는 중앙에서 제시한 기준보다 더 엄격할 경우 자신의
환경기준을 자유롭게 설정할 수 있게 되었다. 그리고 1971년에는 스웨덴과
미국의 환경국을 모델로 하여 환경국이 설립되었다. 환경국은 총리실 산하
에 설치되었는데 처음에 502명의 직원으로 시작하여 지속적으로 증가하여
1980년에는 900여 명에 이르게 되었다.[7]

독일의 경우 미국처럼 환경정책이 처음에는 지방정부 차원에서 시작되었
다. 가장 먼저 산업공해 문제의 심각성이 대두되고 따라서 이에 대한 정책
적 대응을 한 곳은 1950년대 산업중심지 중 하나였던 노르트라인베스트팔
렌주(North Rhine-Westphalia)였다. 이 지역에서 소수 전문가, 정치인과
관리들이 산업공해의 심각성에 대해 크게 문제의식을 느끼고 입법과정을
주도해 온 결과 1962년에 이 주가 독일에서 최초로 포괄적인 대기오염방지
법을 채택한 주가 되었다. 이후 약 10년이 지나 연방 차원에서 유사한 법안
이 통과되었다. 이러한 지방의 노력에도 불구하고 1960년대까지만 해도 아
직 환경문제는 기본적으로 보건 문제로 인식되었고 연방정부 차원에서 본
격적으로 다루어지지 않았다. 그러다가 1969년에 자유민주당(FDP)와 사회
민주당(SPD)의 연정이 성사되고 브란트(Willy Brandt)가 총리가 되면서 본
격적으로 연방정부 차원에서 환경정책을 수립하고 집행하기 시작하였다.

독일에서는 초기 환경제도화 과정에서 일본에서 볼 수 있었던 오염희생
자들의 데모나 환경운동이 활발하지 않았다. 오히려 연방정부에 환경제도
화의 자극을 준 것은 1960년대 말 당시의 국제적 분위기와 외국에서의 환경
제도화 움직임이었다. 앞서 언급한 대로 미국에서는 이미 청정대기법이 만

들어졌고 또 1970년에는 지구의 날이 선포되기도 하였다. 그리고 1972년에 스톡홀름회의 역시 연방정부에 많은 자극이 되었다. 한 연구에 의하면 이당시 독일의 환경정책 형성에 가장 큰 영향을 준 사람은 바로 환경보호 문제를 적절하게 정치적 이슈로 선점하여 정치적 입지를 강화하는 데 성공했던 닉슨(Richard Nixon) 대통령이었다고 한다.[8] 1971년에 연방정부는 일본의 환경공해처리기본법에 해당하는 환경 프로그램(Environmental Program)을 선포하였는데 이 법으로 인해 적어도 환경보호 문제가 교육이나 복지와 같은 다른 문제처럼 정부가 책임지고 담당해야 할 정책 분야로 격상되었다. 1972년에 이 법은 다시 연방정부의 입법권을 강화하는 방향으로 개정되었다. 그리고 1969년에 정부는 공해문제를 보건부에서 내무부로 이관하였고 1972년에는 내무부 산하에 환경보호 전담 부서가 설치되었다. 처음에는 46명의 직원으로 시작하여 1974년에는 77명으로 증가하였다. 그러다가 1974년에는 드디어 연방환경국이 창설되었고 직원 450명으로 출범할 수 있게 되었다.[9]

이렇게 약간의 차이는 있지만 대체로 이 세 나라의 환경제도화 초기 단계에서는 성공적인 산업화와 근대화의 예기치 않았던 부산물로서 산업공해 문제가 사회적으로 대두되고 이에 대한 관심과 자각이 이루어지면서 정부가 반응하여 법안을 만들고 정책 전담 부서를 만드는 과정이었다는 점에서 유사한 모습을 보였다고 할 수 있다. 그러나 이후 1970년에는 세 나라가 각각 독특한 국내환경정책 거버넌스의 유형을 보여준다.

먼저 미국의 경우 1970년대는 환경의 10년이라고 부를 수 있을 정도로 많은 환경 법안들이 만들어졌고 정책들이 새로 수립되었다. 그리고 무엇보다도 환경단체의 회원 수가 급격히 증가했다. 예를 들어, 시에라 클럽의 경우 1960년에 회원이 1만 5,000명이었던 것이 1981년에 26만 명이 되었다. 그리고 미국 전체에서 가장 큰 11개의 전국적인 환경단체의 회원 수의 합이 1960년에 12만 4,000명이었는데 이것이 1969년에는 81만 9,000명이 되었고 1983년에는 거의 200만 명이 되었다. 이러한 급격한 회원 수 증가는 여러 가지 요인에 의한 것이겠지만 그 중 결정적인 역할을 한 것은 연방세법상 501(c)의 단체로 분류되어 면세혜택을 받을 수 있도록 규정이 개정되었기 때문이다. 501(c)로 분류된 단체들은 대체로 비영리법인들로서 연방소득세를 면제받으며 때에 따라서 각 주의 지방세도 면제받을 수 있다. 또한, 이들은 개인이나 기업, 조합으로부터 무제한 후원을 받을 수 있다. 이들은 크게 501(c)(3) 그룹과 501(c)(4) 그룹으로 나뉘는데 세금 면제뿐 아니라 예산의 일부 혹은 상당 부분을 의회에 대한 로비자금으로 사용할 수 있는데 이 조항으로 인해 환경단체들의 입법 활동에의 관여가 본격적으로 활성화되었다. 미국의 환경단체들은 교육, 홍보, 캠페인, 직접적인 행동 등 다양한 방식으로 환경 의식 제고와 정책변화를 위해 활동해왔는데 그중 가장 핵심적인 활동은 법률 소송이다. 환경단체들은 1960년대까지만 해도 회원들이 정부로부터 직접적인 상해나 경제적 피해를 입은 경우에만 정부를 상대로 소송을 제기할 수 있었으나 60년대 말이 되면 거듭되는 소송 과정에서 이러한 규정이 철폐되고 환경단체들의 법적 권리가 크게 확장되었다. 그 결과 이들의 법률 소송이 이들 활동의 주를 이루게 되었다. 1970년대에 환경단체는 연방법원에 1,900건의 소송을 제기하였다.[10]

　반면 독일과 일본의 경우 1970년대에 두 차례에 걸친 석유파동으로 인해 환경정책의 수립과 집행 과정이 전반적으로 위축되었고 에너지의 상당 부분을 수입 원유에 의존했던 상황에서 핵발전소 건립을 본격적으로 추진하였다. 일본에서는 반핵운동이 전반적으로 님비 차원의 운동으로 그쳤고 핵발전소가 건립되는 해당 마을이나 지역을 벗어나 전국적인 조직적 운동으로 발전하지 못하였다. 사실 반핵운동뿐 아니라 1960년대에 활발했던 공해 희생자들을 중심으로 한 환경운동도 전국적인 조직으로 발전하지 못하고 사안별로 그리고 지역별로 파편화되고 약화되었다. 그 이유는 일본에서 환경단체들의 법적 지위와 권한이 약하고 전반적으로 국가가 시민사회를 제약하는 등 여러 요인이 있겠지만,[11] 근본적으로 정부가 기업과 협력하여 신속하고 효과적으로 환경문제를 처리했기 때문이다. 즉 정부의 성공적인 정책 집행이 결과적으로 운동 세력이 타이밍과 주도권을 놓치고 정치세력화되는 데 실패하게 되는 결과를 가져온 것이다. 정부의 정책집행은 주로 지방정부들이 해당 지역의 공해를 유발하는 기업들과 공해처리협약을 맺는 방식으로 실행되었다. 이 협약은 행정지도의 형태로 지방정부에서 주도하는데 행정지도는 법적 구속력이 없고 자발성에 기초한 권고이나 사실상 강력한 요청 혹은 경고의 성격을 가진다. 기업들은 지방정부의 권고에 따라 오염처리 과정을 수행하고 이 과정에서 세금 감면, 기술개발을 위한 연구 보조 등의 혜택을 받게 된다. 이 협약에는 물론 주민대표들과 환경단체 회원들도 참여하지만 실제로 정책을 주관하는 것은 지방정부이며 실행하는 것은 기업이다. 첫 협약은 1966년에 요코하마 시정부와 두 개의 전력회사들 사이에 맺어졌다. 1960년대에는 이러한 협약이 몇 개 되지 않았지만 1970년에는 800여 개가 성사되었고 1984년에는 2만 5,000여 개가 성사되었다.[12]

독일에서는 1970년대에 전반적으로 경제가 위축되고 석유파동으로 에너지 가격이 상승함에 따라 환경문제에 대한 정책적 관심과 실행이 약화되었다. 반면 1970년대 중반 이후 독일 사회에서 환경운동이 급격히 활성화되었다. 환경운동은 사민당과 기민당이 과거의 급진적 입장에서 후퇴하고 핵발전소 건립을 적극적으로 추진하면서 점차로 이들 정당과 분리되어 반핵운동으로 집중되었고 지역적으로 파편화되었던 일본과 달리 전국 단위로 확대되었다. 1975년에 프라이부르크 서쪽 20km 지점이 있는 윌(Whyl)에서 핵발전소 건립에 반대하는 시민들의 투쟁이 승리하여 정부가 건설 계획을 취소하자 이것이 기폭제가 되어 반핵운동은 더욱 확대되었고 다른 이슈들을 주장하는 운동과 연계되어 더욱 강력해지게 되었다. 그리고 이러한 운동이 결국 기존 정당들이 이들이 추구하는 새로운 가치와 이념을 실현하지 못했던 현실에서 새로운 정당의 출현이 예고되었고 결국 1980년 1월에 녹색당이 창당되어 같은 해 연방 하원 선거에서 1.5%를 그리고 1983년 선거에서 5.6%를 득표하여 의회에 진출하게 되었다.[13] 이후 1994년 선거에서는 7.3%를 득표하였고 1998년에는 이른바 적색-녹색 연합, 즉 사민당과 녹색당 (당시에는 이미 동맹 90/녹색당[Bündnis 90/Die Grünen, Alliance '90/The Greens]으로 개명됨)의 연립정부가 수립되었다. 결국, 이렇게 운동이 의회에 진입할 수 있었던 것은 비례대표제와 다당제 그리고 정당에 대한 국가보조금 제도 등 정치제도적 요인 때문이었다고 할 수 있다. 독일에서는 일단 정당이 5% 득표선만 통과하면 의정활동에 대한 지원 대상 자격을 얻게 되며, 선거에서 0.5% 이상 득표할 경우 득표수에 비례하여 보조금을 받을 수 있다.[14]

3. 후발성의 이점과 중국의 학습

이 장의 서론에서 언급한 바와 같이 선진국 그룹과 개도국 그룹 간에는 환경제도화의 시점에서 차이가 있으므로 이 두 그룹 간의 학습 혹은 정책 이전이 발생했을 가능성이 있다. 환경정치학에서 이를 후발성의 이점으로 설명하는 몇몇 학자들이 있다. 이들이 말하는 환경정책에서의 후발성의 이점이란 개도국인 후발 주자가 환경제도화를 실행하는 과정에서 선진국의 경험을 배울 수 있고 또 선진국보다 비교적 경제발전의 초기 단계에서부터 환경제도화를 시작할 수 있으며 선진국이 발전시켜온 환경 기술이나 노하우 혹은 정책도구를 빌려올 수 있다는 것이다. 그리고 개도국들은 환경보호가 전 지구적으로 하나의 규범으로서 전파되고 국제 환경조약들이 활성화되며 다양한 국내 및 국제 행위자들이 국가 간의 환경협력을 추진하는 시점에서 환경제도화를 시작함으로써 이러한 타이밍 상의 혜택을 받을 수 있다는 것이다.[15]

환경정책에서의 후발성의 이점에 관한 연구는 이후 본격적으로 진행되지는 못했는데 아마도 최소한 다음 두 가지 이유로 인해 후발 주자가 가지게 되는 혜택을 정확히 계산하기 힘들었기 때문일지도 모른다. 우선 첫째, 환경정책서의 후발 주자는 대부분 경제발전에서도 후발 주자이기 때문에 이들은 앞서 소개한 대로 이 용어의 원래 취지인 선진국 경제발전을 '따라잡는' 식의 근대화를 추진하려는 동기를 가지게 되고 그들이 실제로 이러한 압축성장 전략을 선택할 경우 그것은 그들의 환경제도화에 제약요인이 된다. 따라서 후발 주자의 이점이 오히려 단점이 될 수도 있을 것이다. 그리고 전 지구적으로 환경보호가 규범으로 확산되고 환경협력이 활성화된 상태에서의 환경제도화는 오히려 후발주자들에게는 일종의 '불공평한 압력'으로 인식될 수도 있을 것이다. 즉 선진국들이 환경에 대한 고려 없이 무제한적인 산업화와 근대화를 추진했고 그 결과로서 발생한 경제적 풍요 속의 환경문제를 처리하였다면 개도국들은 산업화 시작 단계부터 환경에 대한 고려가 산업화를 방해하는 상태라고 여겨질 수도 있을 것이다. 둘째, 더욱 중요한 것은 후발 주자들은 선발주자의 정책이나 기술, 규범 등을 배우는 것뿐 아니라 그들의 실수나 단점들까지 배울 수 있다는 점이다. 기후변화의 국제정치에서 미국이 보여준 태도의 예에서 보는 바와 같이 선진국들의 행태가 개도국에게 하나의 기준점이 되기도 하고 자신들의 약점을 변호하는 핑곗거리가 되기도 할 것이다. 따라서 전반적으로 후발 주자들이 환경제도화에 있어서 여러 혜택을 가지는 조건에 있는 것은 사실이지만 그것이 자동적으로 주어지는 것은 아니며, 반대로 제약요인도 있다.[16]

후발 주자들이 선진국들의 환경제도화 모델을 배우고 수용하는 과정에는 여러 가지 역사·구조적, 제도적 혹은 우연적 요인들이 영향을 미칠 것이다. 후발 주자들의 국내정치구조, 국가-시민사회관계, 경제발전의 패턴, 문화적 혹은 역사적 유산들, 그리고 그들의 국제정치적 상황 등 많은 요인이 누구로부터 무엇을 배울지를 결정하는 데 영향을 미칠 것이다. 예를 들어,

국내정치가 권위주의적이고 시민사회가 허약한 경우 환경단체들이 활성화
되고 이들이 중요한 역할을 하는 선진국의 경험을 의도적으로 배제할 수 있
다. 또한, 후발 주자 국가들 내에서 다당제나 비례대표제와 같은 정당체제
의 성격 혹은 선거제도의 특징이 녹색당의 역할이 주가 되는 선진국의 경험
을 수용하는 촉진제가 될 수도 있다. 그리고 후발 주자들의 경제가 얼마나
개방되어 있는지 그리고 그들의 무역 및 투자 파트너 국가들이 누구인지도
그들이 어떤 나라에서 무엇을 배우느냐를 결정하는 데 중요한 역할을 할 것
이다. 결국, 후발 주자들이 선진국 환경제도를 배우고 수용하는 과정은 일
련의 즉각적 선택이라기보다는 장기적이고 구조적인 과정이라고 할 수 있
고 여기에 많은 요인이 작용하기 때문에 이러한 국가 간 학습과 전파의 메
커니즘을 체계적으로 밝히는 연구의 실행이 매우 어렵다.[17]

　앞 절에서 설명한 미국, 독일 그리고 일본의 환경제도화 과정은 그 특징
상 후발주자들에게 일종의 원형을 제시한다고 할 수 있고 후발 주자의 환경
제도화 과정의 특징을 파악하는 데 기준이 될 수 있다. 따라서 이 세 국가의
사례를 세 개의 모델로서 각각의 특징을 설명하면 다음과 같다.[18]

　먼저 미국의 경우 환경단체의 활동이 매우 강하고 이들이 높은 수준의 정
치적, 사회적 권리를 제도적으로 보장받고 있으며, 의회에의 로비, 법원에
의 소송 등의 활동을 통해 정부의 환경정책에 적극적으로 참여한다. 따라서
이 모델에서는 환경단체와 법원이 가장 중요한 행위자가 되고 이 배경에는
시민사회의 활성화 및 다원주의적 정치 과정이 있다. 반면 독일의 경우 시
민사회의 환경운동이 정당체제와 선거제도의 특징으로 인해 정당으로 발전
한 경우이며 따라서 환경단체가 매우 중요한 역할을 하지만 이들과 더불어
정당이 정책 과정에서 중요한 역할을 한다. 일본의 경우 환경단체들이 여러
가지 제도적 제약으로 인해 영향력이 매우 약하며 앞에서 설명한 대로 지역
적으로 그리고 이슈별로 파편화되어 전국적 조직망을 갖춘 강력한 압력단
체로 성장한 경우가 거의 없다. 반면 일본에서는 주로 지방정부와 기업 간

의 협약을 통해 산업공해에 관한 환경정책이 집행되었기 때문에 기업이 주요 행위자가 된다.

이렇게 세 국가에서 환경정치에서 주 역할을 하는 행위자들과 이들의 역할이 다르기 때문에 전반적인 환경 거버넌스도 상이하다. 미국의 경우 다원주의적이며 밑으로부터의 요구가 반영되어 정책이 결정되고 집행되는 환경 거버넌스의 형태를 보이는 반면 독일의 경우 사회조합주의적인(societal corporatist) 형태로 정부와 환경단체 그리고 정당 및 정치 조직 간의 긴밀한 협조를 통해 환경정책이 결정되고 집행된다. 마지막으로 일본의 경우 정부가 심의회 등의 기구를 통해 정책을 대체로 위로부터 부과하는 형식이며 이 과정에서 시민 그리고 환경단체의 참여는 매우 제한적이다. 이러한 세 유형 및 모델의 특징은 표 6.2에 나와 있다.

대부분의 개발도상국 혹은 환경제도화에서의 후발 주자의 환경정치의 구조는 대체로 위의 세 모델 중 하나와 가깝다고 할 수 있다. 예를 들어, 인도나 라틴아메리카 국가들의 경우 시민사회 및 환경단체의 역할이 중요하다는 점에서 미국형 모델에 가깝다고 할 수 있고 중국의 경우 시민사회의 역할이 매우 제한적이고 정부 주도의 하향식이라는 점에서 일본 모델에 가

표 6.2 환경정치의 세 가지 모델

	미국 모델	독일 모델	일본 모델
주요 행위자들	정부, 환경단체, 법원	정부, 환경단체, 녹색당	정부, 기업
주요 행위자들 간의 관계	다원주의적, 대립적	협의체적, 조직적	정부 주도적, 배타적
주요 특징	시민사회의 자율성, 시민의 참여	정당의 정책, 의회의 활동	정부와 기업 간의 긴밀한 관계
대표적 후발 주자들	인도 및 몇몇 라틴아메리카 국가들	러시아 및 동유럽 국가들	중국 및 몇몇 동아시아 국가들

출처: 신상범 (2007), p. 147.

깝다고 할 수 있다. 그리고 러시아나 에스토니아, 라트비아, 체코 공화국, 헝가리 등은 1980년대 말 혹은 1990년대 초에 녹색당을 탄생시켰으며 이들이 중요한 역할을 한다는 점에서 독일형 모델에 가깝다고 할 수 있다.

한국이나 중국 등 동북아시아 주요 국가들의 환경 거버넌스는 전반적으로 국가 주도의 하향식이라는 면에서 비록 일본에서 볼 수 있었던 정부와 기업 간의 협약은 없었지만 적어도 세 모델 중에서는 일본 모델에 가깝다고 할 수 있다. 한국의 경우 시민사회가 점차로 활성화되고 법적 소송이 중요한 역할을 하지만 중국의 경우 환경 거버넌스가 전적으로 국가 주도라고 해도 과언이 아니다.

중국은 시민사회가 위축되어 있고 환경단체가 정부를 감시하거나 비판하는 역할을 제대로 수행하지 못한다. 중국의 경우 환경제도화를 처음 시작했던 1970년대 중후반에는 환경문제에 대한 시민들의 요구나 희생자들의 청원 혹은 사회적 여론이나 자각에 의해 제도를 만들고 집행한 것이 아니라 개혁개방 이후 주요국들과 교류하면서 국제적 환경보호 노력과 환경협력을 경험하는 과정에서 정책을 만들고 정부의 전담 부서를 만들게 된 것이다. 이후 1980년대와 1990년대에는 급속한 성장 과정에서 선진국이 과거에 그랬던 것처럼 경제발전의 부산물로서의 환경문제 특히 산업공해는 무시되었고 정부는 보여주기식으로 환경보호를 강조하고 형식적으로 정책을 만들기는 했지만, 철저히 집행하지는 않았다. 환경단체의 경우도 1990년대 중반에 이르러 '자연의 벗(自然之友)'이나 '북경 지구촌(北京 地球村)' 등 정부의 허가나 동의에 의해 만들어진 사례들이 발생하였고 이들이 매우 활발한 활동을 했지만, 서구에서와 같이 정부에 대한 강력한 감시견(watchdog) 역할을 한다고 볼 수는 없다. 이후 전국적으로 수많은 종류의 크고 작은 환경단체들이 생겨났는데 그럼에도 불구하고 이들이 실제 정책 과정에 참여하거나 중요한 역할을 하는 것은 아니다. 2000년대에 들어서는 그린피스나 환경보호기금 등 많은 서구의 환경단체나 환경 싱크탱크들이 북경 및 중국의 주요 도시에 지부를 설치하고 중국인 직원들을 받아들여 활발히 활동하였으나 여전히 서구에서와 같은 정부 비판 및 행동을 보여주고 있지는 않다. 시진핑(習近平)정부가 강조했던 슬로건 중 하나인 정층설계(頂層設計)라는 말에서도 볼 수 있듯이 환경 거버넌스가 국가와 시민사회의 관계뿐 아니라 중앙과 지방의 관계 측면에서도 더욱더 중앙집중적이며 하향식의 모습을 보인다.

후발 주자로서 중국이 의도적으로 일본 모델을 적극적으로 수용하여 환경제도화 과정을 추진했다는 체계적인 증거는 없다. 1972년 중국과 일본 간 국교 정상화가 실현되고 1978년 평화우호조약이 조인되면서 양국 간 교류가 활발해졌고 이 과정에서 중국의 초기 환경제도화를 담당했던 일부 학자와 관리들이 일본의 제도를 적극적으로 배우고 수용했다는 사실은 부분적으로 확인되지만 이후 계속 중국의 정책결정자들이 일본 모델을 염두에 두고 제도화를 진행하였다고 주장할 수 있는 근거는 없다. 오히려 이러한 후발 주자의 학습은 앞에서 언급한 것과 같이 정책결정자의 의도적 선택이라기보다는 여러 구조적, 우연적 요인이 직간접적으로 작용한 결과라고 할 수 있을 것이다. 이러한 직간접적 요인은 크게 다음의 세 가지를 들 수 있다.

첫째, 중국이 가진 정치구조의 조건에서 볼 때 일본 외의 다른 두 모델은 수용 자체가 현실적으로 불가능했을 것으로 추측할 수 있다. 중국은 1949년 건국 이후 공산당이 계속해서 집권하고 있고 서구식 민주주의, 즉 경쟁적인 정당체제나 선거제도를 도입하고 있지 않다. 또한, 시민사회의 자율성이 충분히 보장되지 못하고 언론, 집회, 결사의 자유 등 시민적 권리를 제한하고 있다. 민정부(民政部)는 사회단체법을 통해 각종 단체의 설립과 유지에 개입하고 반정부적 성격의 활동을 사실상 제한하고 있다. 물론 대도시에서는 환경문제로 인한 피해를 받은 주민들이 정부를 상대로 소송을 제기하거나 청원을 하는 등 시민들이 환경에 관한 자신의 권리를 찾기 위한 집단행동이 증가하고 있으나 전반적으로 대부분의 지방 도시나 농촌에서 이러

한 집단행동이 성과를 거두는 경우는 거의 없으며 또한 이러한 움직임이 조
직화되지도 않고 있다.

2015년에는 전직 방송기자인 차이징(柴静)이 사비를 들여 중국의 스모그
문제를 고발한 다큐멘터리 영화인 충딩즈샤(穹顶之下, Under the Dome)
를 제작하여 인터넷에 공개하였다. 영화에서 차이징은 중국정부가 사실상
대기오염 규제에 실패하고 문제의 심각성을 은폐하고 오염원인 국영기업들
을 눈감아주고 있음을 강력히 비판하였다. 이 영화는 인터넷에 게시된 지
며칠 만에 국내외 조회 수가 급격히 증가하였다. 중국정부는 처음에는 이
영화와 차이징에 대해 긍정적이었다. 인민일보는 이 영화를 소개하고 차이
징을 인터뷰하였고 당시 새로 임명된 환경부 부장은 이 영화를 매우 칭찬하
였다. 그러나 정부는 일주일 만에 비밀리에 이 영화를 검열하여 삭제하기
로 했고 그 이후 중국에서는 이 영화를 볼 수 없게 되었다. 이 사건은 정부
가 전국인민대표회의나 공산당 중앙위원회 전체회의 등에서 지속적으로 환
경문제의 올바른 처리에 대해 강조함에도 불구하고 막상 시민들이 환경문
제에 대해 정부를 비판하는 것은 조금도 허용하고 있지 않은 중국의 현실을
잘 말해준다.

둘째, 1990년대와 2000년대에 일본은 중국의 환경문제 처리를 위해 막
대한 자금, 기술, 정보 등을 지원하였고 전문가의 상호파견과 교육, 지방정
부 차원에서의 다양한 환경 프로젝트 수행, 환경산업의 진출 등 중국 환경
정책 과정에 적극적으로 개입하여 중요한 역할을 하였다. 이는 '중국 환경
문제에 대한 일본의 이니셔티브'라고 불리는데 자금은 크게 공적개발원조
(ODA)와 그 밖에 통산성 등 정부 기관들이 중국 환경문제 특히 황사나 산
성비 문제 등을 연구하고 개선하기 위해 출범시킨 각종 기금 등으로 나눌
수 있다. 1990년대에 중국은 일본 ODA의 제1의 수혜자였는데 당시 중국
으로 들어오는 일본 ODA 자금의 대부분은 환경정책에 투입되었다. 이 외
에 일본의 환경 기술 기업들이 중국에 환경 기술을 제공하고 연구재단이나

정책 본부를 설립하고 환경교육 전문가를 파견하는 등 이 시기에 일본의 이러한 지원은 중국의 환경제도화에 큰 도움이 되었다.[19]

　일본이 이렇게 중국의 환경보호 및 환경산업투자에 적극적인 관심을 보이고 그것이 약 20년간의 중국 환경 이니셔티브로 발전된 것은 다음의 네 가지로 설명할 수 있다. 첫째, 1980년대 일본은 높은 수준의 경제발전을 이룩하고 나서 국제사회로부터 저개발 국가들에 대한 단순한 금전적 원조를 넘어서 환경보호나 인권 등 국제사회의 지도자로의 자격을 갖출 수 있는 보다 도덕적인 지원을 요구받고 있었고 일본정부 역시 그 필요성을 절감하고 있었다. 둘째, 중국의 공해는 황사나 산성비 등과 같이 일본에 직접적인 영향을 미치고 있었으며 이는 일본의 국제환경협력의 초점을 중국에 맞추게 하는 계기가 되었다. 셋째, 일본은 1980년대 중반에 이르면 이미 자국의 공해처리를 완료하고 나서 자국의 정부가 기업 간 협력으로 만들어진 당시 세계 수준의 공해처리기술을 해외에 수출하거나 투자할 대상을 찾고 있었고 중국은 거대한 시장규모로 볼 때 가장 적합한 투자 상대국이었다. 넷째, 일본정부는 일본의 중국에 대한 환경원조는 일본과 중국 간의 경제협력에도 도움이 되며 장기적으로는 양국 간의 전반적인 관계개선에도 도움이 될 것으로 판단하였다.[20]

　셋째, 일본 모델 자체의 효율성 혹은 수월성은 후발주자들에게 있어서 매력적인 유인이 될 수 있다. 일본 모델은 경제발전을 급격히 그리고 매우 성공적으로 이루었으며 공해처리 역시 제2의 기적이라고 부를 정도로 급속하고 성공적으로 이루었다는 점이 가장 큰 특징이다. 일본의 기업들이 1980년대에 개발한 몇몇 대기오염 처리기술은 당시로써 세계 최고 수준이었고 공해처리 속도 역시 적어도 대기 및 수질오염의 경우 선진국 중 가장 빨랐다고 할 수 있다. 이러한 이중의 성공은 앞서 말한 바와 같이 경제발전의 속도가 빠르고 그에 따라 단기간에 산업공해도 증가하지만 그만큼 공해처리도 빨라지는, 즉 가파르게 올라갔다가 가파르게 내려오는 쿠즈네츠 곡선에 해당하는 모델이다. 그리고 더욱 중요한 것은 이러한 성과가 일본 그리고 한국이나 대만 등 동북아 국가들이 보여주었던 권위주의 하의 국가 주도 산업화와 관련되어 있다는 점이다. 일본 모델의 핵심 기제인 지방정부와 기업 간의 협약은 사회적 요구가 조직화되기도 이전에 정부가 주도하여 반강제적으로 추진한 것으로서 이는 국가주도 산업화 과정에서 나타난 일종의 동아시아식 국가-기업관계에 기반하고 있다. 따라서 이러한 점이 비슷한 조건에 놓여 있는 중국에게는 유인이 되었을 가능성이 있다.

후발성의 이점은 환경제도화에 있어서 선발주자들과 후발 주자들 간의 시차로 인해 후발 주자들이 선발주자의 경험을 배우고 수용하여 제도화 과정에서의 비용을 절감하고 따라서 혜택을 누릴 수 있다는 것이 핵심 내용이다. 앞서 언급한 대로 후발 주자들이 누구로부터 무엇을 배우고 수용할 것인지를 결정하는 데 있어서는 많은 우연적 요인들이 작용하고 특히 선발주자들의 실패 경험이나 약점까지도 배울 수 있다는 면에서 이 학습 과정 혹은 정책 확산 과정은 복잡하고 역동적이다. 일본의 경험 역시 중국이나 후발주자에게는 환경문제를 외면한 급속한 경제발전도 결국에는 효과적이고 신속한 공해처리 과정을 통해 산업화의 환경부작용을 극복할 수 있다는 것 그리고 그 과정에서 환경단체나 시민사회의 역할이 최소화되는 정부 주도의 정책 과정이 성공적일 수 있다는 것을 보여준다는 점에 과연 이 모델이 후발주자들에게 바람직하냐에 대한 논쟁이 있을 수 있다. 즉 중국처럼 서구식 정치제도와 정치의식을 갖지 못했으며 가까운 시일 내에 민주화 이행이 발생하여 경쟁적인 정당체제나 선거제도 그리고 시민사회의 활성화가 이루어지기 힘든 상황에서 당장 시급한 환경문제를 처리하기 위한 유일한 현실적 대안은 시민의 참여가 제한되었더라도 일본처럼 국가 주도의 하향식 제도를 만들고 실행하는 것이 더 바람직한 것이 아니냐는 주장이 제기될 수 있다. 또한, 한 걸음 더 나아가서 중국이 과연 일본 모델처럼 실행하고 있는지 다시 말해 국가 주도이되 과연 국가가 효과적으로 공해를 처리하고 있는

지 역시 논쟁적이다. 이 절에서는 이 문제들에 관한 체계적인 연구를 통해 어떤 주장을 제시하지는 못하지만, 정책 확산 및 외국으로부터의 학습이라는 국제정치학의 이론적 쟁점의 측면에서 환경제도화에서의 후발성의 이점은 중요한 연구 주제이며, 이 과정이 매우 복잡하고 역동적이라는 점을 세원형과 중국의 사례를 통해 보여준다.

4. 동아시아 주요 국가들의 환경제도화 과정[21]

이 장의 서론에서 소개한 바와 같이 국가들의 환경제도화 과정을 비교 분석하는 데 있어서 기본적으로 확인해야 하는 것은 환경법의 제정 시기와 정부의 환경 담당 부서 설치시기이다. 개도국의 경우 대부분 처음 법을 제정하고 담당 부서를 만든 시점과 실제로 법과 정책을 본격적으로 집행하기 시작한 시점이 다른데, 이는 전자가 주로 1970년대에 개도국 국내에서의 요구나 필요에 의해서가 아니라 선진국의 추세에 발맞추어 형식적으로 제도를 만들었던 경향이 있기 때문이다. 그리고 이후 이들이 본격적으로 산업화를 진행하고 각종 환경문제를 처리하기 위해 법과 기준을 개정하거나 강화하고 정책을 체계적으로 집행하기 시작한 시점이 후자이다. 표 6.1에서는 이를 1과 2로 표시하였다. 이 절에서 살펴볼 주요 동아시아 국가들인 한국, 중국, 인도네시아, 말레이시아, 필리핀, 태국 등도 1의 시점과 2의 시점 간의 차이를 표에서 확인할 수 있다.

동아시아는 크게 동북아시아와 동남아시아로 나눌 수 있는데 동북아시아에는 전 세계적으로 가장 빨리 그리고 가장 성공적으로 성장한 경험을 가진 일본, 한국, 대만, 중국 등 이른바 기적 국가라고 불리는 나라들이 있고 동남아시아에도 이 나라들에는 못 미치지만, 지속적으로 인상적인 경제발전의 모습을 보여주고 있는 인도네시아, 말레이시아, 태국, 필리핀 등이 있다. 동아시아 경제발전에 주목했던 학계와 언론에서는 한때 한국, 대만, 홍콩, 싱가포르를 아시아의 네 마리 용이라고 부르기도 했으며 그 뒤를 이어 인도네시아, 말레이시아, 태국, 필리핀 등을 아시아의 두 번째 네 마리 용으로 부르기도 했다. 이처럼 동아시아는 전반적으로 제2차 세계대전 종전 후 세계적으로 경제발전의 상징적인 지역으로 인식되었고 특히 일본, 한국, 대만의 경제발전은 명백히 시장이 아닌 국가 주도의 발전 전략에 의한 결과였기 때문에 이들 국가의 경제발전에서 국가가 구체적으로 어떤 역할을 했는지에 관한 연구가 활발히 진행되었다. 학자들은 이렇게 경제발전에 관여하는 개입주의적인 국가(interventionist state)를 발전주의 국가(developmental state)라는 개념으로 분석하기도 하였다.[22] 중국 역시 발전주의 국가에 해당하느냐의 여부에 상관없이 국가 주도의 성장을 통해 오늘날 세계 경제에서 가장 영향력 있는 국가로 부상하고 있다.

성공적인 국가 주도 성장을 달성한 이들 국가의 환경 거버넌스 역시 전반적으로 상향식이라기보다는 하향식에 가깝다. 그러나 이들 국가가 예를 들어, 라틴아메리카나 남유럽 혹은 동유럽 국가에 비해 구체적으로 어느 정도로 하향식인지 그리고 동아시아 국가들 사이에서의 편차가 있는지에 대한 체계적인 연구 없이는 이 문제에 대한 정확한 주장을 제시하기 어렵다. 또한, 이들의 환경 거버넌스가 하향식이라면 이것이 성공적인 국가주도 산업화와 직접적인 관련이 있는지의 여부 역시 체계적인 조사가 필요하다. 그리고 이들 국가의 경제 개방, 지역 경제 통합, 국내정치 변동(예를 들어, 정권교체) 등이 환경 거버넌스의 변화에 영향을 미치는지 역시 좋은 연구 주제가 될 것이다.

표 6.1에서 보는 바와 같이 동아시아에서 환경제도를 가장 먼저 만든 국가는 일본과 싱가포르이다. 일본은 2절에서 설명한 바와 같이 서구 선진국과 같은 시기에 같은 패턴으로 환경제도화의 초기 과정을 경험하였다. 즉 환경을 무시한 경제발전의 부산물로서 산업공해가 발생했고 그것이 사회적

문제가 되면서 환경제도화의 여론이 형성되었다. 1967년에는 환경공해처리기본법이 제정되었고 1971년에는 총리실 산하에 환경국이 신설되어 제도화의 초기 과정이 완료되었다. 싱가포르의 경우 한 학자에 의하면 아시아 국가 중 유일하게 선 성장, 후 환경의 전략을 택하지 않은 국가이다.[23] 정부는 환경부를 1972년에 설립하였고 같은 해에 환경기본법의 역할을 했던 청정대기기준규정(Clean Air Standards Regulations)이 시행되었다.

일본과 싱가포르 외에 다른 나라는 모두 형식적으로 환경제도를 만들었던 1의 시점과 실제로 운영한 2의 시점 간의 차이를 보인다. 한국의 경우 1977년에 환경보전법이 제정되고 1980년에 보건사회부 산하에 환경청이 신설된 것이 제도화의 출발점이라고 볼 수 있다. 그러나 실제로 정부가 환경문제를 심각하게 고려하고 정책을 수립한 것은 1987년의 민주화 이후이다. 1990년에 환경정책기본법이 제정되어 비로소 환경정책을 위한 포괄적인 법적 기반이 마련되었고 같은 해에 환경청이 환경부로 승격되었다. 이후 많은 핵심적인 환경 관련 법안들과 정책들이 1990년대에 마련되었다. 대만도 1979년 환경법이 제정되고 1982년에 환경청이 설립되었지만 실제로 환경정책이 본격적으로 추진되고 집행된 것은 1986년에 계엄령이 해제되고 정치적 민주화가 진행되면서부터이다. 1987년에는 환경청이 환경국으로 승격되었고 이후 1990년대에 많은 법안이 제정되거나 개정되었다. 중국도 역시 1979년에 임시법안으로서 환경보호법이 제정되었으나 이 법이 실제로 정식으로 제정된 것은 1989년이다. 또한, 환경 부서의 경우 최초로 1974년에 국무원 산하 그리고 각 성급 행정 단위에 환경 관련 영도소조가 창설되었으나 실제 정부의 공식적인 조직으로서는 1994년에 만들어진 국가환경보호국, 그리고 이것이 1998년에 국가환경보호총국으로 승격된 것이 최초라고 할 수 있다. 이후 2008년에는 국가환경보호총국이 환경보호부로 다시 한번 승격되었고 10년이 지난 후 2018년 3월 17일 제13기 전국인민대표대회 제1차 회의에서 '국무원 기구개혁 방안'이 비준됨으로써 기존 환경보호부가 폐지되고 생태환경부가 출범하게 되었다.

　동남아 국가들도 마찬가지로 두 시점 간의 차이를 보인다. 말레이시아의 경우 정부가 1974년에 환경기본법(Environmental Quality Act)를 제정하고 1975년에 환경 부서를 처음 만들어 1976년에 과학·기술 및 환경부 산하에 두었다. 그러나 이후 이 부서가 승격되어 1983년에 환경부가 되고 2004년에는 자연자원환경부(Ministry of Natural Resources and Environment) 산하로 이관되어 부서의 권한과 지위가 강화되었다. 또한, 환경기본법도 1985년에 대폭 개정되었고 잇달아 세부적인 법안들이 1980년대 말과 1990년대 초에 제정되었다. 필리핀에서는 1977년에 대통령령으로서 환경법이 만들어지고 같은 해에 정부의 환경담당 조직으로서는 최초로 국가환경보호위원회가 설립되었다. 그러나 1980년대 중반 이후 민주화 과정을 거치면서 실제 환경정책이 본격적으로 시행되어 1987년에는 자원·환경부(Department of Environment and Natural Resources)가 설립되었고 1999년에는 포괄적인 대기오염정책법(Comprehensive Air Pollution Policy Act)이 제정되어 환경정책의 법적 기반 역할을 하게 되었다.

　인도네시아의 경우 예외적으로 정부의 환경담당부서는 처음 만들어진 1978년 당시부터 부(部) 수준의 조직이었다. 즉 환경과 개발 감독부(Ministry of Environment and Development Supervision)로 출범하여 이것이 1993년에 환경부(Ministry of Environment)로 개명되었다. 법적 측면의 경우 1982년에 환경관리법(Environmental Management Act)이 제정되었는데 이것이 이 나라의 환경제도화 초기 과정에서 기본법의 역할을 하였고 다시 1997년에 대폭 개정되어 가장 대표적인 환경법으로서의 위상이 더욱 강화되었다. 태국에서는 1975년에 설립되어 자문 역할만을 담당했던 국가환경위원회(National Environmental Board)가 1992년에 부 차원의 조직으로 승격되었고 1975년과 1992년 사이에 주요 환경법들이 제정되었다.[24]

　이상에서 살펴본 바와 같이 동아시아 주요 국가들의 환경제도화 과정은 대부분 1970년대에 형식적으로 법과 정책을 만들었던 1의 시기를 경험하였고 실제로 본격적인 제도화 시점, 즉 해당 국가 환경제도화 역사의 실질적인 출발점인 2의 경우 1980년대부터 1990년대까지 다양하게 분포되어 있다. 그렇다면 이러한 제도화 과정을 통해 만들어진 이 나라들의 환경 거버넌스는 어떤 특징을 가지는가? 동아시아 국가들은 대체로 상향식이라기보다는 하향식의 환경 거버넌스를 보여주는데 그럼에도 불구하고 국가들 내에 편차가 존재하며 앞서 언급한 대로 이러한 하향식의 특징이 국가주도 산업화와 어느 정도 연관이 있다고 할 수는 있지만, 이는 보다 체계적인 조사를 통해 대답해야 할 문제이다.

일본과 중국은 앞 절에서 설명한 바와 같이 시민사회의 역할이 최소화되고 환경단체 역시 중앙 및 지방정부를 보조하는 역할을 주로 담당할 뿐 서구에서 보는 감시견의 역할을 거의 하지 못하고 있다. 한국의 경우 관점에 따라 다르게 해석할 수는 있으나 일본과 중국에 비해 환경 시민사회(environmental civil society)가 다소 활성화되어있다고 할 수는 있지만 그럼에도 불구하고 일반적으로 말해서 정부주도형 환경 거버넌스의 모습을 보인다. 1990년대 초중반에 이르면 환경운동이 활성화되고 대표적인 환경단체들이 설립되어 전국적 조직으로 성장하게 된다. 그러나 이후 1990년대 말의 동아시아 금융위기 이후 환경뿐 아니라 전반적으로 이른바 탈 물질주의적(post-material) 가치에 대한 사회적 관심이 약화되기도 하였다. 이후 한국 사회는 정권이 성장 지향적인지 분배 지향적인지에 따라 환경정책의 방향과 강조점이 달라져 왔다. 예를 들어, 이명박정부하에서는 환경론자들의 반대에도 불구하고 4대강 사업을 시행하였으며 문재인정부에서는 탈핵정책의 추진을 모색하고 있다. 그러나 전반적으로 환경 시민사회의 역할은 더욱 확대되어야 하고 이들이 정책 과정에 참여할 통로가 제도화되어야 한다.

동남아시아의 경우 기본적으로는 하향식이라고 할지라도 동북아 특히 중국이나 일본에 비해서는 환경 시민사회가 강하다고 할 수 있다. 그러나 동남아 내에서도 국가별 편차가 존재한다. 인도네시아의 경우 1980년대와 1990년대에 환경 시민사회가 활성화되고 환경단체들의 영향력이 강화되자 정부는 1997년에 환경관리법을 개정하면서 환경단체의 설립과 활동을 제한하는 규정들을 추가하였다. 이 개정은 수하르토(Soeharto) 대통령의 30년 독재가 끝나갈 무렵에 이루어졌으며 당시까지 이미 환경 시민사회가 그만큼 성장하였음을 말해주는 것이기도 하다. 태국에서도 환경단체의 힘은 동북아시아에 비해 상대적으로 강하고 댐 건설이나 산림훼손 등에 맞서 싸워 승리하는 등 정치적 영향력을 확대해 왔다. 필리핀의 경우 자원·환경부 내에 환경단체를 위한 전담 부서가 설치되어 이들에게 정보를 전달하고 이 밖에 이들을 위한 다양한 참여 통로를 만들어 운영하기도 하였다. 또한, 동남아시아 국가들은 동남아국가연합(ASEAN) 차원에서 지역 내 환경협력을 위한 각종 협력 사업에 공동으로 참여하고 있어서 이러한 역내 경제공동체가 회원국들의 환경정책에 긍정적 영향을 미친다. 구체적으로 이들은 연무나 열대우림 보호 그리고 메콩강 오염 등 국경을 넘는 환경문제에 공동으로 대처하는 노력을 지속적으로 기울이고 있으며 2002년에는 연무오염에 관한 동남아국가연합 협정(The ASEAN Agreement on Transboundary Haze Pollution)이 채택되기도 하였다.[25]

이상에서 살펴본 바와 같이 동아시아 환경제도화 과정은 대체로 일본과 싱가포르를 제외하면 1970년대에 형식적으로 시작하여 1980년대와 1990년대에 본격적으로 진행되었고 이후 만들어진 환경 거버넌스도 전반적으로 서구 선진국에 비해서는 하향식이라고 할 수 있지만, 역내에서 국가들 사이에 편차가 존재한다. 또한, 환경 정치가 민주화 등 국내정치의 변화뿐 아니라 점차로 세계화, 지역경제공동체의 설립 등 국내외적 정치경제적 변수에 영향을 받는다.

5. 동아시아 환경 거버넌스의 변화 가능성

이 장에서는 주요 국가들의 국내 환경정책의 제도화 과정을 살펴보았다. 일본을 포함하여 서구 선진국들은 주로 제2차 세계대전 종전 후 급속하고 성공적인 경제발전의 부산물로서 산업공해의 심각성이 급증하게 되고 이에 대한 시민사회와 정부 차원의 반응으로서 1970년대 초에 환경제도화 과정이 진행되었다. 1972년의 스톡홀름회의는 이들의 이러한 제도화 과정에 큰 역할을 하였고 후발주자였던 개도국의 환경제도화를 촉구하기도 하였다. 이에 많은 개도국이 1970년대에 환경법과 담당 부서를 만들었지만, 이들의 실질적인 환경제도화는 이들이 경제적으로, 정치적으로 발전하고 난 이후인 1980년대 혹은 1990년대에 이루어졌다. 이처럼 환경제도화에 있어서 선진국인 선발주자들과 개도국인 후발주자들 간의 시간 차이가 발생하면서 이들 간의 학습이나 정책전이 등이 발생했다고 할 수 있을 것이고 이를 학자들은 후발성의 이점으로 개념화하기도 하였다. 그러나 후발주자들은 이점만 있는 것은 아니다. 선진국들의 실수 혹은 약점까지도 배울 수 있으며 그러한 학습은 이들 자신의 약점이나 실수를 정당화하기도 한다.

선진국의 환경제도화 경험은 크게 세 가지 모델의 원형을 제시하는데 이 중 동아시아는 주로 일본형, 즉 일반적으로 하향식 환경 거버넌스의 모습을 보이지만 국가들 사이의 편차가 존재하고 또한 경제적 세계화나 지역 통합 등 한 국가의 국내 환경정책에 영향을 미치는 외부 변수들이 점차로 큰 역할을 하게 되어 동아시아 국가들의 환경 거버넌스는 향후 보다 더 다양하고 역동적으로 변하게 될 것으로 예측된다. 특히 기후변화가 중요한 글로벌 환경 의제로 부각되고 국가 이외의 행위자들이 중요한 역할을 하게 되면서 동아시아 국가들의 환경 거버넌스 역시 비국가 행위자들 중심으로 재편될 가능성이 있다. 그러나 이 역동적인 변화과정에 영향을 미칠 가장 큰 변수는 역시 국내정치의 변화일 것이다. 동아시아 각국의 국내정치가 절차적, 실질적 민주주의에 얼마만큼 가까이 가느냐, 그리고 시민사회가 얼마나 활성화되며 지방이 얼마나 실질적인 권한을 가지느냐 등이 새로운 동아시아 환경거버넌스의 형성에 큰 변수가 될 것이다.

글상자 6.1 | **중국 기후변화정책과 외국 행위자들의 역할**

이 장에서 논의된 바와 같이 개도국의 환경제도화에 있어서 외국으로부터의 학습은 긍정적이든 부정적이든 중요한 역할을 한다. 한 연구는 중국의 수도인 북경(北京)이라는 도시를 대상으로 하여 이 도시에 중국의 기후변화정책에 관여하기 위해 상주하고 있는 외국 행위자들을 조사하고 이들을 적절히 분류하여 구체적으로 어떤 일을 하는지 그리고 이들의 역할이 중국정부의 기후변화정책에 얼마나 영향을 주는지를 분석하였다. 중국은 세계 1위의 이산화탄소 배출국이기 때문에 북경은 적절한 연구 대상 도시가 될 것이다.

이 연구에 의하면 북경에 상주하면서 중국 기후변화정책에 직간접적으로 참여하는 외국인들은 거의 모두 유럽 및 북미 출신이다. 아래 표 6.3에서 보는 바와 같이 이들은 크게 여섯 종류의 집단으로 나눌 수 있다.

첫 번째는 각국 대사관과 정부 기관들로서 기후변화와 관련된 펀드나 프로젝트들을 중국정부와 연결하는 역할을 한다. 프로젝트들은 예를 들면, 저탄소도시 시범사업, 재생에너지 시설 사업, 전기차, 그리고 배출권 거래제도 시범사업 등이 있다. 북경에 있는 대부분의 선진국 대사관은 중국 기후변화를 담당하는 부서가 별도로 있으며 개발협력 담당 기관들도 기후변화에 적극적으로 관여한다.

두 번째는 선진국의 환경운동단체이다. 이들의 주요 활동 중 하나인 정부에 대한 감시 그리고 시민 환경 운동의 조직 등은 중국의 현실에서는 제약되어 있기 때문에 북경에서 이들은 주로 정보를 교환하고 환경 의식을 고양하는 각종 캠페인을 조직하고 또한 환경 및 기후변화 관련 연구를 수행하는 역할을 한다.

계속 ▶▶

세 번째는 연구 및 싱크탱크 기관이다. 이들은 체계적인 연구를 진행하고 시범사업을 직접 주도하며 각종 학술회의나 세미나 등을 개최한다. 이렇게 연구 결과를 공유하고 이를 중국정부에 전달함으로써 정책제안을 하기도 한다. 이들은 중국에서 조직된 것들도 있지만 대부분 선진국의 연구 및 정책기관의 북경 사무소들이다. 또한, 중국의 대학 및 연구소와 협력하여 연구를 수행하기도 한다.

네 번째는 서비스 제공기관 그리고 기업 관련 조직들이다. 이들은 주로 기후변화와 관련된 기술, 지식, 정보 등을 제공하며 다국적기업들을 대상으로 중국 환경 및 기후변화 관련 투자 컨설팅도 담당한다. 이들은 주로 서구 기업들을 중국정부의 정책 담당자와 연결해 주는 역할을 하며 중국 특유의 정책적 불확실성을 최소화하는 데 있어서 중요한 역할을 한다.

다섯 번째는 국제기구의 북경사무소들이다. 이들 역시 환경 및 기후변화와 관련된 각종 프로젝트를 조직하고 실행한다. 이들이 다루는 프로젝트들은 자금의 규모와 기간 면에서 대부분 대형 프로젝트들이며 가장 대표적인 국제기구들이기 때문에 대표성을 가진다.

여섯 번째는 플랫폼 조직으로서 위의 다섯 종류의 집단에 속하는 사람들이 모여서 토론하고 정보를 공유하는 장을 마련하는 조직이다. 이들은 정규적인 온라인/오프라인 모임을 조직하고 중국 기후변화정책의 수립과 집행 과정에서의 문제점과 약점들을 비판적으로 검토하며 이에 대한 대안을 제시한다. 이러한 각종 모임과 발표회에는 중국 국내 행위자들도 참석하여 의견을 교환한다.

표 6.3 북경 소재 기후변화 관련 외국 행위자 집단

종류	대표 기관들
대사관 및 개발 협력 관련 정부 조직들	• 주중 영국대사관, 주중 네덜란드 대사관 • 주중 노르웨이 대사관 및 노르웨이 개발협력국 • 독일국제개발협력본부 • 주중 호주대사관 및 호주국제개발국

계속 ▶▶

종류	대표 기관들
환경운동 단체	• 그린피스 베이징 • 세계자연기금 중국지부 • 천연자원보호협회 북경사무소 • 자연보존 북경사무소 • 환경보호기금 북경사무소
연구기관 및 싱크탱크 기관들	• 기후 그룹 북경사무소 • 세계자원연구소 북경사무소 • 카네기-칭화 글로벌 정책센터 • 에너지 기금: 중국 지속가능 에너지 프로그램
서비스 제공 및 기업 관련 기관	• 환경자원관리 중국 지부 • 무역과 지속가능발전 국제센터 북경사무소 • 톱텐 중국 지부
국제기구	• 세계은행 북경사무소 • 유엔 산업개발기구 북경사무소 • 유엔 환경계획 북경사무소 • 유엔 개발계획 북경사무소 • 국제금융공사 북경사무소
플랫폼 조직들	• 중국탄소포럼 • 북경에너지네트워크 • 중국저탄소플랫폼

이 연구에서 저자는 이들 외국 행위자들의 역할이 근본적으로는 중국정부가 그것을 얼마나 허용하고 수용하느냐에 달려있다고 주장한다. 즉 중국이 가진 국내정치적, 경제적 조건이 외국 행위자의 영향을 결정한다는 것이다. 이처럼 개도국의 한 도시를 선정하여 어떤 외국 행위자들이 입주하여 기후변화 혹은 환경정책에 참여하고 있으며 그들이 어떤 활동을 하고 있는지 그리고 왜 어떤 외국 기관들은 다른 외국 기관들에 비해 더욱 효과적으로 활동하는지 등을 탐구하는 것은 지구환경정치학에서뿐 아니라 국제정치학 일반에서도 좋은 연구 주제가 될 것이다.

출처: Sangbum Shin, "Green Foreigners in China: Transnational Climate Cooperation and Domestic Constraints," *New Asia*, Vol. 31, No. 3 (2014), pp. 77–102.

다양한 행위자들의 등장

이 장에서는 지구환경정치에 참여하는 주요 행위자들이 누구이며 그들이 구체적으로 어떤 역할을 하는지를 소개한다. 행위자들은 가장 기본적으로 주권국가와 그 외의 행위자들로 나눌 수 있다. 그만큼 주권국가는 오랫동안 지구환경정치에서 가장 핵심적인 행위자였을 뿐 아니라 여타 행위자들에게도 영향을 미친다. 주권국가는 국제환경협력에 참여하여 환경조약을 만들고 이를 국내에서 집행하는 주체이다. 또한, 이들은 조약뿐 아니라 조약을 보조하는 각종 국제기구에도 참여하여 조약의 효과성을 높인다. 주권국가 이외의 행위자들은 주로 국제기구, 각종 환경운동단체, 기업 등이 있을 것이다. 이들은 환경 의제를 설정하고 의식을 높이며 환경 기술을 개발하여 실질적인 대안을 모색한다.

국가 및 비국가행위자의 역할은 항상 고정된 것이 아니라 시간이 지남에 따라 변화한다. 이 책에서 일관되게 주장하는 것은 주권국가의 역할이 점차 줄어들고 있는 반면 그 외 행위자들의 역할이 점차로 증가하고 있다는 것이다. 그러나 이것이 비국가행위자의 행위가 더 효과적으로 협력을 이끌어 내고 문제를 해결한다는 것을 의미하지는 않는다. 여전히 지구환경정치에서 특정한 행위자들의 역할이 두드러지게 효과적임이 입증되지는 않았다. 일단 현재까지의 상황을 볼 때 비국가행위자의 역할이 증가하는 것은 국가의 역할 특히 국제체제 수준에서의 국가 간 협력이 점차로 실망스러웠던 현실의 반영이다. 비국가행위자의 역할이 지구환경정치에서 긍정적인 대안이 될 것인지에 대한 평가는 당분간 유보되어야 할 것이다. 그러나 확실한 것은 향후 긍정적 평가가 내려진다고 해도 전통적인 주권국가의 역할은 최소한 비국가행위자의 역할을 보조한다는 면에서라도 여전히 중요하게 남아 있을 것이다.

주권국가와 그 외 행위자들을 개개의 단위가 아닌 그들 간의 상호관계, 즉 네트워크라는 관점에서 본다면 주권국가 간의 관계는 '국제(international)'로 표현할 수 있을 것이고 비국가행위자 간의 관계는 '초국적(transnational)'이라는 말로 표현할 수 있을 것이다. 과도한 단순화의 위험을 무릅쓰고 이 두 그룹의 행위자들을 대비시킨다면 전자는 전형적인 국제기구를 예로 들 수 있을 것이다. 물론 국제기구는 그 자체로서 국가를 초월한 독립적인 기관이라고 볼 수도 있지만, 그 기관의 실제 작동은 국가들에 의해 가능하다는 점에서 명백히 정부 간 조직이라고 할 수 있다. 반면 후자의 예로서는 초국적 기업(transnational corporations), 초국적 비정부조직(transnational non-governmental organizations), 그리고 초국적 환경운동(transnational environmental movement), 초국적 도시 네트워크(transnational city net-work) 등을 들 수 있다. 이러한 네트워크형 행위자의 경우에도 위에서와같이 기존의 정부 간 조직들과 달리 새롭게 초국적 조직들이 중요한 행위자로 부상하고 있다고 볼 수 있다. 그리고 위와 마찬가지로 후자 그룹이 전자 그룹에 비해 문제 해결에 있어서 더 효율적이라는 뚜렷한 증거는 아직까지는 없다.

결국, 현재 시점에서 중요한 것은 각 행위자의 장단점이 무엇인지, 그리고 이들이 시간이 지남에 따라 단점을 극복하고 장점을 극대화하기 위해 어떻게 변화해왔는지를 파악해 보는 것이다. 이를 바탕으로 해서 향후 지구환경정치에서 누가 주도적인 역할을 할 것인지를 조심스럽게 예측해 볼 수 있을 것이다. 이 책에서는 특히 기존 지구환경정치 교과서에서 잘 다루어지지 않았던 지방정부의 역할 역시 소개한다. 사실 시대순으로 볼 때 1970년대 서구에서 국제환경정치가 처음 등장했을 때는 주권국가와 그들 간의 협력으로 만들어지는 국제조약들이 주목을 받았다. 그러나 이후 각종 환경단체와 지구적 환경운동 혹은 지구환경시민사회의 역할이 학자들의 관심을 끌었다. 1990년대 말과 2000년대로 들어서면 그동안 대체로 환경보호의 적으로 간주되었던 기업의 역할이 대두되었다. 그리고 그와 동시에 지방정부 특히 도시 및 그들의 글로벌 연대가 새롭게 주목받게 되었다. 이 책에서 지방정부의 역할은 별도의 장에서 다루게 될 것이다.

이 장에서는 먼저 전통적인 행위자인 국가 그리고 그 네트워크형 조직인 국제기구를 차례로 소개할 것이다. 이후 초국적 행위자로서 환경단체와 기업을 소개하고, 비교적 새로운 행위자로서 지방정부와 그 네트워크의 역할을 설명할 것이다.

1. 국가

국가는 크게 두 가지 의미를 가진다. 즉 국제정치에서 한 나라를 대표하는 행의자로서 국가를 의미할 수도 있고 한 나라 안에서 공권력을 가진 주체로서의 국가를 의미할 수도 있다. 전자의 경우 주로 주권국가라고 표현하며 후자의 경우 정부라고 표현한다. 이 장에서는 이 두 가지 의미를 모두 포함하여 국가의 역할을 소개한다. 사실 두 의미는 서로 밀접히 연결되어 있다. 한 국가가 자기 나라를 대표하여 국제환경정치 과정에 참여하여 조약을 만들게 되면 그 조약을 국내에서 비준하고 정부가 법과 정책으로 만들어 조약 의무 사항을 이행하게 되는 것이다. 또한, 제3장에서 소개했듯이 리우선언의 제2원칙은 국가들이 자국의 관할 영토 내에서 자국의 자원을 이용하고 개발할 권리를 가지고 있음과 동시에 그러한 행위가 타국의 환경에 해를 끼치지 않아야 할 책임이 있음을 명시하고 있다. 말하자면 한 나라의 국내정책집행이 국제정치에서 타국과의 관계 속에서 진행되어야 한다.

국가는 국제환경조약에서 유일하게 결정권을 가진 행위자이다. 즉 조약 당사국으로서 자국을 대표하여 투표할 수 있는 권한을 가진다. 주권국가 외의 행위자들이 주로 옵서버 자격으로 국제환경조약에 참여하는 것은 이 때문이다. 그런데 이 국가들은 주권을 가지고 있으며 자국을 대표하여 투표권을 가진다는 면에서는 같지만, 그 외 거의 모든 측면에서 상이하다. 각국은 상이한 크기의 국력을 가지고 있으며 조약에서 다루고자 하는 환경문제에 대해 상이한 관점과 이해관계를 가지고 있다. 특정한 국제환경조약의 체결과 이행이 어떤 국가에는 이익이 될 수 있지만 다른 국가에는 손해가 될 수도 있다. 또한, 조약 의무 사항이 한 국가에 환경보호 측면에서는 이익이 될 수 있지만, 경제적으로는 손해가 될 수 있다. 즉 조약이 다루고자 하는 환경문제가 특정 국가에 얼마나 심각하게 해를 입히는지 그리고 그 조약이 추구하는 해결책이 특정 국가에 어떤 영향을 미치는지가 국가마다 다 다를 것이다. 조약에서는 협상 과정에서 이러한 차이를 반영하는 타협책을 마련하기도 한다. 제3장에서 소개된 공동의 그러나 차별화된 책임원칙이 바로 이러한 차이를 반영한 것이다. 그러나 반대로 이러한 차이가 무시되는 경우가 현실에서는 더 많을 것이다. 사실 이렇게 국가마다 이해관계가 다르고 매우 복잡한 상황에서 조약이 쓸 수 있는 가장 대표적인 해결책은 동등한 1 국가 1 표제에 기반을 둔 다수결 제도일 것이다. 그러나 기계적으로 모든 국가를

똑같이 취급하는 이 제도 역시 부작용이 없을 수 없다. 앞에서 살펴본 국제
포경위원회의 경우도 다른 많은 조약과 마찬가지로 1 국가 1 표제를 시행하
고 있는데 일본의 경우 포경과 전혀 상관없는 약소국들을 조약에 가입시키
고 포경 허용 의견에 찬성하는 투표를 하도록 한 후 해당 국가에게 경제적
이익을 제공하기도 하였다.

국제환경정치에 참여하는 국가들의 상이성은 이들이 만들어 내는 국제
환경조약의 효과성을 분석하는 데 매우 중요한 변수일 것이다. 이 문제에
대해서는 제4장에서 소개한 국제정치접근법이 유용할 것이다. 현실주의자
들에게 있어서 국제정치를 분석하는 데 가장 중요한 키워드는 국가들의 국
력과 국익 그리고 그들이 국제협상에서 가지는 선호일 것이다. 국제환경정
치에서 나타나는 국가들의 상이성은 결국 그들이 상이한 선호를 가지고 있
음을 말하는 것이고 선호의 상이성은 국익에 대한 상이한 계산에서 나오는
것이다. 한 기존 연구는 지구환경정치에서 국익을 결정하는 두 가지 요인으
로서 생태학적 취약성(ecological vulnerability)과 처리 비용(abatement
cost)을 제시한다. 전자는 특정한 국제환경조약에서 다루는 환경문제가 해
당 국가에 얼마나 큰 해를 입히느냐이며 후자는 그 문제를 처리하는 데 있
어서 그 국가에게 얼마나 큰 비용이 발생하느냐이다. 이 연구는 이 두 요인
을 바탕으로 국제환경조약 협상 과정에서 국가들을 적극적인 추진자(push-
ers), 방해자(draggers), 중간입장(intermediaries), 그리고 방관자(bystand-
ers)로 나누고 누가 왜 조약에 찬성하고 반대하는지를 정밀히 분석한다.[1]

또한, 현실주의자들은 국력이 상대적으로 큰 소수의 패권국이 국제환경
조약이나 협력에 큰 영향을 미칠 수 있음에 주목한다. 이 영향은 앞서 2장
에서 고래 문제를 다룰 때 논의한 바와 같이 긍정적일 수도 있으며 다음 장
에서 기후변화에서 보듯이 부정적일 수도 있다. 멸종위기에 놓인 고래를 보
호하기 위한 국제포경위원회에서 미국은 패권국으로서 다른 회원국에 다양
한 압력을 넣어 전면포경 금지결정을 주도하였다. 미국의 패권은 다소 강압

적이었으나 만약 이러한 미국의 역할이 없었다면 포경국의 주장이 받아들여겨 전면 금지는 실현되지 못했을 것이다. 반면 기후변화 협상에서 미국은 2017년 파리협정 탈퇴를 선언하기도 하였다. 이 선언은 기후변화를 막기 위한 전 지구적 협력과 노력에 찬물을 끼얹은 셈이 되었다. 전 세계에서 이산화탄소 배출량이 가장 많은 국가 중 하나인 미국이 자국의 이익을 이유로 협정에서의 탈퇴를 선언한 것은 지구환경정치를 크게 후퇴시킨 것이다.

　반면 다른 접근법들은 주권국가 자체보다는 그들의 행위에 영향을 미치는 제도적, 관념적, 구조적 요인에 더욱 주목한다. 자유주의자들은 국가들의 선호가 달라도 이를 전제로 한 상태에서 제도화된 협상을 통해 공통분모를 만들어 낼 수 있다고 주장한다. 특히 국가 간의 이견을 적절히 조정할 수 있는 세부 규칙을 가진 조약을 만든다면 레짐에 대한 국가들의 순응과 협력을 이끌어낼 수 있다는 점을 강조한다. 즉 레짐 디자인이 중요한 것이다. 또한, 구성주의와 같은 관념적 접근에서는 국가의 선호와 이익은 객관적으로 정해진 것이 아니며 특정한 맥락에서 사회적으로 '구성되는' 것임을 강조한다. 마르크스주의의 경우 개개 국가의 이익과 선호보다는 그것을 결정하는 보다 구조적인 요인, 즉 글로벌 시스템 자체의 불평등에 초점을 맞춘다. 따라서 협상에서 개개 국가들이 각자 다른 선호를 가지는 것처럼 보이지만 사실은 크게 보아서 선진국과 개도국의 이익으로 나뉜다는 것이다.

　자유주의자들은 오히려 위의 미국의 예처럼 한 국가의 국익과 선호가 달라지는 것은 국가를 단일한 행위자로 가정하면 안 되기 때문이라고 주장한다. 제4장에서 설명했듯이 자유주의자들에 의하면 국제체제에서 모든 국가는 자국의 이익을 당연히 추구하여야 하지만 그 이익 추구 과정을 자세히 살펴보면 국가 내에서 관료, 이익집단, 정당이나 정치세력, 개인 등이 서로 다른 이해관계 속에서 다른 방식으로 국익을 추구하는 복잡한 양상을 발견할 수 있다는 것이다. 따라서 국가가 단일한 행위자라는 가정은 국제관계를 단순하고 핵심적으로 분석할 수 있는 장점을 가진 반면 일단 그 가정을 해제하면 국제관계, 특히 외교정책의 다면성을 이해할 수 있다. 예를 들어, 1997년 교토의정서 협상 과정에서 미국 대표로 참여한 정부부서는 앨 고어 (Al Gore) 부통령뿐 아니라 환경국, 상무부, 그리고 국무성 등 다양했으며 이 부서들은 당시 교토의정서의 세부 사항에 대해 매우 다른 견해를 가지고 있었다. 이러한 다른 입장은 미국 내의 다양한 이익집단과 정치세력의 이해 관계를 반영하는 것이다. 따라서 이러한 국내정치적 요인에 대한 분석을 통해 국제환경조약에서 개별 국가들의 국익과 선호를 제대로 이해할 수 있는 것이다.[2] 미국의 태도가 왜 변했는지를 이해하는 데 있어서는 자유주의자들이 강조하는 국내정치적 요인들에 대한 이해가 중요하지만 그럼에도 불구하고 궁극적으로 국제환경정치에서 유일하게 책임성을 가지고 협상을 하고 집행을 하는 단위가 주권국가뿐임은 분명한 사실이다.

개별 주권국가들이 국력이나 국제체제상에서의 위상 면에서 상이하다는 점은 마르크스주의와 같은 급진적 접근에서 가장 강조된다. 이 접근에서는 국제질서를 선진국과 개도국의 관계라는 틀을 통해 바라본다. 즉 선진국은 국제질서를 자신들이 유리한 방향으로 이끌어가려고 하고 이에 맞서 개도국들은 자신의 이익을 지키기 위해 노력하는 것이 국제정치의 본질이며 이는 특히 국제정치경제 분야에서 두드러진다는 것이다. 이러한 주장은 제4장에서 소개한 종속이론이나 세계체제론을 통해 더욱 구체화 되었으나 동아시아 국가들과 같은 중진국들이 등장하고 중국의 부상이 보여주는 것과 같이 개도국 내에서의 편차가 발생하는 등 점차 복잡해지는 국제관계의 특징을 분석하기에는 지나치게 단순하다는 단점이 있다. 이 단점은 지구환경정치에서 더욱 두드러진다. 왜냐하면, 지구환경정치에서는 중국과 인도 등 지구환경에 미치는 영향이 큰 국가들이 환경협력에서 선진국 못지않게 영향력을 행사할 수 있기 때문이다. 이들의 권력자원은 규모인 인구, 영토, 경제 등의 측면에서 이 국가들이 환경에 미치는 영향력 그 자체이다. 더군다나 앞서 설명한 바와 같이 국제환경조약은 대부분 단순한 1 국가 1 표제를 통해 의사결정을 하고 있으므로 개도국이 연합하여 결정에 영향을 미치는 사례가 많이 발견된다.

　그러나 급진주의 접근이 강조하는 선진국과 개도국 간의 관계라는 프레임은 여전히 지구환경정치에서 국가의 역할을 이해하는 데 중요한 분석 틀이 된다. 지구환경정치에서 국가는 환경 의제를 설정하고 그 의제에서 구체적으로 어떤 것이 왜 문제인지를 정의하며, 이를 위해 연구를 진행하고 그 결과를 통해 다른 국가들의 여론 형성에 영향을 미치는 것을 시도한다. 또한, 국가는 외교적 영향력을 이용하여 다른 국가들뿐 아니라 각종 국제기구가 이 의제에 집중할 수 있도록 독려하고 때로는 압력을 가하기도 한다. 국가들의 이러한 지속적인 노력으로 특정한 환경 의제가 설정되고 이것이 회의에서 다루어져서 조약으로 만들어지기도 한다. 그런데 이러한 노력은 구체적으로 어떤 국가가 주도하는가? 아마도 1970년대부터 지금까지 이는 주로 서구 선진국이 담당해 왔을 것이다. 서구 선진국은 과학적 조사와 연구를 진행할 능력, 이를 뒷받침할 재정적 지원, 외교적 능력 등 모든 면에서 개도국보다 유리한 조건에 있다. 또한, 유엔이나 세계무역기구(WTO)와 같은 국제기구에 압력을 넣을 수 있는 것도 서구 선진국이 더 쉬울 것이다. 물론 국가만 이러한 일을 하는 것은 아니다. 환경 의제가 설정되고 이것이 전 지구 차원에서 다뤄지는 과정은 환경단체, 운동, 미디어 등에 의해서도 가능하다. 그러나 이들 역시 서구 선진국의 자금과 인력 그리고 노하우에 의해 작동되는 단체나 운동 그리고 미디어일 가능성이 매우 크다.

　결국, 국가들이 주권국가라는 점 외에는 모두 상이하다는 사실 그리고 국가 중 특히 서구 선진국들이 지구환경정치를 주도해왔다는 사실은 향후 국가가 여전히 중요한 행위자가 될 것인지에 대한 논의에서 매우 중요한 요인이 된다. 즉 국가가 중요한 행위자로 남을 것인가라는 문제를 어떤 국가가 그렇게 될 것인가라는 보다 세부적인 문제로 바꾸어 던지는 것이 더 적절할 것이다. 서구 선진국들은 여전히 지구환경정치에서 중요한 행위자로 남을 것인가? 개도국들은 향후 지구환경정치에서 점차로 중요한 행위자로 부상할 것인가? 만약 그렇다면 이들이 주도하는 지구환경정치는 과거 서구 선진국들이 주도하는 그것과 달라질 것인가? 이 질문들에 대한 정답은 없지만 어떤 대답이든 그 대답을 뒷받침하는 증거를 찾는 데는 큰 어려움이 없을 것이다.

마지막으로 추가되어야 할 논점은 국가들의 문화적 차이, 다시 말해 서구권 국가들과 비서구권 국가들의 차이이다. 이 글에서는 계속 '선진국'을 '서구 선진국'이라고 명명했다. 이 명명이 타당한가? 서구 외에는 선진국이 없는가? 사실 이 책의 1장과 3장 그리고 6장에서 이 문제가 간단히 언급되었다. 서구 선진국이라는 표현은 서구에서 근대화 특히 산업화가 먼저 시작되었고 그로 인해 산업공해로 인한 문제들도 먼저 생겨났으며, 따라서 그에 대한 대응도 먼저 해왔음을 의미하는 것이다. 즉 산업화와 환경정책의 제도화에서 선발주자라는 것이다. 물론 1970년대와 1980년대에 서구가 아니면서 산업화와 환경제도화를 이룩했던 국가로서 일본이 있는데 일본이 물리적으로 서구에 있는지 아닌지는 중요하지 않다. 오히려 쟁점이 되는 것은 이러한 서구 선진국들이 주도했던 지구환경정치가 비서구권 국가들과 문화적으로 충돌할 수 있다는 점이다. 일본은 고래를 섭취하는 식습관으로 인해 멸종위기에 놓인 고래를 구하려는 서구의 노력과 자주 충돌해 왔다. 이 충돌은 문화적 상대성을 인정할 것이냐 아니면 보편적 가치가 모든 문화권에 적용되어야 하는지의 논쟁과 연결되어 있다. 이러한 문화적 대립과 충돌 역시 향후 지구환경정치에서 어떤 국가가 어떤 역할을 할 것인지의 문제에서 변수가 될 수 있다.

2. 국제기구

국제기구는 국가들이 모여서 만든 조직으로서 특정 문제를 해결하기 위해 논의를 주도하고 이에 필요한 재정적 지원 방안을 모색하고 집단적인 결정을 내리기 위한 포럼을 제공하는 등의 역할을 한다. 국가들이 모여서 만들었으므로 정부 간 조직(IGOs: inter-governmental organization 혹은 international governmental organization)으로 불리기도 하며 국제비정부조직(INGOs: international non-governmental organizations)과는 대비된다. 이들은 주로 주권국가가 모여서 맺은 조약에 의해 만들어지며 그 조약문이 바로 해당 조직의 헌장이 된다. 국제기구는 회원국들이 제공하는 기금으로 운영되며 주로 회원국들의 이익과 선호에 영향을 받지만, 독자적으로 국제사회에서 아젠다를 제시하고 여론을 주도하기도 한다. 그런데 이 국제기구의 자율성은 논쟁적이다. 현실주의자들은 이 문제에 대해 다소 비관적이다. 국제기구는 그들이 가지고 있는 물질적 자원(예산, 인원, 사무실 등) 면에서 비교적 작고 약한 조직일 수밖에 없으며 그나마 이러한 자원을 소수의 주요 국가들에 의존하기 때문에 그들 소수 국가로부터 자율성을 갖기 어렵다. 반면 자유주의자들은 이러한 한계에도 불구하고 국제기구가 갖는 공식성은 개별 국가의 이익을 초월하여 독자적인 정책을 집행할 수 있는 여건을 제공해 주며 적어도 몇몇 국제기구들은 실제로 일정한 수준의 자율성을 가지고 있다고 주장한다. 이 논쟁에서 어느 주장이 더 타당한가를 판단하기 위해서는 결국 국제기구들이 구체적으로 무슨 일을 하고 그 일이 회원국들과 어떻게 관련되어 있는지를 파악해야 할 것이다. 이 글에서는 유엔 및 산하 조직들을 중심으로 환경 관련 국제기구를 간략히 소개한다.

유엔은 회원국의 수, 다루는 의제, 조직의 규모 등 거의 모든 면에서 가장 대표적인 정부 간 기구이며 따라서 환경 관련 국제기구를 소개할 때 당연히 가장 먼저 언급되어야 하는 기구이다. 유엔은 안전보장이사회, 총회,

경제사회이사회, 사무국, 국제사법재판소, 그리고 신탁통치이사회 등 6개의 주요 조직들로 구성되어 있으며 각 주요 조직 밑에는 다양한 부속기관들이 있다. 환경과 관련해서는 우선 이 주요 조직 중 총회를 언급하지 않을 수 없다.

총회는 6개의 주요 조직 중 유일하게 전체 회원국들이 모두 참여하는 토론의 장이다. 모든 회원국이 동등하게 1표씩을 가지기 때문에 개도국들의 참여가 비교적 활발하고 G-77과 같이 연합을 형성하는 경우도 있다. 총회는 3장에서 언급되었듯이 스톡홀름회의를 시작으로 해서 2012년의 Rio+20까지 총 네 개의 큰 세계 환경회의를 개최하였다. 이 회의들은 시기마다 가장 중요했던 글로벌 환경 아젠다를 소개하고 이에 대한 여론과 의식 수준을 제고하고 해결책 모색을 위한 토론을 주도하는 역할을 하였다. 이 회의들은 2주간의 회의 자체로만 끝난 것이 아니라 구체적인 조약의 체결로 이어지기도 하였는데 대표적으로는 1992년의 리우회의에서 만들어진 유엔 기후변화기본협약을 들 수 있다. 또한, 총회는 환경문제에 있어서 유엔의 핵심 기관이라고 할 수 있는 유엔 환경계획(UNEP: United Nations Environmental Program), 지구환경기금(Global Environmental Facility), 지속가능개발위원회(CSD: Commission on Sustainable Development)를 창설하는 데 큰 역할을 하였다.

유엔 환경계획(UNEP)은 1972년 스톡홀름회의를 계기로 유엔 내에서 환경을 전문적으로 담당하는 조직으로서 총회 산하 기구로 창설되었다. 시작 당시에는 규모 면에서 타 조직에 비해 현저하게 약세였고 본부도 제네바나 뉴욕 혹은 비엔나가 아닌 케냐의 나이로비에 설립되었다. UNEP는 유엔 조직 중 최초로 본부를 개도국에 둔 조직으로서 의미가 있지만 사실 그 의미보다는 시작부터 유엔에서 주목을 받지 못했던 주변 조직이었다는 의미가 더 크다. 그나마 이 조직이 유엔의 정식 기구로서 역할을 할 수 있었던 것은 초대와 2대 사무국장이었던 스트롱(Maurice Strong)과 톨바

(Mostafa Tolba) 덕분이었다. 스트롱은 스톡홀름회의의 사무총장이었으며 이 조직을 만드는 데 가장 중요한 역할을 한 인물이었으며 톨바는 17년간 사무국장직을 수행하면서 유엔 내에서 이 조직의 위상을 정립하는 데 큰 기여를 하였다.

2019년 12월 31일 현재 UNEP의 예산은 7억 9,300만 달러 정도이며 주요 공여국은 네덜란드, 독일, 프랑스, 미국 등 선진국들이다.[3] 표 7.1은 유엔 조직들의 예산 지출 규모를 순서대로 나열한 것인데 UNEP는 순위상으로는 중간 정도에 있다. UNEP의 기능은 무엇보다도 환경 아젠다를 제안하고 이를 공론화하여 결국 조약이 만들어지도록 하는 일이다. 앞서 제3장에서도 언급하였듯이 국제환경조약들은 UNEP이 주도하여 만들었던 것들과 그렇지 않은 것들로 크게 나눌 수 있다. 전자의 경우 오존층 보호를 위한 비엔나협약(1985), 몬트리올의정서(1987), 유해 폐기물의 국가 간 이동 및 처리의 규제에 관한 바젤협약(1989) 등이 있다. 또한, UNEP는 환경 정보를 수집하고 전파하는 역할을 하였으며 이를 위해 글로벌 환경 감시 시스템(GEMS: Global Environmental Monitoring System)을 창설하여 위성, 지구 그리고 해양에서 관측되는 다양한 정보를 종합하고 체계적으로 관리해왔으며 글로벌 자원 정보 데이터베이스(Global Resource Information Database)를 만들어 세계 각 지역의 정보를 취합하는 역할을 하였다.

톨바는 그가 사무국장으로 있는 동안 여러 조약의 형성과정에 직접 개입하여 조약이 성사될 수 있도록 중재하고 조약이 원래의 목적을 달성할 수 있는 방향으로 체결되도록 노력했다. 이 과정에서는 그는 종종 개도국의 입장을 옹호하였고 이것이 선진국들과의 마찰을 유발하기도 하였다. 1989년 바젤협약은 그 자체로서 개도국의 환경보호를 위한 아젠다를 제기한 것이었고 조약문 협상 과정에서 비록 관철되지는 못했지만, 톨바는 개도국의 관점을 대변하는 제안을 하였다.[4] 이후에도 UNEP을 둘러싸고 개도국과 선진국의 견해 차이는 계속되었고 1997년에는 미국, 영국, 스페인이 나이로비의

표 7.1 유엔 조직들의 예산 지출 규모 (2018년)

조직 약어	조직	지출액 (USD)
DPKO	평화유지부	7,987,831,961
WFP	세계식량계획	6,789,054,399
UN	유엔	6,236,300,357
UNICEF	유엔아동기금	5,918,587,378
UNHCR	유엔난민기구	4,063,979,955
WHO	세계보건기구	2,500,048,502
IOM	국제이주기구	1,841,571,956
FAO	유엔식량농업기구	1,454,768,694
PAHO	범미주보건기구	1,299,479,539
UNRWA	유엔팔레스타인 난민구호사업기구	1,190,222,772
UNFPA	유엔인구기금	1,086,021,580
UNOPS	유엔프로젝트조달기구	923,666,350
UNESCO	유네스코	682,012,889
IAEA	국제원자력기구	641,027,397
ILO	국제노동기구	624,826,077
UNEP	유엔 환경계획	558,532,206
UNWOMEN	유엔여성기구	380,260,000
WIPO	세계지식재산권기구	355,663,225
UNODC	유엔마약범죄사무소	332,270,000
UNIDO	유엔산업개발기구	279,463,696
WTO	세계무역기구	263,483,283
ICAO	국제민간항공기구	229,964,201
UNITAID	국제의약품구매기구	216,329,000
IFAD	국제농업개발기금	193,082,000
ITU	국제전기통신연합	186,793,313

계속 ▶▶

조직 약어	조직	지출액 (USD)
UN-HABITAT	유엔인간주거계획	185,747,457
UNAIDS	유엔에이즈합동계획	184,336,897
ICC	국제형사재판소	176,976,518
CTBTO	포괄적핵실험금지조약기구	127,564,070
ITC	국제무역센터	98,687,491
WMO	세계기상기구	96,634,245
UNFCCC	유엔 기후변화기본협약	91,157,673
UNU	유엔대학	90,538,190
OPCW	화학무기금지기구	84,194,436
UPU	만국우편연합	75,172,438
IMO	국제해사기구	63,760,456
UNCDF	유엔자본개발기금	60,853,361
IARC	국제암연구기관	46,483,338
UNITAR	유엔훈련조사연구소	28,584,000
UNWTO	세계관광기구	21,123,148
UNSSC	유엔시스템스탭칼리지	9,741,572
UNRISD	유엔사회개발연구소	2,207,230

출처: https://unsceb.org/content/FS-F00-03?gyear=2018

UNEP 사무국 외교관들이 지나치게 개도국의 이익을 대변하며 정책결정을 주도하는 것을 항의하여, 이를 시정하고 정책결정에서 각국 환경 장관의 역할을 강화하는 방향으로 개혁하지 않으면 그들의 공여금을 철회하겠다고 위협하기도 하였다.[5]

UNEP의 활동과 역할도 1990년대 이후 계속 축소되어 왔다. 유엔총회는 1990년대 초 지속가능발전이 화두가 되면서 리우회의에서 결의된 아젠다 21을 구체적인 실행을 UNEP에 맡기지 않고 별도의 조직을 만들어 전담하도록 했는데 그것이 바로 지속가능개발위원회(CSD)였다. 이 CSD의 창설로 인해 UNEP는 원래의 역할과 기능에 집중할 수 있었던 반면 이러한 일련의 상황 전개 자체가 UNEP의 역할 축소를 의미하는 것이기도 하다. CSD는 아젠다 21의 구체적 실행을 위해 지속가능발전과 직접적으로 관련 있는 이슈들을 제안하고 이를 토론하기 위한 포럼을 제공하는 역할을 하였다. 또한, 각국이 아젠다 21을 어떻게 실천하는지를 모니터하고 평가하는 역할도 수행하였다. CSD는 뉴욕시에 본부를 두고 있으며 유엔의 53개국 대표들로 구성되어 있었으며 1,000여 개가 넘는 비정부조직들이 참여하였다. 그러나 CSD는 UNEP이 출범할 때보다 더 열악한 조건이었다. 본부가 미국 뉴욕시에 있다는 점만 다를 뿐 실권도 없고 예산도 부족하여 사실상 유엔과 개별 국가의 정부들, 비정부단체들, 각종 옹호 집단들 등 아젠다 21의 세부 목표들의 실행과 관련된 행위자들 간의 파트너십을 위한 자리를 마련하는 정도의 역할을 주로 하였다.

이상에서 살펴본 바와 같이 유엔은 지구환경정치의 역사에서 큰 부분을 차지한다. 총회는 기념비적인 회의를 여러 차례 조직하였으며 유엔의 환경 관련 구심점이라고 할 수 있는 UNEP는 선도적으로 지구환경의 시급한 아젠다를 제시하여 많은 중요한 조약들이 성공적으로 체결되는 데 큰 역할을 하였다. 그러나 시간이 지나갈수록 지구환경정치에서 이들의 역할이 점차 줄어들고 있는 것은 사실이다. 아마도 이것은 이 기관들 자체의 문제가 아니라 유엔이 주도했던 환경회의들이 1992년 이후 성과를 내지 못하고 쇠락해 왔던 것에 근본적인 원인이 있는 것이다. 앞서 3장에서 살펴보았듯이 리우회의라는 두 번째의 분수령을 지나고 나서 국제환경정치는 내리막길을 걷게 되었고 국가 간 환경협력은 더욱 어렵게 되었으며 조약이 성공적으로 체결되는 경우도 점차 줄어들게 되었다. 따라서 조약 형성을 위해 아젠다를 제시하고 여론을 형성하며 조약의 성공적 체결을 위해 중개하고 조정하는 유엔의 역할 역시 축소되게 되었다.

3. 환경비정부단체 및 환경운동

환경비정부단체와 환경운동은 정부, 즉 국가라는 공적인 정책집행자의 정반대에 위치한 사적 행위자로서 이들이 속한 공간을 주로 시민사회라고 한다. 시민사회는 자발성(volunteerism)과 자율성(autonomy)에 기초한 개인과 집단이 자유롭게 자신의 이익과 가치를 추구하는 영역이다. 시민사회는 일반적으로 민주주의가 아닌 정치체제인 권위주의나 전체주의 정치체제 하에서는 존재하기 어렵다. 그러나 민주주의체제라고 해서 모두 국가로부터 충분히 자율적인 시민사회가 존재하는 것은 아니다. 시민사회의 자율성과 자발성 그리고 그로 인한 상향식 정치과정은 민주화가 되고 민주주의적 제도가 작동되면 저절로 주어지는 것이 아니라 민주주의의 오랜 경험과 시행착오를 통해 시민들이 스스로 만드는 것이다. 이 과정에서 정치 문화, 제도, 그리고 경제적 요인 등이 변수로 작용하기도 한다.

환경보호는 서구에서 시민사회가 국가에 대해 자율성을 가지고 성장하는 과정에서 큰 역할을 할 이슈 중 하나였다. 앞서 제3장에서 설명했듯이 서구 선진국들이 산업화를 먼저 시작했고 따라서 그 과정에서 환경이 파괴되는 개발의 부작용도 여타 지역보다 먼저 일어났으며 그에 대한 시민들의 문제 제기와 정부의 대응 역시 서구에서 먼저 발생하였다. 이러한 문제 제기는 환경단체의 창설로 이어졌고 이들 중 일부는 이후 국제적인 환경단체로 성장하였다. 이들의 역할은 환경정책에 있어서 정부를 감시하고 환경과 관련된 시민사회의 이해와 요구가 정부정책에 반영되도록 하는 것이다. 이를 위해서 이들은 환경 운동과 캠페인을 조직하고 이러한 조직적 활동을 위한 모금운동 역시 전개한다. 또한, 여론 조성 및 의식 제고를 위해 미디어를 적극적으로 활용하기도 하며 자체적으로 연구조사 활동을 전개하고 과학적 정보를 공유하기도 한다. 즉 환경단체들이 점차로 이념과 정체성뿐 아니라 전문성을 갖추는 방향으로 발전되어 왔다. 그리고 이러한 활동 과정에서

환경과 관련이 있는 다른 이슈인 도시 빈곤, 젠더, 인권 등의 문제를 다루는
조직들과 연대하기도 하며 시민사회의 여타 조직들과 — 예를 들어, 종교
집단, 기업, 교육 기관, 문화 조직 등 — 협력하기도 한다. 그리고 이들은 정
부와 대립만 하는 것이 아니라 때로는 정부정책을 지원하기도 하며 입법과
정에 직간접적으로 참여하기도 한다.

　환경운동 및 환경단체의 활동은 한 국가 내에서 전개되기도 하지만 국가
를 넘어서기도 한다. 이 장의 서두에서 언급했듯이 이러한 현상을 초국적이
라는 용어로 표현한다. 한 국가 안에서 환경운동과 환경비정부조직들의 활
동이 시민사회의 영역에서 전개된다고 할 때, 만약 이러한 활동들이 초국적
으로 전개될 때 우리는 글로벌 시민사회라는 개념을 자연스럽게 상상해 볼
수 있을 것이다. 실제로 선진국의 환경단체들이 점차로 국제화되고 이들의
활동이 전 세계적으로 영향력을 행사하게 되면서 이들의 활동을 세계 시민
정치의 하나로 분석해야 한다는 학문적 주장이 생겨나기 시작했다. 예를 들
어, 그린피스, 지구의 벗, 그리고 세계자연기금 등과 같은 글로벌 환경비정
부단체들의 활동은 국경을 넘어 각 국의 시민사회를 연결하고 같은 문제의
식과 시각 그리고 정보를 공유하며 연대를 모색하여 조직의 권력과 영향력
을 증대해왔다. 만약 이들의 연결이 더욱 강화되면 글로벌 차원에서 시민사
회들이 점차로 통합되는 과정을 예견해 볼 수 있을 것이다. 이렇게 글로벌
시민사회가 형성되면 도표 7.1에서 보는 바와 같이 여전히 분절적인 주권
국가체제하에서 정부들은 분절화되어 있지만, 시민사회는 통합된 국제정치
의 구조를 상상해 볼 수 있을 것이다.[6]

　물론 이러한 대규모의 글로벌 환경비정부단체들은 시민사회 차원에서뿐
아니라 국제환경레짐 차원에서도 영향력을 행사한다. 앞서 보았듯이 1972
년의 스톡홀름회의는 국가들 중심이었지만 1992년 리우회의에서는 비정부
단체들이 대거 참여하였고 이후 국제환경협약이나 회의에서 비정부단체들
의 참여와 적극적인 역할은 당연시되었다. 그러나 이러한 국제환경협력에

글로벌 시민사회

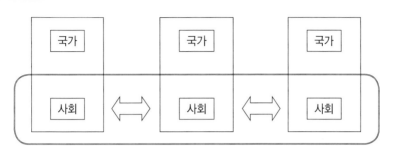

글로벌 시민사회

서 비정부단체의 역할은 어디까지나 보조적이었다. 왜냐하면, 오직 주권국
가만이 국가를 대표하여 책임 있는 결정을 내릴 수 있고 그 결정을 집행할
권한이 있기 때문이다. 그러나 이와는 달리 시민사회 차원에서 환경비정부
단체는 국가에 앞서 아젠다를 찾아내고 이를 쟁점화하며 압력을 행사하여
정부가 이에 관한 적절한 정책적 대응을 하게 하여 사실상 환경정치를 주도
한다. 더군다나 이들의 활동과 연대는 물질적 이익뿐 아니라 사회적 신뢰에
기반을 둔 경우가 많으므로 더욱 큰 권력과 영향력을 행사한다.

　1990년대와 2000년대에는 이러한 글로벌 시민사회에 대한 사회적, 정
치적, 학문적 기대가 점차로 커졌으나 실제로는 기대에 미칠 정도로 성장한
것은 아니었다. 그 이유로서 다음의 몇 가지 요인을 생각해 볼 수 있을 것이
다. 첫째, 각국의 시민사회가 연대를 해도 결국 구체적인 정책이 만들어지
고 집행되는 영역은 주권국가이기 때문에 이들의 활동은 법적 책임성을 수
반할 수 없는 한계가 있다는 점이다. 둘째, 각국의 시민사회는 각국의 국가
로부터의 자율성의 정도가 다르므로 초국적 시민사회 연대가 쉽지 않은 경
우가 많을 것이다. 앞서 지적한 대로 민주주의 국가라고 해서 무조건 시민
사회의 자율성과 자발성이 보장되는 것은 아니다. 시민사회가 자율적이지
못한 경우 국가와 시민사회 간의 구분이 모호해지는 일도 있다. 즉 민주주

의에서도 국가가 시민사회에 침투하여 시민성을 왜곡하고 국가가 원하는 방향으로 사회를 변질시키기도 한다. 셋째, 국가 간 혹은 지역 간의 문화적, 정치적 차이가 시민사회 간의 연대를 방해하기도 한다. 시 셰퍼드 보존사회 (Sea Shepherd Conservation Society)는 멸종위기에 놓인 고래 등 해양생물 보호를 위한 유명한 환경단체인데 이 단체는 일본에서는 고래 문제로 인해 적대적인 조직으로 간주된다. 넷째, 환경 비정부단체들은 크게 선진국의 단체(Northern NGOs)와 개도국의 단체(Southern NGOs)로 나뉘는데 이들 간에는 정부 간 관계와 마찬가지로 긴장이 존재한다. 다섯째, 선진국의 환경단체가 개도국 정부에 의해 활동의 제약을 받고 개도국의 현지 단체와의 연대가 어려워지는 경우도 있다. 세계자연기금(WWF)의 인도네시아 지부는 인도네시아에서 원래 허용되었던 범위를 넘어서는 활동을 했다는 이유로 인도네시아정부로부터 허가 취소 통보를 받기도 하였다.[7]

그러나 비록 기대한 만큼은 아니지만 글로벌 환경단체들은 다양한 방식으로 초국적인 옹호 네트워크(transnational advocacy network)의 구축을 시도해 왔고 그중 일부는 매우 효과적으로 국가에 대응해 왔다. 이들이 성공적이었던 이유는 비정부단체들이 단순히 그들 간의 연대에 그치지 않고 자국 정부를 이용하여 타국 정부에 압력을 넣는 방식으로 네트워크를 활용하기 때문이다. 이를 부메랑 패턴(boomerang pattern)이라고 한다. 도표 7.2에서 보는 바와 같이 A국 환경단체가 자국 정부와의 상호작용 채널이 폐쇄되어 정보가 제한되고 자신의 이해와 요구를 정부의 정책 과정에 전달하지 못하게 되면, 이 단체와 연대한 B국의 환경단체가 자국 정부 혹은 국제기구와 연계하여 이들 행위자로 하여금 A국의 정부에게 압력을 넣어 A국 환경단체의 이해와 요구를 관철하는 것이다.[8]

이러한 패턴은 실제로 환경, 인권 등의 이슈 영역에서 많이 발견되는데 대부분은 A국이 개도국이며 B국이 선진국일 가능성이 크다. 즉 이 패턴은 A국과 B국의 환경비정부단체들이 정부로부터의 자율성, 예산, 인력 등 규

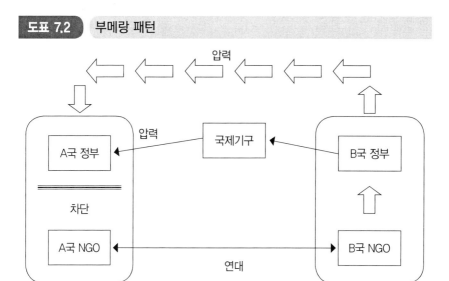

도표 7.2　부메랑 패턴

출처: Keck and Sikkink (1998), p. 13 Figure 1을 바탕으로 함.

모와 영향력, 그리고 전문성 등의 측면에서 동질적이지 않음을 전제로 한다
는 점에서 글로벌 시민사회 개념보다 훨씬 현실적이다. 그런데 부메랑 패턴
의 사례는 현실에서 자주 발견되지는 않는다. 위 인도네시아 사례에서 보듯
이 개도국 정부와 서구 환경비정부단체와의 관계가 좋지 않은 경우가 많으
며 그 상황에서 서구 선진국 정부가 개도국 정부에 압력을 넣는 일은 실제로
는 자주 있는 일은 아니다. 그린피스의 경우 전 세계 여러 나라와 지역에 사
무실이 있다. 중국에는 북경과 홍콩에 있는데 그린피스 북경사무소에서 환
경문제를 가지고 중국정부를 비판하는 것 자체도 힘들지만 그런 상황에서
그린피스 본부나 서구국가들이 나서는 일도 흔치 않을 것이다.

　부메랑 패턴 그리고 일반적인 선진국 비정부단체와 개도국 비정부단체
간의 연대가 효과성을 발휘하기 힘든 이유는 여러 가지가 있을 것이다. 일
단 중국의 경우 이미 더이상 개도국이라고 할 수 없을 정도로 국제정치적
측면에서 강대국이 되었다. 따라서 부메랑 패턴으로 타국 정부가 중국정부

에 압력을 넣는 것은 쉬운 일이 아닐 것이다. 또한, 중국은 권위주의 정치체제를 유지하고 있으므로 국내에 수많은 크고 작은 환경 비정부단체들이 있지만, 이들의 영향력은 서구 선진국에 비해 아직 미비하며 특히 정치적으로 민감한 문제에 대해서는 다루지 못한다. 따라서 서구 비정부단체와의 연대가 쉽지 않다. 인도네시아의 경우 최소한 절차적으로는 민주주의 정치체제이다. 경쟁적인 정당체제가 있으며 대통령 선거와 의회 선거가 정규적으로 열리고 있다. 그러나 사실상 정치와 경제는 기득권층들이 장악하고 있으며 이들의 이익 중심으로 정치가 전개된다. 인도네시아에 진출한 서구 및 타국의 환경비정부단체들은 주로 수마트라와 칼라만탄의 이탄지(feat land)의 화재로 인해 발생하는 연무 문제에 관심을 가지고 이와 관련된 동남아 국가 간의 협력 방안의 모색에 집중해 왔다. 그러나 이 단체들이 위성을 통해 허가지(concession)의 지도를 작성하고 이탄지의 화재를 실시간으로 감시하는 노력은 이탄지를 소유하고 팜 산업을 지배하는 기득권층의 이해관계와 상충하게 되기 때문에 정부와 갈등관계에 놓일 수밖에 없다. 따라서 일단 서구 환경 비정부단체들의 활동 자체에 제약이 있으며 이들과 현지 단체와 연대도 쉽지 않다.

한 국가 내에서 환경운동이나 환경 비정부단체들의 활동은 그 국가의 정치체제의 성격, 국가-시민사회의 관계, 중앙-지방관계, 정책집행 과정 등에 영향을 받는다. 만약 법의 지배(rule of law)가 충분히 통용되고 보장되는 사회라면 환경단체들은 그들의 주장을 관철하기 위해 법적 대응에 주력해야 할 것이다. 반대로 권위주의 국가에서 환경운동과 환경단체들의 활동은 주로 반정부투쟁의 성격을 띠게 되고 반정부활동과 환경운동이 상호 보완적인 역할을 하기도 한다. 만약 정부가 환경과 관련된 정보를 독점하고 있고 이를 바탕으로 여론을 호도하고 있다면 환경운동과 환경단체의 활동은 정확한 과학적 정보를 대중에게 전달하고 이를 공론화하는 것이 될 것이며 그것을 위한 능력, 즉 전문성을 갖추는 것이 중요할 것이다.

비록 서구의 환경단체들이 글로벌화되어 세계적으로 명망 있는 단체로 발전하였지만, 이들은 여전히 각국의 조건에 맞는 활동을 전개하고 있고 이는 주로 각국에 설립된 지부(chapter)들이 맡고 있다. 예를 들어, 지구의 벗 홈페이지에는 최근의 승리(victories) 기록들이 소개되어 있는데 모두 이 조직의 각국 지부들이 현지에서 이룩한 성과들이다.[9]

이것이 의미하는 것은 "생각은 글로벌하게 하되 실천은 지역에서 하라 (Think globally, act locally)"는 것이다. 즉 환경단체들이 글로벌화되고 거대해졌음에도 불구하고 실제 그들이 문제를 해결하고 법과 제도를 바꾸는 것은 지역, 개별 국가 및 국가 이하 단위의 지역에서 진행되는 것이 바람직하다는 것이다. 이러한 지구환경정치의 글로컬 속성은 향후 더욱 강조될 것이다. 국가들은 그들이 공유하는 글로벌 차원의 환경정의와 가치 그리고 신념을 공동으로 추구하지만, 그 실제 실천은 자국의 실정에 맞게 각자 알아서 추진할 수밖에 없는 것이 오늘날 지구환경정치의 현실이다. 따라서 향후 지구환경정치에서 환경단체 및 운동의 역할은 그들이 이 글로컬 속성에 얼마나 충실하냐에 달려있다.

4. 기업과 기업 네트워크

일반적으로 기업은 환경보호보다는 환경파괴에 주력하는 행위자라고 할 수 있다. 기업은 지구의 자원을 개발하여 상품을 생산·판매하고 이 과정에서 공해와 폐기물을 유발한다. 또한, 기업의 이익을 위해 반환경적인 법안을 위해 로비하기도 하며 반대로 친환경적인 법안이나 정책결정을 방해하는 여론을 조성하기도 한다. 그러나 1970년대부터 유엔을 중심으로 전 세계적으로 환경이슈가 점차로 부각되고 환경문제의 심각성에 대한 자각이 광범위하게 확산되면서 기업도 환경보호를 위한 전 지구적 노력에 동참하게 되었다. 대체로 1980년대 말이 되면 서구 선진국 기업들 특히 대규모 다국적 기업들은 환경 기금 설립, 친환경적 기업 운영 계획 수립, 환경 캠페인 주관 및 후원 등 환경보호를 위한 다양한 활동을 전개하게 된다.

환경운동이나 환경비정부단체의 활동처럼 기업의 환경보호활동도 자발성에 기초하고 있다. 즉 정부의 법이나 정책에 따르는 것이 아니라 기업이 스스로 자율규제(industry self-regulation)를 하는 방식으로 환경보호를 실천하는 것이다. 그러나 기업의 환경보호 활동은 일반적인 다른 행위자들에 비해 다소 전략적이다. 환경을 보호해야 한다는 글로벌 차원의 캠페인에 대한 그들의 가장 흔한 대응은 회피전략이다. 그러나 때로는 강력히 반대하고 친기업적인 입법을 로비하는 등 보다 공격적이고 적극적으로 반대하고 방해하기도 한다. 또한, 형식적 겉치레로서 공식적 논의에 적극적으로 참여하는 전략 취할 수도 있으며, 반대로 효율성을 높이기 위해 환경기준을 국제적으로 통일하려는 전략을 취하기도 한다.[10]

이러한 전략들이 모두 일단 기업의 이익에 기반을 두고 있다고 말한다면 안전할 것이다. 잘 알려진 예로서 1980년대에 미국의 화학회사인 듀폰(Depont)은 오존층 파괴의 원인으로 지목되었던 염불화탄소(CFCs: chlorofluorocarbons)를 생산하고 있었는데, 1985년 비엔나협약 이후 이러한 오존층 파괴 물질들이 강력히 규제될 것에 대비하여 자체적으로 대체물질 개발을 선도하고 있었고, 대체물질이 개발되자 시장에서의 우위를 기대하며 1986년부터는 염불화탄소 등 오존층 파괴 물질의 생산 및 거래를 강력하게 규제하는 입장으로 전환하였다. 이러한 듀폰의 노력은 1987년 몬트리올의 정서가 체결되는 데 중요한 역할을 했다. 그러나 기업들이 항상 이렇게 이윤 추구를 목적으로 국제환경협력에 동참하는 것은 아니다. 기업은 적어도 서구 선진국들에서는 소비자들의 친환경의식이 높아져 기업의 이미지 제고 측면에서도 더이상 환경을 외면할 수 없는 상황에 와 있음을 자각하게 되었다. 다만 기업들은 개별적으로 지구환경정치에 참여하여 환경보호를 실천하는 것보다는 대표 조직을 통해 집단적으로 참여하는 것을 선호하였다.

이러한 배경하에서 1991년에는 1년 뒤에 개최될 리우회의에 대비하여 전 세계 48개 기업 대표들이 참여하여 지속가능발전기업협의회(Business Council for Sustainable Development)가 창설되었다. 이 위원회는 1995년에 국제상공회의소(International Chamber of Commerce)와 통합되어 세계지속가능발전기업위원회(WBCSD: World Business Council for Sustainable Development)로 바뀌었다. WBCSD에는 현재 약 200여 개의 기업이 참여하고 있으며 지속가능발전의 세부 사항들의 실천을 위한 다양한 프로젝트들을 진행해 왔다. 구체적으로는 순환경제(circular economy)와 자원 재활용, 기후변화 및 에너지, 도시/교통, 음식물과 농업 등의 분야에 집중하고 있으며 각 분야에서 기업들이 참여하여 환경보호를 위한 기술혁신의 가능성을 탐색한다.[11]

위에서 본 것과 같이 국가들은 국제환경조약이나 국제환경회의를 통해 서로 만나고 연대한다. 또한, 각국의 환경비정부단체는 시민사회 영역에서 국경을 넘어서 만나고 다양한 형태의 연대를 모색한다. 그러나 기업의 경우 이런 직접적인 연대나 협력을 모색하는 경우는 드물다. 기업은 환경기준이나 규범 혹은 가치를 공유하는데 이는 그들이 글로벌 시장에서 친환경적인 이미지를 제고하고 이를 통해 시장에서의 이익을 기대하기 위해 추진하는 전략적 제휴라고 할 수 있다. 즉 기업들 스스로가 환경보호를 위한 그들의 활동을 체계화하는 일종의 매뉴얼을 만들고 이러한 기준 및 이를 소비자에게 알리는 형식을 표준화하여 활동의 수월성을 제고하고 환경에의 헌신을 강조한다. 이 예로서는 환경 관련 인증제도인 ISO 14001, 그리고 기업의 사회적 책임(CSR: Corporate Social Responsibility) 활동 등이 있다.

ISO 14001은 환경관리시스템에 관한 가이드라인을 표준화한 것이다. 이 표준화는 국제표준화기구(ISO: International Organization for Standardization)에서 각국에서 실행되는 기준들을 취합하여 만든 것인데 기업이 작업장 내에서 환경관리시스템을 구축하는 데 필요한 세부 가이드라인을 담고 있다. 기업들이 표준을 채택하면 일정한 검증 절차를 통과하고 난 후 인증을 받게 되는데 이 인증은 해당 기업이 ISO 14001의 환경관리시스템 기준을 갖추고 있음을 증명해 주는 것이고 그럼으로써 기업은 시장에서 소비자들에게 녹색 이미지를 가지게 되는 장점이 있다. 더군다나 이 인증은 ISO의 국제표준에 의한 인증이므로 비교적 신뢰성을 가질 수 있다.

모든 인증제도가 그렇듯이 ISO 14001도 자발성에 기초하고 있다. 즉 기업이 이 인증을 받을 것인지는 각자 선택하는 것이다. 만약 기업이 이 인증을 받는다면 폐기물 및 에너지 소비 최소화에 의한 비용 절감, 환경 사고의 사전예방 및 최소화, 환경 법규 준수, 환경성과의 지속적 개선을 통한 환경문제점 해결, 국제적 신뢰 획득을 통한 대외 무역장벽 극복, 그리고 친환경 녹색기업으로의 이미지 개선 등의 효과를 기대할 수 있을 것이다.[12] 이에 비해 기업이 인증을 받음으로써 내야 할 비용은 많지 않다. ISO 14001이 기업에 요구하는 유일한 의무 사항은 세부 표준에 맞추어 기업의 환경관리시스템을 구축하고 그것을 정규적으로 인증을 관리하는 기관에 보고하는 것이다.

ISO 14001은 1996년에 시작된 이후 전 세계적으로 인증 수가 꾸준히 늘어났다. 표 7.2에서 보는 바와 같이 2015년 현재 전 세계 총 인증 수는 약 30만 개이며 그 중 중국이 13만 6,000여 개를 기록하고 있다. 2007년까지만 해도 전 세계에서 인증 수가 가장 많았던 국가는 일본(2만 1,779개)이었으며 중국은 2위로서 1만 8,979개를 기록하였다. 그러나 그 후 중국에서 인증 수가 급격히 늘어났고 2위와 압도적인 차이를 유지하고 있다. 또한, 한중일 3국의 합은 전 세계 인증 수의 약 52.6%를 차지한다. 이는 수출의 존도가 높은 동북아시아 국가들이 특히 이 인증을 선호하며 이것이 유럽 및 북미 수출 시장 공략에서 매우 유리하게 작용함을 말해준다. 이러한 의미에서 ISO 14001은 다국적기업들의 해외시장진출 전략의 맥락에서 분석되기도 한다. 사실 2000년대 초반부터 서유럽 국가들을 중심으로 환경 이슈가

표 7.2 ISO 14001 상위 25개국 현황 (2015년)

순위 및 국가	인증 수	순위 및 국가	인증 수
1. 중국	136,715	14. 태국	3,032
2. 일본	19,131	15. 폴란드	2,921
3. 이탈리아	15,118	16. 브라질	2,871
4. 스페인	12,198	17. 콜롬비아	2,794
5. 영국	11,201	18. 터키	2,521
6. 독일	8,028	19. 헝가리	2,391
7. 인도	7,374	20. 대만	2,236
8. 프랑스	6,084	21. 스위스	2,192
9. 한국	5,777	22. 네덜란드	2,181
10. 루마니아	4,553	23. 말레이시아	2,137
11. 체코 공화국	4,266	24. 호주	2,019
12. 미국	3,913	25. 불가리아	1,946
13. 스웨덴	3,598	2015년 전 세계 총합	307,059

출처: https://www.qproaustralia.com.au/uploads/2/9/5/6/2956092/iso_certification_statistics_-_2018.pdf

무역장벽으로 작용하는 사례가 꾸준히 늘어났고 이러한 경향이 점차로 강화됨에 따라 비 서유럽의 수출 기업들은 이들의 환경기준을 맞추어야 했는데 ISO 14001 인증 획득이 가장 확실한 방법이었다.

ISO 14001은 기업들이 실질적으로 어느 정도로 환경에 헌신하느냐보다는 절차와 기준을 충족시켰는지에 집중하므로 기업들이 형식적인 노력을 정당화하는(green washing) 역할을 한다고 비판받기도 한다. 또한, 인증 절차를 각국에서 지정된 기관이 수행하는데 대체로 국가가 이 기관을 지정하기 때문에 제3자 인증의 투명성 문제가 제기되기도 한다. 그러나 ISO 14001은 기업이 환경문제와 연결될 수 있는 통로 역할을 했다는 면에서 긍정적으로 평가될 수 있다. 사실 기업은 환경보호를 실천하기 어려운 행위자이기 때문에 체계적으로 환경보호에 참여할 수 있는 통로가 중요하다. 더군다나 이 통로는 시장에서의 유인을 바탕으로 한 것이기 때문에 더욱 기업들이 선호한다.

유인에 바탕을 둔 또 다른 기제로서는 기업의 사회적 책임(CSR)이 있다. 기업의 사회적 책임은 기업이 이윤 추구에만 집중하는 것이 아니라 사회를 위해 책임 의식을 가지고 기여하는 활동을 의미한다. CSR에 대한 학술 논문 중 가장 많이 인용되는 캐럴(Archie Carroll)의 연구에 의하면 CSR은 네 개의 핵심 구성 요소들이 다층적인 구조를 이루고 있다. 가장 기저에는 경제적 책임이라는 차원이 있는데 이것은 기업이 투자를 늘리고 일자리를 창출하며 세금을 내는 등 사회에 직접적인 경제적 이득을 제공하는 것을 말한다. 그 위에는 법적 책임이라는 층위가 있는데 이는 기업 활동을 하면서 법과 규칙을 철저히 준수하여 사회에 물의를 일으키지 않는 것을 의미한다. 그 위에는 윤리적 책임이 있는데 이는 법을 떠나서 도덕과 규범의 차원에서 사회에 악영향을 미치는 기업 경영을 하지 않으며 사회를 위해 올바른 행동을 하는 것을 의미한다. 마지막으로 피라미드의 맨 꼭대기에는 자선적 책임이 있는데 이는 기업 이윤 일부를 지역 공동체를 위해 할당하여 지역이 발전할 수 있는 자원으로써 활용하게 하는 것이다 (도표 7.3). 즉 CSR을 한마디로 정의하자면 기업의 합법적 이윤 추구 행위 자체가 경제적으로 사회에 보탬을 준다는 의미에서 경제적, 법적 차원에서 기본적인 CSR이 가능한데 그것은 기본 토대에 불과하며 보다 진정한 의미의 CSR은 법을 떠나서 도덕적인 자발성에 기초하여 직접적인 기여 행위를 하는 것이다.[13]

기업 특히 다국적기업이 CSR활동에 있어서 가장 대표적으로 역점을 두는 분야가 환경보호이다. 그 이유는 기업은 생산 활동이나 판매 혹은 유통활동 과정에서 자원을 필요 이상으로 소모하고 공해를 유발하며 폐기물을 배출하는 등 환경을 파괴하므로 이를 스스로 책임을 진다는 의미가 있기 때문

도표 7.3   캐럴의 CSR 피라미드

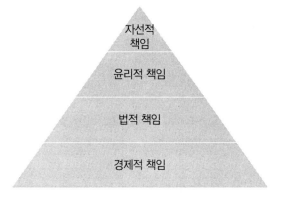

이다. 또한, ISO 14001과 같이 CSR도 자발성에 기초하면서 소비자로부터 좋은 평판을 얻어 시장에서의 이익을 기대하는 유인 기반 기제이기도 하다. 실제 CSR은 기업의 이미지 제고와 실적 증가에 큰 영향을 미치기 때문에 대기업 혹은 다국적기업은 체계적으로 CSR활동을 전개한다.

중요한 점은 이 활동 역시 일정한 표준이 되는 가이드라인이 있다는 점이다. 즉 기업들이 각자 자기가 하고 싶은 사회공헌활동을 하는 것이 아니라 글로벌 차원에서 어떤 활동을 어떤 환경기준에 맞추어 구체적으로 어떻게 진행할 것인가에 대한 가이드라인을 표준화했다. 더 정확히 말하자면 이러한 활동을 각 기업이 보고하는 방식을 표준화한 것이다. 이 방식의 예로서는 ISO 26000, 유엔의 글로벌 컴팩트, 그리고 글로벌 리포팅 이니셔티브 등이 있다. 기업들은 이러한 기준 중 하나를 선택하여 그들의 사회공헌활동을 기획하고 그 실행 결과를 매년 보고서의 형태로 발간한다. 이를 통해 그들의 CSR활동을 홍보하고 소비자들 및 여타 행위자들은 그것이 글로벌 기준에 맞는 활동이었음을 확인하게 된다.

이 밖에 기업들은 기후변화에 대응하기 위해 화석연료의 사용을 줄이고 재생에너지의 사용을 늘리는 자발적인 캠페인 활동을 벌이기도 하는데 최

근의 예로서 RE100이 있다. RE100은 Renewable Energy 100%의 줄임
말로서 기업들이 필요한 전력의 100%를 재생에너지로 공급하겠다는 운동
이다. 구글이나 애플과 같은 기업들은 이미 100%를 달성했음을 선언하였
고 2020년 9월 현재 전 세계 255개 기업이 참여하고 있다.[14] 이들이 만들어
내는 재생에너지 수요는 이미 중간 규모 국가 전체에 전력을 공급하는 정도
라고 한다.

5. 지방정부 및 지방정부의 네트워크

지방정부는 1992년 리우회의에서 지속가능발전의 구체적인 실행 프로그램
인 의제 21(Agenda 21)의 지방 버전인 지방의제 21(Local Agenda 21)이
제안되면서 지구환경정치의 행위자로 등장하게 되었다. 또한, 1990년대부
터 기후변화가 지구환경정치에서 중요한 이슈로 부상하면서 지방정부는 더
욱 주목을 받게 되었다. 각국의 기후변화정책은 크게 완화정책과 적응정책
으로 나눌 수 있다. 완화는 기후변화의 원인을 찾아내어 그 원인을 제거하
는 것이다. 즉 온실가스를 감축하는 정책을 말한다. 반면 적응은 원인에 상
관없이 기후변화가 이미 진행되었음을 인정하고 변화된 조건에 적응하여
생태적, 경제적 의미에서 환경을 최적화시키는 전략을 말한다. 완화정책은
주로 주권국가가 맡아왔으나 다음 장에서 보듯이 기후변화협약은 전반적으
로 큰 성과를 보지 못했다. 반면 적응정책은 주로 지방정부가 맡아왔다. 적
응정책은 완화정책과는 달리 집합행동의 딜레마로부터 자유롭다. 즉 각 지
방정부가 자신이 처한 조건에서 기후변화로 인해 발생한 문제점들을 해결
하여 지속가능한 환경을 만드는 과정에서 다른 지방정부와 협력하지 않아
도 되고 그들이 협력하지 않을 것을 우려하지 않아도 된다. 지방정부는 글
로벌 이슈에 대한 지역의 대응(Think Globally, Act Locally)의 실행 주체

로서 기후변화뿐 아니라 글로벌 차원에서 쟁점이 되는 환경문제를 지역에서 다루어왔고 이 과정에서 네트워크를 만들기도 했다.

　지방정부는 환경비정부단체나 기업과 같은 사적 행위자가 아니지만 그렇다고 해서 주권국가나 국제기구와 같이 완전한 공적 행위자도 아니라는 특성이 있다. 이 특성은 이들의 장점이자 단점이 된다. 즉 장점은 이들이 주권국가에 비해 유연하게 행동할 수 있다는 점이고 단점은 반대로 그들의 행동과 결정이 국가의 행동이나 결정처럼 영향력을 발휘하지 못한다는 것이다. 결국, 이것은 동전의 양면과 같은 것인데 이것이 장점이 되느냐 단점이 되느냐는 지방정부가 얼마나 재정적, 정치적 자율성을 가지고 있느냐 등의 지방분권화의 정도에 달려있으며 또한 해당 국가의 시민사회가 얼마나 활성화되어있는지도 중요할 것이다. 즉 지방정부가 재정자립도가 높아 독자적으로 환경정책을 효율적으로 수행할 능력이 있으며 지방의 환경단체나 환경 시민사회가 지방정부의 환경정책에 참여하여 긍정적 효과를 내면 지방정부는 장점을 살려 환경정책을 성공적으로 수행할 수 있을 것이다.

　지방정부도 주권국가나 환경비정부단체와 마찬가지로 초국적 연대를 시도한다. 지속가능성을 위한 세계지방정부 이클레이(ICLEI-Local Governments for Sustainability)나 C40 등이 그 예이다. 최근에는 서울시가 북경시와 미세먼지 문제에 대한 공동 대응 협력을 제안하기도 하였다.[15] 이 지방정부 네트워크 역시 주권국가 간의 협력 그리고 비정부단체 간의 협력과 다르다. 지방정부 간 환경협력 네트워크는 우선 전적으로 하향식이 아니다. 중앙정부 간 환경협력과는 달리 지방정부 스스로가 자발적으로 추진하는 경우가 많기 때문이다. 그러나 그렇다고 해서 전적으로 상향식도 아니다. 왜냐하면, 어떤 나라의 지방정부든 다른 나라의 지방정부와 환경협력을 시도할 때 각각의 국가의 법적, 정치적 제약 안에서 이루어질 수밖에 없기 때문이다. 도표 7.4와 같이 지방정부 간의 환경협력 네트워크는 각국 내에서 중앙-지방관계 그리고 환경 시민단체의 활성화 여부 등에 영향을 받음과 동시에 중앙정부 간 환경협력 그리고 시민사회 수준에서도 초국적 옹호 네트워크가 이미 진전되어 있는지에도 영향을 받는다.

일반적으로 지방자치의 역사가 길고 지방정부가 중앙정부로부터 자율적일수록 지방의 조건과 특성에 맞는 환경 및 기후변화정책을 독자적으로 수립하고 실행하는 경우가 많다. 여기서 지방정부는 거의 모두 도시이다. 전세계 이산화탄소의 70% 정도가 도시에서 발생하며 마찬가지로 전 세계 에너지의 약 70%가 도시에서 소비된다. 이처럼 도시는 거의 모든 환경 관련 지표에서 그 값의 대부분을 충당한다. 북미와 서유럽의 경우 중앙정부 차원에서의 환경정책이 일찍 시작되었으며 분권화의 정도가 높으므로 도시 차원의 환경 및 기후변화정책이 활발해 시도되고 있다. 이들은 글로벌 차원에서 합의한 혹은 논의된 의제들 — 예를 들어, 온실가스 배출 절감, 일회용품 줄이기, 폐기물의 해양 투척 금지, 동식물 보호 등 — 을 지역 차원에서 법과 정책으로 만들어 실행하고 있다. 암스테르담이나 빌바오 등 유럽의 많

도표 7.4   환경협력의 세 층위

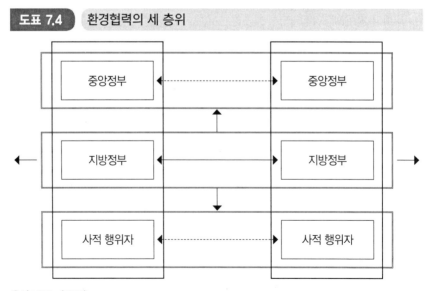

출처: Shin (2007).

은 도시는 자체적으로 순환경제체제로의 전환 전략을 수립하고 음식물 쓰레기, 플라스틱 폐기물, 건축 폐기물 등 세부 항목별로 감축(Reduce), 재사용(Reuse), 재활용(Recycle)의 3R을 실천하고 있다. 미국 북동부 10개 주는 배출권 거래시장을 만들어 화력발전소를 대상으로 총량을 제한하고 할당된 배출권을 경매하여 이익을 얻는 방식으로 온실가스 배출량을 줄이는 미국 북동부 배출권 거래시장(RGGI: Regional Greenhouse Gas Initiative)을 운영한다.[16] 또한, 미국의 트럼프 대통령이 2017년 파리기후변화협약에서 탈퇴하겠다고 선언했을 때 미국의 많은 주 정부와 시 정부에서는 오히려 반대로 파리협정을 충실히 이행해 온실가스 감축을 주도하겠다고 선언하기도 하였다.

지방정부들은 글로벌 의제를 로컬에서 실천한다는 의미에서 그 자체로서 지구환경정치의 중요한 행위자가 되지만 그들 간의 협력과 연대를 시도하기도 하여 네트워크형 행위자로 발전되기도 한다. 위에서 언급한 지속가능성을 위한 세계지방정부 이클레이의 경우 그 대표적인 예이다. 이 조직은 1990년 자치단체국제환경협의회(International Council for Local Environmental Initiatives)라는 이름으로 설립되었으며 각국 지방정부를 회원으로 하여 지속가능발전과 기후변화 등 환경문제를 위한 협력을 추진하는 단체이다. 2020년 9월 현재 전 세계 124개 국가의 1,750여 개 지방자치단체가 회원으로 가입되어 있으며 이들은 전 세계 도시 인구의 25%를 차지한다. 이 단체는 전 세계 9개 권역에 22개 사무소가 있는데 한국에도 사무소가 있다. 한국에서는 49개 지방자치단체가 회원으로 참여하고 있다.[17] C40는 전 세계 주요 거대도시들이 기후변화에 적극적으로 대응하기 위해 2005년에 설립한 단체로서 2020년 9월 현재 96개 대도시가 회원이며 이들은 전 세계 GDP의 1/4을 차지한다. 이 두 단체는 도시 차원에서 환경 및 기후변화와 관련되어 서로의 경험과 정보를 공유하고 개도국 도시를 지원하며 공동의 목표를 설정하여 실행하는 등의 활동을 전개한다.

　　이러한 글로벌 차원의 공식적인 도시 간 협력체와 달리 개별 도시들이 양자 간 협력을 시도하거나 지역에서 비교적 소규모로 다자간 협력체를 형성하는 경우도 있다. 동북아시아에서는 1990년대에 일본의 키타큐슈시와 중국의 대련시 간의 환경협력이 거의 유일한 성공적인 사례이다. 이 두 도시는 과거 제2차 세계대전 당시의 인적 교류의 역사로 인해 1970년대부터 자매도시 결연을 하고 있었는데 1980년대에 키타큐슈가 전형적인 산업도시에서 친환경도시로 변화하면서 환경협력을 모색하게 되었다. 당시 중국에서는 1978년 개혁개방 이후 급속한 산업화와 도시화로 인해 환경문제가 심각했던 상황이었으나 중앙정부나 지방정부 차원에서 본격적으로 환경정책을 집행할 수 있는 정책 자원들이 부족했던 상황이었다. 따라서 중국 측의 요청에 의해 키타큐슈시는 대련시에 기술자와 공무원을 파견하여 환경 기술 및 노하우를 전수하였다. 비록 일방적인 지원이었지만 이 사례로 인해 동북아시아에서 지방정부 간 환경협력의 기회가 열리게 되었고 키타큐슈를 중심으로 하여 일본 중국 그리고 한국의 도시들이 참여하는 지역의 환경 네트워크가 형성되기도 하였다.[18]

　　지방정부는 위에서 소개한 사적 행위자들과 마찬가지로 주권국가가 참여하는 국제환경조약 및 국제기구들이 가진 한계를 보완하고 지구환경협력을 추진하는 중요한 역할을 한다. 그러나 환경비정부단체나 기업과 마찬가지로 지방정부의 역할이 향후 어느 정도로 실질적인 성과를 만들어 낼지는 아직 예측하기 매우 힘들다. 그러나 앞에서도 언급한 바와 같이 글로벌 이슈들을 지역에서 실천하는 메커니즘이 전 지구적으로 확산되고 있는 것을 감안한다면 지구환경정치에서 지방정부의 역할은 절대 줄어들지는 않을 것이다. 다만 이들의 역할에 영향을 미치는 국내정치적 변수, 즉 지방분권화의 정도와 시민사회의 성장 등이 중요하며 이러한 면에서 상대적으로 분권화의 정도가 낮고 시민사회의 자율성이 낮은 동북아시아 국가들의 경우 지방정부의 역할 역시 당분간은 충분히 커지지 못할 가능성이 있다.

글상자 7.1	공공외교와 환경

공공외교(public diplomacy)란 외국 국민과의 직접적인 소통을 통해 우리나라의 역사, 전통, 문화, 예술, 가치, 정책, 비전 등에 대한 공감대를 확산하고 신뢰를 확보함으로써 외교관계를 증진하고 우리의 국가 이미지와 국가 브랜드를 높여 국제사회에서 우리나라의 영향력을 높이는 외교 활동을 의미한다.[19]

공공외교의 목표 청중(target audience)은 상대국 정부의 정책결정자가 아니라 일반 시민이다. 따라서 상대국 시민과 소통하는 다양한 행위자들 — 기업, 시민단체, 개인, 지방정부 등 — 이 모두 공공외교의 주체가 된다. 또한, 공공외교는 국가 이미지 제고라는 측면에서 소프트 파워와 연결된다. 나이(Joseph Nye)에 의하면 소프트 파워는 강제나 보상을 통해서가 아니라 사람의 마음을 사로잡아 원하는 것을 얻어내는 능력이다. 국가들은 그들이 가진 소프트 파워 자원 — 기술, 지식, 문화, 정보 등 — 을 활용하여 상대방 국가 국민의 마음을 얻고자 노력한다.[20]

환경 및 기후변화는 공공외교 추진의 중요한 소재 중 하나이다. 한 국가의 국제환경협력 및 국제기후협력에의 헌신과 공헌은 그 국가의 국제사회에서의 책임성과 도덕성을 보여주는 것으로서 결국 그 국가의 이미지와 소프트 파워 제고에 큰 기여를 할 것이다. 또한, 대기오염 없는 깨끗한 도시, 생물다양성이 존중되는 자연환경, 플라스틱 폐기물 사용을 최소화하여 자원순환을 시도하는 국가 등은 그 자체로서 해당 국가를 매력적으로 보이게 한다. 또한, 국제개발협력 및 원조를 수행하는 기관에서 개도국의 환경보호 및 기후변화정책을 위해 재정적, 기술적 지원을 한다면 이 역시 환경 관련 공공외교의 대표적인 사례라고 할 수 있다.

환경 및 기후변화는 한 국가의 이미지에 영향을 미치는 중요한 요인 중 하나로 계속 남을 것이며 따라서 향후 이 영역에서의 공공외교는 더욱 중요해질 것이다.

기후변화의 정치

제3장에서 설명했듯이 1992년 리우회의에서 처음으로 기후변화가 유엔에서 본격적으로 다루어지면서 지구환경정치는 새로운 국면을 맞이하게 되었다. 유엔에서는 유엔 기후변화기본협약(UNFCCC)을 체결하고 본격적으로 이 문제에 야심하게 도전할 것을 선포하였다. 그런데 오늘날 그 결과는 매우 초라하다. 물론 1997년에 교토의정서가 채택되고 2005년에 발효되었지만, 의무 감축은 제대로 이루어지지 않았다. 2007년까지 가장 많은 이산화탄소를 배출했던 미국은 이 의정서의 비준을 거부하였고 2007년까지 2위 배출국 (2009년부터는 1위)이었던 중국은 개도국으로서 제1차 의무 감축 기간에는 감축이 면제되었다. 조약이 발효된 이후로는 사실상 제2차 의무 감축 기간에는 누가 얼마나 줄일 것인지를 계속 논의하였으나 결국 합의에 실패하였고 2015년 파리기후변화협약을 통해 각자 원하는 만큼 알아서 줄이는 것으로 합의하고 후퇴하였다.

　이 장에서는 먼저 기후변화와 지구온난화가 무엇인지를 정의하고 이것이 왜 풀기 힘든 문제인지를 설명한다. 그리고 유엔에서 이 기후변화를 다룬 역사를 교토의정서 및 파리기후변화협약을 중심으로 서술한다. 또한, 한중일 3국의 기후변화정책을 소개하고 비교 분석한 후 결론에서 향후를 전망한다.

1. 기후변화와 지구온난화란 무엇인가?

기후란 날씨 — 하루하루의 기온, 바람. 비 등의 상태 — 를 좀 더 장기적으로 관찰한 현상을 말한다. 기후는 자연적인 이유로 혹은 인공적인 이유로 변화하는 데 이를 기후변화라고 한다. 사실 기후변화의 정의는 여러 가지가 있는데 이들을 크게 두 가지로 나눈다면 인공적인, 즉 인간의 행위에 의한 변화만을 의미하는 정의와 모든 원인에 의한 변화를 의미하는 정의로 나눌 수 있다. 전자는 UNFCCC의 정의를 예로 들 수 있다. 이 정의에 의하면 기후변화란 '전 지구의 대기 구성을 변화시키는 인간의 활동이 직접적 혹은 간접적 원인이 되어 발생하며 충분한 기간 동안 관측된 자연적인 기후변동성에 추가하여 일어나는 기후의 변화'이다. 반면 후자는 기후변화에 관한 정부 간 협의체(IPCC: Inter-state Panel on Climate Change)의 정의를 예로 들 수 있다. 이 정의에 의하면 기후변화는 "기후의 상태가 변화하고 이 변화가 일정 기간 (예를 들어, 수십 년간) 지속되는 것을 뜻한다. 이 변화는 기후 평균값의 변화 혹은 기후의 특정한 속성들의 변화로 측정하고 확인할 수 있다. 그리고 이 변화는 자연적인 내적 변화일 가능성도 있고 외적 요인인 인간의 활동에 의한 것일 수도 있다"고 설명된다.

　기후변화 중 최근 약 40여 년간 전 지구적으로 가장 주목해 온 현상은 지구온난화(global warming)이다. 즉 지구의 평균 기온이 올라가고 그로 인해 해수면 상승 등 많은 문제가 발생하는 것이다. 2013년에 발간된 IPCC 제5차 평가보고서에 의하면 산업화가 시작되던 1880년부터 2012년 동안 지구의 평균 기온은 0.85℃가 상승했으며, 1901년부터 2010년 동안 전 지구 해수면은 평균 19㎝ 상승하였다. 2018년 10월에는 IPCC가 특별보고서를 발행했는데 이 보고서의 주장의 핵심은 지구 평균 기온이 산업화 이전보다 1℃ 정도 상승했으며 이것을 2℃가 아니라 될 수 있으면 1.5℃까지만 상승하도록 제한해야만 확실한 감축 효과를 기대할 수 있다는 것이다.[1] 결국 기후변화의 핵심은 지구온난화이고 이를 저지하기 위해 지난 약 40여 년간 전 세계의 중앙 및 지방정부, 환경운동단체, 과학자집단, 기업, 개인 등이 참여하여 기후변화의 정치를 전개했다.

　그러면 지구온난화의 원인은 무엇인가? 간단히 말하면 온실효과(greenhouse effect) 때문이다. 이산화탄소와 같은 온실가스(greenhouse gases)는 태양으로부터 지구에 들어오는 짧은 파장의 태양 복사에너지는 통과시키는 반면 지구로부터 나가려는 긴 파장의 복사에너지는 흡수하므로 지표면을 보온하는 역할을 하며 지구 대기의 온도를 상승시키는 작용을 하는데 이를 온실효과라고 한다. 그런데 산업혁명 이후 온실가스가 지나치게 많이 배출되어 대기 중 온실가스 농도가 증가하여 지구의 표면온도가 과도하게 증가하여 지구온난화라는 현상을 초래하게 된 것이다.[2] 온실가스는 이산화탄소만 있는 것이 아니라 메탄(CH4), 이산화질소(N2O), 수소불화탄소(HFCs), 과불화탄소(PFCs), 그리고 육불화황(SF6) 등이 있다. 그러나 온실가스 배출량 대부분은 이산화탄소이다. 미국의 경우 2018년에 이산화탄소가 전체 온실가스 배출량의 81%를 차지했다.[3] 한국의 경우 2017년 전체 온실가스 배출량 중 이산화탄소가 91.7%를 차지했다.[4] 따라서 많은 경우 '온실가스 감축'을 '이산화탄소 감축'과 같은 의미로 사용한다. 이산화탄소는 석탄과 석유 등 화석연료를 연소할 때 발생한다. 따라서 발전이나 산업시설 가동, 교통/운송 등 다양한 경제활동들에서 화석연료가 이용되기 때문에, 대량의 이산화탄소 발생이 필연적이다. 천연가스의 경우 배출량이 석탄이나 석유에 비해 작지만, 이 역시 화석연료이며 이산화탄소 및 메탄을 배출한다.

지구온난화는 생태계 전체에 막대한 부정적 영향을 미치고 있고 우리는 이것을 기후 위기라고 부른다. 앞서 언급한 대로 먼저 북극과 남극의 빙하 감소로 인한 해수면 상승 그리고 그로 인한 섬 및 해안가의 위기 그리고 집중호우와 폭풍우에 의한 홍수, 가뭄, 사막화 그리고 빈번한 산불 등 전반적으로 극단적인 기상이변 등이 대표적인 현상이다. 이 현상들은 생태계를 파괴하여 야생동식물의 서식에도 악영향을 미침은 물론 인간과 사회에도 위협이 된다. 당장 식량 위기, 건강 및 보건 문제, 그리고 직접적인 경제적 소실 등이 발생하고 있으며 직접적 원인은 아니라 할지라도 기후변화가 간접적, 근본적 원인이 되는 많은 새로운 문제들이 앞으로도 계속 발생할 것이다. 사실 현재 유행하고 있는 코로나바이러스에 의한 위기 역시 기후변화와 무관하다고 할 수 없다. 또한, 기후변화는 빈곤, 빈부격차, 난민, 인권, 보건의료 부족 등 기존에 한 사회가 가지고 있는 각종 구조적 문제들을 심화시킨다. 극단적 기상이변으로 인한 피해는 취약계층에게 더 심각하게 발생하며, 이로 인한 각종 질병은 의료 취약계층에게는 한층 더 치명적일 것이다.

표 8.1은 2018년 이산화탄소 배출량 세계 20위 국가들을 보여준다. 중국이 10.06기가톤(약 100억 톤)을 발생하여 1위이며 전 세계 배출량의 28%를 차지하였다. 2위인 미국은 그 절반 정도인 5.41기가톤을 발생하였으며 전 세계 발생량의 15%를 차지하였다. 한국은 8위로서 약 6억 5,000톤을 발생하였으며 전 세계 발생량의 2%를 차지하였다. 중국과 미국 그리고 인도 세 나라의 발생량을 합치면 전 세계 발생량의 절반에 해당한다. 가까운 미래에 인도의 발생량은 더욱 급격히 늘어날 것으로 예상되며 중국 역시 최소한 2030년대 초반까지는 지속적으로 발생량이 증가할 것으로 예상된다. 그러나 이처럼 절대량으로 순위를 매기는 것과 달리 인구 1인당 발생량 순위를 본다면 표 8.2에서 보는 바와 같이 사우디아라비아, 호주, 미국, 캐나다, 한

국 등이 높은 순위를 차지하며 반면 중국은 7.05톤으로 12위, 인도는 1.96
톤으로 20위를 차지하였다. 인구 규모는 경제 규모를 반영하는 것이기 때
문에 중국과 인도 등 개도국들은 경제 규모를 생각한다면 선진국보다 많이
배출하는 것이 아니라고 말할 수 있으며, 반대로 상위권 국가들은 경제 규

표8.1 이산화탄소 배출량
(2018년, 단위: GT)

순위	국가	배출량
1	중국	10.06
2	미국	5.41
3	인도	2.65
4	러시아	1.71
5	일본	1.16
6	독일	0.75
7	이란	0.72
8	한국	0.65
9	사우디아라비아	0.62
10	인도네시아	0.61
11	캐나다	0.56
12	멕시코	0.47
13	남아프리카	0.46
14	브라질	0.45
15	터키	0.42
16	호주	0.42
17	영국	0.37
18	폴란드	0.34
19	프랑스	0.33
20	이탈리아	0.33

표8.2 일인당 이산화탄소 배출량
(2018년, 단위: t)

순위	국가	배출량
1	사우디아라비아	18.48
2	호주	16.92
3	미국	16.56
4	캐나다	15.32
5	한국	12.89
6	러시아	11.74
7	일본	9.13
8	독일	9.12
9	폴란드	9.08
10	이란	8.82
11	남아프리카	8.12
12	중국	7.05
13	영국	5.62
14	이탈리아	5.56
15	터키	5.21
16	프랑스	5.19
17	멕시코	3.77
18	인도네시아	2.30
19	브라질	2.19
20	인도	1.96

출처: https://www.ucsusa.org/resources/each-countrys-share-co2-emissions.

모에 비해 많이 배출하고 있다고 말할 수 있다.

각국은 1992년 이후 본격적으로 유엔을 중심으로 지구온난화를 막기 위해 기나긴 노력을 해 왔으나 그 결과는 매우 부정적이다. 표 8.3에서 보는 바와 같이 중국이나 인도와 같은 개발도상국 혹은 한국과 같은 중진국들은 선진국에 비해 산업화의 타이밍이 늦었기 때문에 계속해서 이산화탄소 배출량이 증가하고 있으며 앞으로도 당분간 계속 증가할 것으로 예측된다. 반면 선진국의 경우 전반적으로 유럽연합 국가들은 감소 추세를 확실히 보이지만 미국, 일본, 캐나다, 호주 등은 일정한 수준을 유지하거나 약간의 증가 추세를 보인다. 그 결과 전 세계 총합은 1990년에 약 226억 톤에서 2018년에는 약 378억 톤으로 증가하였다. 도표 8.1은 선진국과 개도국의 이산화탄소 발생량 추이를 더욱 정확히 보여주는데 선진국의 경우 큰 변화는 없고

표 8.3 세계 주요국 이산화탄소 배출량 추이　　　　　　　(단위: 백만 톤)

	1990	2000	2005	2010	2015	2017	2018
중국	2,397.51	3,672.12	6,264.76	9,126.94	10,820.80	11,087.01	11,255.88
인도	594.85	986.62	1,210.76	1,750.56	2,286.82	2,445.88	2,621.92
한국	270.45	483.57	516.32	597.73	638.78	675.44	695.36
일본	1,149.37	1,241.54	1,276.87	1,197.42	1,227.73	1,219.69	1,198.55
독일	1,018.06	871.07	837.33	816.40	786.44	787.95	752.65
영국	584.22	549.20	558.48	500.56	413.02	379.38	371.97
미국	5,063.86	5,915.63	5,946.61	5,555.44	5,225.39	5,128.44	5,275.48
캐나다	454.70	557.73	579.61	565.85	589.78	595.02	594.20
호주	277.45	353.78	391.57	412.83	401.95	411.57	415.31
EU 28개국	4,408.53	4,121.66	4,250.76	3,922.47	3,492.04	3,524.98	3,457.28
세계 총합	22,637.13	25,600.66	29,911.66	33,836.35	36,311.98	37,179.65	37,887.22

출처: https://edgar.jrc.ec.europa.eu/overview.php?v=booklet2019&dst=CO2emi의 데이터를 바탕으로 저자가 작성함.

완만한 감소 추세를 보이는 반면 비선진국인 개도국의 경우 꾸준히 증가하고 있다. 그러나 개도국의 경우 말 그대로 아직도 개발의 여지가 많은 국가이기 때문에 배출량의 증가가 불가피할 것이다. 또한, 만약 1990년 이전의 시기를 본다면 상황은 반대가 될 것이다. 즉 선진국의 배출량이 거의 대부분을 차지할 것이다. 개도국들은 이를 역사적 배출(historical emission)이라고 부른다.

이렇게 기후 위기가 가시적으로 가속화됨에도 불구하고 이산화탄소 배출을 효과적으로 줄이지 못하는 근본적인 원인은 앞서 제2장에서 소개한 공유의 비극 때문이다. 즉 화석연료는 누구나 접근 가능하지만 경쟁적으로 이용해야 하는 제한된 자원이다. 그러나 이러한 경쟁적 이용이 이산화탄소를 발생하여 지구온난화를 초래하지만 그럼에도 불구하고 집합행동의 딜레마로 인해 무분별한 경쟁적 이용이 줄어들기 힘들다. 상대가 이용을 멈추거나 자제하지 않는 한 내가 먼저 이용을 멈추거나 자제하는 것은 나의 손해를 초래하기 때문에 불가능하며 이는 상대방도 마찬가지이다. 이러한 딜레

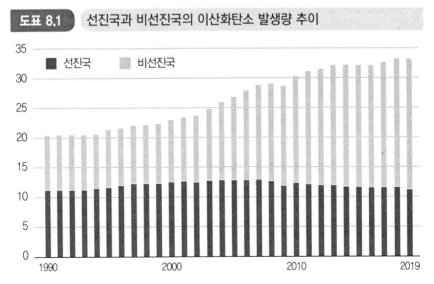

도표 8.1 선진국과 비선진국의 이산화탄소 발생량 추이

출처: https://www.iea.org/articles/global-co2-emissions-in-2019

마는 특히 자원의 이용으로 인한 부작용이 당장에 나타나지 않고 이 부작용에 대한 과학적 불확실성의 정도가 높을 때 더욱 확연히 나타난다. 더군다나 기후변화의 정치에는 수많은 이해당사자가 참여하는데 위에서도 보았듯이 대표적으로 선진국과 개도국은 이 문제에 대한 경제적 이해관계 면에서 대립된 견해를 가지고 있기 때문에 협력에 대한 장애 요인으로 작용한다.[5]

2. 교토의정서와 그 실패

기후변화의 국제정치는 사실 과학자들에 의해 시작되었다. 일부 과학자들은 이미 19세기 말 그리고 20세기 초반에 대기 중 이산화탄소의 축적이 기온 상승을 일으켜 결국 기후를 변화시킬 것이라는 연구 결과를 발표하였다.[6] 그러나 일부 과학자들의 개인적인 문제 제기가 아닌 본격적인 국제적 논의는 1979년에 시작되었다. 1979년에 세계기상기구(WMO: World Meteorological Organization)는 제1차 세계기후회의를 스위스 제네바에서 개최하여 인간의 활동에 의한 기후변화의 가능성을 논의하고 이 문제에 대한 대책을 세워야 할 필요성을 인정하였다. 이후 1985년 11월에는 이산화탄소 등 온실가스의 기후변화에 대한 영향 평가를 위한 국제회의(International Conference of the Assessment of the role of carbon dioxide and of other greenhouse gases in climate variations and associated impacts)가 오스트리아 필라흐에서 개최되었는데 이 회의에서 이산화탄소 배출이 당시 수준으로 지속된다면 50년 후 지구 온도가 5°C 상승할 것임을 전망하였다.[7] 이 보고서는 최초로 국제회의에서 과학자들이 공식적으로 이산화탄소 배출 등 인간의 인위적인 행동이 기후변화를 초래하는 직접적인 원인임을 주장한 사례이다. 이후 1988년 6월의 변화하는 대기에 대한 세계회의(World Conference on the Changing Atmosphere: Implications for Global Security)

가 토론토에서 열렸는데 전 세계에서 약 300여 명의 과학자와 정부 정책 결정자들이 참여하여 기후변화 방지를 위한 국가별 대책 마련을 유엔과 각 국 정부에 촉구하였다. 1988년 11월에는 유엔 환경계획(UNEP)과 WMO 가 공동으로 주관하여 IPCC 설립이 추진되었고 유엔총회에서 의결됨으로 써 공식 출범하였다. 이후 1991년 3월까지 총 5회의 회의를 개최하였으며 1990년 8월 스웨덴 순스발에서 열린 제4차 회의에서 첫 번째 평가보고서가 어려운 협상 과정을 통해 통과되었다.[8]

　IPCC 평가보고서(Assessment Report)는 기후변화의 원인과 그 영향에 관한 가장 권위 있는 보고서로서 각국에서 모인 과학자들의 연구 결과와 의 견을 바탕으로 최대한 철저한 검증과 토론 그리고 협상을 거쳐 승인된다. 이 보고서는 UNFCCC의 협상에서 중요한 근거로 작용해 왔다. 2020년 현재까 지 5차례의 보고서와 4개의 특별보고서가 발간되었고 6차 보고서는 2022년 에 발간될 예정이다. 각 보고서는 총 3개 혹은 4개의 부분으로 나뉘어 있는 데 각 부분은 과학기반보고서, 완화보고서, 영향, 적응, 취약성 보고서, 종 합 보고서로 명명되고 있다.[9] 그러나 IPCC와 평가보고서들이 각국의 다양 한 이해관계자들의 이익을 초월하여 최대한 과학적 객관성을 유지해 왔다고 보기 힘든 면도 있다. 산업계 특히 석탄, 석유, 가스 기업들이 모인 이른바 '탄소클럽'은 지속적으로 그리고 조직적으로 IPCC에 영향을 미쳤다. 그린피 스의 주요 기후 활동가인 레깃(Jeremy Leggett)은 "1990년 IPCC회의장에 도착했을 때 소스라치게 놀랐다. 피바디에너지와 엑슨의 사람들이 회담장 에서 미국 대표단과 나란히 앉아 있었던 것이다. 이 석탄과 석유 기업인들은 노트북을 놓고 앉아서 문장을 하나하나 다 고쳤다"고 진술하기도 했다.[10]

　아무튼 1차 평가보고서는 이후 협상의 중요한 토대가 되었다. 1990년 12월 유엔에서는 1992년에 있을 리우회의 시까지 기후변화협약을 제정을 합의 하고 이를 총회에서 의결하였다. 이 결정의 이행을 위해 정부 간 협상위원 회(INC: Inter-governmental Negotiating Committee for a Framework

Convention on Climate Change)를 구성하였으며 이후 5차례의 INC회의를 통해 1992년 5월에 UNFCCC가 채택되고 그 다음 달인 6월에 열린 리우에서 서명이 개방되었으며 154개국이 서명하였으며 1994년 3월에 협약이 발효되었다.[11] 이로써 기후변화에 관한 국가 간 논의가 공식적으로 시작되었다. UNFCCC의 협약 부속서 I은 당사국들(40개 국가로서 산업화를 먼저 시작한 선진국들)이 2000년까지 온실가스를 이전 수준으로 감축할 것을 명시했으나 언제까지 얼마나 감축할 것인지를 공약하지는 않았다.

　UNFCCC는 당사국총회(COP: Conference of the Parties)를 최고 의사결정기구로 정했고 매년 이 총회를 열어 협상을 진행하도록 하였고 발효된 다음 해인 1995년 베를린에서 첫 당사국총회(COP1)가 열렸다. COP1에서는 1992년부터 1995년까지 계속되었던 이산화탄소 감축에 관한 논쟁이 계속되었다. 간단히 말하자면 공동의 그러나 차별화된 책임(CBDR) 원칙을 기본으로 하여 구속력 있는 감축 협상을 시작하자는 데에는 대체로 합의하였으나(미국과 소련은 이조차도 반대했지만) 누가 언제까지 얼마나 감축할 것인지에 대해서는 쉽게 합의가 이루어지지 않았다. 따라서 COP1에서는 1997년 말까지를 협상 마감 기간으로 정해놓고 어떻게든 이때까지 온실가스 감축에 대해 구속력 있는 합의를 끝내기로 하였다.

　대체로 유럽연합 국가들은 주요 온실가스를 2005년까지 1990년 대비 최소 7.5%를 줄이고 2010년까지는 15%까지 감축하자는 안을 제시하면서 선도 국가 역할을 하였다. 이에 비해 일본, 미국, 캐나다, 호주, 뉴질랜드 등은 감축에 부정적인 태도를 보였다. 특히 미국은 의무 감축에 부정적이었으며 배출권 거래 제도의 도입을 주장했다. 이러한 양측의 차이는 1997년 교토에서 COP3이 열렸을 때 더욱 심화되었다. 특히 미국은 부속서 I에 포함되어 있지 않은 국가 중 중국과 같이 경제 규모가 크고 온실가스 배출량이 많은 개도국이 의무 감축에 동참해야 할 것을 주장했고, 개도국은 CBDR 원칙을 강조하였으며 역사적 배출, 즉 선진국이 먼저 배출했기 때문에 선진

국이 먼저 감축해야 함을 주장하였다. 그러나 회원국들은 결국 마감 기간을
넘기지 않는다는 합의를 지키는 데 동의하여 1997년 12월 11일에 합의를
결론짓고 교토의정서를 채택하였다.

교토의정서는 국제환경레짐 중에서 국가들이 오염물질 배출을 감축하는
데 있어서 법적 구속력이 있는 국가별 감축목표에 합의한 최초의 사례이자
현재까지 유일한 사례이다. 의정서에서는 부속서 I 국가들이 UNFCCC에서
지정한 6개 온실가스를 1990년 대비 평균 5.2% 미만으로 의무 감축하도록
명시하였고 각국의 의무감축량은 차등을 두어 정해졌다. 의무 감축은 세 시
기로 나누어 실행하기로 하였는데 우선 제1차 공약 기간(the first commit-
ment period)은 2008년부터 2012년까지로 설정되었고, 2차와 3차 기간도
그 후 5년 간격으로 정해졌다. 그리고 의정서의 발효 조건은 최소한 55개
국가들이 조약을 발효해야 하고 이 국가들의 배출량의 합이 1990년 기준으
로 전체 배출량의 55%가 넘어야 하는 것이었다. 조약은 이 조건이 충족되
는 날로부터 90일이 경과하면 발효되도록 명시되었다.[12]

그런데 1990년에 미국은 전 세계 배출량의 약 4분의 1을 차지하고 있었
고 따라서 이 발효 조건에 의하면 미국, 호주, 러시아만 반대해도 조약 발효
가 불가능한 것이었다. 미국은 자신의 충실한 우방이면서 세계 최대 석탄 수
출국인 호주가 의정서에 서명하지 않을 것임을 확신했고 또 대표적인 석유
와 가스 생산국 중 하나인 러시아도 서명하지 않으리라고 예측했다. 2001년
헤이그에서 최종 합의가 이루어지자 미국과 호주는 즉각 비준을 거부했다.
그러나 뜻밖에도 2004년 말에 러시아가 태도를 바꿔 교토의정서에 동참했
고 따라서 2005년 2월에 갑작스럽게 발효되었다. 당시 러시아는 경제 악화
로 인해 배출량이 1990년 이래 계속 감소하여 조약 비준이 어렵지 않았으며
또한 배출권 거래제도로 인한 이득도 기대하였다. 이밖에 대외관계에서 국
가의 평판에 대한 고려도 중요한 비준 이유였다.[13]

한편 교토의정서에서는 의무 감축을 해야 하는 부속서 I 국가들의 의무

이행을 돕기 위해 3개의 유연성체제(flexibility mechanisms)를 허용하였다. 첫째는 배출권 거래제도(Emission Trading)로서 의무 감축을 해야 하는 국가들이 감축 목표를 달성하고 초과분이 생겼을 때 이를 감축 이행을 하지 못한 국가에 판매할 수 있는 제도이다. 둘째는 공동이행제도(Joint Implementation)로서 이 역시 배출권 거래제도와 마찬가지로 부속서 I 국가들 사이에서만 가능한 제도로서 한 국가가 다른 국가에 투자하여 감축한 온실가스 감축량의 일부분을 투자국의 감축분으로 인정해 주는 제도이다. 셋째는 청정개발체제(CDM: clean development mechanism)로서 의무 감축을 해야 하는 부속서 I 국가들이 비(非)부속서 I 국가들(개도국)에서 수행한 온실가스 저감 사업으로 인해 감축된 감축분의 실적 일부를 투자국의 실적으로 인정해 주는 제도이다.[14]

러시아의 급작스러운 비준으로 인해 2005년 조약이 발효되자 의무 감축을 해야 하는 부속서 I 국가들은 제1차 공약 기간에 대비해 감축 전략을 세웠는데 이 과정에서 가장 큰 역할을 한 것이 바로 CDM이다. CDM은 3개의 유연성체제 중 유일하게 개도국과 수행하는 사업이었다. 부속서 I 국가들은 자국에서의 감축보다 개도국에서의 감축이 더 비용 면에서 유리하기 때문에 개도국에서 CDM 사업을 대거 수행하였다. 사실 지구 전체로 보면 같은 양의 온실가스를 어디서 줄이느냐는 중요한 게 아니고 이왕이면 한계비용이 작은 개도국에서 줄이는 것이 더 이익이다. 또한, 이 과정에서 개도국에 기술이 이전되고 기업의 에너지 효율성이 증가하며 환경산업 관련 일자리가 증가하며 궁극적으로 지속가능한 경제로 이행하는 데 도움이 되는 등 개도국도 혜택을 가질 것으로 기대되었다.

그러나 실제로 CDM 사업은 많은 부작용을 만들기도 하였다. 첫째, 개도국으로의 기술 이전이나 환경 측면에서의 혜택은 충분히 이루어지지 않았다. 부속서 I 국가 기업들은 장기적 관점에서 개도국의 환경에 일차적인 관심이 있는 것이 아니라 온실가스감축사업 그 자체의 효율성에 집중하였다.

그러다 보니 가장 유엔에서 지정한 6개의 온실가스 중 가장 감축 비용이 적은 HFC23 같은 것에 집중하였는데 이는 이산화탄소에 비해 개도국의 대기질 개선에 큰 영향을 미치는 것도 아니었고 환경 기술 이전 측면에서도 개도국에 크게 도움이 되는 것도 아니었다. 이러한 관행이 허용된 이유는 CDM 집행위원회에서 모든 6개의 온실가스를 동일하게 취급했기 때문이었다. 즉 어떤 온실가스든 1킬로를 줄이면 1CER(certified emissions reduction)을 똑같이 발행하기 때문에 기업으로서는 굳이 비용이 많이 드는 이산화탄소 저감 사업을 수행할 필요가 없는 것이다. 더군다나 CDM 사업은 유엔에서 개도국으로 구체적인 사업 절차의 투명성과 공정성에 관한 모든 문제를 위임했는데 실제 개도국에서 정확히 측정하고 검증하는 절차적 정확성이 제고되었는지에 대한 문제 제기가 많았다.[15]

그리고 무엇보다도 도표 8.2와 8.3에서 보는 바와 같이 거의 모든 CDM 사업은 중국에서 집행되었다. 기업이 볼 때 같은 개도국이어도 환경 측면뿐 아니라 경제적 측면에서 투자하기 유리한 조건을 갖춘 국가에 사업이 집중했고, 이에 따라 빈익빈 부익부 현상이 생겼다. 이 과정에서 한국과 같이 개도국이 아니지만, 후발산업화 국가로서 부속서 I 국가에 포함되지 않은 국가가 뜻밖의 혜택을 보기도 하였다. 이러한 문제를 해결하기 위해 유엔 및 비정부단체들이 노력했지만 결국 교토체제 자체가 붕괴되면서 이 사업도 동력을 잃었다. 도표 8.2와 8.3에서 보듯이 CDM 사업의 절정은 2010년부터 2012년까지였고 그 이후 신규로 등록되는 사업은 급격히 감소하였다.

교토의정서 서명국들은 감축 이행뿐 아니라 제1차 공약 기간 이후에는 누가 언제까지 얼마나 감축할 것인지를 정하는 문제에 관심을 가지지 않을 수 없었다. 사실 이 문제는 제1차 공약 기간의 공약 이행과도 직결되는 문제였다. 미국 조지 W. 부시 행정부가 교토의정서를 비준하지 않았던 명분은 중국과 인도와 같은 거대 개도국들이 동참하지 않았다는 점이었다. 사실 이 점은 유럽연합 국가들과 같이 적극적인 감축 주장 국가들에게도 중요한 문

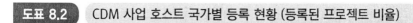

도표 8.2   CDM 사업 호스트 국가별 등록 현황 (등록된 프로젝트 비율)

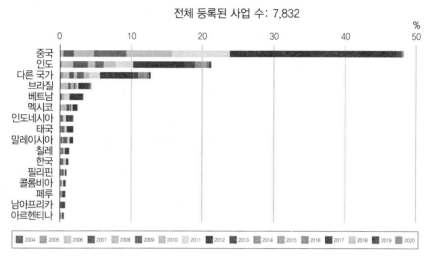

출처: https://cdm.unfccc.int/Statistics/Public/CDMinsights/index.html

도표 8.3   호스트 국가별 CER 발행 현황 (발행된 CER비율)

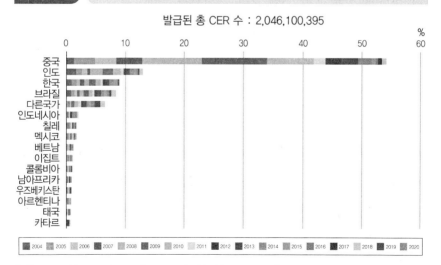

출처: https://cdm.unfccc.int/Statistics/Public/CDMinsights/index.html

제였다. 2000년대 들어와서 중국 경제 성장 속도는 2008년 금융 위기 전까지 계속 일정 수준을 유지했으며 브릭스(BRICs) 국가들과 같은 대규모 신흥 공업국들의 탄소배출량은 매우 클 것으로 전망되었다. 따라서 아무리 선진국들이 감축한다고 해도 대규모 개도국들의 배출량은 교토체제 자체에 큰 위협이 되었다. 이와 더불어 선진국들은 이른바 탄소누출(carbon leakage)이라는 현상에도 주목하였다. 부속서 I 국가들이 감축 의무를 가지게 되면 그에 따른 국내 규제가 강화되어 기업들은 생산비 증가 문제를 해결하기 위해 감축 의무가 없고 인건비도 낮은 개도국으로 이전하게 되고 따라서 개도국의 탄소 발생이 더욱 증가하게 된다. 이것은 개도국이 강력하게 주장한 CBDR 원칙의 큰 결함이라고 볼 수 있었다.

제1차 공약 기간이 끝나는 2013년 이후에 대한 논의는 2005년부터 시작되었고 그 절정은 2009년에 코펜하겐에서 열렸던 제15차 당사국총회(COP15)였다. 물론 이 이후에도 협상은 계속되었지만 코펜하겐에서 결정적으로 이미 교토체제는 붕괴했다. 국가들의 태도는 시간이 경과함에 따라 약간씩 달라졌다. 유럽연합 내에서 일부 국가들은 경제적 이유로 인해 더이상 적극적인 감축 추동 역할을 하지 못했다. 마찬가지로 G-77 국가 내에서도 기후변화에 대한 취약성, 경제발전 수준 등에 따라 분열되었다. 그 외에도 유럽연합 이외의 국가 중 감축에 부정적인 국가들이 느슨하게 연대하는 모습도 보였는데 이들은 포괄그룹(Umbrella Group)으로 불린다. 여기에는 대체로 호주, 캐나다, 일본, 미국 등이 속했다고 할 수 있다. 그리고 이들과 행동을 같이하지 않는 국가 중 일부(예를 들어, 한국, 멕시코, 스위스, 모나코, 리히텐슈타인 등)가 환경건전성그룹(Environmental Integrity Group)이라는 이름으로 연대하기도 하였는데 이들의 정체성과 결속력은 크지 않았다.

이 논의를 진전시켰던 회의는 발리에서 열렸던 제13차 당사국총회(COP13)였다. 여기서 발리로드맵(Bali Road Map)이 채택되었는데 이 로드맵은 발리행동계획(Bali Action Plan)을 포함하고 있다. 발리행동계획의 핵심은 논의를 두 개의 트랙으로 나누어 진행하여 교토의정서 상의 비(非)부속서 I 국가나 비준하지 않은 국가들도 포함하여 논의를 진행하자는 것이었다. 그러나 그보다 더 주목을 받았던 것은 2년이라는 협상 타임라인이었다. 즉 2009년 COP15에서 제2차 의무 감축 기간에 대한 협상을 마무리하자는 것이었다. 이것은 교토의정서 때와 같이 데드라인을 정한 것이다. 이 2년 동안 많은 실무그룹의 회의가 있었으나 큰 진전을 보지 못했으며 결국 코펜하겐 대회에서도 그 어떤 합의도 이루지 못했다. 주요 국가들의 입장은 기본적으로 거의 같았다. 중국은 CBDR 원칙에 근거하여 의무 감축을 거부했으며 미국은 개도국의 참여 없이는 구속력 있는 합의를 할 수 없다고 주장하였다. 결국 COP15에서는 데드라인 접근법(deadline approach)이 작동하지 않았다. 사실 이 당시 타임라인을 지나치게 야심 차게 설정했다는 비판은 사후적인 판단일 수 있다.[16] 당시로서는 데드라인을 정하고 어떻게든 그 안에 결론을 짓자는 이 접근밖에 다른 방법이 없었을지도 모른다. 결국, 참가국들은 자발적으로 자국의 감축목표를 공개하는 명부를 작성하고 개도국의 감축을 지원하는 재정 프로그램을 만드는 등을 내용으로 하는 합의문에 동의했지만, 이는 구속력 있는 의무 감축 조항을 담은 교토의정서로부터도 큰 후퇴를 한 것이며 더욱이 2013년부터는 어떻게 할 것인지에 대해 아무런 대책도 없이 회의가 끝났기 때문에 1차 기간의 의무 감축에도 나쁜 영향을 미치게 되었다. 기존 연구들이나 미디어에서는 코펜하겐 대회에서 비(非)부속서 I 국가들인 개도국들이 최초로 온실가스 감축에 참여할 것을 명시했다는 점은 주목할 만한 변화라고 볼 수 있다고 주장한다.[17] 그러나 여전히 이는 참여 의사이지 감축 의사는 아니다.

3. 파리기후변화협약과 그 후

코펜하겐 이후 합의를 위한 시도가 몇 차례 더 있었으나 큰 진전은 없었다. 2010년 멕시코 칸쿤에서 열린 COP16에서는 칸쿤합의문을 채택했는데 이 문건의 핵심은 이른바 2°C 목표(2°C target)이 공식적으로 처음 언급되었다는 점이다. 즉 IPCC가 2007년부터 계속 권고했던 산업화 이전 수준 대비 섭씨 2도 이하로 지구 평균 기온 상승 폭을 제한하자는 의견이 합의문에 포함되었다. 그러나 물론 그렇다고 해서 각국이 반드시 그렇게 하겠다는 내용은 없다. 또한, 이 합의문에서는 교토의정서처럼 각국의 감축목표를 회의에서 하향식(top down)으로 제시하지 말고 각국이 스스로 감축목표를 선언하고 이를 바탕으로 논의하자는 안이 포함되었다. 그 다음 해인 2011년에 더반에서 열린 COP17에서는 새로운 협상을 촉진하는 더반 플랫폼이 만들어졌고 이를 실행하기 위한 특별위원회(ADP: Ad Hoc Working Group on the Durban Platform for Enhanced Action)가 결성되었다. 1년 뒤인 2012년에는 교토의정서의 1차 의무감축 기간 만료 직전에 COP18이 도하에서 열렸다. 이 회의에서 국가들은 사실상 교토의정서의 실행이 더는 불가능하고 또 의미도 없음을 에둘러 시인하였고 2020년 이후에 어떻게 할 것인지를 2015년까지 결정할 것을 촉구하는 도하 기후 결정문(Doha Climate Gateway)를 승인하였고 어쩔 수 없이 2차 공약 기간을 2013년부터 2020년까지로 수정하였다.

이후 2015년 파리기후변화협약까지 몇 차례의 ADP 협상이 있었으며 2013년 바르샤바에서 열렸던 COP19에서는 각국의 자발적 감축기여(INDCs: Intended Nationally Determined Contributions)를 공개하기도 하였다. 또한, 유엔 밖에서는 미국과 중국이 2014년 11월에 정상들의 만남을 통해 기후변화에 관한 공동선언을 발표하기도 하였다. 그러나 이 역시 앞으로 잘 해 보자는 선언에 불과한 것이고 양국의 장기적인 감축 계획이 포함되기는

했지만, 구체적인 약속을 하거나 구속력 있는 협약을 만들어 낸 것은 아니
다. 또한, 기후변화에 관한 양국 간 최초의 정상회담이었다는 의미도 물론
있으나 이후 양국이 보인 실제 정책을 보면 이 회담은 형식적인 것일 뿐이
었다. 또한, 이 회담이 그 다음 해에 있었던 파리기후변화협약의 성공에 긍
정적인 영향을 미쳤다고 평가하기도 하지만 이 역시 파리협약 자체가 별 구
속력 없이 누구나 쉽게 서명할 수 있는 협약이기 때문에 큰 의미가 있다고
볼 수는 없다.

2020년 9월 22일 시진핑 중국 국가주석은 유엔총회에서의 비디오 연설
에서 중국이 2030년 이전에 탄소배출량 최대치 시점에 도달하고 2060년까
지 중국 내 탄소중립(탄소배출량 제로)을 이루는 것을 목표로 하겠다고 선
언하였다.[18] 그러나 이 역시 목표로 할 것임을 선언한 것에 불과하고 구체
적으로 어떤 정책을 언제 실행할 것인지에 관한 내용은 없기 때문에 큰 의
미를 두기는 어렵다. 사실 2018년에 비해 2019년에 중국의 이산화탄소 배
출량은 오히려 더 늘었고 석탄이 아직도 에너지 믹스의 57% 정도를 차지하
고 있다. 또한, 지방정부의 경기 침체를 해결하기 위해 석탄 화력발전소 추
가 건설이 논의되고 있다.[19] 미국은 트럼프 행정부 당시까지는 이에도 못 미
치고 있다. 2017년 6월 트럼프 대통령은 미국이 파리협약의 모든 과정에의
참여를 철회하겠다고 선언했고 협약의 탈퇴 규정에 의하면 빠르면 2020년
11월에 실제 탈퇴가 이루어질 예정이었다.

2015년 12월 12일 파리에서 열린 COP21 마지막 날에 파리기후변화협
약이 채택되었다. 이로써 교토의정서는 공식적인 사망신고가 된 셈이었다.
파리협약의 핵심은 국가별로 자발적 감축목표(NDCs: Nationally Deter-
mined Contributions)를 설정하고 이를 공표했다는 점이다. 그리고 향후
2023년 이후 5년마다 이의 이행을 점검하기로 하였다. 이 점검 과정에서
각국이 NDC를 개정할 때 이전 버전에 비해 감축목표를 약화시키지 않는
이른바 전진의 원칙도 설립되었다. 그러나 이러한 모든 합의 사항들은 공약

이 아니라 기여이며 회원국들의 자발성에 100% 의존하기 때문에 향후 불확실성이 더 커졌다. 각 국에서 예상보다 빠른 속도로 비준이 이루어져서 협정이 체결된 지 1년도 안 된 시점인 2016년 11월 4일에 발효된 이유도 결국 구속력 있는 의무사항이 없기 때문이다.

유엔과 각국의 언론 그리고 학계 등에서는 파리협약을 매우 긍정적으로 평가한다. 교토의정서 제1차 의무 감축 기간에 40여 개 국가만 참여한 반면 파리협약에는 197개 국가가 참여했고 이들의 배출량이 전 세계의 95%가 넘는다. 또한, 그들은 파리협약은 교토의정서와는 달리 개도국과 선진국의 견해 차이가 줄어들었다고 본다. 그러나 협정 및 그 이후의 과정을 볼 때 이는 일종의 '의도적인 낙관주의(purposeful optimism)'라고 볼 수 있다. 즉 정부, 기업, 국제기구의 유명인사, 미디어 등이 모두 파리협약 자체를 지나치게 큰 성과로 부풀리고 이후 이 이행가능성 역시 지나치게 낙관하고 있다는 것이다. 그리고 이것이 의도적인 이유는 사실상 유럽연합의 몇몇 국가들을 제외하면 미국, 중국, 인도, 한국, 캐나다, 일본 등 대부분 국가가 여러 가지 이유로 인해 감축에 부정적이기 때문이라는 것이다.[20]

표 8.4는 교토의정서와 파리협약을 비교하여 설명하였다. 우선 교토의정서의 경우 제1차 의무 감축 기간에는 부속서 I 국가들만이 의무감축에 참여했던 것에 비해 파리협약에는 모든 서명국들이 참여하고 있다. 협약의 주요 내용은 교토의정서가 온실가스 감축에 초점을 맞춘 반면 파리협약은 완화 및 적응 그리고 그 구체적인 이행 수단들을 포괄적으로 논의한다. 파리협약의 경우 교토의정서와는 달리 기후변화 국제협상 최초로 구체적인 온도를 목표로 하였으며 목표 이행 방식도 교토의정서가 하향식이었던 반면 파리협약은 상향식, 즉 각국의 자발적 공약에 기반하고 있다. 또한, 국가들이 협약 사항을 이행하지 않았을 경우 교토의정서에는 징벌 규정이 있으나 파리협약은 징벌 규정이 없다. 대신 파리협약은 전진 원칙에 합의하였고 특별한 기간을 설정하지 않고 주기적으로 이행을 점검하기로 합의하였다.

표 8.4 교토의정서와 파리협약 비교

	교토의정서	파리협약
감축 대상 국가	부속서 I 국가들 (40개국)	모든 당사국
주요 내용	온실가스 감축에 초점	감축 및 적응 그리고 그 구체적인 이행 수단 (재원, 기술이전, 역량배양) 포괄
목표	온실가스 배출량 감축 (1차 의무감축기간의 경우 1990년 대비 5.2% 감축)	온도 목표 (산업화 이전 2℃ 이하로 상승폭 제한, 1.5℃ 추구)
목표 설정 방식	하향식	상향식(자발적 공약)
준수를 위한 장치	징벌 규정	징벌 규정 없음
의무 강화	특별한 합의사항 없음	전진원칙 (후퇴금지) 매 5년마다 이행 점검
지속성	세 기간 설정 매 기간 마다 협상 필요	종료 시점 없이 주기적 이행 상황 점검

출처: http://www.mofa.go.kr/www/brd/m_20152/view.do?seq=365390&srchFr=&srchTo=&srchWord=&srchTp=&multi_itm_seq=0&itm_seq_1=0&itm_seq_2=0&company_cd=&company_nm=&page=3

이러한 차이점 자체가 중요한 것이 아니라 이 차이가 전반적으로 어떤 의미가 있는지를 평가해야 할 것이다. 먼저 감축에 참여하는 국가의 수는 파리협약이 훨씬 많지만, 파리협약은 엄밀히 말해 구속력 있는 조약(binding agreement)이 아니고 국가들이 자발적으로 감축하자는 약속이다. 따라서 당연히 더 많은 국가가 부담 없이 참여할 수 있었다. 의무감축 이행 사항이 없으니 당연히 처벌 규정도 없으며 각국이 정확히 얼마나 줄여야 하는지에 대한 구체적인 합의가 없는 상태에서 전체 지구 온도 상승폭을 제한하자는 목표 설정은 사실상 무의미한 것이나 다름없다. 즉 국가들의 자발성에만 의존해야 해서 공유의 비극을 초래하게 될 것임이 분명한데 이에 대한 대책은 없다. 심지어 모든 회원국이 현재 제출한 공약을 이행한다고 해도 2℃ 목표조차 달성하기 힘들 것이라는 견해가 지배적이다.[21] 사실 국가들이 공약한 것을 전부 합쳐도 2°C 목표를 달성할 수 있는 감축량의 절반 정도밖에 되지 않는다. 따라서 전반적으로 파리협정은 교토의정서에 비해 후퇴한 협정이라고 볼 수 있다. 즉 누가 언제까지 얼마나 감축할 것인지에 대한 아무런 합의도 없이 각자 알아서 잘해 보자는 것을 서로 확인한 것에 불과하다.

파리협약은 기나긴 유엔 기후변화 국제협상이 실패로 끝났음을 알리는 선언이었다. 이제 지구상의 거의 모든 사람이 기후변화의 영향을 직접 몸으로 느끼는 정도로 문제가 심각해졌음에도 불구하고 우리가 제2장에서 본 공유의 비극에서 아직도 벗어나지 못하고 있는 것이다. 더 큰 문제는 앞서 언급한 대로 언론과 학계에서 대부분 애매한 표현들로 이 협정에 대해 긍정적으로 평가하는 것이다. 반대로 전문가들이 해야 할 일은 실패를 인정하고 오히려 유엔이 아닌 기업, 지방정부 등 다른 차원에서 작지만, 긍정적인 실천들이 진행되고 있음에 주목하여 이를 더욱 체계적으로 발전시키는 방안을 연구하고 실험하는 것이다. 또 하나의 문제는 기후변화에서의 실패가 다른 국제환경협력에도 부정적 영향을 미칠 수 있다는 점이다. 사실 1992년부터 시작된 이 협상은 25년이나 지속되었고 현재 인류에게 닥친 가장 긴급하고 중대한 글로벌 환경문제라고 해도 과언이 아니다. 이런 의미에서도 학자 등 전문가들은 이 기나긴 과정이 결국 실패할 수밖에 없었던 원인을 체계적으로 분석하여 다른 조약에 정책적 함의를 줄 수 있어야 할 것이다.

4. 동북아시아 3국의 기후변화정책

1) 중국의 기후변화정책

중국은 이산화탄소 배출 1위 국가로서 기후변화의 국제정치에서 가장 중요한 행위자 중 하나이다. 따라서 유엔 기후변화 협상에서 늘 주목을 받아 왔다. 대체로 2009년 코펜하겐회의까지 중국의 입장은 개도국을 대표하여 CBDR 원칙을 강조하며 선진국이 먼저 감축할 것 그리고 개도국의 감축을 돕기 위해 선진국이 기술 및 재정 지원을 해야 한다는 것이었다. 그러나 2010년대로 오면서 점차 조금씩 적극적인 태도를 보이기 시작했다. 물론 기후변화정책 및 기후변화외교의 기본 방향이 변한 것은 아니지만, 적어도 국가주석이나 총리의 국내외 연설이나 기타 언급에서 중국이 기후변화 국제협력에서 적극적인 역할을 해야 함을 강조하고 이를 위한 국내 기후변화정책을 강화할 것임을 계속 강조하였다. 특히 시진핑체제가 시작된 2012년 제18차 당대회 이후 중국은 환경 및 기후변화 이슈를 정책의 중심에 놓고 이전과 달리 지속가능한 발전을 추구할 것임을 분명히 하였다. 또한, 대외적으로는 점차 중국과 미국 두 나라의 이산화탄소 배출량이 다른 국가들에 비해 크게 차이가 나게 되면서 기후변화가 양국 간의 경쟁과 협력의 주요 이슈로 부상했고 이는 중국정부가 기후변화정책을 더욱 강화하는 동력이 되었다.

중국은 2016년에 9월 3일에 파리기후변화협약을 비준하고 국가감축기여(NDC)를 제출했는데 이는 크게 네 개의 공약으로 구성되어 있다. 첫째, 최대한 노력하여 2030년까지 이산화탄소 배출량이 정점에 도달하도록 한다. 둘째, 2030년까지 GDP 대비 온실가스 집약도를 2005년 대비 60~65% 감축한다. 셋째, 2030년까지 에너지 믹스에서 비(非)화석연료(재생에너지 및 핵에너지) 비중을 20%까지 늘린다. 넷째, 2030년까지 2005년 대비 산림의 온실가스 흡수량을 45억 m^3까지 늘린다. 이와 더불어 가장 최근인 2020년 9월에는 2060년까지 중국 내 탄소중립(탄소배출량 제로)을 이루는 것을 목표로 함을 선언하기도 하였다. 여기서 주목할 점은 중국이 언제나 그래왔듯이 양적 감축을 공약하지는 않았다는 점이다. 중국의 기본 입장은 중국이 아직 개도국이기 때문에 계속 경제발전이 진행될 것이며 따라서 이산화탄소 배출량의 증가는 불가피하다는 것이다. 중국은 그 대신 최대 배출량을 기록하는 시점, 즉 변곡점을 최대한 앞당길 것에 노력하겠다는 것을 공약으로 하였고 집약도 GDP 1달러의 가치를 만드는 데 있어서 배출되는 탄소의 양을 줄이겠다는 약속을 한 것이다. 후자는 중국이 기본적으로 아직도 에너지 효율성이 낮은 상태이기 때문에 효율성을 높이는 것은 비교적 쉽게 달성 가능하다.

사실 개도국의 입장에서는 선진국들이 과거 아무런 제약 없이 경제개발을 추진했고 그 과정에서의 역사적 배출이 오늘날의 지구온난화에 기여했음에도 불구하고 이제 와서 개도국에는 개발을 제한하라고 권하는 것을 받아들이기 힘들 것이다. 앞서 언급한 대로 현재 중국의 이산화탄소 배출량은 전 세계의 28% 정도를 차지하지만, 도표 8.4에서 보듯이 산업화가 시작된 18세기 중반부터의 누적량을 추정해 본다면 약 13% 정도가 된다.

중국의 기후변화정책은 다른 나라와 마찬가지로 화석연료의 사용을 줄이는 것이 핵심인데 특히 에너지 소비에서 석탄 의존도를 낮추는 것이 중요하다. 2018년 중국 에너지 소비에서 석탄은 59%를 차지했는데 이는 지난 약 10여 년간 지속적으로 감소했던 추세의 반영이다. 2017년에는 60.4%

도표 8.4 　누적 이산화탄소 배출량 (1751~2017년)

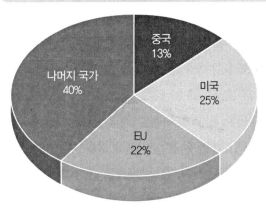

출처: David Sandalow, *Guide to Chinese Climate Policy 2019* (Columbia/SIPA Center on Global Energy Policy, September 2019).

였으며 2011년에는 70.2% 그리고 1990년에는 76.2%였다.[22] 그러나 여전히 중국은 전 세계 석탄 소비량의 52%를 차지하고 있다. 석탄은 같은 화석연료 중에서 석유나 천연가스에 비해 이산화탄소를 훨씬 많이 배출하기 때문에 석탄 의존도를 줄이는 것이 이산화탄소 배출량 감축의 지름길이다. 또한, 최근 코로나 19위기로 인한 경기 침체 문제를 해결하기 위해 이미 공급 과잉임에도 불구하고 지방정부들이 석탄 화력발전소를 건설하는 것을 중앙 정부가 다시 허용해 주고 있다.[23]

앞서 언급한 대로 기후변화/지구온난화는 비록 최근에는 홍수 및 각종 기상이변 등 누구나 체감할 수 있을 정도로 심각해지지만, 대기오염이나 수질오염 등 일반적인 산업공해에 비해 당장 눈에 보이는 정도로 심각하게 드러나지 않기 때문에 정책을 집행하기 힘들다. 이에 비해 중국에서 최근 약 7~8년간 가장 분명하게 가시화된 환경문제가 바로 미세먼지(PM 2.5 와 PM10)이다. 2011년부터 베이징 등 주요 대도시의 대기질은 급격히 나빠졌고 허베이성의 바오딩과 같은 도시는 대기오염이 너무 심해 고속도로 주행이 불가능할 정도가 되었다. 이에 중앙정부는 2014년 대기오염과의 전쟁을 선포하고 징진지 지역 및 주요 도시들의 대기질 개선을 위해 엄격한 정책을 시행할 것을 천명하였다. 이 정책 중에는 화력발전소를 줄이고 가정에서 사용하는 석탄 보일러를 천연가스로 교체하는 등 석탄 이용을 줄이는 방안들이 포함되어 있기 때문에 기후변화정책과 연결된다. 즉 지구온난화는 가시성이 떨어지지만, 대기질의 악화는 직접적으로 관찰 가능하며 시민들의 피해가 당장 뒤따르기 때문에 이의 해결 과정에서 기후변화정책은 시너지 효과를 가지게 된다.

사실 환경 및 기후변화정책은 시진핑 집권 1기와 2기의 핵심 목표 중 하나로 중요하게 강조되었다. 아름다운 중국, 생태 문명 중국, 녹색 중국 등의 구호들이 지속적으로 최고 영도들의 연설과 정책 문서에 등장하며 이에 대한 구체적인 실천 계획들이 수립되고 집행되고 있다. 위에서 언급한 대기질 악화 문제는 중국 인민들에게 직접적인 피해를 주는 환경문제이기도 하지만 중국의 대외이미지에 나쁜 영향을 미치는 국제적인 문제이기도 하다. 시진핑정부는 2015년에 신환경법을 시행하여 환경 기준과 처벌을 더욱 엄격하게 하고 2018년에는 기존의 환경보호부를 생태환경부로 개정하고 위상과 권한을 강화하였다. 대외적으로는 미국과 기후변화 협력 방안을 모색하고 파리협약에서도 비록 이산화탄소의 절대량의 감축목표를 제시하지는 않았지만, 적극적으로 협력하는 모습을 보여 왔다.

결국, 중국의 경우 이렇게 가시적인 환경문제에 대해 국가가 특히 중앙정부가 강력히 대응하는 정층설계(top level design)식의 정책집행 그리고 대외적으로 국제환경 및 기후변화 정치에의 적극 참여가 기후변화정책을 집행하는 두 개의 원동력이 될 것이다.

2) 일본의 기후변화정책

일본은 제6장에서 본 바와 같이 국내환경정책을 시작하고 제도를 만든 시점이 서구 선진국의 시점과 유사하다. 1960년대 말과 1970년대 초에 정부 내에 환경부를 만들고 환경법을 제정하였다. 이후 1970년대와 1980년대를 거치면서 일본은 국내환경정책을 국가 주도로 집행하여 놀라운 성과를 거두자 어느 정도 여유가 생기고 또 국내에서의 공해처리 경험과 기술을 확산하기 위해 국제환경협력에의 기여를 다방면으로 모색하였다. 1990년대에는 중국 및 동남아시아 도시들에 많은 환경정책 자금과 기술을 제공하고 기술 인력에 대한 교육 훈련 등 다양한 역량 강화 프로그램을 운영하였다. 그러다가 결정적으로 유엔에서 기후변화협약이 체결되고 난 후 제3차 당사국총회를 교토에서 개최하여 의장국으로서 교토의정서가 채택되는 과정을 주도하게 되면서 국제환경정치에서 긍정적인 모습을 보이기 시작했다.

사실 일본은 멸종위기에 놓인 고래의 포획 문제, 동남아시아 열대우림

파괴, 아프리카코끼리 상아 수입 등의 문제로 국제사회에서 환경문제로 인해 주로 비난을 받아왔던 국가였다. 그러나 교토의정서를 계기로 적극적으로 지구환경에 기여하고 국제환경협력을 주도하는 국가로서의 이미지를 높이기 위해 본격적으로 노력하기 시작했다. 교토의정서에서 일본은 부속서 I 국가로서 1990년 대비 6% 감축목표를 제시했다 (산림 흡수원을 통한 감축이 3.8%, CDM을 통한 감축이 1.6%, 그리고 실 감축이 0.6%). 이 목표를 달성하기 위한 저탄소 이행 계획으로 (1) 저탄소 기술 발전을 위한 혁신, (2) 기존 기술의 적용, (3) 다양한 이해 당사자 간의 협력체제 구축이라는 세 가지 실천 계획을 수립했다. 그러나 코펜하겐에서 일본은 자국이 의장국이 되어 설립에 기여했던 교토의정서의 유지와 연장에 반대했으며 그 이듬해인 2010년 칸쿤의 COP16에서도 교토의정서의 연장에 반대하였다. 반대의 주요 이유는 개도국이 참여하는 새로운 체제를 만들자는 것이었다.[24]

일본의 이산화탄소 배출량은 도표 8.5에서 보는 바와 같이 1950년대와 1960년대에 급격히 증가했고 1970년대에 주춤하다가 1980년대에 다시 중반 이후 다시 급격히 증가했다. 이후 2013년에 10억 3,200만 톤을 배출하여 정점을 기록했고 이후 내림세를 보인다. 일본의 배출량이 전 세계 배출량에서 차지하는 비중은 1994년에 가장 큰 5.45%였고 이후 계속 감소하여 2017년에는 3.23%를 기록하고 있다.[25] 일본의 파리기후변화협약 NDC의 핵심은 2030년까지 2013년 대비 온실가스를 26% 감축한다는 목표이다. 2013년이 기준 년도가 된 것은 그해의 탄소배출량이 정점이었기 때문이다. 즉 다른 국가들과 마찬가지로 자국에 유리한 그러면서도 감축 폭이 최대한 크게 보이게 하는 방식으로 목표를 제시하는 것이다. 전 세계 주요국의 온실가스 감축목표와 감축 과정을 감시하고 분석하는 독립적인 과학적 전문 평가 기관인 기후행동추적(CAT: Climate Action Tracker)에 의하면 이 목표는 매우 불충분(highly insufficient)한 것으로 평가된다. 이 '매우 불충분 등급'은 모든 국가가 다 이 정도로 감축한다면 2°C 목표를 달성하지 못

도표 8.5 일본 연도별 이산화탄소 배출량

출처: https://ourworldindata.org/co2/country/japan?country=~JPN

하고 상승폭을 3~4℃ 이내로 제한하는 효과를 가진다는 의미이다. 더욱 중요한 것은 이 불충분한 목표조차 달성하기 힘들 것이라는 평가이다.[26]

　사실 일본은 2011년의 동일본 대지진에 의한 후쿠시마 원전 사고 이후 핵발전이 중단되면서 화석연료의 사용이 증가하였다. 화석연료 중에서도 특히 온실가스 배출량이 가장 많은 석탄 사용량이 증가하는 것이 가장 큰 문제이다. 2018년 화석연료에 의한 이산화탄소 배출 현황을 보면 석탄이 4억 4,859만 톤, 석유가 4억 3,650만 톤, 그리고 가스가 2억 4,235만 톤으로 여전히 석탄이 가장 많은 배출량을 기록하고 있다.[27] 재생에너지의 경우 2012년부터 시행 중인 고정가격매입제도(FIT)로 인해 에너지 믹스에서의 비중이 증가해왔고 2017년에는 에너지 공급의 8.1%를 차지했다.[28] 2018년에 발표된 제5차 에너지 수급 계획에 의하면 2030년까지 재생에너지의 전력 공급에서의 비중을 22~24%로 설정하고 있는데 이는 2013년 대비 거의 두 배 정도 증가한 계획이다. 그러나 석탄화력발전의 경우 2030년 목표가 26%인데 이는 2013년 대비 6.9%가 감축한 것에 불과하다. 반면 핵발전의 경우 후쿠시마 사태로 인한 고준위 방사성 오염수 문제가 아직도 해결되지 못한 상태임에도 불구하고 20~22%로 설정하였다 (도표 8.6 참조). 향후 일본 기후변화정책에서 가장 중요한 이슈 중 하나는 이 핵발전 문제가 될 것이다. 미국, 유럽 등 대부분의 선진국이 탈원전정책을 확고히 추진하는 반면 일본의 핵발전 비중 증가 계획은 전반적인 글로벌 경향과 맞지 않음은 물로 동북아 주변국들의 안전에도 영향을 미친다.

일본 기후변화정책에서 가장 논란이 되는 또 하나의 이슈는 공동크레딧 메커니즘(JCM: Joint Crediting Mechanism)이다. 파리기후변화협약 제6조는 시장기반 정책의 사용에 대한 매우 애매한 문구를 제공함으로써 다양한 해석의 여지를 남겨두었고 일본은 이 조항들을 바탕으로 하여 과거 유엔에서 주관했던 CDM의 일본판이라고 할 수 있는 JCM을 운영하고 있으며 이를 통해 NDC에서의 감축 계획 중 약 5,000만 톤에서 1억 톤 정도까지 감축하겠다는 계획을 선언하였다. 그러나 CDM은 앞서 언급한 대로 유엔에서

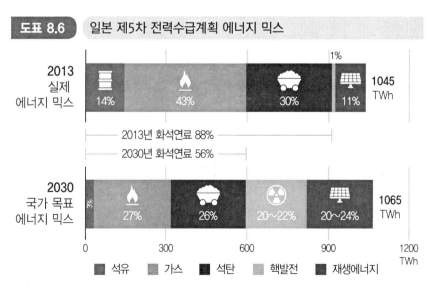

도표 8.6 일본 제5차 전력수급계획 에너지 믹스

2013 실제 에너지 믹스 — 14% | 43% | 30% | 11% — 1045 TWh — 1%

2013년 화석연료 88%
2030년 화석연료 56%

2030 국가 목표 에너지 믹스 — 3% | 27% | 26% | 20~22% | 20~24% — 1065 TWh

0   300   600   900   1200 TWh

■ 석유   ■ 가스   ■ 석탄   ■ 핵발전   ■ 재생에너지

출처: Climate Analytics, https://climateanalytics.org/publications/2018/science-based-coal-phase-out-timeline-for-japan/

주관했음에도 불구하고 결국 각국 정부 또는 집행기구에 의존할 수밖에 없었으며 이로 인해 절차의 투명성과 신뢰성 부족 문제가 제기되었다. JCM은 일본과 상대국(개발도상국) 간의 양자 메커니즘이며 상대국이 모두 약자인 개도국이기 때문에, 이 문제가 더욱 중요할 수밖에 없다.

3) 한국의 기후변화정책

한국은 위에서 언급한 바와 같이 교토의정서체제하에서는 의무감축 국가가 아니었으나 2009년 코펜하겐에서 최초로 자발적인 감축목표를 제시했는데 이는 특정 시점을 기준으로 한 것이 아니라 BAU 대비 2020년까지 30%를 감축하겠다는 선언이었다. BAU(business as usual)란 감축 노력을 하지 않았을 때의 배출량을 추정한 것이다. 그런데 이는 추정을 하는 것이기 때문에 국내외 경기변동이나 정치적 변수 등 많은 요인에 영향을 받고 따라서 부정확한 예측일 수밖에 없다. 이후 파리기후변화협약에 제출한 NDC도 BAU 대비 2030년까지 37% 감축을 핵심 내용으로 한다. 사실 이러한 BAU 대비는 유엔과 국제사회 그리고 국내에서도 비난을 받고 있으므로 한국도 이를 특정 연도 기준으로 수정하는 것이 필요했고 실제로 2019년에 한국의 NDC를 BAU대비에서 절대치로 수정하여 2017년 대비 24.4% 감축을 목표로 설정하였다.

위에서 언급한 바와 같이 한국은 2018년 이산화탄소를 약 6억 5,000톤을 배출하여 세계 8위를 기록하였다. 도표 8.7을 보면 한국의 연도별 이산화탄소 배출량은 1997년을 제외하고는 거의 일관되게 증가 곡선을 보여주고 있다. 다른 나라와 마찬가지로 한국의 온실가스 배출은 주로 전력 및 난방 부문이 대부분을 차지하며 그 뒤로 교통, 제조업과 건설업, 일반 산업, 빌딩 등이 주 배출원이다. 2016년 기후행동추적은 한국을 사우디아라비아, 뉴질랜드, 호주 등과 함께 기후 악당(climate villains) 중 하나로 지명하였

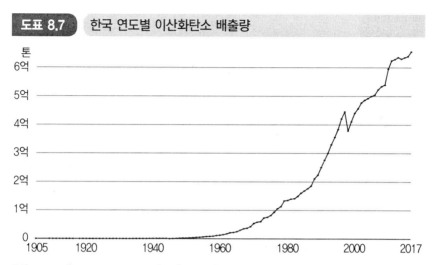

도표 8.7   한국 연도별 이산화탄소 배출량

출처: https://ourworldindata.org/co2/country/south-korea?country=~KOR

다. 이 기관에서는 한국의 일인당 이산화탄소 배출량은 급격히 증가해 왔음
을 지적하고 2035년에는 일인당 에너지 사용량이 미국을 초월할 것으로 예
측하였다. 또한, 수출입은행의 석탄 화력발전소에 대한 재정 지원 그리고
NDC에서의 감축목표의 불충분함 (10년의 기간만 연장되었을 뿐 코펜하겐
에서의 감축목표와 같다는 점) 등을 지적하였다.[29] CAT의 평가에서 한국은
일본과 같이 '매우 불충분(highly insufficient)' 등급을 받았다. 그리고 이
매우 불충분한 목표조차도 현재의 정책을 그대로 시행한다면 달성하지 못
할 가능성이 매우 크다는 것이다.[30]

도표 8.8에서 보듯이 한국은 일인당 이산화탄소 배출량에 있어서 미국
을 제외하고는 주요국보다 상대적으로 높다. 이는 에너지 소모가 많은 경
제임을 말해주며 이런 유형의 국가가 만약 화석연료에의 의존도가 높으면
온실가스 배출량을 감축하기 매우 어려울 것이다. 실제 에너지원별 발전량
비중을 보면 2019년 현재 핵발전이 25.9%, 석탄화력발전이 40.4%, 가스
가 25.6%, 신재생에너지가 6.5% 등이다.[31] 더군다나 여기서 말하는 신재

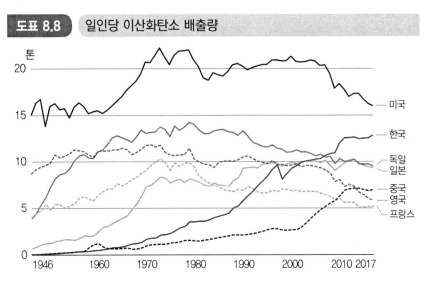

도표 8.8 일인당 이산화탄소 배출량

출처: https://ourworldindata.org/co2/country/south-korea?country=~KOR

생에너지는 신에너지(예를 들어, 수소연료전지 등)와 재생에너지 (수력, 태양열, 풍력 발전 등)을 합친 것으로서 전자의 경우 재생에너지라고 볼 수 없다. 예를 들어, 수소연료전지의 경우 수소를 천연가스에서 얻기 때문에 엄밀히 말하면 화석연료이다. 따라서 국제기준으로 재생에너지만을 분류한다면 2019년에 3.06%를 차지한다.[32]

한국정부는 2016년 11월 3일 파리기후변화협정을 비준했고 이후 동년 12월에 제1차 기후변화 대응 기본계획과 2030 국가 온실가스 감축 기본이행계획(로드맵)을 발표하였다. 기본계획은 저탄소녹색성장기본법에 의해 수립된 것으로서 크게 1) 저탄소 에너지정책으로의 전환(신재생에너지 보급확대 등), 2) 탄소시장 활성화를 통한 비용효과적 감축, 3) 기후변화대응 신산업 육성과 신기술 연구 투자 확대, 4) 이상기후에 안전한 사회구현, 5) 산림 등 탄소흡수원 기능 증진, 6) 신기후체제 대응을 위한 국제협력 강화, 7) 범국민 실천과 참여 기반 마련 등이 주요 내용이다. 로드맵의 경우 우리가 공약했던 37% 감축의 구체적 실행 방안을 내용으로 하고 있는데, 핵심은 국내에서 25.7% 그리고 국외에서 11.3% 감축한다는 계획이다. 국외의 경우 일본의 JCM과 같은 방식으로 해외에서 탄소 절감 사업을 시행하는 것 그리고 그 밖의 다른 방법으로 배출권을 해외에서 구매해 오는 방법 등을 제시했다. 그런데 이 로드맵은 감축 의지가 약하다는 비판을 국내외에서 받게 되었고 이에 문재인정부는 2018년 7월에 수정안을 발표하였다. 수정안의 핵심은 국내 감축량을 25.7%에서 32.5%로 상향 조정한 것이었다. 즉 해외에서의 절감보다는 국내에서 더 적극적으로 절감한다는 계획인데 그 구체적인 방안으로는 에너지 효율화, 배출권 거래제도의 활성화, 기술개발 등이 제시되었다.[33] 그리고 위에서 언급한 바와 같이 계획은 2019년에 다시 한번 상향 조정되었다.

향후 이 계획들이 어느 정도로 철저히 실현될 것인가를 예측하는 데는 핵발전 비중을 어느 정도로 유지할 것인지의 문제, 에너지 전환, 즉 재생에너지로의 전환을 언제 얼마나 빠른 속도로 실행할 것인지의 문제, 그리고 국제사회의 동향 (미국과 중국의 태도 변화 가능성) 등이 중요한 변수로서 고려되어야 할 것이다. 파리기후변화협정에서 우리가 자발적으로 제시한 감축목표를 이행하는 것은 기후변화를 막고 지속가능한 지구의 보존을 위한 것이기도 하지만 국제사회에서 한국의 이미지를 제고하고 소프트 파워을 증진시키는 수단이기도 하다. 또한, 에너지 전환은 파리협정과는 상관없이 우리나라가 반드시 조속히 실행해야 할 과제이다. 이미 선진국에서는 에너지 전환이 대세가 되었으며 재생에너지 사용을 위한 각종 규제와 압력 등을 행사하고 있다. 한국정부는 재생에너지 확대, 에너지 공급 방식 전환 및 분권화된 에너지체제 구축 등을 지금부터라도 추진해야 한다.

5. 도시 기후변화정치의 활성화를 향하여

지금까지 우리는 이 장에서 기후변화와 지구온난화는 무엇이며 그것을 위해 국가들이 국제체제 수준에서 어떤 협력을 시도했으며 그것이 왜 실패했는지를 이해했다. 또한, 한중일 3국의 기후변화정책에 대해 개관하였다. 국가들의 환경협력은 매우 실망스러웠으며 사실상 1972년 스톡홀름회의에서 별로 크게 진전된 것 같지 않아 보인다. 그러나 이것이 지구환경정치의 전체는 아니다. 우리가 눈을 국제체제 수준이 아닌 다른 수준으로 돌린다면 세계 각 지역에서 다양한 차원의 기후변화정책이 추진되고 있음을 이해하게 된다. 특히 도시는 지구기후변화 정치에서 중요한 역할을 한다. 제3부의 12장에서 보는 바와 같이 유럽의 많은 도시에서는 자체적으로 순환경제를 추진하고 있고 이 과정에서 탄소배출량 절감뿐 아니라 기술 개발, 일자리 창출 등 가치를 만들어 내고 있다. 이런 양상은 이 장에서 본 국제체제 수준의 기후변화 정치와 많이 다르다.

만약 도시 수준에서의 기후변화정치가 국제체제 수준의 정치를 대체할 수 있다면 도시 기후변화 정치와 도시 간 협력이 활성화될 수 있는 조건은 무엇인가? 도시는 자체적으로 기후 위기에 대응하여 적절한 정책을 수립하고 집행할 수 있는 정치적 권한과 재정적 능력을 갖추고 있어야 할 것이다. 유럽 도시들이 탄소 절감, 에너지 전환 및 자립, 폐기물 제로 달성 등을 적극적으로 추진하는 이유는 바로 정치적 분권화 그리고 경제적 자립이 가능하기 때문이다. 따라서 이것은 결국 해당 국가의 정치제도가 지방 분권과 역량 강화를 얼마만큼 보장해 주느냐에 달려있다. 만약 우리가 동북아시아 주요 3국인 한중일을 대상으로 기후변화정치에서 도시의 역할을 예견해본다면 이 세 국가 중 도시 기후변화정치를 선도할 국가는 한국일 것이다. 한국은 일본과 중국에 비해 지방분권화의 정도가 높고 민주주의가 성숙되어 있으며 시민사회가 활성화되어 북미와 유럽에서 전개되는 도시 차원의 다양한 기후변화 대응을 주도할 수 있을 것이다. 이러한 한국 도시들의 변화가 궁극적으로 동북아 도시 기후변화협력을 이끌어 내기를 희망해 볼 수 있다.

글상자 8.1   **탄소국경조정제도**

2021년 7월 14일 유럽위원회(European Commission)는 Fit for 55라는 법안 패키지를 발표했는데 이 중 가장 주목을 받는 것이 바로 탄소국경조정제도(CBAM: Carbon Border Adjustment Mechanism)이다. 위에서도 언급한 바와 같이 파리체제는 '각자 알아서' 탄소배출을 줄이는 체제이지만 이 과정에서도 여전히 공유지의 비극은 계속 문제가 될 것이고 이에 대한 해결방안 중 하나로서 유럽연합에서 2019년경부터 추진해 온 것이 바로 탄소국경조정제도이다. 핵심은 유럽연합 기업들이 탄소 절감으로 인해 국제시장에서 가격경쟁력 면에서 손실을 보는 만큼의 액수를 유럽연합이 수입하는 제품에 세금으로 부과한다는 것이다. 그리고 같은 날 미국 민주당이 비슷한 내용의 법안을 마련했다. 즉 오염 유발 수입품에 대해 관세를 부과하는 것이다.

물론 아직 최종적으로 확정된 세부 안이 마련된 것은 아니고 또 많은 국내외 절차와 방해물들을 극복해야 하지만 이러한 흐름이 대세가 된 것은 이미 확실하며 벌써 한국정부도 당장 피해가 예상되는 산업 부문 — 예를 들면, 철강 등 — 에 대한 대책을 마련하고 있다. 이 현상은 현재 파리체제하에서 지구기후정치를 유럽과 미국이 이끌고 있음을 보여준다. 과거 교토체제하에서는 유럽이 고군분투하고 미국과 중국이 힘겨루기하면서 일종의 소모전을 계속해 왔다면, 현재는 유럽과 미국이 새 판을 짜고 있고 이 과정에서 중국은 별다른 역할을 하지 못하고 있다.

반면 한국은 유럽과 미국처럼 선도할 수는 없지만, 이 정치에서 여전히 매우 중요한 행위자이다. 이미 2015년부터 배출권 거래제도를 시행하고 있고 세계 무역에서도 누구에게도 결코 무시할 수 없는 영향력 있는 파트너이다. 특히 동아시아에서는 한국의 탄소중립과 그린뉴딜 계획에 중요

계속 ▶▶

글상자 8.1 계속

한 선도적 역할을 할 수 있다. 일본은 오염수 처리 문제에서 보듯이 이미 지역에서 리더의 자격과 신망을 잃었다. 향후 한국이 동아시아에서 탄소 중립을 실현하고 협력하는 데 있어서 어떤 역할을 할 것인지를 주목해야 한다.

출처: 유럽의 CBAM에 대한 가장 훌륭한 분석으로서는 김성진, "복합위기 시대 탄소통상질서의 변화: EU 탄소국경조정제도의 추진 동향과 정책적 함의" 제주평화연구원 PeaceNet (http://jpi.or.kr/?p=17186).

3부

새로운 도전과
각국의 대응

9장

미국의 기후변화정책과
그린뉴딜

2001년 3월 미국의 부시(George W. Bush) 대통령은 미국이 교토의정서를
비준하지 않을 것임을 공식적으로 발표했다. 그로부터 약 16년 후인 2017
년 6월 미국의 트럼프 대통령은 미국이 파리기후변화협약에서 탈퇴할 것임
을 선언했다. 유엔 차원에서 본격적으로 기후변화를 위해 국가들이 모여서
협력을 논의하기 시작한 1992년 이래로 주요 국가 중 이렇게 중요한 협력
국면에서 두 번이나 공식적으로 거부/탈퇴 의사를 밝힌 국가는 아마 미국밖
에 없을 것이다. 자세히 살펴보면 부시 행정부의 비준 거부 이유와 트럼프
대통령이 제시한 탈퇴 이유는 약간 다르다. 그러나 이유보다 더 흥미롭고
중요한 것은, 책임성 없는 기후 악당국가라는 비난을 받고 국제사회에서 신
뢰를 잃어가면서까지 어떻게 이렇게 '대담하고 직접적으로' 두 번이나 대통
령이 국제 규범과 원칙 그리고 협력을 부정할 수 있느냐이다.

　이 질문에 대한 많은 대답이 가능할 것이다. 무엇보다도 미국은 패권국이

기 때문에 어쩌면 다른 국가도 하고 싶어 했을 말을 거리낌 없이 할 수 있는 유일한 국가일 수도 있다. 또한, 유럽과 달리 자유주의적 성격이 강한 미국 민주주의의 특징 그리고 그로 인해 만들어진 국가-자본관계가 근본적인 이유라고 할 수도 있을 것이다. 그리고 미국 국내정치의 여러 특징 중 기후변화에 관련된 정책은 선거에서 대통령과 각 정치지도자에게 어떤 요인으로 작용하는가, 대통령과 의회의 관계는 어떤가, 의회는 어느 당이 장악하고 있는가 등이 작용했다고 할 수도 있다. 이 모든 요인이 우리가 기후변화의 정치에서 특별히 미국을 연구해야 하는 중요한 이유가 된다. 특히 기후변화는 미국이 패권을 유지하는 과정에서 특히 미중 패권경쟁에서 어떤 역할을 하는지 그리고 미국의 국내정치와 국제기후협상은 어떻게 상호작용하는지는 미국의 기후변화 정치를 이해하는 데 핵심적인 두 요인이라고 할 수 있다. 이 장에서는 이 두 요인을 중심으로 미국의 기후변화 정치를 소개한다.

1. 미국 역대 행정부별 기후변화정책

우리는 이미 제6장에서 선진국의 환경제도화 과정을 공부하면서 미국의 환경정치와 정책이 어떻게 형성되고 전개되었는지를 간단히 살펴보았다. 사실 제8장에서도 보았듯이 적어도 선진국에서는 일반적으로 환경정치와 기후변화의 정치가 시기상 순차적으로 진행되어왔다고 볼 수도 있다. 주요 선진국에서 1970년대 초반에 환경정치가 시작되면서 제도가 만들어지고 이를 바탕으로 1970년대와 1980년대에는 국제환경정치가 활발히 전개되었다. 그러다가 1990년대부터는 기후변화가 본격적으로 지구환경정치에서 가장 중요한 이슈로 부각되면서 지구환경정치를 압도하기 시작했다. 그리고 지금까지도 기후변화는 그 시급성과 중요성 그리고 다른 환경문제와의 연관성으로 인해 지구환경정치에서 가장 큰 부분을 차지하고 있다. 따라서 각국의 환경정치에서도 기후변화가 가장 중요한 부분을 차지해왔다. 특히 미국 등 선진국에서는 빈곤이나 저발전으로 인한 공해 그리고 산업화로 인한 공해 문제들에 대한 부담이 없기 때문에 더욱 기후변화가 국내환경정치에서 중요한 문제가 되었다.

　미국 환경정치에서 기후변화는 환경정치를 압도하는 주요 쟁점이 되었을 뿐 아니라 환경정치의 양상도 바꿔놓았다. 미국에서는 1970년대 초반에 환경국이 신설되고 중요한 환경법과 제도가 만들어지기 시작했다. 1970년대는 미국에서 환경제도화의 시기라고 할 수 있다. 그러나 1980년대에 들어오면서 이러한 경향은 주춤해졌다. 레이건 행정부의 기본 방침은 환경과 경제발전 간의 균형 혹은 후자의 강조라고 할 수 있다. 이렇게 전반적으로 친환경적인 경향이 강했던 1970년대와 친산업적인 경향이 강했던 1980년대를 거치고 나서 이제 1990년대로 들어서면서 기후변화가 주요 쟁점이 되자 이 문제는 국내문제를 넘어서 외교정책상에서도 중요한 문제가 되었으며 미국의 패권을 유지하고 전 세계에서 영향력을 확장하는 과정에서 일종의 시금석이 되었다. 기후변화는 다른 외교정책 쟁점과는 달리 규범적 측면이 강하고 미국의 소프트 파워 증진이라는 측면에서도 중요한 이슈이다. 그러나 이와 동시에 미국은 기후변화의 국제협력으로 인해 국내경제의 위축과 국제경제에 대한 지배력 약화가 초래되는 것에 민감할 수밖에 없으므로 유럽 국가들과 같이 기후변화 대응에 적극적일 수가 없는 상황이다. 특히 미중 패권경쟁이 격화되면서 이러한 외교정책상의 고려들은 국내 기후변화 정치에서 더욱 중요한 비중을 차지하게 되었다. 따라서 기후변화는 미국 환경정치에서 외부적 요인인 국제적 요인이 중요하게 작용하게 되는 계기가 되었다.

　그러나 그럼에도 불구하고 여전히 미국의 국내정치는 미국의 기후변화정치뿐 아니라 전체 지구기후변화정치를 이해하는 데 있어서도 중요하다. 지구환경정치에 참여하는 미국 지도자들에게 있어서 미국 유권자들은 여전히 가장 중요한 고려 대상 중 하나이다. 오바마 행정부 시기 2009년 6월

에 어렵게 하원을 통과한 기후변화 관련 법안인 미국 청정에너지 및 안보법
(the American Clean Energy and Security Act)은 결국 2010년 7월에
상원에서 좌절되었다. 트럼프 행정부가 파리기후변화협정에서 탈퇴하겠다
고 선언한 것과 바이든 행정부가 이 협정에의 복귀를 선언한 것은 같은 국
내정치적 맥락에서 이해될 수 있다. 이처럼 미국의 기후변화정치에서는 국
제적 측면과 국내적 측면이 매우 역동적으로 상호작용한다.

　미국은 2007년까지는 이산화탄소 배출량 1위 국가였으며 2008년부터
는 중국에 이어 2위 국가이다. 그리고 역사적인 누적 배출량으로는 여전히
1위 국가이다. 1751년부터 2017년까지의 누적 탄소배출량을 추정해 본 결
과 미국의 배출량은 아시아 전체(중국, 인도, 일본, 한국, 사우디아라비아,
이란, 인도네시아, 카자흐스탄 등 포함) 배출량과 정확히 같은 4,570억 톤
으로 발표되었다.[1] 즉 미국은 패권국이지만 이산화탄소를 가장 많이 배출해
온 패권국이기도 하다. 이 역시 미국이 왜 국제사회에서 두 번이나 돌발행
동을 했는지를 적어도 부분적으로는 설명해 주며 지구기후변화정치에서 중
국과 더불어 미국이 왜 중요한 분석 대상인지를 말해주기도 한다.

　2021년 현재 시점에서 보면 기후변화로 인한 지구의 위험이 점차로 가시
화되면서 이제 탄소배출을 줄이는 것이 아니라 아예 넷제로로 만들어야 하
는 절박한 상황이 도래하였다. 국가들은 앞다투어 이런 상황을 오히려 기회
로 만들기 위해 그린뉴딜이라는 이름으로 자국의 이익을 추구하고 있다. 과
거 미국은 세계 1위 탄소배출국인 중국이라는 확실한 핑곗거리에 의존하여
자국의 기후변화정책을 정당화했다. 미중 기후변화 협력의 약간의 제스츄
어도 있었지만 사실 이 두 국가는 패권경쟁 과정에서 기후변화에 대한 대응
이라는 공을 서로 넘기기에 바빴다. 그러나 이제 미국은 유럽과 함께 탄소
중립과 그린뉴딜의 국면을 새로 열고 있다. 이제는 탄소중립은 거의 기정사
실이 되었고 오히려 이 과정에서 탄소국경조정과 같이 국가 간 협력을 위한
새로운 규칙을 누가 주도해서 정할 것이며 그린뉴딜 과정에서 누가 더 기술

과 자본의 우위를 선점하여 이익을 극대화할 것인가가 쟁점이 되었다. 적어도 지금까지 이 새로운 국면에서 중국은 거의 보이지 않는다. 향후 최소한 약 10여 년간 미국이 유럽과 이 경쟁을 어떻게 전개해나가느냐가 지구 기후변화정치에서 가장 중요한 변수가 될 것이다.

　미국의 기후변화정책은 다른 국가들과 마찬가지로 국제사회에서 이 문제를 본격적으로 다루기 시작한 1990년대부터 시작되었다. 일반적으로 미국에서는 민주당이 좀 더 친환경적인 정책 선호를 보이고 공화당이 좀 더 친기업적인 정책 선호를 보여 왔다. 기후변화에서도 마찬가지로 민주당은 기후변화와 관련된 입법이나 정책활동을 활발히 해왔고 공화당은 이에 비해 기후변화정책과 입법에 소극적이었다. 따라서 어느 정당이 집권하느냐에 따라 기후변화정책에 있어서 뚜렷한 차이를 보인다. 그러나 국내정책에서는 이렇게 뚜렷한 차이를 보이지만 국제협상에서는 결과적으로 이 차이가 국내와 같이 뚜렷하지는 않다. 기후변화외교와 협상에서 미국이 초당적으로 대처한 것은 아니지만 어느 당이 집권하든 간에 결국 결과적으로 보면 미국은 항상 미국의 국익에 따라 행동했다고 할 수 있다.

　먼저 행정부별로 기후변화 문제에 어떻게 대처해 왔는지를 간략히 살펴보면 다음과 같다. 1990년대 유엔에서 기후변화 협상이 본격화될 당시 미국에서는 클린턴 행정부(1993~2000년) 시기였다. 클린턴(Bill Clinton) 대통령과 고어 부통령은 전임자였던 부시 대통령과는 확연히 다르게 친환경적 관점을 보여주었다. 클린턴 행정부는 취임 초기부터 에너지세(British Thermal Unit tax) 도입 계획을 발표하고 기후변화행동계획(Climate Change Action Plan)을 선언하는 등 적극적으로 환경 및 기후변화 문제에 대응하려고 하였다. 물론 대부분의 이러한 노력은 의회에서 입법화되지 못하거나 실효성이 없는 계획이었기 때문에, 실제로 실현되지는 못했다. 그러나 클린턴 행정부는 기후변화에 대한 일반인들의 의식을 제고하고 과학적 연구의 필요성을 강조하는 등 기후변화에 대한 여론 형성을 위해 노력했다.

이러한 긍정적 기조는 유엔기후변화협약 당사국총회가 개최되었을 때도 계속되었다. 제1차 당사국총회에서 미국은 선진국이 먼저 감축하자는 원칙에 합의하였고 제2차 당사국총회에서 미국은 최초로 구속력 있는 감축 의무조항이 있는 조약을 지지한다고 선언하였다. 단 여기에는 조건이 있었는데 그것은 "다른 국가들이 그렇게 한다면"이었다. 제3차 당사국총회가 열리기 직전인 1997년 10월 22일 클린턴 대통령은 내셔널 지오그래픽 협회(National Geographic Society) 연설에서 미국은 주요 개도국들이 이 협약에 의미 있는 정도로 참여하지 않는다면 구속력 있는 의무 감축에 참여하지 않을 것임을 발표하였다.[2] 물론 이러한 발표는 그 이전에 있었던 상원의 압력에 의한 것이었다. 1997년 6월 25일, 상원에서는 중국, 인도, 브라질, 한국 등 주요 개도국이 참여하지 않는 협약의 비준을 반대한다는 내용의 버드-헤겔 결의안(Byrd-Hagel Resolution)을 95−0, 즉 만장일치로 채택하였다. 1997년 12월 미국은 교토의정서에 서명하였으나 공화당이 다수를 차지하고 있었던 상원의 비준을 기대하기는 어려웠다.

부시 행정부는 임기 시작 직후인 2001년 3월에 개도국이 참여하지 않으며 미국 경제에 심각한 타격을 미친다는 이유로 교토의정서의 비준을 거부할 것임을 분명히 했다. 그런데 사실 이러한 이유 외에도 당시 부시 행정부는 전임 팀인 클린턴 행정부에 이어 몇 가지 일관된 주장을 펴고 있었다. 첫째, 교토의정서의 감축목표는 지나치게 비현실적이어서 오히려 국가들의 참여 의지가 꺾인다는 것이다. 둘째, 여전히 기후변화와 지구온난화가 인간의 활동으로 만들어진 인위적인 현상인지에 관한 과학적 연구와 조사가 필요하다는 것이다. 셋째, 유럽 국가들이 시장 유인적 도구(예를 들어, 청정개발체제나 배출권 거래제도 등)에 대해 여전히 부정적인 태도를 보이고 있다는 것이다. 사실 이러한 논점들은 당시로서는 모두 중요한 문제 제기였으나 이산화탄소 배출 1위 국가인 미국의 비준 거부 자체가 매우 큰 파장이었기 때문에 많은 지지를 얻지는 못했다.[3]

비준을 거부하는 대신 부시 행정부는 미국이 독자적으로 감축 계획을 세우고 실천할 것을 선언했다. 취임 초기에 탄소집약도(carbon intensity) 감축목표를 제시하기도 했고[4] 산업과 경제에의 영향을 최소화하면서 온실가스를 감축할 수 있는 저장이나 포집 기술을 개발할 것임을 강조하기도 했다. 그러나 전반적으로 부시 행정부의 기후변화정책은 매우 소극적이고 보수적인 경향이 뚜렷했다. 부시 행정부의 기후변화정책은 좋게 봐서 침묵 또는 관망이라고 할 수 있으며 나쁘게 본다면 퇴보라고 할 수 있다. 사실 부시 행정부는 석유 업계의 이익을 대변하는 행정부였으므로 화석연료의 이용을 줄이는 기후변화 완화정책에 적극적일 수 없었다. 미국 환경정치에서 기업의 영향력은 환경법과 정책이 만들어지기 전부터 매우 막강했다.[5] 매 대통령 선거에서 공화당 후보가 에너지 기업(석유, 가스 기업)으로부터 받는 정치 후원금 액수는 민주당 후보가 받는 액수에 비해 압도적으로 많다.[6]

오바마 대통령은 선거 캠페인 시기부터 기후변화를 정책의 우선순위에 둘 것을 강조하였고 당선 직후에 가장 먼저 언급했던 정책 중 하나가 유럽연합과 같은 탄소배출권 거래제도의 도입이었다. 또한, 선거 과정에서 태양열, 풍력, 바이오에너지 등 청정에너지 분야에 연간 150억 달러를 투자한다는 계획을 포함하여 포괄적인 그린뉴딜정책을 추진하겠다고 선언하였다. 그리고 이러한 계획을 실현하기 위해 의회에서는 미국 청정에너지 및 안보법(the American Clean Energy and Security Act)이 왁스먼(Henry A. Waxman)과 마키(Edward J. Markey) 하원의원에 의해 제안되었다 (따라서 이 법안을 Waxman-Markey Bill이라고도 함). 이 법안은 기후변화에 관한 다양한 국내정책을 가능하게 하는 법안으로서 핵심 내용 중 하나는 탄소배출권 거래제도의 시행이었다. 그런데 이것이 하원에서는 통과되었지만, 상원에서는 공화당의 반대로 의제로 상정되지 못하고 결국 법률화에 실패하였다. 이후 오바마 대통령 집권 1기에는 의료보장법(Health Care Act) 법안 통과에 집중하면서 기후변화와 관련된 의제는 우선순위에서 밀려나게 되었다.

집권 2기에 오바마 행정부는 의회에서 공화당의 반발을 예상하여 새로운 입법을 추진하기보다는 대통령의 단독 권한으로 진행할 수 있는 정책이행 수단들을 동원하여 기후변화와 관련된 다양한 정책을 수립하고 집행하였다. 정책이행 수단에는 행정기관의 규칙제정(regulation), 집행명령(executive orders), 대통령 선언(presidential proclamanation), 대통령 메모(presidential memoranda), 입법 제안을 위한 행정요청(recommending legislation: executive communication) 등이 있다.[7] 사실 오바마 행정부는 집권 8년 동안 이와 같은 다양한 수단을 동원하여 마비된 의회를 우회하여 다양한 기후변화정책을 추진했는데 특히 2기가 시작되는 2013년 6월에 기후변화정책의 기본 틀이라고 할 수 있는 기후행동계획(Climate Action Plan)을 발표하였다. 이 계획에는 화력발전소에서 배출되는 이산화탄소에 대한 연방 기준 설정, 국유지에서의 재생에너지 발전 시설 설치 허가의 대폭적 확대, 교통 부문에서의 탄소절감을 위한 연비 기준 강화, 에너지 효율 향상 프로그램을 통한 탄소 오염 저감, 혁신적인 에너지 기술 투자를 지원하기 위한 금융 보증 제공 등의 구체적인 내용이 포함되어 있다.

이 밖에도 오바마 행정부는 임기 말인 2015년에 2025년까지 화력발전소에서 배출되는 온실가스를 40% 감축하는 청정전력계획(Clean Power Plan)을 발표하였으며 미중 기후변화공동선언을 발표했고 파리협정에 적극 참여하기도 하였다. 오바마 행정부 8년 동안의 기후변화정책에 대한 평가는 시각에 따라 나뉠 수 있다.[8] 하지만 중요한 점은 입법이 아닌 행정부의 정책이행 수단을 통한 정책이었기 때문에, 정권이 바뀌면 새로운 행정부에 의해 정책이 무효화될 수 있다는 점이다. 이것은 실제로 트럼프 행정부에서 일어났다. 트럼프 대통령 취임 당일에 백악관 홈페이지에는 기후행동계획이 전면 폐지될 것이라는 소식이 게재되었는데 그 이유는 그것이 해가 되며 불필요하기 때문이라고(harmful and unnecessary) 설명하였다. 2017

년 3월 트럼프 대통령은 기후행동계획을 공식적으로 무효화하고 석탄산업을 부활하는 행정명령에 서명하였다. 이렇게 해서 무효가 된 기후행동계획은 2021년 1월 바이든 대통령의 취임식 날 "공중보건과 환경 보호 및 기후변화 대응을 위한 과학 회복 행정명령(Protecting Public Health and the Environment and Restoring Science to Tackle the Climate Crisis)"이라는 제목의 행정명령에 의해 다시 부활하였다.

트럼프 행정부는 오바마 행정부 기후변화정책의 기본 방향과 정반대의 기조를 설정하고 이를 추진하였다. 대표적으로 트럼프 행정부는 미국의 에너지 자원(화석연료)을 개발하는 데 걸림돌이 되는 각종 규제를 철폐하였다. 예를 들어, 오바마 행정부에서는 환경 파괴를 이유로 북극권 국립야생보호구역(Arctic National Wildlife Refugee)에서의 자원 개발을 엄격하게 규제해 왔으나 트럼프 행정부에서는 이 지역에서의 석유 시추 개발을 허용하였다. 또한, 수압파쇄법 관련 규제 폐지를 위한 신규 최종안을 발표하였는데 이로써 2015년에 만들어진 연방 공유지 및 원주민 토지에서의 수압파쇄법 적용 금지를 주요 내용으로 하는 수압파쇄법 관련 규제는 2017년 12월 29일부터 효력이 상실되었다. 수압파쇄법은 고압의 액체를 이용하여 시층에 매장된 광물을 파쇄하여 셰일가스나 석유를 채취하는 방법인데 이때 사용되는 액체가 지층수와 토질에 악영향을 미쳐 환경을 파괴한다. 이렇게 트럼프 행정부에서 오바마 행정부의 기후변화 관련 규제를 해제한 경우가 100건이 넘는다.

또한, 트럼프 행정부는 미국의 파리기후변화협정 탈퇴를 선언하고 이 협정은 미국에 가장 불리하게 체결된 협정이기 때문에 미국과 미국 기업, 미국 노동자, 미국 시민에게 공정한 조항을 중심으로 파리협정을 재협상하거나 완전히 새로운 협정을 추진할 것임을 밝혔다. 또한, 녹색기후기금(GCF)에 대한 20억 달러 기부 약속을 포함하여 미국이 제출한 국가감축기여(NDC)를 이행하지 않을 것임을 선언하였다. 그런데 이 선언 이후 미국

의 약 20개 주와 50개 이상의 시정부 대표들이 참여한 그룹인 미국의 서약
(America's Pledge)에서는 파리협정상의 미국의 자발적 감축 목표를 계속
해서 이행할 것을 천명하기도 하였다. 어쨌든 파리협정의 탈퇴 규정을 보면
당사국은 협정 발효 3년이 지난 이후에야 서면으로 탈퇴를 통고할 수 있고,
탈퇴 통고를 접수한 날로부터 최소한 1년이 지난 후에 탈퇴의 효력이 발생
한다. 따라서 실제로 미국이 서면 통보를 할 수 있는 시점은 2019년 11월 4
일이었기 때문에 그날에 유엔에 탈퇴를 통보했고 그로부터 1년 뒤인 2020
년 11월 4일에 탈퇴가 공식적으로 인정되었다.

　2021년 1월에 취임한 바이든 대통령은 취임하자마자 선거 공약대로 파
리협정에의 재가입을 선언하였으며 케리(John Kerry) 전 국무장관을 미
국의 기후특사(Special Presidential Envoy for Climate)로 임명하였다.
또한, 약 2조 2,500억 달러 규모의 인프라 투자 계획 중 상당 부분을 그린
인프라 관련 사업에 투자할 것을 확정하였고 4월 21일 지구의 날을 맞아
2035년까지 발전 분야에서의 탄소중립, 그리고 2050년까지 국가적 탄소
중립이라는 장기목표들과 더불어 2030년 온실가스 배출을 2005년에 대비
하여 절반으로 감축하겠다는 목표를 재확인하면서 오바마 행정부보다도 더
강력한 기후변화정책을 수립하고 집행할 것임을 보여주었다. 바이든 대통
령은 미국의 역대 행정부 중에서 최초로 기후변화 문제를 국가적 과제로 다
루었던 오바마 행정부의 부통령으로서의 경험을 바탕으로 준비된 대통령으
로서 기후변화 문제에 적극적으로 대응하고자 하는 모습을 보인다. 바이든
행정부는 기후변화뿐 아니라 기후 위기(climate crisis)라는 용어를 사용하
며 국내정책뿐 아니라 기후변화에 대한 대응 과제를 외교 및 안보정책과도
연계하고자 한다.[9]

2. 미국 기후변화정책의 특징

이상에서 살펴본 바와 같이 미국 기후변화정책은 국내정치와 밀접한 관련이 있으며 다음과 같은 네 가지 특징을 보인다. 첫째, 기후변화와 에너지정책에 있어서 공화당과 민주당이 대립적인 정책 방향을 취하고 있으며 이러한 대립은 오바마 행정부부터 뚜렷이 나타난다. 정책뿐 아니라 정당 지지자들 사이에서도 기후변화에 대한 생각과 선호가 뚜렷이 양분되는 경향을 지속적으로 보인다. 미국 시민들은 대체로 환경문제와 기후변화가 국가의 우선적 과제라고 생각하지만, 이 응답은 민주당 지지자들과 공화당 지지자들 사이에 큰 괴리를 보인다. 즉 압도적 차이로 민주당 지지자들이 훨씬 더 환경과 기후변화 문제를 심각하게 생각한다.[10]

둘째, 행정부와 의회가 대립하는 경우가 자주 발생하며 이 경우 행정부는 의회의 동의를 얻지 않은 행정명령으로 정책을 집행하지만, 이 경우 행정부가 교체되면 지속되지 못한다. 이러한 정책 단절/번복은 행정부가 바뀔 때마다 반복되고 있고 막대한 손실을 초래한다. 집권당이 상원과 하원에서 다수를 차지하고 있더라도 근소한 차이의 다수일 경우가 많으며 이 경우 특히 상원에서는 이탈표로 인해 집권당의 뜻에 맞도록 입법과정이 진행되지 않는 사례도 많다. 그리고 무엇보다도 이러한 정책 단절은 근본적으로 이 문제에 대한 양당 간의 심한 의견차이에서 기인한다.

셋째, 행정부와 의회뿐 아니라 법원, 기업 등 다양한 행위자들이 기후변화정책 과정에 개입한다. 이로 인해 미국 기후변화 정치의 특징을 제도적 다원주의(Institutional Pluralism)라고 하기도 한다. 6장에서 보았듯이 미국 환경정치에서 법원이 중요한 역할을 하는 이유는 각 행위자가 소송을 통해 자신의 이익을 확보하려고 하기 때문이다. 특히 기후변화의 경우 부시 행정부 말기 발표된 2007년 미 대법원판결(Massachusetts vs. EPA)에서 비롯되었다. 이것은 미국 기후변화 정치에서 매우 중요한 전환점이 되는 판결로서, 기후변화로 인한 피해에 대해 미 행정부의 대응 마련을 촉구하는 주 정부의 원고적격을 인정하였고 이에 따라 청정대기법하 온실가스는 대기오염물질에 속하며 연방환경보호청(EPA)은 온실가스를 규제할 수 있음을 명시한 것을 주요 내용으로 한다. 이 판결 이후 기후변화 관련 소송이 빠르게 증가했다.[11]

넷째, 미국의 연방제는 정치 자체를 분권화시켜 주 정부와 그 이하 정부에서 자율적으로 기후변화정책을 수립하게 된다. 위에서 보았듯이 트럼프 행정부의 파리협정 탈퇴 의사 표시 이후 많은 지방정부의 리더들이 파리협정을 계속 지지하는 선언을 하기도 했다. 특히 적응 정책의 경우 각 주 정부가 자신의 상태에 맞는 적절한 정책을 수립하고 집행하고 있고 연방정부는 보조적인 역할만을 하고 있다. 주 정부는 규범 창출자 혹은 확산자가 되어 기후변화와 관련된 다양한 정책 아이디어를 실험하고 전파하는 역할을 한다.[12] 미국 주정부 수준의 기후변화정책에 관한 최근 연구에 의하면 캘리포니아는 미국에서 가장 모범적인 기후변화정책 실행 사례이다. 그 성공 비결은 환경과 경제의 통합적 접근이며 이것이 환경 및 기후변화정책을 지지하는 정치적 지지 세력을 만든다.[13] 그리고 북동부 9개 주가 참여하여 운영하는 배출권 거래제도인 미국 북동부 배출권 거래시장(RGGI: Regional Greenhouse Gas Initiative)도 대표적인 지방정부 이니셔티브의 예이다. 이것은 비록 일부 주만 참여하지만, 미국 최초의 강제(mandatory) 배출권 거래제도이며 2009년부터 꾸준한 감축 실적을 내고 있다.

표 9.1과 9.2에서 보는 바와 같이 미국은 전 세계에서 석유를 가장 많이 생산하는 국가이며 또 가장 많이 소비하는 국가이다. 따라서 석유 업계의 이해관계가 환경, 에너지, 기후변화의 정치에서 중요한 요인으로 작용한다. 그러나 전 세계적으로 에너지 공급에서 석유의 비중은 지속적으로 감소해 왔다. 1973년에 전 세계 에너지 공급에서 석유가 차지하는 비중은 46.2%였는데 2018년에는 31.8%로 감소하였다. 같은 기간에 OECD만을 보면

52.6%에서 35.3%로 감소하였다. 즉 그만큼 천연가스와 핵에너지 그리고 재생에너지의 비중이 증가한 것이다. 그런데 사실 이와 동시에 미국은 천연가스 생산량에서도 2019년에 전 세계 생산량의 23.4%를 차지하며 세계 1위이며 핵발전에 의한 전력 생산량에서도 2018년에 전 세계 생산량의 31%를 차지하며 세계 1위이다.[14] 향후 탄소중립과 그린뉴딜 목표를 달성하기 위해서는 재생에너지 비중을 늘려야 하는데 여전히 화석연료 생산 업계는 이에 반발할 것이고 이들의 의회 로비는 더욱 강화될 것이다.

도표 9.1은 2019년 미국의 업종별 이산화탄소 배출 비중을 보여주는데 가장 많은 이산화탄소를 배출하는 업종은 교통(승용차, 트럭, 배, 비행기, 기차 등) 부문이며 이를 이어 전력, 산업, 상업/주거 그리고 농업 순이다. 따라서 다른 국가에 비해 교통 부문의 비중이 높은 편이다. 교통 분야

표 9.1 석유 생산 상위 10개 국가 (2020년)

국가	일일 생산량 (100만 배럴)	전 세계 생산량 중 비율 (%)
미국	18.60	20
사우디아라비아	10.82	11
러시아	10.50	11
캐나다	5.26	6
중국	4.93	5
이라크	4.16	4
브라질	3.79	4
아랍에미리트	3.79	4
이란	3.01	3
쿠웨이트	2.75	3
상위 10개국 총합	67.60	72
세계 총합	94.20	

출처: https://www.eia.gov/tools/faqs/faq.php?id=709&t=6

표 9.2   석유 소비 상위 10개 국가 (2018년)

국가	일일 생산량 (100만 배럴)	전 세계 생산량 중 비율 (%)
미국	20.51	21
중국	13.89	14
인도	4.77	5
일본	3.79	4
러시아	3.56	4
사우디아라비아	3.08	3
브라질	3.06	3
한국	2.57	3
캐나다	2.53	3
독일	2.33	2
상위 10개국 총합	60.08	60
세계 총합	100.05	

출처: https://www.eia.gov/tools/faqs/faq.php?id=709&t=6

도표 9.1   미국 업종별 이산화탄소 배출 비중 (2019년)

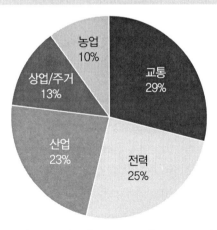

출처: https://www.epa.gov/ghgemissions/sources-greenhouse-gas-emissions

에서는 특히 승용차와 밴 그리고 소형트럭이 총배출량의 약 59%를 차지한다.[15] 이 부문에서의 연비개선과 교통기술발전을 통한 온실가스 감축은 오바마 행정부의 기후행동계획에서도 중요한 부분을 차지했으며 바이든 행정부에서도 친환경자동차 산업에의 투자 및 보급 확대가 강조되고 있다. 비록 2020년과 2021년에는 COVID-19로 인해 교통 부문의 이산화탄소 배출량이 큰 폭으로 감소했지만, 미국의 탄소중립계획 실현에서 교통 부문은 여전히 중요한 역할을 해야 한다. 미국은 여전히 전 세계적으로 내연기관 자동차 생산 강국이지만 동시에 전기차와 수소차 생산 역시 강국이다. 바이든 행정부의 COVID-19 경기부양책 중에서 승용차와 대중교통 부문의 전기차에 투자되는 비중이 매우 크며 이것은 유럽이나 아시아에 비해 전통적으로 비효율적이고 부족하다고 평가되어온 미국의 대중교통체계에 있어서 큰 혁신을 가져올 수도 있다. 2021년 1월 캘리포니아주는 2035년까지 주 내에서 판매되는 모든 승용차와 트럭에서 제로 에미션을 요구할 것이며 이것이 이 주의 탄소배출을 35% 절감할 것이라고 발표하였다. 그만큼 미국의 기후변화 대응에서 교통 부문이 차지하는 비중은 크다.[16]

3. 기후변화와 미중관계

1979년 1월 미국과 중국이 국교 정상화를 수립한 이후 환경문제나 기후변화가 양국 간의 중요 쟁점으로 부각한 것은 비교적 최근인 2010년대의 일이다. 미국과 중국은 냉전 시대에 소련을 견제한다는 공동의 이해관계를 기반으로 전격적으로 외교관계를 수립했다. 이후 중국은 개혁·개방정책을 시작해서 글로벌 자본주의체제에 본격적으로 참여하기 시작했고 2001년에 세계무역기구(WTO) 가입 이후에는 이 체제의 가장 중요한 행위자 중 하나로 부상하였다. 이 과정에서 미국과 중국은 무역에서의 최혜국 대우(Most

Favored Nation), 천안문 사태 이후 인권과 민주주의 문제, 달라이 라마와 티베트 문제, 양안관계와 하나의 중국 문제, 그리고 시장경제 지위(Market Economy Status) 부여 문제 등의 쟁점으로 대립하거나 갈등을 겪었다. 중국의 국력이 점차 증대되면서 미중관계는 점차 동반자관계에서 경쟁자관계로 그리고 더 나아가서 적대관계로 발전하였다.

미국과 중국은 전 세계에서 이산화탄소를 가장 많이 배출하는 그리고 배출해 온 국가로서 이 문제에 관해서는 서로 대립하지만, 그와 동시에 상호 의존하는 관계를 유지해 왔다. 즉 미국과 중국은 각각 선진국과 개도국의 입장에서 서로의 온실가스 감축을 요구하고 자국의 입장을 정당화하지만, 이와 동시에 상대방의 감축 노력이 미비한 것을 일종의 지렛대로 삼아 자국의 소극적 감축을 정당화하기도 했다. 이와 같은 기이한 상호의존은 사실 오바마 행정부 시기를 제외하고는 줄곧 지속되어 왔고 트럼프 행정부 때는 가장 두드러지게 나타났다. 그리고 오바마 행정부 시기에도 미중 기후변화 협력이 성사되었지만, 협력에서 약속한 내용을 이행하는 것은 다른 문제이고 여전히 상호 비난 게임은 계속될 수 있었다. 이후 미국에서 트럼프 행정부가 들어서면서 협력은 양방 모두 이행되지 않았다.

흥미로운 것은 도표 9.2에서 보는 바와 같이 2021년 현재 역사적 누적 배출량을 보면 중국이 미국의 절반이 넘는 양으로서 2위를 기록하고 있다는 점이다. 1997년 교토의정서가 체결되던 당시 각국의 역사적 배출량이 계산된 통계가 제시되지는 않았다. 그러나 개도국 그룹에서는 선진국의 역사적 배출을 강조했고 이들의 역사적 책임은 명백했기 때문에 이러한 개도국의 논리가 설득력을 가질 수 있었다. 그런데 현재는 역사적 누적 배출량에 대한 추정치 데이터가 활용 가능해졌고 도표 9.2의 출처가 되는 데이터에 의하면 중국의 누적 배출량이 매우 급격히 증가해 왔음을 알 수 있다. 더군다나 이 데이터처럼 산림 전용(deforestation)이나 산림황폐화(forest degradation)로 인한 산림의 탄소 흡수 기능 상실을 배출량으로 상쇄해서

계산한다면 역사적 누적 배출량에서 브라질이나 인도네시아와 같은 개도국
들이 상위권을 차지한다. 미국은 여전히 누적 배출량 1위이지만 탄소배출
량이 정점을 지나 감소하고 있으며 2050 탄소중립 계획을 실행하면서 감축
속도가 더욱 증가할 것이다. 반면 중국은 적어도 정점에 도달할 때까지는
증가 속도가 매우 높을 것이므로 역사적 누적 배출량도 급격히 증가할 것이
다. 따라서 중국은 점차로 역사적 배출 논리를 사용하기 힘들 것으로 예상
된다. 참고로 2019년에 이미 중국은 미국을 포함하여 모든 선진국의 배출
량 합계를 초과한 배출량을 기록했다.[17]

　미국 역시 트럼프 행정부와 같이 기후변화 자체를 부정하거나 미국의 이
익을 들어 협력을 거부하는 것은 더는 불가능해 보인다. 트럼프 후보는 선
거 유세 동안에 파리기후변화협약은 미국 경제를 약화하려는 중국의 사기
극이라고 비난하면서 표를 모았지만, 이것은 국제사회에서 미국의 책임성
과 신뢰성에 손상을 입혔다. 트럼프 행정부 4년의 기간 동안 미국은 중국과

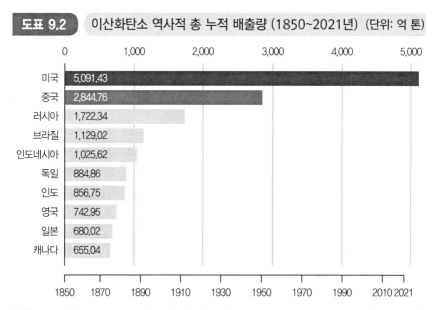

도표 9.2　이산화탄소 역사적 총 누적 배출량 (1850~2021년) (단위: 억 톤)

국가	배출량
미국	5,091.43
중국	2,844.76
러시아	1,722.34
브라질	1,129.02
인도네시아	1,025.62
독일	884.86
인도	856.75
영국	742.95
일본	680.02
캐나다	655.04

출처: https://edition.cnn.com/2021/10/28/world/china-us-climate-cop26-intl-hnk/index.html

의 무역 전쟁을 개시하였고 화웨이 통신 장비의 미국 기업과의 거래를 금지했다, 또한 중국의 지식재산권 문제를 지속적으로 제기하고 중국이 미국의 기술을 도둑질하고 있다고 주장했으며 코로나 사태의 유발자로 중국을 지목하고 맹비난하였다. 이러한 비난에 대한 유럽이나 다른 국가들의 태도는 대체로 이중적이었다. 즉 한편으로는 트럼프 대통령의 거친 언행과 공격적 정책을 비난하였지만 다른 한편으로는 이들 역시 미국 못지않게 중국의 부상이 불편하고 위협으로 느끼고 있었기 때문에 적극적으로 중국을 옹호하지는 않았다. 그러나 기후변화 문제에 있어서는 유럽이나 다른 국가들이 미국과 유럽을 동시에 비난하는 양비론보다는 대체로 미국의 조약 탈퇴 선언을 맹비난하는 쪽으로 여론이 형성되었다, 탈퇴 선언은 미국이 동맹국들로부터도 신뢰를 잃게 되는 계기가 되었다. 따라서 기후변화 문제에서 미국이 중국을 비난하면서 협력에 소극적인 태도를 취하는 것은 갈수록 쉽지 않을 것이다.

따라서 미국과 중국은 점차로 상호 비난을 바탕으로 한 의존보다는 국제사회에서 패권국으로서의 책임과 역할이라는 맥락에서 기후변화에 접근하게 되었다. 그런데 이 두 국가 모두 세계 최대의 이산화탄소 배출국이기 때문에, 패권국의 지위를 확보하거나 유지하기 위해 노력하면서 이와 동시에 탄소를 줄이는 데 앞장서기가 매우 힘든 상황이다. 미중 패권경쟁이 심해질수록 과거와 같이 서로를 의지하여 감축을 게을리하는 것은 더는 불가능할 것이고 결국 누가 기후변화라는 이슈를 통해 국제사회에서 패권국으로서 인정을 받고 이를 통해 영향력을 확대하느냐가 관건이 되었다.

2000년대까지만 해도 중국은 신흥 대국으로서 패권을 추구하고자 하는 의도를 공개적으로 드러내지 않았고 사실 그럴만한 조건도 아니었다. 화평굴기보다는 화평발전을 주장하였고 패권을 추구할 것이라는 서구의 예측과 경계를 강하게 부인하였다. 미국과 어려운 협상을 마치고 2000년에 WTO에 가입함으로써 본격적으로 세계 경제체제에 진출한 이후에도 여전히 중국은 약대국이었고 게임의 룰을 만들거나 변경할 수 있는 위치에 있지 않았다. 2005년만 해도 중국의 구매력 기준(PPP) 국내총생산(GDP)은 미국의 절반 이하였고 명목(Nominal) 국내총생산(GDP)은 미국의 1/6도 되지 않았다. 그런데 중국은 2017년에 구매력 기준 국내총생산에서 미국을 추월했으며 명목 국내총생산은 적어도 2030년이 되면 미국을 추월할 것으로 예상된다. 중국은 "가만히만 있어도 저절로 영향력이 커지는" 국가가 되었다. 2015년에 이미 휴대전화 판매량, 전자상거래 거래량, 인터넷 사용자 수, 석유 수입량, 무역 규모, 에너지 소비량 등 수많은 지표에서 전 세계 1위를 차지하였다. 이러한 변화를 바탕으로 시진핑 주석과 중국공산당 지도부는 신형대국관계 그리고 중화민족의 위대한 부흥을 강조하기 시작했고 이제 누구도 G-2 시대가 되었음을 부인할 수 없게 되었다.

문제는 이러한 위상에 걸맞게 중국이 국제사회의 보편적 규범을 준수하고 국제협력을 주도하여 지구적 문제를 해결하는 데 책임 있는 모습을 보이는지이다. 기후변화는 팬데믹이나 빈곤, 난민, 차별 등과 함께 인류가 당면한 가장 시급한 문제이고 반드시 글로벌 차원의 협력을 필요로 하는 과제이다. 그런데 중국은 아직도 에너지 생산의 약 60% 이상을 석탄에 의존하고 있고 이 의존도를 급격하게 낮추는 것이 거의 불가능한 과제일 것이다. 2030년 탄소배출량 정점을 달성하는 것 그리고 2060년까지 탄소중립을 실현하는 것도 중국으로서는 최선을 다해 설정한 목표일 수 있다. 그러나 이미 유엔과 IPCC에서는 이러한 각국의 계획이 달성된다고 해도 파리협정의 온도 목표를 달성하기 힘들기 때문에 국가들이 더 엄격한 계획을 세우기를 촉구해 왔고 특히 중국에 강한 압력을 행사하고 있다. 기후변화 문제에 있어서 적어도 현재까지 중국은 국제사회에서 책임 있는 대국으로서의 모습을 보여주고자 하지만 국내 여건으로서는 그러한 약속을 쉽게 하지 못하는 딜레마에 빠져 있다.

미국에서 패권국의 위상과 기후변화 문제를 결부시켜 접근한 것은 오바마 행정부이다. 이 문제에 관한 한 탁월한 연구에 의하면 오바마 행정부가 기후변화 대처라는 국제적 공공재의 제공에 대해 역대 어느 정부보다도 적극적이었던 이유는 이라크 침략, 아부 그라이브와 관타나모 포로수용소에서의 고문 및 학대, 대탄도탄 미사일 조약으로부터의 일방적인 탈퇴, 국제형사재판소 가입 거부, 교토의정서 비준 거부 등으로 인해 급전직하한 미국에 대한 국제적 여론과 이미지 그리고 여기에 덧붙여 2007~2008년의 미국발 금융위기로 한층 위축된 미국의 리더십을 다시 세우고 이를 통해 약화된 패권을 회복하거나 최소한 패권의 쇠퇴를 늦추려는 노력의 일환이었다. 그런데 오바마 대통령이 기후변화 영역과 관련하여 추구했던 패권 회복의 시도는 제2차 세계대전 이후 미국이 추구했던 힘의 우위를 바탕으로 한 패권체제의 수립을 시도했던 것과는 달리 중국, EU 등 다른 주요 국가와의 다양한 형태의 파트너십을 강조하면서 인류 공동의 문제를 대처하는 협력적이며 제도화된 리더십을 추구하였다. 오바마 행정부는 여전히 패권국으로서 국제사회에서 미국의 리더십 발휘가 중요하지만, 과거와 같은 일방주의가 불가능한 상황에서 선모범-후촉구의 방식으로 리더십을 발휘하고 다른 국가의 동의와 협력을 얻어내고자 하는 방식으로 기후변화 문제에 접근하였다. 즉 미국은 기후변화 영역에서 단일 패권(singular hegemon)의 제도화보다는 미국의 리더십을 발휘하되 이러한 리더십이 정당성을 부여받는 제도화, 사회화된 패권을 추구했다고 할 수 있다.[18]

오바마 대통령은 2009년 취임 이후 같은 해 7월에 부시 행정부에서 시행되었던 고위급 회담 및 경제전략대화 등을 하나로 통합하여, 미중 전략경제대화(US-China Strategic and Economic Dialogue)라는 대화 및 협력 채널을 신설했다. 이로써 오바마 행정부는 중국을 대화와 협력 파트너로서 적극적으로 포용하고 상호관계의 활성화를 위한 제도적 기반을 마련하였다. 제1회 회의는 미국 워싱턴 DC에서 개최되었는데 중국은 사상 최초로 150여 명의 고위 관료를 파견하였다. 제2회는 중국 북경에서 개최되었는데 미국 역시 200여 명의 고위 관료를 파견하였다. 제1회 회의에서 양국은 기후변화 문제를 핵심 의제 중 하나로 설정했으며 '기후변화, 에너지, 환경협력 강화를 위한 미중 양해각서'를 체결하였다. 그리고 같은 해 11월 북경에서 개최된 오바마 대통령과 후진타오(胡錦濤) 주석의 정상회담에서 청정에너지연구센터(US-China Clean Energy Research Center)설립에 관한 세부 사항에 합의하고 전기자동차 개발 이니셔티브 등 환경 및 에너지 관련 기술협력의 돌파구를 마련하였다. 이러한 협력 시도는 사실 그해 12월에 코펜하겐에서 있었던 유엔기후변화협약 제15차 당사국총회(COP15)에서 양국 간에 의미 있는 수준의 합의를 이끌어 내기 위한 사전 작업의 성격도 있었다.

그런데 실제로 코펜하겐에서는 미중 간의 의미 있는 협력이 이루어지지 않았다. 오바마 대통령은 원자바오(溫家寶) 총리뿐 아니라 다른 주요 국가들의 정상과 적극적으로 교류하면서 협상이 타결되도록 노력했지만, 결과적으로 아무런 구속력 있는 합의가 도출되지 못했다. 대회에 대한 평가 역시 오바마 대통령은 긍정적으로 평가한 반면, 유럽에서는 재앙이라고 표현했으며 중국을 비롯한 대부분의 개도국 역시 협상 과정부터 강력히 반발했고 결과에 의미를 두지 않았다. 물론 기본적으로 이 대회는 교토의정서의 제1차 의무 감축 기간이 끝난 후부터의 계획을 정하는 논의였기 때문에 원천적으로 구속력 있는 합의가 도출되기 어려운 경우였다. 그러나 많은 국가 대표들이 오바마 대통령의 리더십과 설득 능력에 기대했던 것도 사실이었다. 대회 직전 오바마 대통령은 노벨 평화상을 수상했다. 노벨위원회는 수상자 선정 이유로서 지구온난화에 대한 적극적인 대처, 유엔에 대한 지원, 그리고 핵무기 없는 세상에 대한 비전을 제시하였다. 물론 오바마 대통령이 취임한 지 2주도 안 된 상태에서 후보 추천이 마감되었기 때문에 논란이 있었지만, 대통령 선거 과정에서 보여준 오바마 후보의 언행은 전 지구적 관심과 기대를 끌기에 충분했다. 그러나 결과적으로 대회는 성과를 거두지 못했다.

2011년 1월 다시 미중정상회담이 열렸고 이를 계기로 미국은 다시 중국과의 기후 협상을 재개하였다. 양국은 한편으로는 전략경제대화를 계속하고 다른 한편으로는 비공식 접촉을 진행하였고 이러한 2년간의 노력 끝에 2013년 4월, 존 케리 당시 국무장관의 북경 방문 때 '기후변화 협력 성명'에 합의하였다. 이 성명에서 양국은 기후변화 의제를 전략경제대화의 고정 의제 중 하나로 선정하였으며 기후변화는 실존적 의제이며 과학적 근거가 있고 따라서 이 문제에 대해 양국이 적극 협력할 것을 공동 확인했음을 명시했다. 또한, 양국은 협력을 본격화하기 위해 중국 국가발전개혁위원회(NDRC) 부위원장인 셰쩐화(解振華)와 미국 기후변화 특사인 스턴(Todd Stern)을 공동 의장으로 하는 기후변화 실무그룹(Climate Change Working Group)을 창설하였다. 이후 2014년에는 시진핑 주석과 오바마 대통령은 기후변화 관련 정상회담을 개최하고 공동성명을 발표하였다. 이 성명에서 미국은 2025년까지 온실가스 배출량을 2005년 대비 26~28% 감축하기로 했으며, 중국은 2030년 전후로 온실가스 배출량의 정점에 도달할 것이며 이를 위해 이 시점까지 비화석연료의 비중을 20%까지 늘릴 것임을 선언하였다. 2015년에도 양국은 파리 기후변화 협약의 성공적인 타결을 촉구하는 공동선언을 발표했으며 2016년 파리협약이 타결된 이후에는 협약 서명 및 비준을 조속히 시행한다는 공동 선언문을 발표기도 하였다.

이와 같은 외교적 성과는 지금까지 미중관계에서 거의 유일한 기후변화 협력 성과라고 할 수 있다. 이후 미국에서는 2017년 1월 트럼프 대통령이 취임하면서 이러한 협력 성과를 부정하였고 중국에서도 같은 해 10월 제19차 당대회를 통해 시진핑 주석의 집권 2기가 시작되면서 양국 간에 협력보다는 경쟁과 대립이 더욱 심화되었다. 물론 위와 같은 협력이 구체적으로 어떤 성과를 가져왔는지에 대한 평가도 논란의 대상이다. 표 9.3에서 보는 2013년부터 2016년까지의 협력은 사실 상징적인 의미는 있지만, 약속한 감축목표는 최소한 중국의 경우 크게 부담이 되지 않는 정도의 공약이며 그나마도 법적 구속력이 없는 선언이기 때문에 큰 의미를 부여할 수는 없다. 오히려 기후변화는 중국의 신형대국관계론과 핵심 이익에 대한 강조 그리고 미국의 아시아태평양으로의 회귀와 양안 긴장, 그리고 영토분쟁 등의 문제에 비해서는 비교적 '가볍고 부담 없는' 그러면서도 국제사회에서 '멋있게 보일 수 있는' 이슈였을 것이다.

그럼에도 불구하고 굳이 이러한 협력이 갖는 의미를 찾는다면 형식적이나마 협력의 경험을 가지게 됨으로써 향후 양국 간의 기후변화 협력이 가능하게 할 수 있는 토대를 마련했다는 점일 것이다. 이러한 '협력의 추억'은 2021년 10월 30일에 시작된 유엔기후변화협약 제26차 당사국 총회 (COP26)에서 부분적으로 역할을 했다. 이 총회 기간 중 11월 10일 중국의 셰쩐화 기후특사와 미국의 케리 기후특사는 '2020년대 기후 행동을 강화하

표 9.3 미중 기후변화 협력 성과

시기	협력 사항
2009년	• 기후변화, 에너지, 환경협력에 관한 양해각서 체결 • 청정에너지연구센터 설립에 관한 세부 사항 합의, 전기차 개발 이니셔티브 개시 등 7개 성과 달성
2010년	• 2차 전략경제대화 계기로 에코 파트너십 이행에 관한 양해각서 체결
2011년	• 3차 전략경제대화 계기로 6개의 새로운 에코 파트너십 사업 추진 합의
2012년	• 4차 전략경제대화 계기로 5개의 새로운 에코 파트너십 사업 추진 합의
2013년	• 기후변화 실무그룹 창설
2014년	• 장기 온실가스 감축 목표를 포함한 공동성명 발표 • 기후변화 실무그룹 이니셔티브 확대 (산림, 저탄소 도시 등 포함)
2015년	• 파리협상의 성공적 타결을 위한 공동성명 발표 • 기후변화 실무그룹 이니셔티브 확대 (항만, 선박 등 포함)
2016년	• 파리협정 서명 및 조속한 비준에 관한 공동성명 발표

출처: 최동주·조가희, "신자유주의적 제도주의(Neoliberal Institutionalism)로 본 미국과 중국의 기후변화 협력," 『국제지역연구』 제21권 제4호 (2017), p. 138.

는 미중 공동 글래스고 선언(U.S.-China Joint Glasgow Declaration on Enhancing Climate Action in the 2020s)'을 발표했다. 이 선언에서 양국은 이 대회에서 주로 논의되었던 메탄가스의 측정과 감축에 관한 정보를 공유하고 공동 연구를 진행하기로 했으며, 이산화탄소와 관련해서는 미국은 2035년까지 전력 부문에서 탄소 오염 제로를 달성할 것이며 중국은 제15차 5개년 계획 기간(2026~2030년) 동안 석탄 소비를 줄이겠다고 약속했다.[19]

그러나 이 역시 연성법, 즉 선언에 불과한 것은 사실이다. 약속 자체가 구체적이지 않으며 (특히 중국의 경우) 약속이 지켜지지 않는다고 해서 대안이 있는 것도 아니다. '협력의 추억'은 두 경험자 사이에서 작동했지만, 이번에도 협력 선언은 상징적인 의미를 가질 가능성이 크다. 사실 COP26에 중국 시진핑 주석은 불참했고 서면으로 연설했는데 그 연설에서 그는 "일인당 탄소배출량" 논리를 사용했다. 절대량은 중국이 많지만, 인구 일인당 탄소배출량은 중국이 매우 적다는 것이다. 미국 역시 시진핑 주석의 불참을 비난했고 중국뿐 아니라 러시아나 사우디아라비아와 같이 2050년이 아닌 2060년까지 탄소중립을 달성하겠다고 계획한 국가들을 강력히 비난하였다. 인도는 2070년까지 그것도 개도국에 대한 적절한 지원과 양보가 전개되는 것을 조건으로 탄소중립을 달성하겠다는 입장을 바탕으로 COP26에서 선진국 위주의 합의에 강력히 반발하였다. 결국, COP26은 지구 차원에서 탄소중립 시점을 앞당겨야 하는 과제에 대해 성과를 내지 못했다.

앞서 언급한 바와 같이 미중 양국에서 기후변화 문제는 패권에의 도전 혹은 유지와 깊이 연관되어 있으면서도 국내적인 정치적, 경제적 조건으로 인해 쉽게 실행하지 못하는 문제이다. 즉 기후변화는 양국에게 일종의 딜레마적인 상황을 만들어 내고 있다. 그런데 더욱 중요한 것은 유엔 차원의 노력 역시 전진하지 못하고 있다는 점이다. 표 9.4에서 보는 바와 같이 COP26의 성과는 '환영, 촉구, 표시, 독려, 강조, 요구' 등의 표현이 난무할 뿐 의미 있는 합의에 이른 것은 CDM 사업을 통한 CER을 어떻게 인정할 것이냐의 문제

표 9.4　유엔 기후변화협약 제26차 당사국 총회(COP26) 결과 요약

분야	논의 및 합의 사항
과학 및 시급성	• COP27에서 IPCC 보고서 제출 요청 • 1.1℃ 기온 상승이 인간 활동에 기인 우려 표시 • 감축, 적응, 재원분야 목표 및 행동 상향 시급성 강조
적응	• 재원·역량배양·기술이전 포함 적응 행동 및 지원 시급성 • 국가적응계획(NAP) 제출 환영 • COP27 전까지 IPCC AR6 제2작업반 보고서 제출 기대
적응 재원	• 선진국들의 적응재원·역량배양·기술이전 대폭 확충 촉구 • 충분하고 예측 가능한 적응재원의 중요성 인식 • 선진국의 적응재원 2025년까지 2019년 대비 최소 2배 확대 공약 환영 • 다자개발은행, 금융기구 및 민간의 기후재원 동원 촉구
감축	• 1.5도 목표 실현을 위한 CBRD 원칙 및 과학에 기반한 행동 상향 필요 • 2030까지 메탄 등 이산화탄소 외 온실가스 감축 검토 요구 • 청정발전 확대, 탄소저감장치가 없는 석탄발전소의 단계적 감축 및 비효율적인 화석연료 보조금의 단계적 폐지 촉구 • 산림, 해양 생태계 보호 및 복원의 중요성 강조
감축과 적응을 위한 재원, 기술이전, 역량 배양	• 2020년 연간 1,000억 불 미달성에 깊은 유감 표명 • 2025년까지 연간 1,000억 불 목표 시급한 달성 촉구 • 공적·민간 재원 조성의 중요성
손실과 피해	• 손실과 피해 최소화를 위한 재원·기술이전·역량강화의 중요성 재강조 • 산티아고 네트워크(SN)의 실행화를 위한 진전 환영
이행	• 협약하 잔여 의무의 이행 강력 촉구 • 탄소흡수원 보전을 고려한 정책 조율 독려 • 지속가능한 성장과 빈곤퇴치를 촉진하는 공정한 전환(just transition)의 필요성 인식
협력	• 시민사회·원주민·지역사회·청년 등 비당사국 이해관계자의 역할 인식 • COP 개최국이 「청년기후포럼」을 연례 개최토록 초청

출처: 관계부처합동 보도자료 (2021년 11월 13일)을 바탕으로 저자가 작성함.

정도였다. 이렇게 당사국총회가 갈수록 '말 잔치'로 끝나는 경향이 더욱 심해지면서 이에 대한 책임 공방이 더욱 심해질 것이며 각국은 점차로 책임회피를 위한 명분용 카드 제시 차원에서 기후변화의 국제정치를 전개해 나갈 가능성이 커졌다. 이 상황에서 미국이든 중국이든 패권을 확실히 유지하거나 도전하기 위해 과감하게 기후변화에 있어서 이른바 독자적으로 '총대를 메는' 일은 없을 것으로 보인다.

4. 미국의 탄소중립과 그린뉴딜 계획

그린뉴딜은 이산화탄소 배출량을 줄이고 에너지 전환을 추진하여 기후변화에 적극적으로 대응하고 환경보호를 실천하는 과정이 고용기회의 증진 그리고 새로운 산업의 육성 등 경제적 가치의 창출로 연결되는 일련의 국가적 환경 혁신 캠페인을 의미한다. 그린뉴딜은 1930년대 미국에서 대공황을 극복하기 위해 루스벨트 행정부가 추진했던 정책 패키지로서 그린뉴딜은 이 원조 뉴딜에 녹색 부분을 결합한 것이다. 그린뉴딜은 2000년대 중후반부터 미국과 유럽에서 새로운 사회 전환을 위한 패러다임으로 등장하였다. 유럽에서는 주로 화석연료에의 의존에서 탈피하여 에너지체제를 재생에너지 중심으로 바꾸고 생산과 자원의 생산과 소비를 줄여 폐기물을 최소화하는 순환경제로의 전환이라는 차원에서 그린뉴딜 계획이 수립되었다. 미국에서 제안되어 온 그린뉴딜도 재생에너지체제로의 전환을 위한 정부의 투자 등 유럽과 비슷한 내용을 담고 있으나 주로 민주당에서 공화당 및 화석연료에서의 탈피를 반대하는 시민이나 집단을 설득하기 위한 의미도 있다.

　그린뉴딜은 말 그대로 환경과 개발의 결합으로서 1980년대부터 환경정치에서 지배적인 언술이 되어온 지속가능한 발전(sustainable development)의 다른 표현이다. 즉 자유주의적 환경주의(liberal environmentalism) 시각에 기반을 둔 접근이다. 그린뉴딜은 특히 파리협정 이후 탄소중립이라는 과제와 연결되어 각국의 기후변화 대응정책의 핵심 요소로 부각되었다. 즉 탄소중립의 실현 과정이 고용 창출, 인프라 투자, 기술 개발 등 경기부양책이 되도록 하는 계획이 그린뉴딜인데 이 과정에서 환경과 경제뿐 아니라 사회적 불평등의 완화도 추구한다.[20] 따라서 그린뉴딜에서 '그린'은 환경문제를 극복하고 파괴적 인프라를 지원하지 않으며, 빈곤층과 노동자를 희생시켜 부와 이득을 소수에게 집중시키는 불공평한 경제발전에서 벗어남을 의미한다. 미국 바이든 행정부의 탄소중립과 그린뉴딜은 2035년까지 발전 분야 탄소배출 넷제로 달성, 2050년까지 탄소배출 넷제로 달성, 이를 위한 청정 인프라 구축 및 청정일자리 창출, 그리고 청정경제로의 이행 과정에서 기후정의의 실현을 목표로 하는 연방정부 주도의 국가적 동원 노력으로 정의될 수 있다.[21]

　미국의 그린뉴딜 계획은 크게 바이든 행정부 이전과 바이든 행정부의 계획 두 가지로 나누어 살펴볼 수 있다. 그러나 물론 내용상으로는 이 두 영역이 매우 유사하다. 전자가 후자에 많은 영향을 미쳤기 때문이다. 전자는 2019년 2월에 의회에서 제안된 그린뉴딜 결의안이다. 이 결의안은 하원에서는 당시 최연소 초선 하원의원이었던 오케이시오-코르테즈(Ocasio-Cortez)를 비롯하여 민주당 하원의원 67명이 공동발의 하였고, 상원에서는 에드워드 마키(Edward Markey) 등 11명의 상원의원이 공동발의 하였다. 이 결의안은 시민사회의 다양한 진보 세력에 의해 주장되던 다양한 그린뉴딜 관련 논의들이 의회 결의안의 형태로 집약되어 정치사회에서 본격적으로 논의되게 된 계기가 되었다는 의미가 있다. 또한, 2020년 대통령 선거운동 기간에 민주당 경선 주자였던 바이든 후보가 자신의 기후변화 관련 공약 구상 과정에서 이 결의안의 내용을 상당수 차용하기도 하였다. 이 결의안은 에너지 및 통상위원회, 과학·우주·기술위원회, 천연자원위원회, 외교위원회 등 11개 위원회와 그 위원회 산하 10개 위원회에 회부되어 논의되었으나, 2월 21일 에너지 및 통상위원회 소속 환경 및 기후변화 소위원회에 회부된 이후 더는 진척이 없어서 표결에 이르지 못했으며, 상원에 제출된 결의안 역시 환경 및 공공근로위원회에 회부된 이후 더 진전이 없었다.[22]

이 결의안은 총 14쪽으로 되어 있으며 연방정부가 그린뉴딜정책을 펼쳐야 할 이유로서 1) 지역사회 그리고 노동자를 위한 공정하고 정의로운 청정 전환을 통한 온실가스 배출 넷제로 달성, 2) 미국 시민 모두를 위한 수백만 개의 양질의 고임금 일자리 창출을 통해 경제적 안정과 번영 보장, 3) 지속 가능성 추구를 위한 인프라와 산업에의 투자를 통해 21세기의 도전에 대응함, 4) 미래 세대를 위한 깨끗한 공기와 물, 기후와 지역사회 회복력, 건강한 식품, 자연과 지속가능한 환경에 대한 접근권 보장, 5) 모든 사회적 약자(토착 거주민, 유색인 지역사회, 이주민 지역사회, 산업 퇴출 지역사회, 인구 이탈 농촌 지역사회, 빈곤층, 저소득층, 여성, 노인, 무주택자, 장애인, 청년 등)에 대한 억압 중지와 정의와 형평성 증진 등을 명시하고 있다. 그리고 표 9.5에서 보는 바와 같이 이러한 연방정부의 의무를 달성하기 위해 14개 부문의 세부 목표를 제안하고 있다.

바이든 행정부는 집권 전 선거 그리고 민주당 내 경선 과정에서 이 그린뉴딜 결의안의 많은 부분을 수용하였다. 경선 과정에서 바이든은 2050년까지 온실가스 배출 넷제로를 목표로 1.7조 달러의 예산을 투입해 청정에너지 인프라 구축을 시행하겠다는 공약을 발표했다. 사실 민주당의 다른 경선 후보들도 위 결의안에 기초하여 비슷한 공약을 제시하였다. 샌더스(Bernie Sanders)의 경우 2030년까지 모든 전력과 운송을 100% 재생에너지로 생산하고 화석연료 기업으로부터 재원을 조달하여 16조 달러를 편성하겠다고 발표했다. 대통령 선거 과정에서 그린뉴딜은 일종의 이념적 쟁점이 되었다. 트럼프 대통령은 그린뉴딜은 사회주의적 정책이라고 비난했으며 소외 계층을 지원하기 위해 무리하게 증세를 해야 하는 부작용을 부각시켰다. 따라서 민주당에서는 그린뉴딜이 기후변화에 적극 대응하고 불평등을 완화

표 9.5 그린뉴딜 동원을 위한 세부 목표

번호	세부 목표
1	기상이변과 같은 기후변화 관련 재난에 대비한 회복력 확보를 위한 재정 지원 및 투자
2	a) 기술이 허용하는 한 최대한 오염과 온실가스를 줄이고, b) 모든 사람이 깨끗한 물을 이용할 수 있도록 보장하며, c) 기후변화로 인한 리스크를 줄이고, d) 의회에서 논의되는 모든 인프라 관련 법안이 기후변화를 다루게 함으로써, 미국 인프라의 개선 그리고 업그레이드를 추진함
3	a) 재생에너지 전력원을 회기적으로 증대시키고 업그레이드하며, b) 새로운 설비를 도입함으로써, 미국의 전력 수요의 100%를 청정, 재생, 그리고 탄소배출제로 에너지원으로 충당함
4	에너지 효율성이 높고 분산화된 스마트 그리드 구축 및 개선 그리고 이를 통한 합리적 가격의 전력에의 접근 보장
5	기존 건물을 업그레이드하고 새로 건축하는 건물들의 경우 에너지와 수자원 효율성 극대화, 안전, 가격 적절성, 편안함, 내구성을 달성함
6	재생에너지를 활용한 제조업의 활성화 및 기존 제조업에의 투자를 통해 기술이 허용하는 한 제조업과 산업에서 발생하는 오염과 온실가스를 제거하여 미국 제조업의 청정화를 추진함
7	a) 가족 영농을 지원하고, b) 토양 건강에 기여하는 지속가능 영농과 토지 이용에 투자하고, c) 건강한 음식에의 보편적 접근을 보장하는 지속가능한 음식물 시스템을 구축함으로써, 미국의 농민 및 목축업자와 협력하여 기술이 허용하는 한 최대한으로 농업 부문에서 발생하는 오염과 온실가스를 제거함
8	a) 제로 에미션 자동차 인프라 및 제조, b) 청정하고 값싸고 쉽게 접근 가능한 공공 교통, c) 고속 전철 등에 투자함으로써 기술이 허용하는 한 최대한으로 교통 부문에서 발생하는 오염과 온실가스를 제거하여 미국의 운송 체계를 개혁함
9	지역 공동체의 프로젝트를 지원함으로써 오염 및 기후변화로 인해 장기적으로 건강, 경제 그리고 다른 요인들에 미치는 부정적 효과를 관리하거나 완화함
10	토지 보호나 조림과 같이 토지의 탄소 흡수력을 높일 수 있는 검증된 기초 기술 기반 해결책들을 통해 자연생태계를 회복함으로써 온실가스와 대기 오염을 줄임

계속 ▶▶

표 9.5 계속

번호	세부 목표
11	생물다양성을 강화하고 기후회복력을 증가시키는 지역사회의 과학적 프로젝트들을 통해 위협받고 있고, 멸종위기에 놓여 있으며 취약한 생태계를 보호하거나 회복함
12	기존의 유해폐기물과 버려진 지역을 정화하여 이들 지역에 경제발전과 지속가능성을 제공함
13	이 밖에 다른 종류의 오염 물질과 배출원들을 찾아내고 그에 대한 해결책을 제시함
14	이 분야와 관련하여 기술, 전문가, 상품, 재원, 서비스 등의 국제적 교류와 교환을 촉진하여 미국이 기후변화 행동을 선도하고 다른 국가들의 그린뉴딜을 도와줌

출처: https://www.congress.gov/116/bills/hres109/BILLS-116hres109ih.pdf

하는 것을 목적으로 하지만 이것이 경제발전에 해가 되는 것이 아니고 결국 미국 시민들에게 경제적 이익을 보장하는 계획임을 강조하였다.

바이든 행정부가 집권한 후 그린뉴딜정책은 지금까지는 크게 행정명령과 미국일자리계획 두 가지로 대표된다. 먼저 행정명령의 경우 앞서 설명한 바와 같이 바이든 대통령이 취임 당일에 파리협정에의 복귀 의사를 표명하였고, 1월 27일에는 국내외 기후위기 대처 행정명령(Tackling the Climate Crisis at Home and Abroad Executive Order)에 서명하였다. 이 행정명령을 통해 바이든 행정부는 기후변화 대응을 미국 외교안보정책의 핵심 요소로 간주하고 국제적 협의 채널들을 가동하여 기후변화 문제를 우선적으로 논의할 것임을 밝혔다. 그리고 탄소배출 넷제로를 추진하기 위한 청정인프라 구축 및 청정일자리 창출, 낙후 지역과 소외 계층에 대한 우선적 투자, 연방정부의 조달 사업을 통한 청정 산업의 촉진 등을 통한 기후정의의 실현 등이 구체적인 내용으로 제시되었다.

이로부터 약 2달 후인 2021년 3월 31일에 바이든 행정부는 미국 일자리

계획(The American Job Plan)을 발표하여 위 계획을 더욱 구체화하였다. 이는 그린뉴딜의 핵심적인 취지인 재정의 과감한 확대 편성과 연방정부 이하 각급 정부, 기업, 노동자, 시민단체와의 파트너십 구축 등 연방정부의 국가적 동원 노력에 기반을 두고, 대규모 청정인프라 프로젝트를 통해 미국 사회의 청정 전환을 신속하게 추진하고 이를 통해 온실가스 배출 넷제로 목표를 달성하며 이 과정에서 양질의 일자리를 창출하고 소외 취약 지역을 배려한다는 목표를 그래도 수용하고 있다. 또한, 이를 구현하기 위해 구체적으로 어떤 일자리를 창출하기 위해 얼마만큼의 예산을 투여할 것인가를 제시하고 있다. 예를 들어, 적정하고 지속가능한 주택 문제에 있어서는 200만 호 이상의 양질의 주택 건설, 기타 기존 주택의 보존과 레트로핏을 위해서 2,130억 달러를 지출한다는 계획을 세우고 있으며, 국가 운송체계의 전기화를 위해 1,740억 달러를 투자해 청정 운송체계를 구축하면서 이와 함께 제조업 분야에서 양질의 일자리를 창출한다는 계획을 세우고 있다.[23]

미국의 그린뉴딜은 이상에서 살펴본 바와 같이 국제정치보다는 국내정치적 의미가 더 크다. 즉 그린뉴딜은 민주당과 진보 세력이 기후 위기에 대응하여 효율적이고 친환경적이며 정의로우며 이윤이 발생하는 전환이 가능하다는 것을 시민들에게 설득하고 이를 통해 정치적 지지를 확보하는 정책 과정이다. 공화당과 보수 세력들은 기후위기에의 대응이 경제를 위축시킬 것이라는 논리로 정치적 영향력을 확장하고 지지층을 설득하고 있다. 이런 의미에서 그린뉴딜은 환경이슈가 어떻게 정치화되고 정치적 쟁점이 되는지를 잘 보여준다.

그런데 이와 더불어 미국의 그린뉴딜의 국제정치적 측면도 물론 있다. 앞에서도 언급한 바와 같이 탄소중립과 그린뉴딜은 국가 간 협력이라기보다는 '각자 추진하는' 파리협약의 특성을 반영한 것인데 이 과정에서도 공유의 비극은 발생한다. 따라서 '남이 어떻게 하는지'가 나의 계획에 중요한 요소로 작용한다. 그런데 미국의 입장에서 가장 신경쓰이는 '남'은 이제 중국과 인도와 같은 개발도상국이 아니라 유럽연합일 것이다. 특히 탄소국경 조정 같은 쟁점에서 미국과 유럽이 충돌할 가능성이 높다. 바이든 대통령 의 행정명령에는 탄소국경조정에 관한 구상도 포함되어 있다. 아직 구체적 인 정책으로 만들어지지는 않았지만, 유럽연합이 탄소국경조정을 시행하는 것이 기정사실화되어있기 때문에 이에 대응하여 미국도 반드시 비슷한 제 도를 만들 것으로 예상된다. 현재까지 유럽연합은 2030년까지 약 1조 유로 이상(약 1,400조 원 이상)을 투입하여 그린 딜을 추진하겠다고 발표했다. 이에 비해 미국은 같은 기간 동안 약 2조 달러(약 2,200조 원)을 투입하여 그린뉴딜의 세부 계획을 이행하겠다고 발표했다. 그린뉴딜은 전기차 배터 리 등 신기술개발과도 직접 연관되어 있기 때문에 기술개발에의 투자를 통 해 이 과정을 선점하는 것은 국가 경제에서 매우 큰 변수로 작용할 것이다. 따라서 미국과 유럽 국가들 사이의 기술 경쟁 역시 그린뉴딜을 통해 전개될 것이다.

마지막으로 미국의 그린뉴딜이 향후 어떻게 전개될 것인가의 문제는 앞 서 설명한 바와 같이 바이든 행정부의 연임 가능성 그리고 임기 내 기후변 화 관련 법의 제정 가능성 등과 직접적으로 연관되어 있다. 만약 입법화가 안 될 경우 오바마 행정부 및 트럼프 행정부의 사례가 반복될 수 있다. 즉 전임 행정부의 정책을 신임 행정부가 무력화시키는 것이다. 따라서 입법화 가 중요하며 입법화가 가능하기 위해서는 최대한 빨리 그린뉴딜의 실제 효 과를 시민들이 체험할 수 있어야 한다. 그린뉴딜의 추진이 구체적으로 어떤 일자리를 얼마만큼 늘리는지 그리고 그를 통해 경제가 구체적으로 어느 정 도로 재건되는지가 가시화되는 것이 중요할 것이다.

5. 미국은 글로벌 기후리더가 될 것인가?

기후변화의 글로벌 정치에서 미국이 차지하는 중요성은 단순히 이산화탄소 배출량으로만 파악되어서는 안 된다. 미국은 2021년 현재 세계 이산화탄소 배출량 2위 국가이며 1850년부터 지금까지 누적 역사적 배출량 1위 국가이다. 이와 동시에 미국은 패권국으로서 다른 분야에서와 마찬가지로 기후변화에 대한 대응에서도 타국을 선도해야 할 책임이 있으며 미국의 솔선수범은 미국의 패권과 리더십을 더 공고히 할 것이다. 같은 맥락에서 기후변화는 미중 패권경쟁에서 중요한 변수가 될 것이며, 미중 간 기후변화에 관한 협력도 경쟁도 활발히 전개될 것이다. 그럼에도 불구하고 앞서 살펴본 바와 같이 결국 미국의 기후변화정책은 국내정치의 맥락에서 분석되어야 한다. 민주당-공화당의 대립과 경쟁 과정에서 기후변화는 최근 약 10여 년간 가장 중요한 이슈 중 하나가 되었고 누가 집권하느냐에 따라 기후변화정책의 근본 방향이 수정되었다. 글로벌 기후 리더로서 미국의 역할이 어떨지에 대한 예측은 궁극적으로 미국 국내정치에서 탄소중립과 그린뉴딜이 어떻게 다뤄질 것인지에 달려있다고 해도 과언이 아니다.

글상자 9.1　대학 캠퍼스와 탄소중립: 미국의 사례

표 9.6은 2021년 10월 현재 미국 대학 캠퍼스들이 얼마나 녹색에너지(재생에너지)를 사용하고 있는지를 보여준다. 연방환경국에 의하면 이 표에 나와 있는 상위 30개 학교가 사용하는 녹색에너지의 합은 약 38억 킬로와트시(kWh)로서 35만 1,000개의 미국 가정이 평균적으로 1년 동안 사용하는 에너지의 양과 같다. 이 중 콜롬비아대학교나 보스턴대학교의 경우 이미 사용하고 있는 에너지의 100%를 녹색에너지로 충당하고 있다.

계속 ▶▶

표 9.6 미국 대학캠퍼스 연간 녹색에너지 이용량

대학	연간 녹색에너지 이용량 (kWh)	전체 전력사용량 중 녹색에너지가 차지하는 비중(%)*
1. 캘리포니아대학교	480,801,183	46
2. 애리조나주립대학교	254,322,901	78
3. 콜롬비아대학교	232,109,000	100
4. 뉴욕주립대학교 버펄로	216,403,405	102
5. 보스턴대학교	205,000,000	100
6. 스탠퍼드대학교	186,275,157	69
7. 메릴랜드대학교	171,274,825	68
8. 조지타운대학교	152,404,000	127
9. 애리조나대학교	131,020,104	67
10. 유타대학교	129,873,801	43
11. 카네기멜런대학교	125,005,846	111
12. 세인트루이스대학교	125,000,000	105
13. 오클라호마대학교	122,065,000	72
14. 펜실베이니아주립대학교	106,276,600	33
15. 노스이스턴대학교	106,000,000	100
16. 노스웨스턴대학교	100,197,017	40
17. 오하이오주립대학교	99,742,483	17
18. 오클라호마주립대학교	88,769,890	67
19. 노스텍사스대학교	80,324,884	74
20. 조지워싱턴대학교	77,797,575	57
21. 오하이오대학교	72,230,374	74

계속 ▶▶

대학	연간 녹색에너지 이용량 (kWh)	전체 전력사용량 중 녹색에너지가 차지하는 비중(%)*
22. 미주리대학교	69,723,885	30
23. 로체스터공과대학교	69,543,062	97
24. 미네소타대학교	61,519,736	16
25. 버지니아대학교	60,648,243	18
26. 타란트카운티 커뮤니티칼리지	57,130,346	100
27. 템플대학교	48,924,000	27
28. 시카고시립칼리지	46,544,696	100
29. 서던일리노이대학교	44,931,405	100
30. 위스콘신대학교	41,776,175	10

출처: https://www.epa.gov/greenpower/green-power-partnership-top-30-college-university
* 대학들이 녹색에너지를 구매한 양이 전체 에너지 사용량을 초과하는 경우 100이 넘음

한국에서도 경북대 등이 대학 차원에서 탄소중립을 선언하고 있다. 아직 기획 단계이지만 대학 내의 에너지 및 교통체계를 혁신하여 녹색에너지체제로 대체하려는 움직임들이 조금씩 나타나고 있다.

10장

한국의 핵발전정책과
공론화

정치체제의 성격과 환경정책의 효과성 및 효율성 간의 관계는 지구환경정
치학의 전통적인 주제 중 하나이다. 민주주의 정치체제가 권위주의보다 더
환경정책을 효과적으로 집행할 수 있고 그 결과 민주주의체제하에서 산업
공해 및 이산화탄소 배출량이 줄어들고 전반적인 생태환경의 질이 개선된
다고 주장하는 학자들이 있다. 이들은 민주주의에서는 일반적으로 시민사
회가 활성화되고 정당 간의 경합과 견제가 이루어지기 때문에 이들의 요구
와 압력이 정부정책의 동인으로 작용한다고 주장한다. 반면 권위주의야말
로 환경정책의 효과적인 집행에 유리하다고 주장하는 학자들도 있다. 이들
은 권위주의는 오히려 기업 등 각종 오염 주체들의 이해와 요구로부터 자유
로워서 이들의 로비나 압력에 굴하지 않고 강력하게 이들을 통제할 수 있고
따라서 민주주의보다 더 철저하게 정책을 집행할 수 있다고 주장한다. 지금
까지 이 주장들은 혼합된 연구 결과들을 보여주고 있다. 어떤 연구는 민주

주의에서 특별히 환경정책이 효과적이지 않다는 증거를 제시하며 또 다른 연구는 민주주의가 환경에 유리하다는 것을 보여준다. 권위주의도 이와 마찬가지로 일관된 증거를 보여주는 것이 아니라 긍정적인 결론과 부정적인 결론이 섞여 있다. 또한, 민주주의에서도 권위주의식의 환경정책집행이 가능할 수 있고 결국 정치체제의 유형 자체보다는 같은 민주주의라도 실제 정치의 질과 제도의 특성이 중요하다는 연구도 있다. 그리고 정치체제의 성격이 국내 환경정책의 효과성/효율성에만 영향을 미치는 것이 아니라 국제환경협력에도 영향을 미칠 수 있음을 보여주는 연구들도 있다.[1]

한국에서 핵발전정책은 정치체제의 성격이 변하면서 환경/에너지정책에 대한 정보가 일반 사람들에게 제공되고 그럼으로써 일반 사람들의 선호가 바뀌게 되는 과정을 잘 보여준다. 한국의 핵발전정책은 권위주의 시대였던 1970년대에 정부의 일방적인 주도로 시작되어 1980년대에 활성화되었으나 이후 민주화 시대가 시작되면서 여전히 정책은 지속되고 있지만 많은 논란이 생기고 비리나 사고 등 문제들이 발생하고 이들이 정치적 쟁점이 되는 등 사회적 갈등과 대립의 쟁점이 되어왔다. 또한, 정권이 바뀌면서 정당과 정치 세력들의 이념적 선호에 따라 핵발전정책의 방향이 바뀌는 현상도 목격되었다. 따라서 위에서 간략히 소개한 정치체제의 성격과 환경정책 간 관계의 맥락에서 이 문제를 본다면 결국 민주주의냐 권위주의냐의 문제가 아니라 민주주의라도 구체적으로 어떤 민주주의냐, 즉 누가 어떤 정치적 목적을 추구하고 그 과정이 얼마나 투명하고 포용적인가에 따라 환경정책의 효과성과 효율성이 달라질 수 있다는 것이다. 이 점은 특히 최근 트럼프 행정부의 미국 환경정책 및 기후변화정책에서 잘 볼 수 있다.

한 가지 중요한 점은 한국의 핵발전정책이 정권의 성격과 정당의 이념에 따라 이분법적으로만 이해해서는 안 된다는 점이다. 일반적으로 한국에서 상대적으로 보수적인 정당과 정권이 친원전정책을 추진하고 반대로 진보적인 정권이 탈원전정책을 추진하는 것은 일반적으로 사실이지만 이러한 이념적 선호 자체가 중요한 것이 아니라 이 이면에 있는 보다 중요한 쟁점들을 이해하는 것이 더 중요하다. 대표적인 쟁점들은 다음과 같다. 첫째, 핵발전으로 인한 전력은 값싼 에너지인가의 문제이다. 핵전력의 단가는 어떻게 책정되며 그 과정에서 고려되어야 할 중요한 정보들이 일반 사람들에게 제대로 공개되고 있는가? 핵발전으로 인해 얻어진 전력의 가격에는 사용후핵연료를 처리하는 비용이 포함되어야 하는가? 둘째, 핵발전은 안전한가? 만약 안전하지 않다면 이는 기술적인 문제인가 아니면 운영상의 문제인가? 그리고 이른바 원전 비리라고 하는 사건들은 근절될 수 있는가? 셋째, 사용후핵연료는 어떻게 폐기할 것인가? 이는 물론 한국만의 문제가 아니라 핵발전소를 운영하는 거의 모든 나라에서 아직도 확실한 폐기 방안을 마련하고 있지 못하다. 만약 폐기물을 처리하는 확실한 방안이 없다면 계속해서 핵발전소를 지어야 하는가? 넷째, 핵발전은 친환경 에너지인가? 핵발전 과정에서 이산화탄소나 온실가스는 전혀 발생하지 않는가? 핵발전은 어느 정도로 인간의 환경에 악영향을 미치는가?

이 장에서는 한국 핵발전 이슈를 민주주의와 환경이라는 시각에서 검토하고자 한다. 먼저 한국 핵정책의 역사와 현황 그리고 관련된 쟁점들을 소개하고 나서 핵에너지정책과 관련된 두 번의 공론화위원회의 사례들을 검토한다. 그리고 중국과 일본의 핵발전정책을 소개한 후 결론에서는 다시 민주주의와 환경문제로 돌아가 지속가능하며 친환경적인 에너지정책의 수립과 실현을 위한 정치적 조건이 무엇인지에 대해 논의한다. 참고로 이 장에서는 주로 핵발전 및 핵발전소라는 용어를 사용하지만 원전 및 원자력 발전소 등의 용어와 혼용하기로 한다. 이 모든 용어가 학계와 언론 그리고 정부에서 혼용되고 있다.

1. 한국 핵발전정책의 역사와 현황

한국 최초의 핵발전소는 1978년 7월 20일에 준공된 고리 원자력 발전소 1
호기이다. 이 발전소로 인해 한국은 당시 세계에서 21번째, 그리고 동아시
아에서는 일본에 이어 두 번째의 핵발전국이 되었다. 고리 1호기는 1967
년 10월에 수립된 장기전원개발계획에 의해 추진된 것으로서 500MW급 원
전 2기를 원래는 1976년까지 건설하기로 했는데 막상 공사가 시작되고 나
서 터진 석유파동으로 인한 물가상승과 건설재원 부족 그리고 건설 참여
국인 영국의 산업분쟁 등으로 공기가 2년 지연된 것이다. 한국이 1960년
대에 이렇게 핵발전소 건립을 계획할 수 있었던 것은 냉전 시대 미국의 전
략적 이해관계와 한국정부의 핵무기 보유 열망이 작용하였기 때문이었다.
1945년 미국이 원자탄을 사용한 후 핵무기 보유국들은 더 이상의 핵확산을
막고 핵에너지를 평화적으로 이용하기 위해 유엔 산하에 국제원자력기구
(International Atomic Energy Agency)를 창설했고, 미국과 소련은 각자
자국의 우방국들과 원자력협정을 체결함으로써 우방국들의 핵발전소 건설
을 돕고 이들의 핵에너지 사용을 통제하기 시작하였다. 한국도 1955년 한
미 원자력협정을 체결하였고 이를 바탕으로 1960년대 중반부터 핵발전소
건립을 계획할 수 있었다. 물론 이 과정에서 북한과의 대치 상황에서 핵무
기를 가질 수 있는 길을 모색하고자 하는 한국정부의 열망도 동기로 작용했
을 수 있다.[2]

고리 1호기와 2호기 그리고 월성 1호기와 같은 초창기 핵발전소들은 모
두 외국 기술에 의존하였다. 즉 외국의 주계약자가 착공부터 준공까지 모든
책임을 지고 사업관리, 설계, 자재 구매, 시공 및 시운전까지 전 과정을 수
행하는 일괄발주 방식(Turn-Key)으로 건설되었다. 국내 기업의 참여는 부
지조성공사, 일부 토건 자재 공급, 단순 노무인력 제공 등에 국한되었다. 고
리 1호기와 2호기의 주계약자는 미국의 웨스팅하우스였으며 중수로인 월

성 1호기의 주계약자는 캐나다원자력공사였다. 예산은 대부분 외자인 차관으로 충당되었는데 고리 1호기의 경우 당시로서는 단위사업으로서 국내 최대 규모였다. 이후 고리 3호기와 4호기의 경우 일괄발주 방식을 탈피하여 건설사업 전반을 주도하게 된 한전이 외국 기업들과 함께 건설에 참여할 수 있게 되었다. 이후 추진된 영광 1호기와 2호기 그리고 울진 1호기와 2호기 모두 한전 주도의 분할발주방식으로 건설되었으며 울진 1, 2호기의 경우 국산화율을 40%까지 높이게 되었다.[3]

1차 석유파동을 겪은 후 1970년대 중반 이후부터 정부는 본격적으로 핵발전정책을 추진하였고 핵발전이 에너지 수급에서 점차로 중요한 비중을 차지하도록 계획하였다. 1974년 정부가 발표한 『장기 에너지 종합 대책』은 1981년까지 총 에너지 소비 중 석탄 비중을 30%로 축소하고 4개의 원자력 및 5개의 수력 발전소 건설을 계획하였음을 보여준다. 그러나 이후 제2차 석유파동이 일어나고 미국 등 선진국으로부터 원전 건설 차관과 지원이 적극적으로 제공되면서 에너지 공급 다변화 기조에서 점차로 원전 중심의 공급체제로 정부 방침이 전환되었다. 1977년 한국개발원과 한국전력이 발간한 『전원 개발 계획 검토』에 의하면 2000년까지 원전 39기가 건설되고 이들이 전력의 60%를 충당하는 것으로 예측되었다. 그리고 이 과정에서 정부가 항상 역점을 두어왔던 것은 '거액의 외화를 낭비하지 않고' 우리가 주도하는 원전 기술 자립이었다. 기술 국산화는 1980년대 미국 원전 산업계의 지원에 힘입어 1990년대 한국형 원자로 개발 성공으로 결실을 보게 되었다.[4] 그런데 미국의 이러한 지원은 두 차례의 사고 ― 1979년 미국의 쓰리마일 섬 사고 및 1986년의 체르노빌 사고 ― 이후 미국이 원전산업을 사실상 포기했기 때문에 가능했다. 미국은 1979년 쓰리마일 섬 사고 이후 원전 건설을 30여 년간 중단했다가 2013년에 조지아주 버크 카운티에 2기 건설을 착공했다. 사실 미국뿐 아니라 사고 이후 대부분의 나라에서 원전 건설 계획을 철회하기 시작하자 국제 원전 시장은 구매자가 주도권을 장악하는 상황이 되었다.[5] 1987년 4월 미국의 컴버스천 엔지니어링(Combustion Engineering)은 모든 기술을 이전할 뿐 아니라 자사의 모델 하나를 개량해서 판매할 수 있도록 허가하는 계약을 한국과 체결했다. 이후 한국은 100여 명의 인원을 미국에 파견했으며 3년 뒤에는 한국형 표준 원자로가 탄생될 수 있었다.[6]

　이후 1990년대와 2000년대에 걸쳐 정부는 꾸준히 일정 수의 핵발전소를 건립하였다. 2021년 1월 현재 한국에서 가동 중인 핵발전소는 총 24기이다. 이들의 총 설비용량은 2만 3,250MWe이며 발전량은 2019년 기준 14만 3,947,021MWh이다. 이 발전량은 2019년 총발전량인 56만 2,936MWh의 약 25%를 차지한다. 표 10.1에서 보는 바와 같이 1980년대에 7기, 1990년대에 7기, 2000년대에 4기, 그리고 2010년대에 6기가 운전을 시작했다. 이 중 한빛 3호기와 4호기는 2017년 5월부터 하자 발생으로 인해 가동이 중단되고 있다. 두 발전소의 격납 건물에서 약 200개가 넘는 크고 작은 공극이 발견되었기 때문에 운영을 중단하고 정비가 계속되고 있다. 2021년 1월 현재 한빛 3호기는 정상 가동되고 있으나 4호기는 여전히 점검 중이다. 또한, 한빛 5호기와 6호기도 빈번히 문제가 발생하여 가동 중지가 되고 있다. 2021년 1월 현재 5호기와 6호기도 점검 중이다.[7] 이 밖에 표 10.2에서 보는 바와 같이 2021년 1월 현재 4기가 건설 중이며, 고리 1호기는 2017년에 그리고 월성 1호기는 2019년에 영구 정지되었다.

　이처럼 한국에서 핵발전은 1960년대에 경제성장을 뒷받침하는 주요 전력 공급원 중 하나로서 처음 시도되었고 1970년대에 석유파동과 고유가 시대를 맞이하여 더욱 적극적으로 추진되었으며 이후 기술 국산화를 달성하면서 에너지원의 역할뿐 아니라 산업의 한 부분을 담당하게 되었다. 도표 10.1에서 보듯이 누적 설비용량은 전반적으로 꾸준히 상승했는데 이는 표 10.1에서 보는 바와 같이 민주화 이전과 이후 그리고 정권의 성격과 상관없이 지속적으로 핵발전소를 건립했기 때문이다. 또한, 핵발전소를 건설하기로 하고

표 10.1   한국 핵발전소 현황

연번	발전소 이름	설비용량 (MWe)	발전량 (MWh 2019년)	상업운전일
1	고리 2호기	650	5,965,175	1983.07.25
2	고리 3호기	950	6,217,804	1985.09.30
3	고리 4호기	950	4,677,717	1986.04.29
4	한빛 1호기	950	1,494,631	1986.08.25
5	한빛 2호기	950	7,788,361	1987.06.10
6	한울 1호기	950	7,384,602	1988.09.10
7	한울 2호기	950	6,931,558	1989.09.30
8	한빛 3호기	1,000	0	1995.03.31
9	한빛 4호기	1,000	0	1996.01.01
10	월성 2호기	700	5,049,027	1997.07.01
11	월성 3호기	700	3,412,033	1998.07.01
12	한울 3호기	1,000	6,976,184	1998.08.11
13	월성 4호기	700	4,603,070	1999.10.01
14	한울 4호기	1,000	8,808,352	1999.12.31
15	한빛 5호기	1,000	9,135,621	2002.05.21
16	한빛 6호기	1,000	6,751,494	2002.12.24
17	한울 5호기	1,000	6,829,722	2004.07.29
18	한울 6호기	1,000	7,113,005	2005.04.22
19	신고리 1호기	1,000	6,849,825	2011.02.28
20	신고리 2호기	1,000	7,265,001	2012.07.20
21	신월성 1호기	1,000	7,801,495	2012.07.31
22	신월성 2호기	1,000	6,914,376	2015.07.24
23	신고리 3호기	1,400	11,496,255	2016.12.20
24	신고리 4호기	1,400	4,481,713	2019.08.29

출처: http://www.kaif.or.kr/?c=nws&s=5

소재지: 고리(부산광역시 장안읍), 신고리(울산 울주군 서생면), 월성/신월성(경북 경주시 양남면), 한빛(전남 영광군 홍농읍), 한울(경북 울진군 북면)

표 10.2　건설 중인 핵발전소 (2021년 1월 현재)

연번	발전소 이름	설비용량 (MWe)	발전 용량 (MWh)	상업운전일
1	신한울 1호기	1,400		2021.07 예정
2	신한울 2호기	1,400		2022.05 예정
3	신고리 5호기	1,400		2023.03 예정
4	신고리 6호기	1,400		2024.06 예정

건설에 착수하여 완공되어 가동되기까지는 보통 짧게는 5년, 길게는 10년이 걸리기 때문에 설비용량의 증가와 정치적 요인들 간의 직접적인 연관성을 추정할 때 잘못된 결론을 내리기 쉽다. 마찬가지로 핵발전이 총발전량에서 차지하는 비중도 상대적으로 보수 정권하에서 높아진다거나 반대로 진보 정권 시기에 낮아진다거나 하는 경향은 전혀 없다. 정권의 성격에 상관없이 이 비중은 시간이 지나면서 점차로 낮아지고 있다.[8]

도표 10.1　한국 연도별 핵발전 누적 설비용량　　(단위: MWe)

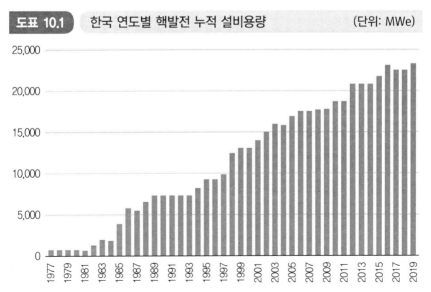

출처: https://www.world-nuclear.org/information-library/country-profiles/countries-o-s/south-korea.aspx

한국은 전 세계적으로도 핵발전 강국이다. 위에서 언급한 바와 같이 2019년 현재 한국의 핵발전량은 143,947,021MWh, 즉 143.9TWh인데 이는 세계 5위이다. 1위인 미국(809.4TWh)은 오랜 기간의 원전 건설 중단 및 셰일가스 개발 등에도 불구하고 여전히 2위인 프랑스(382.4TWh)와 3위인 중국(330.1TWh)을 합친 양보다도 많다. 4위는 러시아(196TWh)이며 6위는 캐나다, 7위는 우크라이나, 8위는 독일, 9위는 일본 순이다.[9] 핵발전량(절대량) 외에도 핵발전으로 인한 전력이 그 나라 전력 생산에서 몇 %를 차지하는지도 중요하다. 미국은 막대한 양의 발전량에도 불구하고 약 20% 정도이나 프랑스의 경우 아직도 70% 정도의 전력을 핵발전으로 충당하고 있다.[10] 또한, 핵발전소의 숫자로 보면 미국(95), 프랑스(57), 중국(47), 러시아(38), 일본(33)에 이어 한국은 6위(24)이다.[11]

2. 핵발전의 쟁점들

1970년에 전 세계 핵발전소(원자로)는 총 84개였으나 이후 지속적으로 증가하여 1987년에 407개를 기록한 이후 계속 400개 이상을 유지하고 있다. 2020년 현재는 전 세계 32개 국가에 441개가 있다. 이들이 전 세계 발전량의 약 10%를 담당한다.[12] 현재 16개 국가에서 48개의 핵발전소가 건립되고 있는데 이들 중 한국과 중국 그리고 인도가 26개이며 여기에 파키스탄과 방글라데시를 합치면 30개이다.[13] 즉 핵발전의 핵심 지역과 행위자가 과거 서구 선진국에서 아시아의 중진국 및 개발도상국으로 이동하고 있다. 아시아 외의 국가들은 터키, 이란, 러시아, UAE 등이다. 2020년 12월 기준으로 전 세계 21개국에서 191개의 핵발전소가 영구 정지되었는데 이들을 대부분 미국, 프랑스, 영국, 독일, 일본, 이탈리아, 불가리아 등이다.[14]

한국뿐 아니라 전 세계적으로 핵발전정책의 역사에는 다음과 같은 몇 가지 요인들이 중요하게 작용하였다. 첫째는 위에서 언급한 대로 고유가와 에너지 자립 그리고 이에 덧붙여 핵무기를 개발하고자 하는 개도국들의 열망이다. 1970년대에 발생한 두 차례의 석유파동 그리고 2004년부터 시작된 신고유가 현상은 여러 국가가 핵발전소 건설을 서두르거나 재개하는 데 영향을 미쳤다. 또한, 기존에 핵무기를 보유하고 있는 국가들이 더 이상의 핵무기 확산을 방지하고자 하였으나 냉전 시대에 몇몇 국가들이 실제로 핵무기를 보유하게 되거나 개발을 시도하면서 많은 개도국 특히 분쟁지역에 있거나 한국과 분단된 국가들은 핵발전정책을 핵무기 개발 가능성의 맥락에서 추진하게 되었다. 그리고 핵무기를 보유하지 않은 국가 중 유일하게 사용후핵연료를 재처리할 권리를 얻게 된 일본도 사실 핵무기를 보유하고자 하는 국가적 목표가 핵발전정책에서 중요하게 작용해 왔다고 볼 수 있다. 일본은 핵무기를 가지지 않은 국가들 중 유일하게 재처리를 하여 플루토늄을 생산하고 보관할 수 있는 국가이다. 이는 당연히 한국, 북한, 중국 등 주변 국가들의 우려와 역내 불안을 증가시키는 요인으로 작용한다.[15]

둘째는 기후변화이다. 제8장에서 서술했듯이 1990년대부터 기후변화가 지구환경정치에서 가장 중요한 쟁점으로 본격적으로 부상되었고 이에 따라 각 국의 핵발전 결정에도 중요한 변수가 되었다. 핵에너지는 화석연료와 달리 저탄소 에너지임이 확실하므로 에너지 부문에서 이산화탄소 배출량을 줄이는 효과가 있다. 그러나 실제로 교토의정서가 채택되고 발효되는 과정에서 그리고 발효 이후에도 의무감축 국가들이 핵발전량을 늘리거나 신규로 핵발전소 건립 계획을 세운 경우는 거의 없었다. 왜냐하면, 핵에너지는 저탄소이지만 청정에너지는 아니며 또 안전성 및 폐기물 문제가 있기 때문이다. 이러한 이유로 핵에너지는 UNFCCC의 당사국총회에서, 많은 핵 산업 및 핵 관련 기관들 및 일본과 같은 국가들의 로비와 주장에도 불구하고, 교토의정서의 유연성 메커니즘인 공동이행제도(Joint Implementation)와 청정개발체계(Clean Development Mechanism)의 사업 대상으로 인정받지 못했다. 현 파리체제에서도 역시 핵에너지에 의한 감축은 국제적으로 거래될 수 없다. 기후변화와 탄소 감축에서 핵에너지의 역할에 대해서는 많은 논쟁이 있었고 이 논쟁은 지금도 계속되고 있다. 유럽연합의 경우 탈탄소사회로 가는 그린뉴딜과 그린 투자 계획에서 핵발전은 제외되고 있다.[16]

셋째는 안전 문제이다. 앞서 언급한 바와 같이 인류 역사상 크게 세 번의 핵발전소 사고가 있었다. 1979년 미국의 쓰리마일 섬의 경우 5등급 규모였으며 1986년의 체르노빌은 최고 등급인 7등급이었다. 2011년의 후쿠시마 사태도 처음에는 일본정부가 4등급으로 발표했다가 며칠 후 5등급으로 상향 조정했으며 4월 12일에는 최고 등급인 7등급으로 최종 발표했다. 7등급 사고는 '한 국가 이외의 광범위한 지역으로 방사성물질 피해를 주는 대량의 방사성물질 방출 사고'이다.[17] 이러한 사고가 발생하면 핵발전에 대한 여론은 급격히 나빠지게 되며 핵발전정책이 소극적으로 된다. 실제로 1979년과 1986년의 두 사고는 전 세계적인 충격이었으며 거의 모든 국가가 이후 약 20~30년 동안 신규 핵발전소 건설 계획을 포기하거나 기존 핵발전소의 수명 연장을 취소하고 조기 정지시켰다. 그러나 이러한 부정적 경향은 아주 오래가지는 않는다. 경기 침체나 에너지 가격 상승 등의 요인으로 인해 다시 긍정적인 반응이 생겨나고 이것이 신규원전 건설 계획으로 이어지게 된다. 그러나 2011년 또다시 대형 사고가 터지면서 다시 부정적인 여론이 압도하게 된다. 한국에서도 이러한 여론의 변화 추이가 그대로 확인된다.[18]

핵발전에 관한 결정은 핵 자체뿐 아니라 중장기적인 관점에서 국가 에너지 수급 계획이라는 전체적인 틀 속에서 고려되고 논의되어야 한다. 한국에서는 1997년부터 에너지합리화법에 근거하여 국가에너지기본계획을 10년 이상을 계획기간으로 하여 5년 단위로 수립하였다. 이 체제는 2008년에 에너지기본법에 근거하여 다시 20년을 계획기간으로 하여 5년 단위로 기본계획을 수립·시행하는 것으로 바뀌었다.[19] 따라서 제1차 에너지기본계획(2008~2030), 제2차 에너지기본계획(2014~2035) 그리고 제3차 에너지기본계획(2019~2040)까지 발표되었다. 에너지기본계획(이하 에기본)이 발표되면 이에 근거하여 전력수급기본계획이 수립된다. 전자가 포괄적인 계획이며 국무회의 의결로 결정되는 것이라면 후자는 좀 더 구체적인 계획으로서 15년을 계획기간으로 하여 2년 단위로 산업통상자원부에서 수립한다. 2021년 1월 현재는 제9차 전력수급기본계획(2020~2034)이 가장 최신 버전이다. 핵발전의 경우 제1차 에기본에서는 원전 설비 비중을 41% 그리고 제2차 에기본에서는 29%로 설정되었다. 제3차의 경우 이미 핵발전 비중이 지속적으로 감소하고 있고 또 전반적인 국정 기조에 따라 노후 원전의 수명을 연장하지 않고 신규로 원전을 추진하지 않는 방식으로 점진적으로 감축할 것을 명시하였다.

한국의 핵발전에서는 원전 수출 문제, 안전 문제, 원전 비리 등 몇몇 주요 쟁점이 있다. 한국은 2009년 UAE에 사상 최초로 원전 수출 계약을 성공적으로 체결하게 되었는데 특전사 파병 문제, 건설자금 대출, 폐기물 처리 문제 등 몇 가지 의혹이 제기되기도 하였다.[20] 원전 비리는 발전소의 각종 사고와 설비 불량으로 인한 운전중단 등이 은폐되고 또 납품 과정에서 불량 자재들이 시험성적서 위조 등을 통해 수년 이상 한국수력원자력에 납품되어온 사실이 2012년과 2013년에 대규모로 밝혀진 것으로서 당시 정홍원 총리는 지난 10년간의 시험성적서를 전수조사하겠다고 발표했을 정도로 뿌리 깊은 구조적 비리임이 드러났다. 이들과 함께 쟁점이 되어 온 보다 근본적인 이슈는 핵발전과 관련된 정책을 누가 어떤 과정을 통해 결정하는가의 문제이다. 핵발전은 위험하고 민감한 문제이기 때문에 결정 과정이 더욱 투명하고 포용적이어야 함과 동시에 대부분의 관련된 쟁점들이 전문 지식이 있어야 하므로 의사 결정 과정이 더욱 정교하게 준비되어야 한다. 다음 절에서는 공론화위원회의 경험을 바탕으로 이 문제를 살펴볼 것이다.

3. 공론화위원회의 실험들

1) 공론화의 의미

공론화(公論化란) 특정 사안에 대해 사람들이 모여 논의하고 숙고하여 공적이익에 최대한 부합하는 공공의 의견을 만들어 내는 과정을 말한다. 사람들과 그들이 속한 여러 집단은 각자 생각과 선호 그리고 이해관계가 다르므로공공정책에 관련된 어떤 결정을 할 때 모두가 만족하는 방식으로 결론을 내리기가 매우 힘들고 갈등이 발생하기 쉽다. 공론화는 이렇게 다양한 의견을가진 사람들이 정보 및 의견 교환, 학습 그리고 숙의를 통해 특정 사안에 대한 공동의 의견을 만들어 내는 과정이다. 물론 이 과정에서 공론을 만들어내는 데 실패하기도 하고 만들어 낸 공론에 구성원들이 만족하지 않을 수도있다. 그러나 공론화는 그 자체로서 하나의 정치참여이자 사람 간의 상호작용이기 때문에 숙의하는 과정 자체를 중요시한다. 공론화의 핵심은 사람들간에 서로 대화하고 소통하는 과정이다.[21]

　권위주의나 전체주의에서는 일반 사람들이 공적인 결정에 참여하는 통로가 제한되어 있거나 아예 없으므로 공론이 만들어지는 과정이 불필요할것이다. 그러나 민주주의는 일반 사람들의 이해와 요구가 정치 과정에 반영되어 구체적인 정책으로 만들어지는 기제가 작동되어야 하는 정치체제이기 때문에 일반 사람들은 다양한 방식으로 정치에 참여하게 된다. 민주주의를 크게 직접 민주주의와 간접 민주주의로 나눈다면 공론화 과정은 대표를선출하여 대표에게 권한을 위임하는 방식인 간접 민주주의보다는 사람들이직접 결정에 참여하는 직접 민주주의에 더 가깝다고 할 수 있다. 그러나 일반적인 직접 민주주의적 정치참여 방식과 달리 공론화는 보통 사람들이 특정 사안에 대해 충분한 정보나 지식을 습득하는 교육 과정을 거치게 되고그렇게 해당 사안에 대해 '잘 알고 있는 시민들(informed citizens)'이 결정에 참여하는 과정이다.[22] 핵발전은 고도로 위험하면서도 전문 지식과 정보를 바탕으로 판단해야 하는 이슈이기 때문에 투명하고 포용적인 정책결정 과정이 필수적이다. 또한, 사고로 인한 피해는 물론 사용후핵연료의 저장 문제 등은 단순히 핵발전소가 있는 지역 주민들의 문제만이 아니라 전체 우리나라 사람들의 문제이기도 하며 또 현세대뿐 아니라 미래세대의 문제이기도 하다. 따라서 일반 사람들이 이 문제에 대해 충분하고 공정한 정보를 가져야 할 뿐 아니라 일정 정도의 전문 지식 역시 가져야 한다. 더 나아가서 후쿠시마 사태에서도 보듯이 한 국가의 핵발전은 이웃 국가들에게도 영향을 미치기 때문에 이상적으로는 지역에서 핵발전에 관한 정보와 상황을 공유해야 한다.

2) 사용후핵연료 문제

앞서 언급한 바와 같이 한국에서 핵발전을 처음 추진했던 것은 1960년대와 1970년대의 권위주의 시대였다. 따라서 정부가 일반 사람들은 물론 핵발전소 건설 예정 지역 주민들과도 충분한 협의와 정보 공유 과정 없이 거의 일방적으로 결정하고 추진했을 것이다. 그러나 제대로 된 정보나 전문 지식이 없었던 당시의 상황에서도 주민들의 우려와 반대는 격렬했다. 첫 핵발전소인 고리 1호기의 경우에도 후보지를 선정하고 부지를 확보하는 과정에서 주민들은 방사능 오염 문제 및 어업 피해 등의 문제를 제기하면서 완강히 반대했다. 그러나 이러한 해당 지역 주민들의 반대는 사회적 이슈로 발전되지는 못했고 '석유 한 방울 안 나는 나라'에서 '공해가 없는 제3의 불'을 통해 경제발전을 성공적으로 달성하는 국가적 목표가 우선시 되었다.[23] 이후 1987년의 직선제 개헌 이후에도 핵발전소 건립은 계속되었으나 크고 작은 사고와 문제들이 발생하면서 1980년대 말부터 본격적으로 핵발전의 안전 문제가 사회적으로 대두되었고 이에 대한 정부의 대응도 1990년대부터 본격화되었다. 정부는 1997년에 원자력안전위원회를 발족하였고 이후 2000년대까지 일반 사람들이 정책에 참여할 수 있는 여러 통로를 만들었다. 또한, 시민사회가 활성화되면서 핵문제에 대한 환경 및 시민단체, 학계, 미디어 등의 정책 참여가 활발해졌다.

한편 핵발전이 계속되면서 당연히 제기된 문제가 바로 사용후핵연료를 폐기하는 문제이다. 앞서 언급한 대로 한국은 핵발전을 가장 많이 하는 대표적인 국가 중 하나인데 이들 중 거의 유일하게 재처리할 수 없는 국가이기도 하다. 따라서 사용후핵연료를 중간저장 하거나 영구적으로 처분할 수 있는 시설을 만들어야 한다. 그런데 문제는 어디에 이러한 시설을 만드느냐이다. 어쩌면 이 문제는 한국뿐 아니라 전 세계적으로도 핵발전과 관련하여 가장 민감하고 다루기 힘든 갈등 요인일 것이다. 정부는 여러 차례의 시도에서 거의 모두 실패한 후 영국이나 프랑스 등 서유럽 사례를 따라 이 문제를 공론화를 통해 접근하고자 하였다. 한국에서는 지금까지 핵발전과 관련하여 3번의 공론화위원회가 추진되었다. 첫째는 2013년부터 2015년까지 활동했던 사용후핵연료 공론화위원회(이하 2013 공론화위원회)이며 둘째는 2017년에 3개월간 활동했던 신고리 5·6호기 공론화위원회(이하 2017 공론화위원회)이며, 셋째는 2021년 1월 현재 활동 중인 사용후핵연료 관리 정책 재검토위원회이다. 이 세 사례 중 첫째와 셋째가 사용후핵연료에 관한 위원회이다.

사용후핵연료는 원자로 주변에 설치된 수조에 넣어 열을 식히는 습식 저장 방식과 발전소 내에 별도의 시설을 지어 물이 아닌 공기로 식히는 건식 저장시설이 있다. 물론 두 방식 다 임시 저장시설이다. 한국에서는 후자 방식은 월성 중수로에서만 사용하고 있다. 표 10.3에서 보는 바와 같이 이미 영구 운영 정지된 고리 1호기와 월성 1호기는 이미 포화상태이고 그 외에도 건설된 지 오래된 발전소들의 포화율은 매우 높다. 지역(본부)별로 본다면 월성 중수로는 2021년을 전후로, 고리, 한빛, 한울은 2030년을 전후로, 그리고

표 10.3 사용후핵연료 저장현황 (2020년 4사분기, 2021년 1월 26일) (단위: 다발)

본부(지역)	발전소 이름		저장용량	현 저장량	포화율(%)
고리	1호기		485	485	100
	2호기		799	712	89.1
	3호기		2,103	2,045	97.2
	4호기		2,105	1,882	89.4
	신고리 1호기		1,273	744	58.4
	신고리 2호기		1,273	731	57.4
새울	신고리 3호기		780	196	25.1
	신고리 4호기		780	100	12.8
한빛	1호기		2,105	1,713	81.3
	2호기		2,100	1,489	70.9
	3호기		1,125	908	80.7
	4호기		1,125	824	73.2
	5호기		1,281	850	66.3
	6호기		1,281	782	61.0
한울	1호기		957	934	97.5
	2호기		905	877	96.9
	3호기		1,321	1,133	85.7
	4호기		1,321	1,127	85.3
	5호기		1,281	1,034	80.7
	6호기		1,281	967	75.4
월성	경수로	신월성 1호기	523	331	63.2
		신월성 2호기	523	189	36.1
	중수로	1호기	32,728	32,728	100
		2호기	42,408	40,028	94.3
		3호기	42,408	38,260	90.2
		4호기	42,408	40,960	96.5
	건식저장시설		330,000	322,200	97.6

출처: https://npp.khnp.co.kr/board/view.khnp?boardId=BBS_0000015&menuCd=DOM_0000
00103004007000&orderBy=REGISTER_DATE%20DESC&startPage=1&dataSid=3987

월성 경수로는 2040년경에 포화될 것으로 예측된다. 이 문제는 핵발전소를 더 건설할 것인지 혹은 반대로 탈원전의 방향으로 갈 것인지와 상관없다. 탈원전정책을 추진하여 더 이상 핵발전소를 건설하지 않고 기존 발전소들이 수명을 다하면 운영 정지한다고 해도 이들이 남긴 고준위 방사성폐기물인 사용후핵연료는 여전히 어떻게든 처리를 해야 하는 문제로 남게 된다.

한국정부는 1984년부터 이 문제를 해결하기 위한 여러 시도를 해왔다. 이 시도 중에는 정부에서 일방적으로 결정하고 통보한 후 협상을 통해 그 안을 고수하는(Decide, announce and defend) 방식도 있었고, 반대로 처음부터 개방적으로 논의를 진행하고 정부와 일반 사람들 간의 다양한 상호작용과 협력을 통해 결정하는(Engage, interact and cooperate) 방식도 있었다. 그러나 이 두 방식 모두 주민들의 충분한 토론과 의사 결집 그리고 충분한 정보제공이 이루어지지 않은 과정이었다. 따라서 1991년의 안면도 사태, 1995년의 굴업도 사태, 그리고 2003/4년의 부안 사태 등 중앙 및 지방정부와 주민들 그리고 주민들 사이에서 심한 갈등이 유발되었고 결국 이 모든 안들이 폐기되었다.[24] 2005년에는 우여곡절 끝에 중·저준위 방사성 폐기장으로 주민투표를 통해 경주가 선정되었다. 중·저준위 폐기물은 고준위(사용후핵연료)가 아닌 발전소 운영 과정에서 사용한 부품, 각종 도구, 작업복, 장갑 등을 말한다. 그런데 이 역시 활성단층 지역이며 안전성 분석보고서는 부지선정이 결정된 후 거의 10년이 지나서야 공개되는 등 문제를 보였다.

3) 2013 공론화위원회

이러한 일련의 혼란을 겪은 후 결국 정부와 각계 전문가들 그리고 시민단체들은 사용후핵연료를 저장하거나 폐기할 수 있는 시설을 만드는 부지선정 문제는 국가가 당면한 가장 민감하고 복합적인 과제이므로 이 문제의 과학기술적 측면뿐 아니라 경제적, 정치적, 사회적 측면도 고려되어야 한다. 따라서 이 분야의 과학자와 전문가 그리고 원전 지역 주민이나 당사자들뿐 아니라 각 분야의 전문가, 공무원, 정치인, 그리고 일반 시민들의 참여를 확대해야 한다는 결론에 도달했다. 이에 따라 정부는 2009년에 방사성폐기물 관리법을 개정하여 사용후핵연료 저장시설 부지선정을 위한 사회적 공론화 절차를 법률로 명시하였다. 이로 인해 방사성폐기물 관리에 관한 기본계획을 수립하는 과정에서 사회적 갈등이 예상되는 사항은 이해당사자, 일반 시민 그리고 전문가들로부터 광범위한 의견수렴을 거치도록 하였다. 2011년 11월 지식경제부는 '사용후핵연료 정책 포럼'을 구성하여 해당 사안을 공론화하기 위한 준비에 착수했고, 2012년 11월에는 사용후핵연료 관리대책 추진계획안이 만들어졌으며, 이를 바탕으로 산업통상자원부는 2013년 10월에 사용후핵연료 공론화위원회(2013 공론화위원회)를 출범시키고 사용후핵연료 관리방안, 부지선정 절차, 지역 지원 등을 포함한 권고안 제시를 요청하였다.

2013 공론화위원회는 당초 2014년 12월까지 운영될 계획이었으나 활동 과정에서 충분한 의견수렴이 이루어지지 못했다는 지적에 따라 활동 기간이 2015년 6월까지 연장되었다. 609일 동안 공론화위원회는 원전 지역 주민과 자치단체, 원자력 및 각 분야 전문가 그룹, 미래세대, 시민단체, 언론 등을 대상으로 간담회와 토론회, 라운드 테이블 등을 개최하여 의견을 수렴하였다. 또한, 불특정 다수 일반 국민을 대상으로 타운홀 미팅 등을 조직하여 의견을 수렴하기도 하였다. 그리고 가장 중요한 절차로서 175명의 일반인을 대상으로 1박 2일간의 공론조사를 시행하였다. 이들은 사용후핵연료 문제에 대해 사전 학습이 이루어진 상태였고 1박 2일 동안 전문가 설명 및 질의응답 그리고 분임 토론 등을 거쳐 최종적으로 의견을 수렴하였다. 609일간의 활동을 끝내고 공론화위원회는 2015년 6월에 「사용후핵연료 관리에 대한 최종권고안」을 제출하였고 산업통상자원부는 이를 대부분 수용하겠다고 발표하고 이 권고안을 바탕으로 「고준위 방사성폐기물 관리 기본계

획」을 작성하고 정부가 「고준위 방사성폐기물 관리시설 부지선정절차 및 유치지역지원에 관한 법률안」을 심의·확정한 뒤 2016년 11월 2일에 입법예고하였다.[25]

그러나 2013 공론화위원회는 이러한 성과에도 불구하고 문제점과 한계도 보였다. 이들은 크게 네 가지로 요약할 수 있다.[26] 첫째는 위원회가 산업통상자원부 산하 자문기구로 출발함으로써 중립성과 독립성 문제가 제기되었다. 정부는 공론화의 법적 근거인 방사성폐기물 관리법 제 6조 2항에 따라 주무 부처인 산업통상자원부 산하 자문기구로 설치하였으나, 시민단체들은 원자력 진흥을 목적으로 하는 부서가 공론화를 주관한다면 공정성이 훼손될 수 있음을 지적하였다. 위원회 구성은 민간위원 7명, 원전지역대표 5명, 환경단체 2명, 소비자단체 1명 등 15명으로 구성되었는데, 환경단체 위원 2명이 위원 구성이 출범식 직전까지 공개되지 않았으며 위원장 선출이 산업통상자원부의 의도대로 일방적으로 결정된 것 등을 항의하며 출범식 당일에 위원회를 탈퇴하였다. 또한, 공론화 의제는 중간저장, 재처리, 영구처분, 신규원전 확대 또는 탈핵 등 정부의 핵발전정책 전반이 포함되어야 하나 이들은 시작부터 원천 봉쇄되었으며 기존 발전소 내에 혹은 외에 저장소를 설치하느냐의 기술적인 문제로 의제가 축소되었다.

둘째는 참여자의 대표성과 포괄성 문제이다. 환경단체와 반핵 진영에서는 위원회 구성 자체가 투명하지 않았고 시민환경단체 위원의 수를 늘리겠다고 했다가 갑자기 원전 지역 대표를 2명에서 5명으로 늘리게 되어 지역대표가 1/3을 차지하게 되었기 때문에 과대 대표의 문제가 발생했으며 논의의 의제가 원전 지역 지자체에 대한 보상 문제로 축소될 수 있음을 지적하였다. 환경단체들은 공론화가 신규 원전건설과 중간저장시설 부지선정을 위한 것이라며 위원회 참여를 거부하였고 결국 15명 중 최종적으로 9명이 위원으로 활동하게 되었다. 또한, 공론조사에 초청된 전문가들도 원자력계 내부 혹은 원전 친화적인 인사로 채워졌고 175명의 대표가 선정되는 과정도 밝혀지지 않아 이들의 대표성에 대한 신뢰가 문제가 되었다.

셋째는 공론화 과정의 숙의성, 공정성 그리고 소통 문제이다. 공론화 과정에서 토론이 너무 짧았고 준비도 충분히 되지 않아 형식적인 측면에 그치는 경우가 많았다. 그리고 숙의적 논의라고 할 수 있는 참여적 의사결정 방식은 최종 공론조사 1회 그리고 서울지역에서 한차례 개최된 타운홀 미팅이 전부였다. 후자도 초청된 주제강연 연사들이 공론화지원단 소속이거나 원자력 관련 연구원 박사, 공론화위원회 대변인 등으로 국한되었다. 또한, 공론화 본래의 취지와 맞지 않게 일반인들에 의한 숙의 토론이 아닌 전문가 중심의 제한된 의견수렴에 치중하였다. 회의록은 홈페이지를 통해 3~4줄의 요약만을 공개했고 속기록은 비공개였지만 국정감사에서의 지적과 시민단체의 요구로 2013년 7월부터 공개하였다. 그리고 공론조사 결과도 3달 뒤에 공개하는 등 투명성이 결여되었다.

넷째는 합의 결과의 성찰성과 수용성이다. 609일 동안 40억 원이 투입된 공론화과정의 결론인 최종 권고안은 다음과 같다. (1) 사용후핵연료 관리정책의 최우선 원칙은 국민의 안전이다. 사용후핵연료는 국가의 책임하에 안전하고 효과적으로 관리되어야 한다. (2) 현재 임시저장시설에 보관 중인 사용후핵연료를 저장용량이 초과되거나 운영 허가 기간이 만료되기 전에 안정적인 저장시설을 마련하여 옮기는 것을 원칙으로 한다. (3) 정부는 2051년까지 처분시설을 건설하여 운영해야 하며 이를 위해 처분시설부지 혹은 부지조건과 유사한 지역에 지하연구소 부지를 2020년까지 선정하고 건설과정에 착수하여 2030년부터는 실증연구에 착수해야 한다. (4) 처분시설과 지하부지가 들어가는 지역에 주민이 참여하는 환경감시센터를 설립하고 지역 경제를 위해 비용을 지불해야 한다. (5) 처분시설이 운영되기 전이라도 지하연구소 부지에 처분전보관시설을 건설할 수 있다. 불가피한 경우 각 원전 안에 단기저장시설을 설치할 수 있다. (6) 만약 원전 안에 단기저장시설을 운영할 경우 보관비용을 지불한다. 정부가 이 안을 바로 수용했지만, 이것이 수용성이 높은 안이었다거나 주민들의 의견이 충분히 반영된 안이었다고 보기는 어렵다.

4) 2017 공론화위원회

2017년 5월에 있었던 제19대 대통령선거에서 문재인 후보는 탈원전과 신고리 5·6호기의 공사중단을 공약에 포함하여 발표하였다. 그러나 당선 이후 정부가 출범하자 문재인 대통령은 탈원전을 정책 기조로 삼아 추진하되 건설 중이었던 신고리 5·6호기 문제는 공론조사를 통해 사회적 합의를 이끌어 내어 결정할 것을 제안하였고 국무회의가 이를 결정하였다. 따라서 정부는 국무조정실에 '신고리 5·6호기 공론화 준비 T/F'를 설치하여 2017년 7월 17일에 '신고리 5·6호기 공론화위원회 구성 및 운영에 관한 규정'을 국무총리 훈령으로 제정하였고 이를 근거로 하여 7월 24일 공론화위원회가 출범하게 되었다.

공론화위원회의 출범은 처음에는 찬핵과 반핵 양측으로부터 반발을 불러일으켰다. 찬핵 진영은 어차피 정해진 탈원전정책을 새로운 과정을 통해 관철함으로써 정부가 절차적 정당성을 확보하여 더욱 강하게 탈원전정책을 추진하려는 의도로 공론화위원회를 추진하는 것으로 파악하였다. 이와 반대로 반핵 진영에서는 공약 사항을 그대로 이행하지 않고 공론화과정을 거치는 것은 정부가 탈원전정책을 철저히 추진하지 않으려는 의도로 해석하였다. 그럼에도 불구하고 양측 모두 일단 공론화과정에는 참여하였고 진행을 지켜보기로 하였다.

위원회는 시작부터 3개월간 활동하기 계획하였고 결과적으로 3개월 후 활동을 마감하였다. 위원회의 목적은 신고리 5·6호기 건설 재개 문제와 원전정책 전반에 걸친 권고안을 마련하는 것으로 명시되었다. 위원회는 2013 공론화위원회와 달리 국무조정실에서 구성을 주관하였으며 위원들 역시 국무총리가 위촉하였다. 8월 25일 첫 전화조사를 시작하여 15일간 총 2만 6천 건의 전화조사를 통해 공사재개에 대한 의견과 핵정책 전반에 걸친 의견을 조사하였고 이들 이 시민참여단 활동할 의향이 있는지를 물었다. 9월 13일에는 시민참여단 활동을 희망한 약 6,000여 명의 시민 중 500명을 무작위로 선출하고 9월 16일 오리엔테이션에 참가한 478명을 최종확정하고 이들의 최초 인식을 조사하였다. 이후 한 달간의 숙의 과정을 진행하고 10월 13일에 2박 3일의 최종 합숙 토론회를 개최하여 의견 조사를 두 차례 실시하여 완료하였다. 10월 20일에는 활동을 종료하고 권고안을 제출하였으며 10월 24일에 정부가 권고안을 수용하였다. 최종 권고안의 내용은 (1) 신고리 5·6호기 원전 건설 재개, (2) 원전의 단계적 감축, (3) 재생에너지 비율 확대, (4) 지역·산업 보완 대책 마련 등이었다.

　2013 공론화위원회와 마찬가지로 2017 공론화위원회도 다음과 같은 특징이나 한계들이 지적되었다.[27] 첫째, 2013 위원회와 달리 9인의 위원 구성에 있어서 원자력 이해관계자를 배제하였으나 시작부터 순수한 중립적 차원에서가 아니라 정부의 탈원전이라는 기조에서 결론 미리 내려놓고 활동을 한다는 문제 제기가 있었다. 그러나 이러한 문제제기는 결론이 공사재개로 나면서 결과적으로 해소되었고 중립성이 유지되었음이 입증되었다. 그리고 활동의 공정성과 객관성을 증진하기 위해 별도의 검증위원회를 구성해 운영한 것이 긍정적으로 평가된다.

　둘째, 공론화 과정에 참여하는 시민참여단의 대표성을 확보하기 위해 표본의 대표성 확보에 노력을 기울인 것으로 평가된다. 시민참여형 조사는 단순무작위추출(random sampling) 방식을 따르되 층화 후 무작위추출을 함으로써 표본오차를 줄였다. 그러나 참여단 중 울산지역 주민의 비중이 작아 원전 지역 주민의 이해가 과소 대표되었다. 그리고 2013년 위원회와는 달리 9명의 위원 중에도 원전 지역 대표는 포함되지 않았다. 이는 공정성과 객관성을 높일 수는 있지만, 막상 해당 지역 주민들의 의견이 충분히 반영되지 못한다는 단점이 있다.

셋째, 전반적으로 숙의 프로그램들이 더욱 체계적으로 준비되었고 시민참여단의 질문과 요구를 적극적으로 반영하는 통로들이 작동하였다. 그러나 2013년 위원회에 비해 활동 기간이 너무 짧아서 준비 부족 등의 문제점도 드러났다. 또한, 숙의 자료집은 찬반양론을 공정하게 담아내었으나 토론 과정에서 발언 기회가 균등하게 주어지지 않거나 일부 적극적인 토론자가 주도하는 경향이 있었다.

넷째, 합의 결과의 성찰성과 수용성에 있어서 문제 성찰성은 높은 것으로 확인되었다. 시민참여단을 대상으로 하는 1차 조사에서는 건설 재개가 36.6%, 건설 중단이 27.6%, 그리고 판단 유보가 35.8%였는데 2박 3일간의 종합토론회 마지막 날 실시한 4차 조사에서는 건설 재개가 57.2%, 건설 중단이 39.4%, 그리고 판단 유보가 3.3%였다. 따라서 숙의로 인한 성찰성이 확인된다. 또한, 정부는 권고안이 공사재개였음에도 불구하고 즉각 수용하였으며 시민참여단도 4차 조사에서 건설 재개 또는 중단에 대한 최종결과가 본인 의견과 다를 경우에도 93.2%가 존중하겠다고 응답했으며, 환경단체들도 최종결과를 수용하겠다고 발표하였다.

5) 결론 및 함의

이상에서 본 바와 같이 두 번의 공론화 경험 중 2017년 위원회는 2013년 위원회에 비해 과정과 결과 면에서 비교적 효과적이었다고 할 수 있다. 2013년의 경우 우선 기간 자체가 애초 계획이 연장되었으며 위원 6명이 사임하였고 공론조사 과정도 비교적 체계적이지 못했다. 그리고 최종 권고안 역시 구체성이 결여된 원론적 수준의 내용이었다. 반면 2017년에는 절차상 투명성과 공정성이 비교적 제고되었으며 공론조사 과정도 더욱더 체계적이었고 결과로서 만들어진 최종 권고안도 구체적이었다.

이러한 차이를 만들어 낸 원인은 여러 가지가 있을 수 있다. 먼저 2013년의 경우 위원회 자체가 산업통상자원부 주도로 만들어진 데 비해 2017년은 대통령의 지시에 의해 국무조정실이 주관하여 만들어졌다. 따라서 출발부터 위원회의 위상이 달랐다. 또한, 2017년의 경우 대통령이 당선되고 새 정부가 출범한 직후였고 대통령과 새정부에 대한 신뢰와 지지가 높았던 상황에서 진행되었기 때문에 전체적인 절차가 수월하였고 이에 대한 국민들의 신뢰도도 높지 않을 수 없었을 것이다. 그리고 2017년의 경우 2013년 경험이 바탕이 되어 일종의 학습 효과가 분명히 있었을 것이다.

그러나 중요한 것은 공론화위원회가 민주주의체제에서 시민들이 참여하여 합리적인 정책결정을 이끌어 내는 하나의 수단이 될 수는 있지만, 이 역시 완벽한 방법은 아니라는 점이다. 공론화를 해야 하는 쟁점들은 대부분 중립적인 위원회 구성 자체가 힘든 이슈들이며 숙의 과정 자체도 완전하게 중립적이며 객관적일 수가 없다. 또한, 숙의 과정이 체계적이고 효율적으로 진행되었다 할지라도 공론화위원회는 권고안을 마련하는 정도로 결정 과정에 참여할 수 있을 뿐이다. 그리고 이 권고안을 정부가 어떤 경우에도 수용할 것이라는 기대와 신뢰가 없는 한 공론화위원회의 위원들은 공론조사 및 숙의 과정에 의미를 부여하고 적극적으로 활동하지 않을 것이다.

앞서 설명한 바와 같이 사용후핵연료를 처리하는 것은 고도로 민감한 문제이다. 전 세계적으로 볼 때도 영구적으로 보관할 수 있는 최종처분시설의 부지를 선정하고 인허가까지 완료한 나라는 핀란드가 유일하며 스웨덴과 프랑스는 부지선정을 완료하였다. 이들 국가에서도 부지선정 논의 과정은 매우 길었고 험난했다. 그러나 결국 이 문제는 시민들이 자신의 정부를 얼마나 신뢰하느냐의 문제와 직결된다. 주민들이 정부의 정책결정과정을 투명하고 신뢰할 수 있고 공정하다고 인식한다면 정부는 민감하고 결정하기 힘든 문제들을 다루는 데 있어서 좀 더 적극적이고 수월할 수 있을 것이다. 반대로 주민들이 정부를 신뢰하지 않는다면 문제의 해결은 매우 힘들 것이

다. 현재 진행 중인 사용후핵연료 관리정책 재검토위원회의 경우 2013년도
와 같이 출범부터 난항을 겪고 있다. 이 위원회 역시 2013년 공론화위원회
와 같이 원전 진흥 부처인 산업부 산하의 자문기구로 설치되면서 정부에 대
한 시민들의 신뢰가 크게 저하되었고 위원들 일부 그리고 위원장까지 사퇴
하고 교체되었다. 따라서 공론화위원회가 효과적으로 작동하여 성공적으로
권고안을 만들어내기 위해서는 이를 주관하는 정부에 대한 신뢰가 전제되
어야 하며 이는 하루아침에 이룰 수 있는 것이 아니기 때문에 보다 장기적
인 관점에서 점진적인 변화를 기대해야 할 것이다.

　이 장의 서론에서 언급한 바와 같이 사용후핵연료 처리 문제는 매우 시급
하고 절실하게 해결해야 할 국가적 과제이지만 이는 핵발전과 관련된 여러
쟁점 중 하나에 불과하다. 그리고 이 문제들은 서로 연관되어 있다. 사용후
핵연료를 처리하는 방안을 마련하는 것은 안전 문제와도 직결되며 결국 핵
발전을 지속해야 하는지의 문제가 된다. 이 문제는 다시 비용 문제와 기후
변화 대응 문제가 된다. 결국, 이 모든 문제는 누군가가 정치적 결정을 해야
하는 이슈이다. 최근 문재인정부는 탄소중립과 그린뉴딜 선언을 통해 이러
한 결정을 구체화했다. 그러나 중요한 것은 결정 과정과 실행 과정에서 누
가 어느 정도로 참여하는지 그리고 전문 지식이 필요한 쟁점들을 일반 사람
들이 얼마나 잘 이해하고 판단할 수 있느냐일 것이다. 이런 점에서 공론화
과정은 많은 한계점에도 불구하고 보완되고 지속되어야 할 것이다.

4. 일본과 중국의 핵발전정책

1) 일본

일본은 제2차 세계대전의 상처에도 불구하고 1950년대부터 핵발전에 관

한 연구를 시작하였고 1955년 원자력에너지 기본법을 제정하여 이 법을 근거로 핵발전과 연구를 위한 주요 기관들을 창설하였다. 1963년에는 첫 시험용 원자로는 1963년에 가동되었고 본격적인 첫 상업용 원자로는 1966년에 가동을 시작하였다. 처음에는 원자로를 수입하였으나 1970년대 초반부터는 미국과의 합작을 통해 라이센스 계약 방식으로 원자로를 건설하기 시작했고 1970년대 말이 되자 합작에 참여했던 일본의 주요 중공업 기업들이 자체 능력과 기술을 갖추게 되었다. 이 과정에서 1973년의 오일쇼크는 큰 계기가 되었다. 일본은 1차 에너지원의 90% 이상을 수입에 의존해 온 국가이고 또 당시 오일쇼크의 여파가 컸기 때문에 국가 차원에서 핵발전에 우선순위를 두게 되었다.

이후 약 30여 년간 일본정부는 에너지 안보 차원에서 핵발전을 국가 핵심 에너지원으로 설정하여 지속적으로 설비용량을 늘렸으며 원료인 우라늄도 재처리할 수 있게 되었다. 또한, 1997년의 교토의정서 채택 이후 2000년대 초반부터는 교토의정서의 온실가스 의무감축을 이행하기 위해 핵발전에 크게 의존할 것임을 선언하였다. 2004년의 한 보고서는 2050년까지 핵발전이 일본 전력 생산의 60%까지 담당할 것을 예측하기도 하였다. 2011년 후쿠시마 사태가 일어나기 전까지 일본은 54기의 핵발전소를 보유한 소위 '원전 대국'이었고 재처리 과정에서 발생한 몇 번의 사고에도 불구하고 정부는 핵발전에 대한 의존도를 높여 갔다.

2011년 후쿠시마 사태 이후 일본정부는 일본 내 모든 핵발전소를 폐기하기로 했으며 순차적으로 가동이 중지되어 2013년 9월 16일 후쿠이 원전 4호기가 중지된 이후 원전 제로 상태를 시작했다. 그러나 2012년 12월에 실시된 중의원 선거에서 자민당이 민주당에 압승하고 아베(安倍晋三) 내각이 출범하면서 원전정책을 재검토하여 재가동으로 방침을 정했다. 경제산업성에서 2014년에 발표한 제4차 에너지기본계획에 따르면 2030년까지 전원구성에서 핵발전을 20~22%로 증가시킬 것을 계획하였다. 결국, 2015년 8월

규슈 전력이 가고시마현 센다이 1호기를 재가동함으로서 약 2년 정도의 원전 제로 상태가 마감되었다. 2020년 9월 현재 센다이 1호기 및 2호기를 포함하여 총 9기의 핵발전소가 가동 중이며 18기의 핵발전소가 재가동을 준비 중이거나 준비를 마치고 허가를 기다리고 있다. 또한, 2기의 핵발전소가 건설 중이며 9기의 핵발전소 신규 건설이 계획 중이거나 구상 중이다.[28]

도표 10.2에서 보는 바와 같이 일본의 전력 생산에서 핵발전은 후쿠시마 사태 이전까지는 전체 전력 생산의 약 25~30% 정도를 차지하였다. 후쿠시마 사태 이후 2014년은 핵발전으로 인한 전력 생산이 제로를 기록한 유일한 해였다. 그러나 그 후 핵발전으로 인한 전력 생산은 계속 증가하여 2019년에는 7%를 기록하였다. 일본의 핵발전 재가동은 일본 내에서뿐 아니라 주변 국가들에게도 중요한 문제이다. 특히 재가동한 9기가 대부분 큐슈 등 한반도와 인접해 있다. 핵발전소는 냉각수가 많이 필요하기 때문에 거의 모든 발전소가 해안이나 강 하류에 있다. 따라서 지진해일(쓰나미)의 위험에 노출되어 있는 일본의 경우 안전 문제가 매우 중요한데 일본정부는 그동안

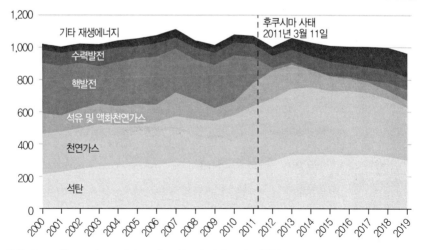

도표 10.2 일본 연료별 전력 생산 현황 (2000~2019년) (단위: 테라와트시[TWh])

출처: https://www.eia.gov/international/analysis/country/JPN

이 문제에 있어서 국내외에 신뢰 있는 모습을 거의 보여주지 못했다. 사실 아직도 후쿠시마 원전의 폐로 작업은 진행되고 있으며 100톤이 넘는 방사성 오염수를 바다에 버리겠다고 하고 있다.

또한, 일본 내에서도 일본 기후 이니셔티브(Japan Climate Initiative) 등 시민사회 차원에서 정부의 핵정책을 비판하는 움직임이 일어나고 있다. 일본정부는 재생에너지 비율도 물론 늘리겠지만 어디까지나 핵발전이 전력공급의 주가 됨을 명시하고 있다. 시민사회에서는 핵발전보다는 재생에너지 중심의 기후변화 대응 전략을 수립해야 함을 주장하고 있다. 그리고 사실 안전 강화로 인해 핵발전이 더이상 값싼 전기를 생산하지 못함에 따라 경제성 측면에서도 이를 비판적으로 보는 시각들도 많다. 또한, 안전 문제뿐 아니라 일본도 한국처럼 노후 원전 폐기 문제와 사용후핵연료 저장 문제에 직면해 있다. 2020년 3월 현재 일본 전체에서 핵발전소 내에 혹은 인근 등에 저장되어있는 고준위 핵폐기물은 약 1만 9,000톤인데 이는 저장용량의 80%에 달한다. 정부는 임시저장시설을 짓고자 하지만 이것을 희망하는 자치단체는 아직은 없다. 최근 홋카이도 시리베시(後志) 관내에 속하는 숫츠조(壽都町)의 기초자치단체장이 최종부지선정을 위한 연구조사에 응하겠다고 발표했지만, 해당 지역 주민, 인근 지역 그리고 해당 광역자치단체장의 거센 반발이 야기되고 있다.[29]

2) 중국

중국에서는 핵발전 문제가 에너지정책 그리고 기후변화정책의 맥락에서 추진되기도 하지만 극심한 대기오염을 줄이는 맥락에서도 추진된다. 2020년 현재 아직도 화석연료에 의한 전기 생산이 약 70%를 차지하고 있으며 그중 대부분이 석탄이기 때문에 주요 도시의 미세먼지 및 대기오염 농도를 증가시키고 있다. 중국이 핵발전소 건립을 처음 시도한 것은 1970년대이지만 본격적으로 시작한 것은 2005년부터라고 할 수 있다. 초기에는 프랑스나 러시아 그리고 캐나다로부터 기술을 도입했지만 2021년 현재는 독자 브랜드를 개발하고 수출을 시도하고 있다. 2000년대 말까지만 해도 핵발전소는 10기 정도에 불과했으나 2010년대에 그 수가 급속히 증가하였다.

2021년 현재 총 49기의 핵발전소가 건설되었으며 16기가 건설 중이며 39기가 건설 계획 중이다. 앞서 언급한 바와 같이 모두 해안에 있으며 또한 이 지역들은 석탄 매장 지대로부터 멀리 떨어진 곳이라는 의미도 있다. 2019년에 핵발전으로 생산된 전력은 349TWh로서 총 전력의 약 5%를 차지하였다. 이것은 한국이나 후쿠시마 사태 이전의 일본에 비해서는 작은 비

도표 10.3   중국 핵발전소 현황

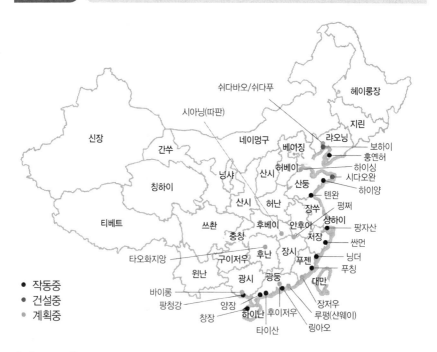

출처: https://www.world-nuclear.org/information-library/country-profiles/countries-a-f/china-nuclear-power.aspx

중이지만 2018년에는 당해 연도 전체 전력 생산의 4%밖에 차지하지 않았기 때문에 급속하게 비중이 높아지고 있다고 볼 수 있다. 제13차 5개년 에너지 발전 계획(2016~2020)은 후쿠시마 사태 이전에 만들어진 제12차 계획에서 제시된 목표인 '2020년까지 58기의 핵발전소 가동'이 그대로 제시되었다. 2030년이 되면 핵발전이 전력 생산에서 약 8%를 차지하게 될 것으로 전망된다.

중국정부는 국내에서 핵발전소를 계속 늘리는 한편 일대일로 국가들의 네트워크를 통해 중국형 원자로를 수출하고 이들 국가의 핵발전 시스템을 중국식으로 만드는 것을 추진하고 있다. 이미 파키스탄 핵발전소를 수출하였으며 루마니아 등에 수출을 계획 중에 있으며 그 밖에 많은 국가와 핵발전소 수출을 협의하고 있다. 이러한 중국의 움직임은 다른 나라에는 '신경 쓰이는' 관심사가 될 것이다. 전문가들은 현재는 미국이 중국의 2배 정도의 핵발전소를 가지고 있고 발전량도 세계 1위이지만 곧 중국이 핵발전에 있어서 전 세계를 지배할 것으로 예측하기도 한다.[30] 중국은 최소한 경제면에서는 미국과 더불어 전 세계를 주도하는 국가가 되었고 따라서 모든 면에서 주목을 받을 수밖에 없다. 하지만 바로 그 이유로 인해 중국은 재생에너지 사업 역시 곧 세계 시장에서 큰 영향력을 행사할 것으로 예측할 수 있다. 그리고 사실 선진국들이 핵발전을 포기하거나 축소하고 있으므로 아무리 개도국이 핵발전을 추진한다고 해도 핵발전보다는 재생에너지가 장기적 관점에서 훨씬 더 큰 시장과 가능성을 가진 분야일 것이다. 한국에서도 일부 언론이 한국이 탈핵을 선언하는 사이에 중국이 핵발전소를 수출하여 자리를 내주고 있다고 주장하기도 하고 또 한국과 가까운 산둥 지역에 핵발전소를 건설하여 안전 문제가 제기됨을 지적하기도 한다. 그러나 같은 논리로 한국의 핵발전소 역시 중국의 안전에 위험 요인이 될 수 있다. 또한, 핵발전소 수출이 과연 우리가 지향해야 할 목표인지에 대해서는 좀 더 깊은 고민이 필요하다.

오히려 한국이든 중국이든 일본이든 거의 모든 핵발전 국가들이 여전히 사용후핵연료를 어떻게 처리할지에 대한 방안을 마련하지 못하고 있는 점을 지적해야 한다. 중국은 과연 사용후핵연료를 어떻게 처리할 계획인가? 한국처럼 공론화위원회를 만드는 것이 아니라 권위주의적인 방식으로 일방적으로 부지를 선정하고 저장소를 만들 것인지 그리고 그것이 가능한지 등을 지적하고 그것을 계기로 한국 자신도 돌아보는 성찰이 필요할 것이다.

5. 탈핵의 탈정치 이슈화를 향하여

과거 1970년대에 두 차례의 석유파동을 겪으면서 한국 사회에서는 '석유 한 방울 안 나는 나라에서'라는 말이 자주 쓰이게 되었다. 개발 시대에 자원 빈국으로서 한국은 에너지 안보 차원에서 핵발전소 건립이 추진되었다. 쓰리마일 섬 사고와 체르노빌 사고를 계기로 선진국에서는 대부분 핵발전에 대한 열정이 약해진 반면 개도국에서는 핵발전이 오히려 강화되었고 더 많은 발전소가 건립되었다. 이 과정에서 한국이 대표주자로서 중요한 역할을 하게 되었다. 2021년 현재 한국은 여전히 핵발전 강국 중 하나이지만 이제 탈핵을 방향으로 설정하고 장기적인 준비를 하고 있다. 유럽연합, 미국, 일본, 중국, 한국 등 거의 모든 주요 국가들이 탄소중립을 선언하였고 이를 실천하는 세부 계획을 세우고 있다. 이제 핵발전 문제는 이 틀 속에서 논의되어야 할 것이다. 다만 중요한 것은 탈핵(혹은 탈원전)은 일부 언론을 통해 매우 급진적이고 위험한 성격의 정책임이 강조되는데 사실 탈핵은 매우 과감하게 추진할 수도 있지만, 점진적으로 추진할 수도 있다. 또한, 탈핵이 전기료 부담을 인상할 수도 있지만 반대로 에너지 소비를 줄일 수도 있을 것이다. 즉 이 문제는 겉으로 보면 탈핵이냐 친핵이냐의 양분법적 대립인 것 같지만, 그 안에는 더 구체적인 여러 요인이 복잡하게 작용하고 있으며 양분법적 시각보다는 다양한 시각과 타협된 결론이 충분히 가능하다.

　서론에서 언급한 바와 같이 환경정책은 정치체제의 성격 그리고 정치 제
도의 디자인 혹은 정치 문화나 이념 등 다양한 정치적 요인들에 의해 영향
을 받는다. 한국의 핵발전정책은 대표적인 사례라고 할 수 있다. 그러나 중
요한 것은 정치 세력들은 이 핵발전 문제를 정치권력을 획득하거나 확장하
는 차원에서 접근하겠지만 일반 사람들까지 그럴 필요는 없다는 것이다. 물
론 일반인들 역시 정치적 선호가 있으며 특정 정당이나 정치인을 지지하기
도 하지만 양극화된 이념적 대립의 맥락에서 이 문제에 접근하는 것이 아니
라 더욱 세밀한 이슈들을 중심으로 미시적으로 파악하는 것이 필요하다. 이
과정에서 중요한 것은 전문 지식과 왜곡되지 않은 정보일 것이다. 한국에서
시도된 공론화위원회 사례들은 이 점이 얼마나 중요한지를 잘 보여준다. 하
나의 예를 든다면, 핵발전과 전기료와의 관계이다. 핵발전 비용과 관련하여
우리가 과연 얼마나 객관적이고 투명한 정보를 가졌는지를 확인해 보아야
한다.[31]

　환경정책과 정치적 요인들 간의 관계에서 한국은 동아시아에서 중요한
사례가 된다. 한국은 동아시아에서 시민사회가 가장 잘 활성화되어 있으며
시민의 직간접적인 정치참여가 가장 활발한 국가라고 할 수 있다. 환경 및
에너지 그리고 기후변화 관련 분야에서도 시민들이 정책 과정에 참여할 수
있는 다양한 통로들이 가동되고 있다. 굳이 시민들까지 거대 양당 중심의
대결적이고 소모적인 그리고 중앙정부 중심적이고 이념 중심적인 경직된
정치에 매몰될 필요가 없다. 시민들은 정당과 의회가 도대체 왜 있어야 하
는지, 이들이 우리의 환경을 보존하고 미래세대를 위한 지속가능한 발전의
기회를 찾는 데 어떤 역할을 하는지를 따져봐야 한다. 만약 역할을 잘못한
다고 판단된다면 이들에게 이 문제를 맡기지 않아도 될 것이다.

글상자 10.1	후쿠시마 수산물과 도쿄올림픽

2021년 7월에 거행된 도쿄올림픽의 조직위원회는 선수촌 식당 음식에 후쿠시마산 식자재를 사용하겠다고 발표했다. 이에 한국 선수단은 별도의 장소(호텔)를 빌려 한국산 식자재를 이용해 한국 선수단이 먹을 수 있는 음식을 직접 제공했다.

일본에서는 이를 비난했지만 사실 일본 올림픽 선수단도 2018년 평창 동계올림픽에서 자국 선수들이 음식을 먹을 수 있는 식당을 별도로 설치했다. 그리고 2008년 북경올림픽에서 미국 선수단은 자국 선수단이 먹을 음식을 직접 공수했다. 즉 이처럼 올림픽 경기에 참여하는 선수단이 자국의 식자재와 음식을 직접 가져오는 것은, 이번이 처음은 아니다.

더군다나 아직도 우리나라를 포함해 전 세계 약 15여 개 국가가 후쿠시마산 수산물 수입을 금지하고 있다. 일본은 2015년에 WTO에 이를 제소했지만 패소하였다. 특히 일본과 가장 가까운 한국, 대만, 중국은 전 세계 모든 국가가 다 수입 금지를 해제하더라도 쉽게 해제할 수 없는 지리적 위치에 있다. 즉 여전히 이 위험은 이 세 국가에게는 특히 더 심각한 문제이다. 2021년 2월 후쿠시마 앞바다에서 잡힌 우럭에서 기준치의 5배가 넘는 세슘이 검출되었다.

이 문제는 국제환경정치에서 기본적으로 월경성 환경문제이기는 하지만 우리가 다음 장에서 볼 미세먼지 문제와는 조금 다르다고 볼 수도 있다. 이 문제와 미세먼지 문제가 왜 다른지를 생각해 보고 다음 장을 읽어도 좋을 것이다. 그리고 사실 서구 언론들은 이 문제를 양국 간의 갈등 중 하나로 바라보지만, 우리에게 있어서 이 문제는 가해국이 피해국을 무시하고 일종의 2차 가해를 하는 문제일 수도 있다.

출처: https://www.reuters.com/business/environment/skorea-team-screen-its-food-over-fukushima-radiation-concerns-2021-07-19/

11장

중앙-지방관계와 중국의 환경, 기후변화정책

중국에서 환경문제는 정부를 지속적으로 괴롭히는 약점 중 하나이다. 중국 환경문제는 정치적 민주주의의 부재나 인권 탄압, 소수민족에 대한 억압 등 서구 국가들이 중국을 비판하고 공격하는 문제 중 하나이지만 그와 동시에 공산당 독재의 정치적 정당성 확보 요인 중 하나이다. 공산당은 신중국 건국 이후 중국을 100년 동안 외세의 압제로부터 해방하였으며 성공적인 경제발전과 번영을 이끌었다. 그뿐 아니라 아직 소득 수준으로 볼 때 개발도상국이지만 미국과 더불어 국제정치경제의 질서 유지에 참여할 수 있는 강력한 패권국으로 부상하고 있다. 이 성과들은 왜 공산당이 지배해야 하는지를 설명해 주는 근거로서 충분하다. 그러나 이와 동시에 중국 인민들은 선진국에서와 마찬가지로 산업화가 진행되고 소득 수준이 높아지면서 환경문제, 젠더 이슈 등 물질적이지 않은 가치를 추구하고 이와 관련된 삶의 질 향상을 적극적으로 요구하게 되었다. 중국정부는 환경을 사실상 거의 고려하

지 않은 산업화를 추진했고 그 결과 도시와 농촌에서 대기오염과 수질오염
이 극심한 정도로 진행되었다. 중앙정부와 지방정부는 법과 제도를 만들고
집행해왔지만, 사실상 집행한 것이 아니라 방관한 것이고 그 결과가 오늘의
현실이다.

이 장에서는 미세먼지 문제와 생태성 건설 문제를 사례로 하여 중국 환경
정치와 정책을 소개한다. 특히 정치적 권위주의라는 중국 정치체제의 성격
그리고 중앙-지방관계라는 중국정치의 특성에 초점을 맞추어 환경정치를
분석한다. 이미 앞의 9장과 10장에서 보았듯이 정치체제의 성격과 환경정
치 간의 관계는 매우 역동적이다. 즉 단순히 민주주의가 권위주의보다 참여
적인 환경정치 거버넌스를 만들 가능성이 높고 이것이 정책 과정을 더욱 효
과적으로 만든다는 식의 결론은 부적절하다. 민주주의라도 구체적으로 어
떤 민주주의인가가 중요하다. 즉 정당체제나 선거제도 그리고 지방자치와
같이 민주주의의 특정한 제도적 성격이 환경정치 과정에 어떤 영향을 미치
는지를 파악하는 것이 중요하다.

미세먼지 문제는 권위주의가 어떻게 환경정책을 효과적으로 집행할 수
있는지를 보여줌과 동시에 중국 환경정치에서 중앙-지방관계가 얼마나 중
요한지를 보여준다. 중국에서 대기오염은 3대 산업공해 중 가장 심각하고
민감한 문제이다. 수질오염은 주로 지방의 하천오염이며 고체 쓰레기는 도
시 주변 지역에 무분별하게 버려지거나 매립되고 있다. 이에 비해 대기오염
은 거의 모든 대도시 혹은 중소도시에서 예외 없이 심각할 정도로 발생하며
이에 대한 시민들의 불만도 쉽게 표출된다. 도시 중산층의 불만은 힘없는
농민들의 항의에 비해 영향력이 크다. 물론 이들의 목소리도 언론에서 제대
로 대변되지는 못하지만, 정부는 다수 중산층의 불만 사항을 제대로 처리
하여 이들의 신뢰를 얻고 결국 공산당 독재의 정당성을 확보해야 할 필요가
있다. 중앙정부는 지방정부에게 대기오염 처리를 맡겼지만, 실제 정책을 철
저히 집행하라는 확실한 신호를 보내지는 않았다. 결국, 지방정부는 경제성

장과 환경보호의 두 목표를 동시에 추진해야 하는 상황에서 후자를 도외시하였고 이 문제는 중앙이 직접 나서서 해결하고 있다.

생태성은 중국정부가 추진해 온 생태도시 혹은 친환경타운 사업이다. 생태도시란 말 그대로 도시 전체 혹은 일부를 친환경적인 방향으로 설계하고 운영하는 것을 말한다. 세계은행의 정의에 의하면 생태도시란 생태계의 이점들을 이용하고 이러한 자산을 미래세대를 위해 보존하고 발전시키는 통합적인 도시 계획 및 관리를 통해 시민과 사회의 복지와 행복을 증진하는 도시이다.[1] 각국의 생태도시들은 각자 생태도시를 구성하는 중요한 특징들을 조금씩 다르게 설정했는데 공통적으로는 에너지 자급자족, 보행 및 자전거 도로의 최대화와 자동차를 위한 시설의 최소화, 적절한 도시 규모의 유지로 인한 이동의 최적화, 현지에서 생산되는 농산물 소비, 자원의 재사용 및 재활용, 자연환경의 보존, 생태학적으로 바람직한 경제활동, 환경문제에 대한 교육 및 의식 제고, 그리고 이러한 과정에서의 사회적 정의 등을 포함한다.[2] 중국에서도 2000년대 초중반부터 생태도시가 건설되기 시작했는데 이 중 대표적인 사례들은 모두 외국측 파트너와의 협력인 중외합작(中外合作)의 형태로 진행되었다. 그러나 이러한 해외 파트너와의 협력 과정에서조차 중앙정부의 정치적 판단과 영향력이 크게 작용한 것이 이 생태성 사례이다. 따라서 이 사례 역시 중국 환경정치에서 중앙정부의 역할이 매우 크다는 것을 입증한다.

이 장은 다음과 같이 구성되어 있다. 먼저 2절에서는 권위주의적 환경주의(AE: authoritarian environmentalism)와 중앙-지방관계 등 중국 환경정치연구에서 쟁점이 되는 이론들을 소개한다. 3절과 4절에서는 각각 미세먼지 사례와 생태성 건설 사례를 분석한다. 결론에서는 향후 중국 환경정치의 변화 가능성과 글로벌 기후변화 대응에서의 중국의 역할에 대해 논의하고 결론을 맺는다.

1. 중국의 환경정치와 정책

중국에서는 개혁개방 이후 지속된 급격한 산업화와 도시화로 인해 대기오염, 수질오염, 폐기물 등 많은 환경문제가 발생했고 수많은 정책적 노력에도 불구하고 여전히 환경법과 제도가 지켜지지 않는 경우가 많고 선진국과 비교해 오염이 심하다. 2000년대 초반부터 서구 학자들의 연구로 데이터와 사례들이 제시되면서 중국정부는 적어도 형식적으로는 이 문제에 심각한 관심을 표명하기 시작했다.[3] 위에서도 언급한 대로 특히 대기오염은 도시민들의 삶을 위협하고 삶의 질을 저하하며 정부에 대한 불만이 직접 표출되는 가장 심각한 환경문제이다. 2000년대와 2010년대 추진되었던 중국의 생태성 건설 역시 이 문제를 해결하지 못했기 때문에 생태도시로서 근본적인 한계를 가질 수밖에 없었다. 즉 상하수도 개선, 자전거 도로 확충을 통한 차량 이용 제한, 천연가스 버스로의 교체, 생태 숲길 조성, 분리수거 시스템 구축 등 생태도시에 필요한 요건들을 갖췄지만, 도심 대기질인 미세먼지 농도 상승은 하루아침에 개선될 수 없는 구조적인 문제였다.

2008년의 베이징 올림픽은, 비록 그것이 일 년 중에 가장 대기상태가 좋았던 늦여름-초가을에 실시되긴 했지만, 중국정부가 실제로 대기오염 문제를 심각하게 받아들였던 계기가 되기에 충분했다. 2010년에는 북경주재 미국대사관에서 자체적으로 측정해 온 미세먼지 농도 값이 극단적으로 나빠지면서 대사관에서는 북경에 살던 미국 시민들에게 알람 문자를 보내게 되었는데 이를 통해 북경 및 중국 주요 도시의 미세먼지 농도가 얼마나 심각한지가 중국 내에서 최초로 아주 제한적이나마 공론화되었다. 그리고 이 문제로 인해 중국정부는 미국대사관에 항의하고 양국 간 마찰이 되기도 했다.[4] 이후 미세먼지 문제는 더욱 심해지고 대기질은 더욱 악화되어 2013년에는 북경의 대기질지수(Air Quality Index) 993에 이르렀는데 이는 극단적인 수준이었다. 같은 날 미국 뉴욕시의 지수 값은 19였다.[5]

대기오염뿐 아니라 중국 환경정치에서 일반적으로 가장 중요한 행위자는 언제가 국가였다. 중국에서는 지금도 민주주의 국가에 비해 환경비정부단체(Environmental NGOs)나 미디어 그리고 시민사회의 역할에 제한적이다. 환경비정부단체들은 수적으로도 많고 활동도 적극적으로 하고 있지만, 정부를 감시하고 정책 과정에 영향을 미치거나 직접 참여하는 기회는 매우 제한되어 있다. 과거 중국의 환경비정부단체를 서구 학자들은 정부가 조직한 비정부단체(GONGO: government organized non-governmental organizations)라고 불렀다. 자연의 친구들 혹은 지구촌 등 중국에서 유명했던 환경단체들이 정부의 환경정책을 감시하지 못하고 정부를 비판하고 개선을 촉구하는 캠페인을 벌이지 못했던 이유는 그들이 정부의 퇴직 관리들에 의해 주도되었거나 정부의 강력한 통제하에 있었기 때문이다.

2015년 중국중앙방송국의 유명 앵커이자 리포터였던 차이징(柴靜)은 딸이 출생 직후 종양 제거 수술을 받게 되었는데, 딸 종양의 원인이 자신이 임신 당시 대기오염이 극심했던 지방으로 출장을 다녀온 것이라고 보고 중국 도시들의 심각한 대기오염 문제를 고발하는 다큐멘터리 영화를 자비를 들여 제작하였다. 〈언더 더 돔(Under the Dome, 穹頂之下)〉이라는 제목의 이 영화는 발표 직후 첫 3일 동안 1억 5,000만 회의 조회를 기록할 정도로 인기가 있었다. 영화에서 차이징은 자신이 직접 조사하고 수집한 기록들과 전문 지식 그리고 전문가와의 인터뷰 등을 통해 중국의 대기오염이 심각한 정도로 인민들의 건강에 악영향을 미치고 있음을 보여주었다. 이 영화는 중국정부를 비판하는 내용이 주를 이룬 것이 아니라 전반적으로 중국 인민들의 각성을 촉구하는 내용이 기본 방향이었다. 그럼에도 불구하고 중국정부는 처음 며칠 동안은 차이징과 이 영화에 매우 호의적이었으나 갑자기 태도를 바꾸어 영화 상영 및 조회를 금지하였다.

2. 이론적 쟁점들

이렇게 중국에서는 국가, 즉 정부가 환경정책을 주도하기 때문에 사실상 환경정치라는 것이 하향식으로 전개될 수밖에 없다. 그런데 과연 국가가 환경정책을 주도하면 효과적인가? 이에 대한 기존의 서구 및 한국 정치학계의 연구는 크게 '중앙-지방관계'와 '권위주의적 환경주의'를 중심으로 전개되었다.

중앙-지방관계는 중국정치에서 가장 중요한 연구 주제 중 하나이다. 환경정책에서 보면 중국 환경 거버넌스는 적어도 형식적으로는 중앙과 지방의 역할 분담이 명확하게 구분된 것으로 보인다. 즉 중앙정부는 환경법, 정책, 제도 등을 만들고 이를 실제로 집행하는 것은 지방정부이다. 이 역할 분담에 의하면 중국 환경정책에서 오랫동안 지적되어 온 고질적인 문제, 즉 정책집행이 잘 안 되는 문제(weak implementation)는 결국 지방정부의 책임이다. 그러나 많은 중국 환경정책 전문가들은 이 문제에 구조적인 이유가 있다고 주장하였다. 우선 중국의 다른 정책영역에서도 마찬가지이지만 지방정부의 환경국은 한편으로는 수직적 관계에서 상위 정부 환경 부서의 통제를 받지만 이와 동시에 다른 한편으로는 수평적 관계에서 자신이 속한 지방정부의 통제를 받는 이중적 지배구조(Dual Leadership Matrix Structure)에 놓여 있다. 이 구조에서 지방환경국은 수직적 관계보다는 자신이 속하고 매일 일상적으로 대면해야 하는 수평적 관계에 더 집중할 수밖에 없으며 그 결과 환경정책이 철저히 집행되지 못하는 것이다. 또한, 지방정부의 정책집행 동기라는 측면에서도 중앙정부가 지방정부 관리들을 환경정책보다는 경제정책의 성과로 평가하기 때문에, 지방의 경제성장률 유지를 위해서 환경정책을 소홀히 할 수밖에 없을 것이다. 이 주장의 결론은 결국 중앙정부와 지방정부 중에 궁극적인 책임은 지방정부에 있다는 것이다. 즉 지방정부가 실제로 정책집행을 철저히 할 수 있는 구조를 중앙정부가 만들어 주어야 한다.[6]

권위주의적 환경주의란 정치적 권위주의하에서 소수의 능력 있는 정치 엘리트들이 환경정책의 수립 및 집행을 철저히 하여 자유민주주의에서보다 정책 효율성이 높을 수 있다는 주장이다. 이 주장은 주로 중국 사례에 적용되었는데 그것이 중국의 상황을 잘 설명해 줄 수 있는지는 논쟁적이다. 긍정적으로 보는 사람들은 중국이 자유민주주의보다 더 환경정책을 철저히 집행한다고 할 수는 없지만, 서구 선진국과 달리 정책 자원이 부족하고 급속한 경제개발 과정에 있는 상황에서 그나마 환경정책을 수립하고 집행하는 것은 국가가 강력하게 하향식으로 사회를 통제하고 있기 때문이라고 주장한다. 반면 부정적으로 주장하는 사람들은 권위주의적 환경주의의 핵심은 국가 자율성과 국가 능력인데 중국의 경우 국가가 시민사회로부터 상대적으로 자율적인 것은 맞지만 과연 환경정책을 철저히 집행할 수 있는 능력과 의지가 있느냐의 문제를 제기한다. 또한, 여기서 말하는 국가가 중국의 중앙정부를 말하는 것인지 아니면 지방정부를 말하는 것인지도 쟁점이 된다. 중앙정부가 자율성과 능력을 갖추었다고 해도 과연 지방정부도 그런지가 더 중요하다는 것이다. 왜냐하면, 실제 매일 정책을 집행하는 것은 지방정부이기 때문이다.[7] 지방정부는 자율성과 능력 그리고 의지가 부족하기 때문에 중국은 권위주의적 환경주의의 장점을 잘 살리지 못하고 있다고 주장하는 학자들도 있다.[8]

결국, 이론적 쟁점들과 개념들을 둘러싼 논쟁들을 종합해 보면 중국에서 환경정책이 철저히 집행되지 않는 것은 궁극적으로는 중앙정부의 책임이다. 즉 최종 권한과 권력을 가진 중앙정부가 지방정부에게 철저히 정책을 집행하라는 진지한 신호를 보내지 않고 있는 것이다. 따라서 실제 집행을 담당하는 지방정부의 환경국 관리들에게 상위 행정부의 수직적 통제는 사실상 별 의미가 없는 것이다. 권위주의적 환경주의의 맥락에서 볼 때 결국 지방정부가 자율성과 능력 그리고 의지가 있느냐의 문제가 아니라 그들이 의지를 갖도록 중앙정부가 확실한 태도를 보여주어야 한다는 것이다.

3. 중앙의 감찰과 미세먼지 저감

중국의 대기오염은 사실상 미세먼지 문제이다. 미세먼지는 입자가 매우 작아 대기 중에 부유하는 물질로서 대기에 있는 오염물질들을 수반하여 인체로 들어와 각종 질병을 유발한다. 미세먼지는 여러 방식으로 분류할 수 있으나 주로 입자의 크기를 기준으로 분류한다. 입자의 지름이 10μm 이하인 것을 PM10이라고 하고 2.5μm 이하인 것을 PM2.5라고 한다. 특히 PM2.5는 입자가 작아 인체의 폐부 깊숙이까지 쉽게 들어올 수 있어서 건강에 미치는 악영향이 더 크다.

미세먼지는 또한 초국경적(혹은 월경성, transboundary) 속성을 가지고 있다. 월경성 환경문제(transboundary environmental problems)란 한 국가에서 발생한 환경문제가 국경을 넘어서 인접 국가에도 영향을 미치는 현상을 말한다. 이것은 의도적인 현상이 아니라 기본적으로 대기 및 수질오염 물질이 가지는 초국경적 속성과 지형 및 기상 조건 등에 의한 구조적인 현상이며 따라서 일반적으로 해결하기 매우 어렵다. 또한, 오염물질의 발생과 이동에 관한 과학적 분석 결과에 대한 국가들의 합의가 어렵다는 점이 이 문제의 해결을 방해하는 주요 원인이다. 심지어 비교적 가해자와 피해자가 명백해 보이는 상류-하류(upstream-downstream)의 성격을 가진 문제조차도 상류가 하류의 오염에 정확히 얼마나 책임이 있는지, 그리고 상류는 그보다 더 상류에 의해 얼마나 오염이 되는지 등을 과학적으로 파악하기 힘들고 또 파악한다고 해도 상류와 하류가 이 과학적 결과에 합의하기 매우 힘들다. 따라서 미세먼지와 같은 월경성 환경문제는 지구환경정치에서 일종의 난제이다.

위에서 언급했듯이 중국정부는 2008년 베이징올림픽을 계기로 자국의 환경오염 문제에 대한 외국의 시선을 의식하기 시작했으며 이후 북경주재 미국대사관의 미세먼지 농도 측정 그리고 2014년의 이른바 'APEC 블루

(Blue)' 이슈로 인해 서구 선진국들 사이에서 중국의 환경문제 특히 대기오염 문제가 쟁점화되자 이에 보다 강력히 대응해야 할 필요를 절감하게 되었다. 'APEC Blue'란 2014년 11월 중국 베이징에서 개최된 APEC 정상회담을 준비하는 과정에서 중국정부가 극단적으로 심한 수준의 대기오염 문제를 일시적으로나마 해결하기 위해 베이징과 톈진 그리고 허베이 일대의 1천여 개의 공장을 일시 가동 중단시키고 차량 2부제를 시행하고 난방 개시일을 늦추는 등의 임시방편적 조치를 취해 정상회담 기간 중 일시적으로 하늘이 맑았던 것을 의미한다.[9] 대기질은 일시적으로 회복되었으나 이러한 임시방편적 조치는 오히려 국제사회에서 조롱을 받고 이 문제가 더욱 쟁점화되는 계기로 작용했다.

중국정부는 2013년부터 대기질 개선을 위해 본격적으로 노력했다. 우선 2013년에는 이른바 대기10조라고 불리는 「대기오염방지행동계획」을 발표했다. 이 계획은 2013년부터 2017년까지 5년간 대기질 개선을 위한 부문별, 지역별 구체적인 목표를 제시한 로드맵이다. 여기서 특히 중점 관리 지역으로서 베이징-톈진-허베이, 장강 삼각주 지역, 그리고 주강 삼각주 지역을 선정하였다. 2014년 3월 리커창(李克强) 총리는 대기오염과의 전쟁을 선포하고 국무원에서 일련의 시행세칙을 발표하였다. 이 세칙들은 매우 급진적인 방법을 포함하고 있었는데 단순히 PM2.5와 PM10의 농도 저감 목표를 설정하는 것뿐 아니라 구체적으로 사업장 폐쇄, 석탄화력발전소 일시 정지, 석탄난방의 가스난방으로의 교체, 자동차 운행 제한 등 다소 강압적인 방법들이 주를 이루었다.

그러나 이러한 강제 조치를 적극적으로 취했음에도 불구하고 대기질이 개선되지 않자 중국정부에서는 2016년 1월부터 중앙정부 감찰이라는 방안을 시도하였다. 이것은 중앙정부에서 직접 각 지방으로 감찰단을 파견하여 지방의 오염실태를 파악하고 주민의 불만을 직접 접수하고 필요시 지방 관리와 지방 국영기업들을 처벌하는 방식의 규제로서 일종의 충격요법(shock therapy)이라고 할 수 있다. 이 충격요법은 매우 큰 성공을 거두었고 2021년 현재까지도 지속되고 있다.

사실 대기오염 문제를 과감히 개선해야 할 필요는 국제사회에서의 국가 이미지뿐 아니라 국내정치 차원에서도 발생했다. 특히 2017년 제19차 당대회 이후 시진핑의 장기 집권이 예측되는 상황에서, 시진핑과 중국정부로서는 만약 2022년 제20차 당대회에서 시진핑의 국가주석 재연임을 추진한다면 이에 상응하는 정당성 요인이 필요한 상황이 되었다. 시진핑과 공산당은 소강사회가 일차적으로 이미 달성되었음을 선언했고 국제사회에서 미국과 힘을 겨룰만한 정도로 국가의 위상을 높였으며 위대한 중화민족의 부흥과 번영을 주도하는 등 인민들에게 제시할 확실한 업적들이 있다. 그러나 과거와 달리 인민들은 어느 정도 소득이 향상되면서 정부가 환경오염이나 복지 등과 같은 사회적 문제들을 해결해 주기를 바라고 있다. 한 연구에 의하면 중국인들이 느끼는 불만의 가장 큰 원인은 부정부패이며 두 번째로 큰 불만이 대기오염일 정도이다.[10] 시진핑은 집권 시작인 2012년 제18차 당대회에서부터 '아름다운 중국'을 강조하여 환경, 생태 문명의 고양을 강조했는데 이것이 2010년대 중반부터는 집권 연장에 대한 인민들의 불만을 해소하고 정당성을 확보할 수 있는 돌파구로서 당의 중대 과제로 취급되었다. 그런데도 막상 정부의 노력이 큰 효과가 없자 정부에서는 직접 감찰 파견이라는 극단적인 방법을 선택한 것이다.

감찰단은 주로 퇴직한 환경부 고위관리로 구성되었으며 한 지역에서 약 한 달 정도의 기간 머물면서 중앙에 보고한 데이터가 정확한지부터 시작해서 전반적으로 관리들이 정책을 제대로 집행하고 있는지를 감찰하였다. 이 과정에서 가장 성과가 있었던 것은 중앙정부 고위관리와 연결되어 지방정부의 환경규제를 무시하는 이른바 '힘 있는' 지방 국영기업들을 단속하고 처벌한 것이었다. 또한, 감찰이 한 번에 그치지 않고 계속될 것임을 분명히 하여 감찰 종료 이후에도 지속적으로 대기질 개선이 이루어지도록 하였다.

이것은 중국 환경정치 전체 역사상 중앙정부가 지방정부에게 보낸 가장 강력한 신호일 것이다. 아니면 신호가 아니라 아예 중앙이 직접 나서서 마치 중앙의 군대를 지방에 직접 파견하여 지방의 문제를 해결하는 방식이라고 할 수도 있다.

감찰은 크게 두 번에 걸쳐 진행되었다. 첫 번째 감찰은 2016년 1월부터 2017년 9월까지 약 2년간 총 네 지역의 대도시들을 대상으로 진행되었다. 이렇게 해서 2017년 말까지 전체 31개의 성급행정단위를 모두 감찰한 뒤 곧바로 두 번째 감찰이 2018년에 시작되었다. 앞에서 언급한 바와 같이 제1차 감찰 당시 각 도시에서 반드시 제2차 감찰이 지속될 것임을 미리 예고했다. 제2차 감찰은 두 단계로 나뉘어 실시되었는데 1단계에서는 2018년 6월부터 2019년 4월까지 기본적으로 제1차 감찰과 같은 지역을 대상으로 하고 섬서성 등 몇몇 지역을 특별관리대상으로 추가하였다. 이렇게 해서 역시 1차와 마찬가지로 31개 성급행정단위를 모두 감찰 완료하였다. 2019년 9월에 시작된 제2차 감찰의 2단계에서는 2021년 말까지 같은 지역을 대상으로 하되 직할시나 부성급도시 외에 지구급 도시들로 대상을 확대하였으며 예고된 감찰뿐 아니라 예고 없이 갑자기 방문하는 암행 감찰도 추가되었다.

감찰단이 현지에 도착하면 지방 관리들, 지방 당서기 및 당 간부들 그리고 국영기업 대표들과 면담하고, 주민들의 방문을 받고 불만을 접수하며, 데이터를 확인하고 직접 현장 조사를 수행하는 등의 활동을 한다. 이런 활동이 종료되고 난 후 3개월 내로 감찰단은 보고서를 작성하게 되고 각 지방정부에서는 이 보고서에 지적된 내용을 어떻게 처리할 것인지를 한 달 이내로 작성하여 감찰단에 제출한다. 감찰단이 이를 승인하고 이것을 국무원에 제출하면 해당 지방정부는 다음 감찰에 대비하여 지적된 사항들을 점검하고 대기오염 저감을 위한 보다 근본적인 개혁에 착수하게 된다.

이렇게 진행된 감찰은 대체로 성공적이었다. 2014~2015년 이후 중국 대부분의 도시에서 미세먼지 농도는 지속적으로 감소하고 있다. 물론 이것이 감찰로 인한 효과였는지에 대해서는 보다 철저한 연구가 필요하다. 그러나 최소한 감찰이 이러한 성과에 기여한 중요한 요인 중 하나였음은 분명할 것이다. 도표 11.1과 11.2는 4개 직할시의 PM10과 PM2.5의 연평균 농도를 2014년부터 2019년까지 측정한 값이다. 베이징이나 텐진의 경우 2014년에 PM10 농도가 120∼140μm/m³ 정도였으나 2019년에는 80μm/m³ 이하로 감소하였다. PM2.5의 경우에도 북경은 2014년에 80∼83μm/m³ 정도 수준이었으나 2019년에는 40∼43μm/m³ 수준으로 감소하였다. 이러한 감소 추세는 4대 직할시만이 아니다. 중국의 368개 도시의 PM2.5 그리고 PM10의 연평균 농도를 2014년부터 2019년까지 측정한 연구에 의하면 신장의 스허즈(石河子)시를 제외하고는 모든 도시에서 뚜렷한 감소 추세를 보였다. 2019년의 미세먼지 농도 값이 2014년 혹은 2015년의 값보다 큰 경우는 PM2.5의 경우 21개 도시 그리고 PM10의 경우 21개 도시였으며 이들을 제외한 모든 도시에서 2019년도의 값이 2014∼2015년도의 값을 초과하지 않았다.[11]

전체적으로 미세먼지 농도는 감소했지만 감소 폭은 성(省)별로 지역별로

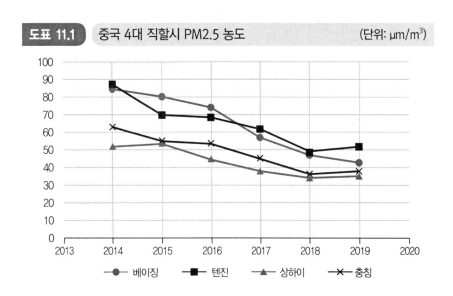

도표 11.1   중국 4대 직할시 PM2.5 농도   (단위: μm/m³)

베이징   텐진   상하이   충칭

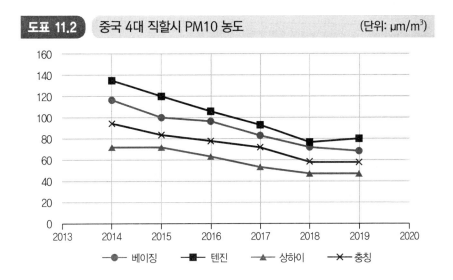

도표 11.2　중국 4대 직할시 PM10 농도　(단위: µm/m³)

그리고 도시별로 다르다. 동북3성이나 섬서성 혹은 산시성, 그리고 허베이성처럼 원래 대기오염이 심했던 지역의 경우 감소 폭이 매우 크고, 반면 광동성과 같이 상대적으로 미세먼지 문제가 심하지 않았던 경우는 감소 폭이 작다. 그리고 물론 2020년과 2021년의 경우 COVID-19으로 인해 비정상적으로 낮은 수치를 보여준다.[12]

　도표 11.3은 허베이성의 주요 도시들의 PM2.5 농도를 보여준다. 모든 도시에서 2014년부터 2019년까지 전반적으로 감소하는 경향을 보여주고 있으며 바오딩이나 스좌좡같은 대표적인 대기오염 도시들의 경우 워낙 문제가 심각했으므로 더 큰 비율로 감소하고 있음을 볼 수 있다. 또한, 이 도표는 한 성(省)내에서 대표적인 대도시의 오염 문제를 해결하기 위해 공장이나 발전소를 인근 도시로 이전시키는 방식으로 문제를 해결했다는 가설을 반박한다. 즉 한 성 내의 크고 작은 모든 도시에서 일괄적으로 미세먼지 농도가 줄어들고 있다. 허베이성 외에 모든 성을 확인해 본 결과 같은 현상을 발견할 수 있다. 또한, 이 경향은 PM10에서도 똑같이 나타난다.

　그러나 그렇다고 해서 중국의 미세먼지 농도가 만족할 만한 수준으로 낮

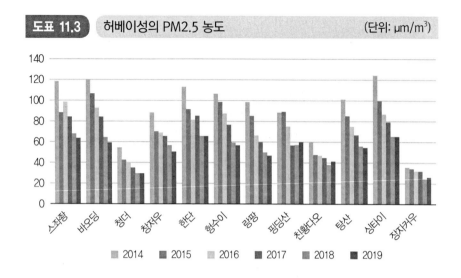

도표 11.3 허베이성의 PM2.5 농도 (단위: μm/m³)

■ 2014 ■ 2015 ■ 2016 ■ 2017 ■ 2018 ■ 2019

아진 것은 아니다. 도표 11.4는 2019년 중국 30개 도시의 PM2.5 평균 농도를 보여준다. 이 중 중국 자체 기준(35μm/m³)에 부합하는 도시들은 8개밖에 없다. 더군다나 유럽연합(25μm/m³), 미국이나 일본(15μm/m³) 그리고 세계보건기구(WHO)의 가이드라인(10μm/m³) 등의 기준을 따른다면 이 기준들에 부합하는 중국 도시들은 매우 드물 것이다.

앞에서도 언급한 바와 같이 이러한 긍정적인 성과가 반드시 감찰 때문이었다고 할 수는 없지만, 감찰이 중요한 역할을 했음은 틀림없다. 사실 어떤 의미에서 중앙감찰은 최후의 수단이었다고 할 수 있다. 감찰단은 국무원 직속으로서 최고 권위를 부여받았기 때문에 법을 어긴 기업이나 법 집행을 소홀히 한 지방 관리들을 강력하게 처벌할 수 있었으며, 한 번 수행하고 끝나지 않고 같은 지역을 반복적으로 감찰함으로써 지방 관리들에게 가장 강력한 신호를 보낸 것이다. 그러나 문제는 언제까지 이렇게 중앙정부가 직접 나서야 하는지이다. 중앙감찰의 성과는 역설적이게도 인민들에게 중앙이 직접 나서지 않으면 이 문제가 해결되기 어렵다는 인식을 주었을 수도 있다. 또한, 중앙이 큰 국가인 중국 전체를 일일이 다 감찰한다는 것은

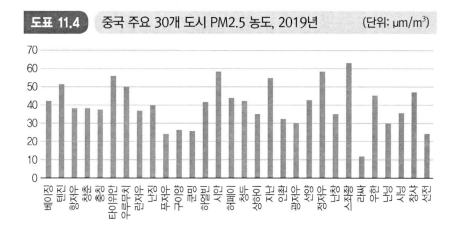

도표 11.4   중국 주요 30개 도시 PM2.5 농도, 2019년   (단위: μm/m³)

규제 비용(regulatory cost)의 부담이 과도하고 지방의 자체적인 행정 능력 약화를 가져오기 때문에 중앙정부는 적절한 시점에 감찰을 중단하고 지방이 자체적으로 정책을 효과적으로 집행할 수 있는 일종의 출구전략(exit strategy)을 마련해야 할 것이다. 아마도 2022년 가을에 개최될 제20차 당대회가 이 출구전략의 계기가 될 수도 있을 것이다.

　2016년부터 시작된 감찰의 성과가 가시화되자마자 2020년과 2021년은 코로나 사태로 인해 예상치 못할 정도로 대기오염이 감소했다. 그런데 이러한 경향이 향후 지속되어 결국 중국의 대기질이 획기적으로 개선된다면 권위주의적 환경주의의 긍정적 사례가 될 수도 있을 것이다. 그러나 중국이 권위주의의 장점을 살려 환경정책을 효과적으로 집행한다고 해도 결국 중앙-지방관계라는 문제는 남는다. 전 지구 차원에서 지방정부 특히 도시는 환경보호 및 기후변화 대응 과정에서 주권국가들을 대신하여 점차로 중요한 역할을 하고 있다. 이러한 글로벌 추세에 부합한다는 의미에서도 중국 지방 도시들이 환경 및 기후변화정책을 주도하여 중앙-지방관계의 딜레마를 극복해야 할 것이다.

4. 중앙 주도의 생태성 건설

1) 개요

생태도시는 북미 및 서유럽에서 1970년대와 1980년대에 가장 활발히 시도되었고 그 결과 오늘날 대표적인 생태도시들이 대부분 이 지역에 있다. 독일의 프라이부르크, 스웨덴의 말뫼와 스톡홀름, 덴마크의 코펜하겐, 캐나다의 밴쿠버, 미국의 포틀랜드와 샌프란시스코, 영국의 브리스톨, 스위스의 취리히 등이 대표적인 생태도시이다. 이 중 가장 먼저 체계적으로 생태도시를 건설한 사례가 프라이부르크이다. 사실 이 도시는 독일 환경운동의 탄생지 중 하나이다. 1970년대에 이 지역에서 시작된 핵발전소 건립 반대운동은 독일 환경운동과 환경시민사회 형성의 시초가 되었다. 이 운동으로 핵발전소 건립은 무산되었고 대신 주민들은 시정부와 함께 대체에너지 생산, 에너지 자급자족 등의 계획을 세우기 시작했는데 이것이 친환경도시 건설의 시작이었다. 이후 도심 내 자동차 진입 금지구역 설정 등 친환경적인 교통체계 설계, 대규모 태양에너지 시설 보급 및 기술혁신, 페시브 하우스, 열병합 발전, 풍력 발전 등을 통한 에너지 절약 및 효율화, 그리고 나무 심기, 옥상 정원 설치 등을 통해 도심 생태계 복원 등 다양한 사업을 꾸준히 추진하여 오늘날 전 세계적으로 가장 유명한 생태도시가 되었다. 여기서 중요한 것은 누가 이 과정을 주도했느냐이다. 프라이부르크는 탈핵 운동이 시민 주도 에너지 전환 운동으로 이어지면서 이것이 시 정책에 반영이 되고 결국 시정부가 이러한 주도권을 이어받아 더욱 체계적으로 생태도시 정책을 수립하게 된 경우이다. 서구의 다른 사례들도 이처럼 시민사회 주도이며 시정부가 자체적으로 생태도시 건설을 진행하였다.

이에 비해 중국의 생태성은 철저히 정부주도의 하향식 방식으로 건설되었다. 중국의 생태도시(생태성)은 크게 두 가지로 나눌 수 있다. 첫째는 대체로 1990년대 후반 및 2000년대 초반부터 건설되기 시작된 대규모 서구식 아파트 단지로서 기존의 공동주택에 비해 친환경적이며 위생적인 시설을 갖추고 있다. 개혁·개방 이후 약 20여 년 동안 쉬지 않고 진행된 급속한 산업화와 도시화로 인해 중국의 도시 특히 대도시들의 주거 환경은 악화되었다. 농촌을 떠나 도시로 유입된 농민공은 계속 증가했지만, 이들을 수용할 주거시설은 부족했고 기존 아파트들은 낡고 비위생적이었다. 또한, 새롭게 생겨난 중산층과 부유층들은 점차 선진국 기준에 맞는 고급 공동주택을 선호하기 시작했다. 따라서 이 문제를 해결하기 위해 중앙정부 부처인 주택 및 도시농촌건설부(주건부) 및 생태환경부 등이 주관하여 선진국의 주거 환경 기준에 부합하는 대단지 아파트들을 건설하기 시작했는데 여기에 생태 혹은 환경이라는 용어를 주로 사용하였다.

두 번째는 이러한 선진적인 아파트 단지 중에서 특별히 환경을 실제로 강조하여 친환경적인 설계와 시공을 통해 건설한 '진정한 의미의' 생태성이 있는데 이는 특히 서유럽 정부 및 대학 혹은 건축 설계 회사 등을 파트너로 하는 중외합작(中外合作)의 형태로 건설되는 경우가 많았다. 이들은 대규모 아파트 타운이라는 점에서는 전자와 같지만 각자 친환경에 해당하는 핵심 성과 지표들(KPI: key performance index)을 설정하고 이 기준을 맞추도록 하고 있다. 지표들은 일반적으로 일정 수준의 열효율 제고, 대기 길 개선, 녹지 면적 비율 확보, 상하수도 수질 개선, 건설에 의한 자연 습지나 농지 훼손 최소화, 폐기물 처리 장치, 그리고 재생에너지 비율 확보 등이 있다. 특히 이러한 중외합작 생태성들 중 일부는 중국이 기후변화 협상에 참여하면서 기존 주관부서뿐 아니라 국가발전개혁위원회가 개입하는 경우가 있는데 여기서는 특히 이산화탄소 배출 절감이 핵심 지표 중 하나로 강조된다.

이 두 유형 중에서 전자의 경우 전국적으로 지금까지 약 200여 개가 시도되었고 후자의 경우 약 20여 개가 시도되었다. 이 글에서는 후자인 중외합작에 의한 생태성 건설 사례들을 다룬다. 특히 2000년대와 2010년대에

가장 많은 주목을 받았던 네 개의 사례가 있는데 이들은 천진의 중신생태성
(중국과 싱가포르 간의 합작), 상해 동탄의 중영생태성(중국과 영국 간의 합
작), 산동성 청도의 중독생태원(중국과 독일 간의 합작), 그리고 차오페이디
엔의 중루이생태성(중국과 스웨덴 간의 합작) 등이다. 그리고 이 중에서도
가장 성공적이라고 할 수 있는 천진 사례를 좀 더 자세히 소개한다.

중국에서 생태성 건설은 적어도 이론적으로는 환경정책에 있어서 고질
적인 문제점을 해결해 줄 수 있는 대안이 될 수 있었다. 위에서 언급한 바와
같이 중국 환경정책은 기본적으로 중앙정부가 법과 제도를 만들고 이를 지
방정부가 집행하는 식으로 만들어졌다. 그런데 실제 정책의 집행은 매우 힘
들다. 그 이유는 지방정부가 최근까지 중앙정부로부터 이중의 압력, 즉 경
제발전과 환경보호라는 상반된 요구를 받아왔기 때문이다. 이 상황에서 지
방정부는 중앙이 과연 진정으로 뭘 원하는지를 생각하지 않을 수 없고 그
결론은 대체로 지나치게 눈에 띄게 심각한 문제만 아니라면 환경정책은 뒤
로 미루고 경제발전에 주력하는 것이다. 실제 중앙정부는 그러한 결과를 만
든 지방 지도자들을 승진시켜왔기 때문에 이는 지방 지도자들에게 있어서
는 강력한 신호가 되었다. 그리고 중앙이 지방에게 환경정책을 엄격히 집행
해야 함을 진정으로 강조하는 신호를 보낸다고 해도 지방의 오염원이 지방
정부 지도자들보다 더 강력한 국영기업인 경우도 있고 또 정책집행 실적을
중앙에 허위로 보고하는 경우도 많기 때문에 여전히 정책집행이 제대로 안
되는 문제가 근절되지 않고 있다.

이러한 상황에서 생태성 건설은 지방정부가 '제대로' 집행하는 환경정책
사례가 될 수 있다. 환경친화적이고 위생적인 주택단지 조성은 지방정부의
이익에도 부합되는 것이며 물론 중앙정부가 주관한다고 해도 지방정부가
실제 집행을 하는 것이기 때문에, 위에서 언급한 고질적인 문제에서 벗어나
는 사례가 될 수 있을 것이다. 그런데 이것은 첫 번째 유형의 생태성에는 맞
는 이야기이지만 두 번째 유형인 중외합작에 의해 건설되는 생태성의 경우

는 좀 다르다. 이 경우는 사실상 중앙정부가 주도하고 통제한 사례이다. 중앙의 지시와 허락 그리고 지원 없이는 중외합작이 불가능했고 건설이 지속되지 못했을 정도로 중앙정부의 역할이 컸다. 중앙정부는 중국 측과 외국 파트너를 연결하고 이를 위해 양국 간 정상회담이나 양해각서를 추진하는 등 국가 차원에서 합작을 추진했다. 오히려 상해 동탄을 보면 지방이 중앙과 정치적으로 충돌하면 건설이 중단되기도 한다. 그리고 사실 첫 번째 유형의 생태성도 환경정책이라기보다는 주택정책에 가깝다. 결국, 생태성 건설은 중국 환경정책에서 중앙정부의 역할이 결정적이라는 기존의 연구 결과들을 뒷받침해주는 또 하나의 사례이다.

표 11.1은 네 사례를 요약하고 있다. 모두 2000년대 중반 혹은 후반에 시작되었는데 그중 가장 먼저 시작된 프로젝트는 상해 동탄 사례이다. 그리고 각 사례에서 참여하는 외국 측 파트너들은 정부 기관 그리고 해당 국가의 대표적인 기업 및 건축 설계회사 등이다. 외국 측에서는 이러한 프로젝트에 참여하여 자국의 경험과 노하우를 중국에 적용하는 것뿐 아니라 향후 자국 기업의 투자 및 무역에 혜택을 기대할 수 있다. 생태성은 주거 단지만 있는 것이 아니라 사무 및 상업지구도 함께 있는 경우가 많으므로 여기에 입주할 국내외 기업들을 유치해야 한다. 따라서 외국 정부와 기업들은 생태성 건설 프로젝트에 매우 적극적이었다. 동탄과 차오페이디엔은 실제로 여러 국가의 건축 설계회사가 경쟁하여 그중 한 업체가 각각 선정된 사례들이다. 중국 측에서도 서구 각국 정부 및 세계적으로 유명한 건축 설계회사의 참여는 프로젝트의 신뢰성과 가치를 높여주어 결국 완성된 생태성의 시장 가치를 높일 수 있으므로 중외합작을 적극적으로 추진하였다. 특히 지방정부의 입장에서는 자신의 관할 지역에 이러한 중외합작에 의한 생태성 건설을 유치하는 것은 환경뿐 아니라 경제적으로도 크게 도움이 되기 때문에 유치 성공은 큰 행운이었다.

생태도시는 별도의 도시를 신설하는 것, 기존 도시의 일부 지역을 선정

표 11.1   중국 생태성 4개 사례

	천진	청도	동탄	차오페이디엔
시작년도	2007	2010	2005	2008
외국 측 파트너	싱가포르정부 및 Keppel	독일연방정부 및 Far Eastern Consulting	영국정부 및 ARUP	스웨덴정부 및 SWECO
면적(km²)	30	11.6	86	150
위치	빈하이신구 주변 (천진시로부터 약 40km)	서해안신구 (칭다오시로부터 약 40km)	충밍다오 (상하이 시내로부터 약 25km)	차오페이디엔 신구(탕산 시내로부터 80km)
유형	기존 도시의 일부지역 신축	기존 도시의 일부지역 신축	기존 도시의 일부지역 신축	기존 도시의 일부지역 신축
시민사회의 참여	없음	없음	없음	없음
중앙정부의 역할	매우 큼	매우 큼	중앙의 반대	무관심
현재까지의 결과	일부 완성, 공사 계속 진행 중	일부 완성, 공사 계속 진행 중	계획 단계에서 무산됨	건설 중단됨

출처: 신상범·조정원(2015)을 바탕으로 함.

하여 생태도시화 하는 것 그리고 도시를 전반적으로 리모델링하여 생태도시로 만드는 것 등의 세 방법이 있는데 중국의 이 네 사례 모두 도시 일부 특히 도시 외곽 지역을 선정하여 생태도시를 건설하는 사례라고 할 수 있다. 이들은 기존 도심과 가깝게는 약 40km 그리고 멀게는 약 80km 정도 떨어진 곳에 위치하고 있다. 청도의 경우 생태성과 상관없이 이미 기획되고 개발이 시작된 신개발지구인 서해안신구에 위치하고 있다. 차오페이디엔의 경우 탕산으로부터 매우 멀리 떨어져 있는 반면, 탕산 산업단지로부터는 5km밖에 떨어져 있지 않다. 생태성의 전체 면적은 약 12km²부터 150km²에 이르기까지 다양한데 사실 동탄과 차오페이디엔은 건설 중단된 실패 사례이기 때문에 이 면적은 계획 당시의 면적을 의미한다.

　네 사례 모두 환경이나 주거 생활 관련 비정부단체나 시민사회 행위자의 참여는 없었으며 2021년 현재 천진과 청도는 건설이 일단락되어 일부 주거 단지에 입주가 완료되었으며 향후 계속 원안대로 건설을 추진할 예정이다. 가장 중요한 것은 중앙정부의 역할인데 천진과 청도의 경우 초기 기획 단계에서부터 지금까지 중앙정부가 지속적으로 관심과 지원을 제공한 경우이다. 동탄의 경우 생태성을 주도한 지방 당서기가 중앙과 정치적으로 대립함으로써 계획 단계에서 무산되었다. 동탄 생태성을 추진했던 사람은 당시 상해시 당서기였던 천량위(陳良宇)였다. 이 사람은 당시 후진타오 주석 및 원자바오 총리와 정치적으로 대립하였고, 장쩌민(江澤民) 계열의 상하이방 세력 내에서도 권력 투쟁에 휘말렸다. 그 결과 사회보장기금 비리 혐의로 2006년 구속되어 정치국 상무위원 진입이 유력하던 상황에서 권력에서 배제되었다. 천량위의 구속과 20년 형 언도로 인해 그가 추진하던 생태성 건설은 완전 무산되었다. 차오페이디엔의 경우 건설은 시작되었지만, 중앙정부의 관심과 지원이 없어 결국 중단되었고 중국의 몇 개 유령도시 중 하나가 되었다.

2) 천진의 중신생태성

중신천진생태성(中新天津生態城, SSTEC: Sino-Singapore Tianjin Eco City)은 2007년에 중국의 원자바오 총리와 싱가포르의 고척동(吳作棟) 총리가 기본 협약을 맺으면서 시작되었다. 이 기획은 이전에 양국이 절강성 쑤저우(蘇州)에 중신쑤저우공업원구(Sino-Singapore Suzhou Industrial Park)을 성공적으로 설립한 경험에 기초하였다. 이 프로젝트는 1994년에 중국의 등소평(鄧小平)과 싱가포르의 리콴유(李光耀)의 합의로 시작되었으며 지금까지도 매우 성공적인 양자 간 합작 투자 사례로 남아있다. 이러한 양국 간의 긍정적인 선례가 중신생태성 건설의 토대가 되었다. 양국 지도자들은 2007년에는 공업원구에 이어 중국에 싱가포르를 모델로 하는 친환경도시를 건설하는 것에 합의했는데 부지선정에 있어서 중국 측은 경작지가 아니어야 하고 물이 부족하고 환경이 나쁜 지역이어야 한다는 두 가지 조건을 내세웠고 싱가포르 측은 대도시와 너무 멀지 않아야 하고 기업이 입주하여 수익을 창출할 수 있는 입지여야 한다는 조건을 내세웠다. 그 결과 천진 외곽의 빈하이신구 방면의 탕구와 한구 지역 일대로 확정하여 2009년에 양측이 50:50으로 중신천진 생태성 투자개발 유한공사(Sino-Singapore Tianjin Eco City Investment and Development Co., Ltd.)를 설립하고 건설을 개시하였다.[13]

따라서 이 사례는 기획 단계에서부터 중앙정부의 관심과 지원이 결정적이었음을 잘 보여준다. 중앙정부 차원에서 양국의 최고 영도 간의 협력이 아니었다면 이 정도의 대규모 투자와 지원은 불가능했을 것이다. 시작 당시 양측은 부총리급을 위원장으로 하는 실무위원회를 만들었는데 이때 중국 측 위원장은 당시 부총리였던 왕치산(王岐山)이었다. 또한, 시작 당시 천진시 당서기는 장가오리였다. 장가오리(张高丽)는 후에 부총리 그리고 정치국 상무위원으로 승진하였다. 따라서 중앙정부의 관심과 지원이 이 프로젝트를 지속하게 만드는 결정적인 요인이라고 할 수 있다. 천진시 당서기에서 중앙의 핵심 권력층으로 승진한 장가오리는 당연히 자신이 시작한 프로젝트를 지속적으로 지원하고 강화하고자 하였다.[14]

생태도시로서 이 사례가 가장 주목을 받았던 것은 싱가포르식의 타운 건설 방식인데 이를 에코 셀(eco cell) 방식이라고 한다. 이것은 크게 두 가지 특징을 가지고 있는데 첫째는 최저 단위의 셀이 네 개가 모여서 차상위 셀을 형성하는데 이 네 개의 셀 중심에 주민들이 공동으로 이용하는 시설을 위치시키는 것이다. 이 원칙을 가지고 도표 11.5와 같이 셀을 계속 늘려나가면 결국 학교, 병원, 마트 등과 같은 핵심 시설은 사람들이 차를 타지 않고도 접근할 수 있는 중심 지역에 위치하게 되기 때문에 동선을 최소화하고 이산화탄소 배출량을 줄일 수 있다. 이렇게 해서 생태 세포가 생태 사구가 되고 이것이 합쳐져서 더 큰 생태 편구(eco-district)가 된다. 두 번째 특징은 도시공원이 도시의 주요 보행통로가 되는 방식이다. 즉 주민들이 공원을 통해 한 지역에서 다른 지역으로 이동하게 되어있는데 이로 인해 도시 열섬 현상을 방지하고 도시 녹지 비율을 높일 수 있다. 사실 싱가포르뿐 아니라 뉴욕시 등 서구 선진국의 도시들에서도 도시공원이 중요한 역할을 한다. 그러나 싱가포르에서는 공원이 주민들을 자연스럽게 보도를 이용하게 하고 이를 통해 자동차 이용을 줄이게 하면서도 여유롭고 친환경적인 보행통로

도표 11.5   **중신생태성의 에코셀 방식***

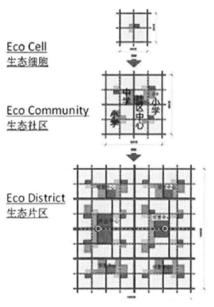

* 이 도표는 중신생태성에서 제공한 브로셔를 저자가 직접 촬영한 사진이다. 위로부터 아래까지 총 3단계로 에코 셀을 설명하고 있다. 첫 번째 단계는 가장 작은 단위인 에코 셀(세포)이다. 이것이 네 개가 모이면 두 번째 단계인 생태사구가 된다. 사구란 중국 도시의 거주 단위이면서 정치적 동원 조직이기도 하다. 이 사구의 중심에 각종 시설이 있고 학교들이 있다. 세 번째 단계는 셀이 더 많이 모여 편구를 만든 것이다. 편구에도 역시 중심이 두 개가 있고 이 두 개의 중심에 주요 시설이 위치하고 있다.

를 제공하는 것이 특징이다.

2019년 8월 현재 중신생태성 건설 프로젝트는 약 35% 정도의 공정률을 보이고 있다. 일차 목표로 삼고 있는 총면적은 30㎢인데 이 중 현재 약 13 ㎢가 완성되었다. 현재 약 10만 명이 거주하고 있으며 8,000개 정도의 크고 작은 기업들이 입주하고 있다. 이들은 대부분 빈하이신구 및 천진에 직장을 두고 출퇴근을 하고 있다. 생태성에 거주하는 가장 큰 이유는 집값이 싸고 상대적으로 쾌적한 환경이 제공되기 때문이다. 과거 이 지역은 수질 오염이 심각하여 주민들이 살기 힘들 정도의 환경이었지만 생태성이 건설되면서 놀라운 변화를 가져왔다. 물론 아직도 대기오염 중 미세먼지 문제와 황사 문제는 있지만 일단 공장이나 발전소와 같은 오염 배출시설이 없으므로 천진 시내나 다른 도시들에 비해서는 대기오염이 덜한 것은 사실이다. 그러나 인구의 유입은 예상보다 속도가 느린 편이다. 중신 천진 생태성 투자개발 유한공사는 더욱 많은 사람이 정착할 수 있도록 다양한 노력을 하고 있다. 예를 들어, 북경에 비해 상대적으로 저렴하면서도 양질의 외국계 유치원과 남개대학 부속 유치원 등을 유치하였으며 가장 최근에는 칭화대학 부속 중고교 그리고 북경사범대학 부속 중고교가 입주할 예정이다. 이와 함께 대규모 쇼핑센터의 입주도 추진하고 있다.

최근 천진생태성이 보다 더 중점을 두고 있는 방향은 에코시티보다는 오히려 스마트시티인 것으로 보인다. 즉 생태성으로서의 특성을 유지하되 모든 도시 운영방식을 스마트 시스템으로 바꾸는 노력을 하고 있다. 예를 들어, 지역의 음식점에서는 로봇이 주문을 받고 가상현실(VR)로 음식 메뉴를 볼 수 있다. 또한, 2018년에 10주년을 기념하여 건설된 중신협력도서관의 경우 로비에 들어서면 로봇이 다가와 이용자의 얼굴을 인식한 후 이용자가 원하는 자료를 파악하여 이용자를 그 자료가 있는 곳까지 안내한다. 생태성에는 LNG를 연료로 하는 버스들이 무료로 운행 중인데 향후 이 버스들도 무인 자동차로 일부 업그레이드될 예정이라고 한다.

물론 이러한 스마트시티 전략은 중앙정부가 적극 추진하고 있는 4차 산업 혁명 시대에 대비하는 스마트화에 적극적으로 부합하는 방침이다. 그러나 엄밀히 말해 친환경도시로서의 기본 조건이 먼저 갖추어지는 것이 우선 과제일 것이다. 그러나 현재까지는 이러한 기본 조건은 갖추어져 있지 않다. KPI중 가장 중요한 지표 중 하나인 재생에너지 비율의 경우 목푯값이 20%인데 현재 형식적으로 풍력발전소가 몇 개 설치되어 있고 일종의 전시용으로 건설한 저탄소 리빙랩이라는 건물만이 이 값을 충족시킬 뿐 일반 아파트들은 대부분 화석연료에 의해 운영되고 있다.

이러한 전반적인 특징들은 청도의 중독생태원에서도 비슷하게 나타나고 있다. 청도의 경우 독일의 영향을 받아 패시브하우스, 즉 단열과 에너지 순환 체계 구축을 통해 최소한의 에너지를 사용하여 냉난방을 시행하는 건축 설계방식 및 기준을 사용하고 있는 것이 특징이다. 그러나 이를 제외하고는 유럽의 환경 도시에서 볼 수 있는 특징들은 없고 천진과 같이 쾌적한 뉴타운으로서의 의미가 더 크다. 결국, 중국의 생태성은 향후 위생적이고 선진적인 주거 단지의 기능과 의미를 더 많이 가지게 될 것이며 다만 기후변화가 점차로 중요한 이슈로 강조되면서 전기버스의 보급 확대 그리고 재생에너지 시설 설립 등은 충분히 예상해 볼 수 있는 긍정적인 변화일 것이다.

5. 글로벌 기후변화정치에서 중국의 역할

대략 1990년대 말부터 서구의 정치학자, 경제학자, 환경학자, 지리학자, 사회학자, 역사학자 등이 중국의 환경문제에 주목해 왔고 다양한 문제를 제기하고 대안을 제시하였다. 또한, 유엔과 세계은행 그리고 세계 각국의 개발협력기관 및 환경 관련 단체와 기금들이 중국 환경을 위해 막대한 자원을 투자하고 지원하였다. 그러나 중국의 환경문제가 개선되는 데는 이들의 노력과 상관없이 절대적인 시간이 필요했다. 중국정부와 인민들은 환경보다는 경제발전을 더욱 중요시했고 이것은 서구 선진국들의 과거 모습이기도 했다. 학자들이 중국 환경을 본격적으로 연구했던 2000년대에도 여전히 중국은 일인당 국내총생산이 3,000달러 정도밖에 되지 않았고 2010년에 4,600달러 정도였다.[15] 이 정도의 소득 수준에서 환경문제를 처리하는 것은 매우 급진적이고 어떻게 보면 실현 불가능한 선택일 수도 있다. 이 당시에 서구 학자들은 왜 중국의 환경문제가 개선되지 않는가라는 문제를 자주 제기했으나 과연 이러한 문제 제기 자체가 정당하고 적절한 것이었는지에 대해서는 다시 생각해 볼 필요가 있다.

2021년 현재 상황은 달라져 가고 있다. 중국의 소득 수준이 어느 정도냐에 상관없이 이미 중국 내에서 환경문제 특히 대기오염 문제는 공산당 일당 지배의 정당성을 훼손하는 요인이 되었다. 중국정부 지도자들은 서구 국가들의 압력이나 비난이 아니라 스스로가 문제해결에 적극적으로 노력해야 할 시점에 왔다는 것을 알고 있다. 여기서 중요한 것은, 우리가 위에서 보았듯이 중앙-지방관계이다. 중앙정부가 지방정부에게 명확하고 단호한 신호를 보내 주지 않는다면 지방정부 지도자들은 환경문제에 진정으로 대응하지 않는다. 결국, 중앙정부가 직접 나서서 지방 환경정책의 모든 문제에 관여하고 있는 것이 지금의 현실이다. 미세먼지 문제와 생태성 건설 사례는 이 점을 잘 보여준다. 그러나 앞서도 언급한 바와 같이 언제까지나 중앙정부가 일일이 지방의 일상적인 환경문제에 관여할 수는 없다.

더군다나 각국이 기후변화에 대응하는 과정에서 지방정부 특히 도시의 역할이 커지고 있다. 전 세계적으로 도시는 이산화탄소의 약 70%를 발생하며 에너지의 약 70%를 소비한다. 또한, 폐기물 역시 약 70% 정도가 도시에서 발생한다. 따라서 도시가 탄소중립과 그린뉴딜을 실현하는 주체가 되는 것은 당연하다. 도시들은 각자 자신의 조건에 맞는 실천을 통해 글로벌 문제해결에 기여한다. 이것은 기존의 주권국가들이 참여하는 국제환경레짐과도 다르고 중앙정부 주도의 국내환경정치와도 다르다. 다음 장에서 살펴볼 유럽 도시들의 순환경제 계획을 보면 같은 문제에 대해서 각 도시마다 혹은 각 동네마다 다른 솔루션이 제시되는데 이는 생각해 보면 너무 당연한 것이다. 왜냐하면 각 지역마다 처한 조건이 다르기 때문이다. 각자 자신이 처한 조건에서 해결책을 모색하다보면 새로운 아이디어가 창출되고 이 과정에서 혁신이 이루어진다. 이것이 지속되면 결국 탄소중립을 보다 효과적으로 달성할 수 있으며 이 과정에서 일자리 창출, 기술 개발, 창업 등이 더욱 활발해질 것이다.

　이러한 탄소중립과 그린뉴딜의 글로벌 경쟁은 이미 시작되었다. 현재로서는 유럽과 미국이 이 경쟁을 주도하고 있다. 이에 비해 아직까지 중국은 이 경쟁에서 약간 뒤처져 있다. 거기에는 여러 가지 이유가 있겠지만 중국이 이 경쟁에 뛰어들기 위해서 가장 근본적으로 해결해야 할 문제가 바로 중앙-지방관계이다. 지방에서 환경정책을 제대로 시행할 수 있는 여건을 만들어 주어야 하고 정치적 권한과 경제적 자원을 지방에 실질적으로 이양해야 한다. 그러나 중국의 권위주의는 시민사회를 강력하게 통제하고 있을 뿐 아니라 지방정부들도 강력히 통제하고 있다. 이 통제가 느슨해지는 것은 공산당 일당 지배에 균열이 생기는 것을 의미한다. 이런 의미에서 기후변화의 글로벌 정치가 탄소중립과 그린뉴딜의 국면으로 들어서면서 중국정부는 일종의 딜레마에 빠지게 된 것이다. 2060년까지 약 40여 년 동안 중앙정부는 탄소중립을 향해 가는 긴 여정을 지금까지와 같은 방식으로 모든 것을 일일이 통제해가면서 수직적이고 위계적인 방식으로 진행하려고 할 것이다. 그러나 그 방식은 탄소배출 넷제로를 달성하는 데 있어서도 비효율적이지만 이 과정에서 새로운 가치를 창출하는 면에서도 비효율적일 것임에 틀림없다. 중국정부가 이 딜레마를 해결하지 못하면 향후 글로벌 기후변화정치에서 중국은 유럽이나 미국이 만들어 놓은 기준과 원칙, 기술 표준과 정책에 계속 끌려다니게 될 수도 있다.

글상자 11.1   한중 대기오염 문제 협력 사례

표 11.2에서 보는 바와 같이 현재까지 대기오염과 관련하여 한국과 중국이 협력해 온 사례는 대표적으로 네 가지이다.

첫째는 2015년 12월에 체결된 양해각서에 의해 시작된 한중대기질 공동연구단인 청천 프로젝트이다. 이것은 한중간의 대기질 예보모델을 비교하고 대기오염 원인을 규명하며 양국 주요 도시의 미세먼지 데이터를 공유하는 것을 목적으로 계획된 사업이었다. 2016년 6월 중국 북경에 한중공동연구단 사무실이 개소되고 2017년 5월에 한중공동연구 청천 프로젝트가 착수되었다. 중국과 한국의 몇몇 도시들을 대상으로 대기질을 관측하고 대기오염 원인을 규명하는 공동연구가 진행되었으나 연구대상이 되는 도시의 수가 늘어나지는 않았고 2018년 12월 공동연구 결과보고서가 발간되었다.

둘째는 동북아 장거리이동 대기오염물질 공동조사사업(LTP)이다. 이 사업은 1995년에 한중일 3국이 장거리이동 대기오염물질에 대한 공동연구조사에 합의하면서 기획되어 2000년부터 질산화물이나 황산화물과 같은 주요 오염물질에 대한 단계별 공동연구가 개시되었다. 이후 2017년까지 4단계에 걸친 연구가 진행되었다. 연구가 종료된 후 2018년에 공동조사연구 보고서를 작성하여 발표하기로 한중일환경장관회의에서 합의하였으나 중국의 반대로 지연되어 2019년 11월에 발표하였다.

셋째는 한중공동 미세먼지 저감 환경기술 실증 협력사업이다. 이 사업은 2014년 정상회담에서 실증사업 추진에 합의하여 시작되었는데, 국내 기업들이 가진 대기오염 방지기술을 중국의 제철소, 발전소 등에 적용하여 수출 및 투자하는 방식의 사업이다. 우리 기업이 중국 기업에 이러한 기술을 실증하면 우리 정부가 비용의 20%를, 중국 측에서 80%를 부담하게 되어있다. 2016년에 5건, 2018년에 8건의 계약을 체결하였다.

넷째는 동북아 청정대기파트너십(NEACAP: North East Asia Clean Air Partnership)이다. 이 사업은 2018년 10월 북경에서 개최된 제22차 동북아환경협력프로그램(NEASPEC: North East Asian Sub-Regional Program for Environmental Cooperation) 고위급 회의에서의 합의를

계속 ▶▶

통해 출범하게 되었다. NEASPEC은 한국이 주도하여 1993년에 출범한 동북아지역 환경협력을 위한 역내 유일의 정부 간 포괄적 협의체로서 한국, 중국, 일본, 러시아, 몽골, 북한 등 6개국이 회원국이다. NEACAP은 정책결정자와 과학기술전문가들간의 네트워크 형성을 통해 미세먼지 등 역내 환경문제에 관한 과학적 정보를 공유하고 기술 및 정책 대응방안을 공동으로 마련하기 위한 플랫폼으로서 기획되었다. 구체적으로는 (1) 월 경성 대기오염(Trans-boundary Air Pollution), (2) 자연 보전(Nature Conservation), (3) 해양보호구역(Marine Protected Areas), (4) 저탄소 도시(Low Carbon City), (5) 사막화 및 토지황폐화(Desertification and Land Degradation) 등을 중점 협력 분야로 지정하여 추진하고 있다.

표 11.2 역내 대기오염 관련 한중협력사업 (다자포함)

구분	한중대기질 공동연구단 (청천 프로젝트)	동북아 장거리이동 대기오염물질 공동조사사업(LTP)	한중공동 미세먼지 저감 환경기술 실증 협력사업	동북아 청정 대기파트너십 (NEACAP)
목적	중국 주요 지역의 대기질 조사를 통한 대기오염물질 발생 원인 규명 및 대기질 예보모델 개선을 위한 한중 공동연구	동북아 장거리이동 대기오염물질 조사와 대책 마련을 위해 한중일 공동연구	중국 내 미세먼지 저감과 한국 기업 수출 투자 확대	동북아 지역 내 환경협력 증진을 위한 정보 공유 및 과학 기술 정책 분야 공조 (6개국 참여)
사업 내용	중국 주요 도시 미세먼지 측정 및 분석, 예보모델 비교	대기오염물질 관측 및 지역 간 상호영향 분석	국내 대기오염 방지 기술을 중국 내 제철, 발전소, 중형 보일러 등에 적용	대기오염 저감 기술 등에 대한 정보교류, 국가별 환경정책 정보교류
추진 체계	한국 국립환경과학원과 중국 환경과학연구원 대기오염 방지연구소	각국 과학원을 사무국으로 지정하여 추진	한국 환경부(환경산업기술원)와 중국 성정부의 대외합작센터	UNESCAP 동북아 지역사무소를 사무국으로 지정
예산	591('17) → 1,100 ('18) → 2,916('19)	215 → 178 → 218	10,000 → 10,000 → 10,000	115 → 113 → 220

계속 ▶▶

글상자 11.1 계속

구분	한중대기질 공동연구단 (청천 프로젝트)	동북아 장거리이동 대기오염물질 공동조사사업(LTP)	한중공동 미세먼지 저감 환경기술 실증 협력사업	동북아 청정 대기파트너십 (NEACAP)
성과	2018년 공동연구결과 보고서 발간	연차보고서 발간, 2019년 공동연구결과 보고서 발표	한중 기업 간 8건의 계약 체결	NEACAP 출범

출처: 박승규·김도형, 『미세먼지 저감을 위한 지방자치단체 대응방안』 한국지방행정연구원, 2019.
* 예산의 단위는 백만원임

가장 최근인 2021년 2월 10일 한국 환경부와 중국 생태환경부는 양국의 미세먼지 대응 상황과 향후 협력계획 등을 합동으로 공개했다. 이는 2020년 11월 13일에 개최된 "한중 계절관리제 교류회의"에서 처음 논의된 후 약 3개월 간의 준비기간을 거쳐 발표한 것이다.

이 발표에서는 양국의 조속한 대기질 개선이 양국 모두에게 절박한 희망이라는 인식을 공유하고 각각의 오염물질 배출을 스스로 줄이고 나아가 상호협력을 강화해 '각자 또 같이' 오염과의 전쟁에 나서기로 뜻을 모았다.

한정애 환경부 장관은 "한국은 푸른 하늘과 깨끗한 공기가 일상이 되도록 가능한 모든 정책을 과감하게 추진할 것"이라며 "이번 합동 발표는 미세먼지 대응을 위한 한중 양국의 협력관계를 상징적으로 보여주는 것으로 앞으로 동북아 미세먼지 문제를 근본적으로 해결할 수 있도록 중국을 비롯한 이웃 나라와 협력을 보다 강화해 나가겠다"고 밝혔다.

황 룬치우 생태환경부 장관은 양국이 추진한 미세먼지 저감정책과 성과를 높이 평가하면서 "중국은 녹색발전, 질적 발전, 지속가능한 발전의 길을 흔들림 없이 걸을 것이며 인간과 자연의 조화로운 공생을 추진할 것"이라고 밝혔다.

이어 "정확하고 과학적이며 법에 따르는 오염관리를 통해 초미세먼지와 오존의 동시관리를 강화해 오염과의 전쟁에서 승리할 것이고 또한, 적극적이고 개방적인 태도로 한국을 포함한 주변국과 양자 및 다자협력을 통해 지역 및 전 세계 생태환경 질 개선에 기여할 것"이라고 말했다.

출처: https://www.korea.kr/news/policyNewsView.do?newsId=148883873

12장

유럽 도시들의
순환경제체제 구축과 리빙랩

유럽은 전통적으로 기후변화 및 일반적인 국제환경협력에서 주도적인 역할을 해 왔다. 서유럽 국가들은 같은 선진국 그룹 내에서 미국이나 캐나다보다 영토가 적고 부존자원이 부족하다. 또한, 유럽에서는 상대적으로 작은 국가들이 한 대륙에 밀집되어 있어 월경성 환경문제도 많이 발생했다. 제6장에서 본 바와 같이 유럽과 미국 그리고 일본은 같은 시기에 국내 환경정책을 시작했으나 각 국가가 발전시켜온 환경정책 거버넌스는 매우 달랐다. 유럽에서는 미국이나 일본과 달리 환경보호를 강조하는 정당과 시민사회가 동시에 발전하여 이른바 '환경 시민사회'의 토대가 강하게 구축되었다. 따라서 유럽 국가들은 국내 환경정치도 다른 지역의 선진국보다 역동적으로 전개되었고 국제환경협력에서도 적극적인 모습을 보이게 되었다. 또한 유럽은 다른 지역에 비해 높은 수준의 지역 통합을 달성했기 때문에 지역 내에서의 국가 간 환경협력이 쉽게 진행될 수밖에 없고 환경이 무역이나 다른 경제적 이슈와 연결될 때도 유럽연합 차원에서 효과적으로 대응할 수 있다.

유럽국가들이 선도적으로 기후변화 및 환경문제에 대응하는 여러 모습 중 가장 중요한 것은 도시의 역할이다. 유럽의 도시들은 다른 지역의 도시들에 비해 적극적으로 환경문제에 대응해왔는데 사실 유럽 국가들에서 환경 및 기후변화정책은 도시 단위로 전개되는 것이 특징이다. 이는 북미의 경우 사실상 각 주 정부가 각자의 환경 및 기후변화정책을 추진하고 있고 또 동아시아 국가들의 경우 일정한 수준의 분권화에도 불구하고 실질적으로 중앙정부가 여전히 모든 환경정책과 기후변화정책을 총괄하고 있는 것과 확연히 대비된다. 유럽 인구의 약 75%가 도시에서 살고 있다. 따라서 이들이 대략 75%의 에너지를 소비하며 75%의 온실가스를 배출하고 있다. 또한 폐기물 역시 약 70%가 도시에서 배출된다. 그런데 이와 동시에 이들이 소득 역시 대략 60~70%를 담당하고 있다. 즉 도시는 에너지를 소비하고 탄소를 배출하는 장소임과 동시에 경제적 부와 가치가 창출되는 장소이기도 하다.[1]

따라서 유럽이 환경 및 기후변화정책을 선도하는 진짜 이유는 이와 같은 도시들의 이니셔티브 때문이라고 할 수 있다. 유럽 국가들이 현재 전 세계에서 탄소중립을 가장 먼저 그리고 가장 진지하게 실천하고 있는 이유도 도시들이 움직이고 있기 때문이다. 사실 도시들은 그들이 속한 국가의 탄소중립과 그린뉴딜 계획 이전에 그리고 유엔 차원의 기후변화 협상과 상관없이 한발 앞서 기후변화에 대응해 왔다. 즉 글로벌 이슈들의 지역화(localizing global challenges)를 실현해 온 것이다. 유럽 도시들은 다양한 네트워크 결성을 통해 기후변화 완화 및 적응 과정에서 협력하고 연대하고 있는데 대표적인 조직으로서는 2008년에 결성된 기후에너지 협력을 위한 유럽연합 시장 서약(The EU Covenant of Mayors for Climate and Energy)이 있다. 이 조직은 처음에는 EU 차원에서 EU의 기후변화정책 목표 달성을 보조하기 위해 유럽위원회(European Commission)가 만들었다. 그러나 이후 동유럽, 남유럽, 북아프리카 그리고 아시아 지역으로 확대되었다. 2021년 12

월 현재 50여 개 국가의 약 1만 개 이상의 도시들이 가입되어 있고 이 회원
도시들이 3억 이상의 인구를 포함한다.[2] 이들의 탄소감축 실적은 연구를 통
해 입증되고 있다.[3] 사실 이러한 도시들의 노력과 연대가 국가들의 탄소중
립 실행의 근간으로서 매우 중요한 역할을 한다는 것을 가장 잘 보여주고 있
는 곳이 바로 유럽이다. 환경 및 기후변화의 정치에서 유럽이 중요한 가장
큰 이유가 바로 이 점이다. 특히 한국의 경우 동아시아에서 이른바 '유럽식'
의 도시 주도 기후변화 대응을 가장 적극적으로 수용해 보려고 하는 움직임
이 있는 국가로서 이러한 유럽 사례는 한국에 큰 함의를 제공해 준다.

다음 절에서는 먼저 유럽 도시들이 진행해 온 순환경제에 대해 설명하고
3절에서는 이것이 구체적으로 암스테르담이나 빌바오와 같은 도시에서 어
떻게 실행되는지를 소개한다. 4절에서는 이들이 순환경제를 실천하는 구체
적인 방안으로서 리빙랩을 소개하고 이들이 도시를 어떻게 혁신하는지를
설명한다. 5장에서는 결론과 유럽 도시 사례의 함의를 제시한다.

1. 순환경제란?

순환경제(Circular Economy)는 유럽연합이 추진해 온 대표적인 환경 및
기후변화 프로그램 중 하나이다. 순환경제란 자원이나 생산품 등 물질들이
가진 가치를 최대한 오랫동안 유지해 폐기물을 최소화하는 경제를 말한다.
즉 물질 생태계에서 순환성을 최대한 확보하는 시스템을 말한다. 도표 12.1
에서 보는 바와 같이 순환경제는 자원을 이용하여 상품을 생산하고 그것을
소비하고 또 재사용한 뒤 자원을 재활용하여 또다시 새로운 상품으로 만드
는 과정이다. 이와 반대 선형경제(Linear Economy)는 자원을 이용하여 상
품을 생산하고 그것을 소비한 후 폐기하는 시스템이다.

순환경제는 폐기물을 줄여 환경을 보다 지속가능하게 만듦과 동시에 경

도표 12.1 선형경제와 순환경제

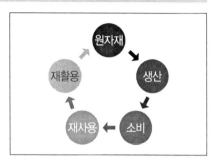

제적 가치와 기회를 창출한다. 왜냐하면 선형경제에 의존했던 기존 방식과 달리 새로운 방식의 체제로 전환되면서 이 전환을 용이하게 할 수 있는 기술, 아이디어, 제품, 일자리 등이 창출되기 때문이다. 물론 새로운 일자리가 창출됨과 동시에 기존의 일자리가 사라지기도 한다. 또한 새로운 일자리의 창출 역시 자동화의 정도에 영향을 받는다. 따라서 전체적으로 봤을 때 순환경제로의 이행이 기존의 선형경제에 비해 경제적인 이득을 가져다 주는지에 대한 연구 결과들은 논쟁적일 것이다.[4] 그러나 중요한 것은 순환경제로의 이행은 거대한 변화를 수반한다는 것이다. 먼저 산업 구성상의 변화가 발생한다. 순환경제는 제품의 생산 자체를 억제하는 체제이기 때문에 제조업이 쇠퇴할 수밖에 없고 대신 새로운 소재의 개발이나 재활용 기술개발 그리고 이에 관련된 산업이 부상할 것이다. 둘째, 순환경제는 지식 및 기술 중심 사회로의 전환을 촉진한다. 즉 물질적인 재화 그 자체보다는 재화가 순환되는 메커니즘을 원활하게 작동시킬 수 있는 기술과 아이디어가 중요해지게 된다. 셋째, 이러한 순환경제는 글로벌 차원 혹은 국가 차원이 아니라 지역 차원에서 실천되게 된다. 즉 각자 자신이 속한 지역의 환경과 조건에 맞는 순환경제체제 구축이 시도될 것이다. 따라서 글로벌 가치사슬보다는 지역이라는 공간이 지금보다 훨씬 더 중요하게 될 것이다.[5]

순환경제의 실천이 필요한 이유는 크게 세 가지로 설명될 수 있다. 첫째는 자원의 남용과 고갈 위험이다. 인구의 증가 속도는 향후 매우 빠를 것으로 예상된다. 2017년 세계 인구는 이미 75억을 넘었고 2060년에는 100억을 넘을 것으로 예상된다. 또한, 대부분의 국가에서 2060년이 되면 2011년에 비해 일일당 국내총생산이 두 배가 될 것으로 추청된다. 인류는 2011년에 약 79기가톤의 자원을 이용했는데 2060년에는 두 배가 넘는 167기가톤을 사용할 것으로 예상된다. 이것을 한 사람이 일인당 사용하는 양으로 계산해 본다면 2011년에 33kg이었는데 2060년에는 45kg으로 추정된다.[6]

두 번째는 폐기물 처리 문제이다. 전 세계적으로 생활 폐기물 및 산업 폐기물을 매립할 매립지가 포화되고 있고 소각 역시 대기오염으로 인해 점차로 불가능해지고 있다. 또한, 선진국들이 개발도상국으로 폐기물을 수출하는 것도 조약에 의해 금지되고 있으며 개도국들도 이를 거부하고 있다. 특히 플라스틱의 경우 가장 심각한 폐기물 증가 및 포화 문제를 보여준다. 플라스틱은 생산 자체가 급증했다. 1950년에는 230만 톤이 생산되었으나 2015년에는 4억 4,800만 톤이 생산되었다. 플라스틱은 재질의 수명이 장점이자 단점이다. 플라스틱이 길게는 600년에 걸쳐 분해된다. 또한, 매년 800만 톤의 플라스틱 폐기물이 바다로 유입되고 있다. 이들은 파도와 햇빛 그리고 바람에 의해 작게 분해되는데 이것이 미세플라스틱으로서 해양생물과 인간에 치명적인 해를 입힌다.[7]

세 번째는 자원 소모에 의한 기후변화 위기이다. 인류가 만들어 내는 기후변화 위기 중에서 절반에 해당하는 정도가 화석연료, 금속, 비금속광물 그리고 바이오매스 등 자원의 이용으로 인해 발생한다.[8] 사실 이산화탄소 배출을 줄이는 것은 에너지를 생산하는 과정에서 주로 실천되어야 하지만 에너지 생산에 의한 배출량은 55% 정도이고 나머지 45%의 이산화탄소는 음식, 철강, 시멘트, 플라스틱, 알루미늄 등 제품을 생산하는 과정에서 발생한다. 따라서 생산 자체를 줄이고 이 과정에서 사용되는 원료의 양을 줄인다면 이산화탄소 배출량도 크게 줄일 수 있으며 기후변화에 대한 대응에도

기여할 수 있다. 이러한 의미에서 역시 순환경제체제의 확립이 중요하다.[9]

2. 순환경제 구축을 위한 유럽의 노력

순환경제는 유럽연합의 주도하에 실행되고 있는데 유럽이 이를 주도하는 것은 위의 세 가지 이유 모두와 관련이 있다. 유럽은 북미나 남미 혹은 아시아 등과 비교하여 자원이 부족한 대륙이다. 특히 희토류와 같이 핵심적인 광물 자원의 부족은 유럽 국가들이 자원 부족이나 고갈에 민감한 이유 중 하나이다. 2020년 9월 유럽연합은 금속이나 광물 자원 등의 안정적인 공급 확보를 위해 유럽 원자재 동맹(ERMA: European Raw Materials Alliance)를 발족하였다.[10] 사실 유럽이 소비하는 핵심 원자재(critical raw material)의 경우 대부분 중국, 러시아, 미국, 칠레, 브라질, 호주 등 유럽 외의 국가들로부터의 수입에 의존하고 있다.[11] 또한, 유럽은 폐기물 처리 문제도 미국이나 중국보다 민감할 수밖에 없다. 즉 폐기물을 버릴 곳이 없어지는 위기가 다른 나라들보다 더 빨리 직면하고 있다. 유럽인들이 평균적으로 1년에 5톤 정도의 폐기물을 발생하고 있으며 유럽연합 전체의 평균 재활용율은 38%이다.[12] 이와 동시에 유럽은 그 어떤 국가들보다 일관적으로 기후 위기에 적극적으로 대응해 왔다. 따라서 유럽이 가장 적극적으로 순환경제를 실천해 왔다.

유럽연합은 2015년에 순환경제 실천을 위한 행동 계획과 이행 방안을 포함하는 순환경제 패키지(EU Circular Economy Package)를 최종 승인하였다. 이 패키지의 핵심 내용은 제품이 계획되고 생산되는 과정에서부터 환경에 미치는 악영향을 최소화하고 재사용이나 재활용에 유리한 설계가 고려되는 것이며 이와 동시에 플라스틱 용기나 포장재 등 일회용품의 생산과 사용 자체를 제한하는 것이다. 그리고 이와 관련하여 구체적인 목표들을 표

12.1과 같이 제시하였다. 이 목표들은 이후 지속적으로 상향 조정되었다.
또한, 2018년 1월에는 플라스틱 재활용율 제고, 플라스틱 폐기물 감소, 이
와 관련된 포장재 규정 등을 제시하였고 2019년 1월에는 다시 2030년까지
모든 플라스틱 포장재를 의무적으로 재활용할 계획임을 발표하였고 같은
해 6월에는 일부 일회용 플라스틱 제품의 유통 및 판매를 금지하는 방안을
제안하였다. 도표 12.2에서 보는 바와 같이 2019년 유럽은 전 세계 플라스
틱 생산의 16%를 차지하고 있다. 중국이나 아시아 국가에 비해 적은 편이
지만 여전히 주요 플라스틱 생산 지역임에는 틀림없다.

　5년 뒤인 2020년 3월에 유럽 위원회에서는 유럽 그린 딜의 핵심 축으로
서 새로운 순환경제 행동계획(Circular Economy Action Plan, 이하 2020
행동 계획)을 발표하였다. 이 계획에는 2015년 계획에 비해 구체적인 순환
경제 실천 방안들이 대표적인 산업 분야별로 제시되어 있다.[13] 표 12.2에서
보는 바와 같이 2020 행동계획은 세 개의 대주제로 구성되어 있는데 그것
은 생산품의 전 주기 관리를 통한 순환성 실현, 7개 핵심 산업 분야에서의
구체적인 실천 계획, 그리고 폐기물 관리 대책이다. 이 세 대주제를 좀 더

표 12.1　2015 유럽연합 순환경제 패키지 실천 목표

목표 년도	목표 내용
2020	해변에서 수거되는 해양폐기물 10개 품목 30% 감축
2025	음식물류 폐기물 30% 감축
2025	재활용 가능 폐기물 및 플라스틱 폐기물 매립 금지
2030	에너지 회수가 가능한 재활용 불가능 폐기물도 매립 금지
2030	생활폐기물 재활용율 70% 달성
2030	포장재 폐기물 80% 감축
2030	자원생산성 30% 향상

출처: https://eiec.kdi.re.kr/publish/naraView.do?cidx=10550

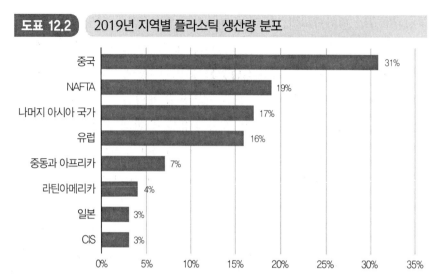

도표 12.2   2019년 지역별 플라스틱 생산량 분포

출처: https://www.statista.com/statistics/281126/global-plastics-production-share-of-various-countries-and-regions/

자세히 살펴보면 다음과 같다.

첫째, 생산품의 전 주기 관리를 통한 순환성 실현의 경우 (1) 생산품의 디자인 단계에서의 순환성 고려, (2) 소비자(구매자로서 공공기관 포함)의 권한 강화, (3) 생산 과정에서 순환성 제고를 위한 혁신 등의 세 분야로 구성되어 있다.

먼저 디자인 단계에서의 순환성은 제품의 설계 단계에서 제품의 수명, 재사용가능성, 수리가능성, 업그레이드 가능성 등을 고려하고 이를 통해 지속가능하고 순환가능한 제품을 생산하는 것을 주 내용으로 한다. 이 보고서에 따르면 생산품이 환경에 미치는 영향의 80%가 디자인 단계에서 결정된다. 따라서 디자인 단계가 순환성 실현에서 가장 중요하다. 또한 이렇게 디자인되어 생산된 제품의 이력을 생산자가 추적·관리할 수 있는 시스템을 디지털화하며 아직 수명이 남은 제품이나 팔리지 않은 새 상품의 폐기를 금지하는 규정의 신설 또한 제시하였다. 그리고 이러한 과정을 유럽연합 차원에서

표 12.2 유럽연합 2020 순환경제 행동계획 개요

대주제	세부항목
생산품의 전 주기 관리를 통한 순환성 실현	(1) 생산품의 디자인 단계에서의 순환성 고려 (2) 소비자(구매자로서 공공기관 포함)의 권한 강화 (3) 생산 과정에서 순환성 제고를 위한 혁신
7개 핵심 산업 분야에서의 구체적인 실천 계획	(1) 전자제품 및 정보통신기술 (2) 배터리 및 자동차 (3) 포장 (4) 플라스틱 (5) 섬유 (6) 건축, 건축물 (7) 식품, 물, 영양
폐기물 관리 대책	(1) 생산 및 소비 단계에서 폐기물 저감 방안 (2) 독성 폐기물 저감 방안 (3) 2차 원자재 시장 활성화 방안 (4) EU의 폐기물 수출 금지

통일된 기준으로 관리하기 위해 스마트 순환 앱을 위한 유럽 데이터베이스 (European Database for Smart Circulr Applications)이라는 통합된 관리 시스템을 개발할 것을 명시하였다.

둘째, 소비자의 권한 강화는 먼저 소비자가 시장에서 상품의 전 생애주기와 수리 서비스 활용 가능성, 그리고 수리에 필요한 부품과 설명서에 대한 신뢰 있고 적절한 정보를 받을 수 있는 법적 장치의 마련을 의미한다. 구체적으로 이것은 '수리할 수 있는 권리' 신설 제안이다. 소비자 중 공공기관의 역할도 특히 강조된다. 유럽연합에서 공공기관의 구매력은 EU GDP의 14%를 차지한다. 따라서 만약 EU의 공공기관을 대상으로 녹색공공구매(조달, Green Public Procurement) 프로그램을 만든다면 공공기관들이 자원이 효과적으로 순환하는 방식으로 제작된 제품을 구매하게 될 것이다. 이것은 "기후와 환경을 위한 공공 구매자(Public Buyers for Climate and Environment)"라는 이니셔티브로 발전될 수 있을 것이다.

셋째, 생산과정에서 순환성 제고를 위한 혁신은 먼저 산업배출지침(Industrial Emissions Directive)을 재검토하여 순환경제 추진을 위한 가능성을 모색하고, 산업계가 주도하는 보고 및 인증체계를 개발하여 산업공생(industrial symbiosis)를 촉진시키며, 바이오경제 행동계획(Bioeconomy Action Plan)의 실행을 통해 지속가능하고 순환적인 바이오 기반 분야를 지원하고, 자원의 추적, 이력 파악, 그리고 분포도 작성 등에 있어서 디지털 기술의 활용 확대, 그리고 유럽연합의 환경기술검증제도(EU Environmental Technology Verification Scheme)를 유럽연합의 인증 마크로 등록함으로써 엄격한 검증제도를 통한 녹색기술의 도입 등을 주요 내용으로 하고 있다.

7개 핵심 분야에서의 구체적인 실천 계획은 각 분야의 폐기물 배출 현황이나 심각성 그리고 순환경제에서의 중요성 및 구체적인 대안 등이 제시되어 있다. 전자제품의 경우 유럽연합의 전자제품 폐기물 증가율이 연 2%인데 비해, 이들이 재활용되는 것은 40% 미만이다. 예를 들어, 휴대전화기의 충전기를 상표에 상관없기 공통으로 사용할 수 있도록 하고 휴대폰 신상품에 충전기를 제외시키는 등의 규정을 마련하는 등의 방식으로 제품의 수명을 연장할 수 있다. 포장재 역시 플라스틱 등 일회용 포장재의 사용을 금지함과 동시에 다회용으로 사용할 수 있는 포장재의 개발 역시 필요하다. 섬유의 경우에도 사용되는 원재료와 물의 양이 많으며 온실가스의 배출량도 많다, 그럼에도 불구하고 전 세계적으로 새로운 섬유로 재활용되는 것은 1% 미만이다. 따라서 위에서 언급한 것과 같이 판매되지 않은 의류 상품을 폐기하지 못하게 하거나, 소비자로 하여금 순환성에 입각한 구매 선택을 할 수 있도록 충분한 정보를 제공해 주는 방식으로 섬유의 순환성을 제고할 수 있다. 그런데 사실 이와 같은 방식은 생산과 소비가 시장에 의해 결정되어야 하는 자본주의의 기본 원칙에 영향을 미치는 매우 중대한 전환이다. 만약 유럽에서 이러한 원칙이 법제화된다면 유럽은 폐기물을 최소화하고 자원을 최대한 순환시켜 지속가능한 사회를 만드는 과정에서 결정적인 역할을 하게 되는 것이다.

마지막으로 폐기물 관리에 관한 대책은 먼저 위에서 제시한 7개 분야에서 배터리, 폐차, 포장재, 전자제품에서의 유해폐기물을 최소화할 수 있는 생산 및 소비 단계에서의 다양한 대책들을 기본으로 하고, 독성 폐기물을 줄이는 방안, 2차로 사용되는 원자재 시장의 활성화, EU의 해외로의 폐기물 수출 금지 등의 세부 방안을 담고 있다.

유럽의 약진에 비해 전 세계적으로 순환경제의 추진은 매우 미비하다. 순환경제를 연구하고 실천하는 비영리법인인 순환경제(Circular Economy)에서는 2018년부터 순환경제 진행의 정도를 측정해 왔는데 2018년에는 세계 경제의 약 9.1%만이 순환경제였다고 평가했다. 그런데 2020년에는 8.6%만이 순환경제라고 평가하였다. 즉 오히려 순환경제 부분이 축소한 것이다.[14] 따라서 유럽 외에는 순환경제의 진행 속도가 매우 더디다고 할 수 있다.

또한, 이 보고서에는 우리가 어떤 부분에서 자원 소모를 얼마나 감축할 경우 그에 따른 온실가스 감축이 얼마나 이루어지며 그 결과 온도 상승폭을 얼마나 줄일 수 있는지에 대한 추정 연구 결과가 발표되었다. 이 보고서에 의하면 인류가 가장 많은 자원을 소비하고 있는 분야는 주거, 운송, 영양, 상품 소비, 보건, 통신 등이다. 표 12.3에서 보는 바와 같이 인류가 가장 많은 자원의 절약을 성취할 수 있는 분야는 주거, 운송, 그리고 영양이다. 이 세 부문에서 약 40기가톤의 자원 이용을 줄일 경우 약 34.3기가톤의 온실가스를 줄일 수 있고 이것은 결과적으로 지구 온도 상승 폭을 1.8°C 이하로 줄일 수 있다. 흥미로운 것은 주거 항목 내에서도 가장 많이 자원 소모를 줄일 수 있는 공간 절약이다. 즉 우리는 현재 너무 넓은 주거 공간을 사용하고 있다는 것이다. 물론 이것은 전 세계 평균이기 때문에 개도국보다는 선진국에서 더 많은 노력을 해야 할 것이다. 또한 주거 항목 내에서 만약 자원 절약을 한다면 가장 온실가스 감축 효과가 큰 세부 항목은 자연 친화적인 주거방식으로의 전환이다.

표 12.3　자원순환을 통한 온실가스 절감 효과 및 온도 상승 폭 감소 효과

대항목	세부 항목	자원 이용 감소량 (Gt)		온실가스 감축량 추정치 (Gt CO2 equ)	
주거	자연 주거 해결책	3.1		6.5	
	자원 효율적인 건축	4.0		3.4	
	공간 절약	8.4	25.2	3.2	18.3
	주거 내구성 증가	5.3		2.1	
	건축 자재 순환	3.5		1.1	
	자원 효율적인 주거	0.9		2.0	
영양	지속가능한 음식 생산	0.7		3.4	
	과도한 음식 소비 감축	3.4	5.0	2.1	7.8
	건강한 식단	0.4		1.3	
	청정 조리 스토브	0.5		1.0	
운송	여행 감소	2.0		2.4	
	차량 이용 방법 개선	1.6		1.8	
	차량 순환	3.3	10.3	1.5	8.2
	차량 수명	2.2		1.3	
	차량 디자인 개선	1.2		1.2	
기타	상품 소비, 의료, 통신 등	4.7		2.2	
총합		45.2		36.5	

출처: Circular Economy, The Circularity Gap 2021을 바탕으로 저자가 작성함.

3. 암스테르담의 순환경제 추진 사례

유럽 내에서 순환경제를 가장 적극적으로 실천하고 있는 국가 중 하나는 네덜란드이다. 네덜란드정부는 2016년 지방정부들의 순환경제체제로의 이행

을 위한 전략 가이드라인을 발표했다. 이 보고서의 제목은 네덜란드 순환경제 2050 목표(A Circular Economy in the Netherlands by 2050)로서 국가 전체가 2050년까지 폐기물 제로 상태(waste free economy)에 도달한다는 것이 가장 큰 목표로 설정되었다. 이 목표의 도달을 위해 정부는 2030년까지 주요 1차 원재료(광물, 화석연료, 금속 등)의 사용을 50% 이상 감축할 것을 세부목표로 설정하였다. 한 연구는 이러한 국가 차원의 순환경제 실현은 관련된 산업 분야에서 최소한 73억 유로의 가치를 발생시키며 5만 4,000개의 일자리를 창출할 것으로 예상하였다. 또한 이렇게 해서 감소되는 원자재 이용량은 네덜란드가 한 해 수입하는 원자재의 1/4에 해당한다. 이 보고서에서 순환경제 실현을 위해 지정한 다섯 개의 분야는 바이오매스와 음식물, 플라스틱, 제조업, 건설, 그리고 소비재 부문이다. 정부는 순환경제 추진을 위해 약 3억 4,000만 유로 정도의 예산을 가용하였으며 이 예산은 자체적으로 순환경제 이행 전략을 수립하고 이를 제안하는 지방정부가 사용할 수 있도록 했다.[15] 또한, 이 가이드라인의 일환으로 정부는 2017년에 국가원자재협정(National Raw Material Agreement)를 제안하였고 180여개의 지자체, 기업, 환경단체 등이 이 협정에 서명하였다. 이 협정은 원자재의 재사용을 적극 실천하는 것을 주 내용으로 하고 있다.[16]

네덜란드의 도시 중 가장 적극적으로 순환경제의 실천을 주도한 도시는 암스테르담이다. 암스테르담의 사례는 추진 과정이 문건들로 자세히 소개되어 있다는 점에서 일단 가치를 지닌다. 따라서 순환경제를 추진하고자 하는 후발주자들에게 좋은 경험을 제공해 준다. 암스테르담의 순환경제체제 구축의 출발점은 지역의 시민과 전문가들이 참여하여 기본 계획을 수립하는 것이다. 이 계획은 일종의 실험적인 임시 계획이었으며 *Circular Amsterdam —A Vision and Action Agenda for the City and Metropolitan Area* (이하 *Circular Amsterdam*)"라는 문건으로 2016년 9월에 출판되었다. 앞서 언급한 바와 같이 유럽연합 차원의 패키지가 발표된 시점과 네덜란드 국가 차원의 행동계획이 발표된 시점 그리고 *Circular Amsterdam*이 발간된 시점이 거의 같다. 즉 이미 암스테르담뿐 아니라 유럽의 많은 도시에서 순환경제의 실현을 위한 수많은 실험과 연구가 진행되어 오고 있었고 이것이 점차로 구체화되면서 도시-국가-지역의 세 차원에서 입체적으로 전개된 것이라고 할 수 있다.

*Circular Amsterdam*을 작성한 집필진은 우선 도시의 물질 흐름을 분석하여(material flow analysis) 전체 암스테르담을 대상으로 각 산업 분야별로 어떤 자원이 얼마만큼 사용되고 있으며 사용 이후 폐기물들은 얼마만큼 생산되는지를 파악하였다. 이를 바탕으로 이들은 어떤 가치사슬을 대상으로 순환경제 실험을 할 것인지를 논의했고 그 결과 음식물쓰레기 부문과 건축 폐자재 부문이 선정되었다. 즉 이 두 부문의 폐기물 문제가 가장 심각한 것으로 판단되었다. 이후 이 두 부문에서 구체적으로 어떻게 폐기물을 줄이고 순환성을 제고할 것인지에 대한 방안들이 도출되었는데 여기서 중요한 것은 이 방안은 시정부에서 제시하는 것이 아니라 각자 자신이 처한 조건에 맞는 방안을 마련한다는 점이다. 예를 들어, 음식점에서 배출되는 음식물쓰레기의 경우 그 음식점이 어디에 있는지, 가맹점인지 단독 점포인지, 어떤 식자재를 주로 사용하는지 등에 따라 폐기물 재활용 전략이 달라질 것이다. 건축 부문의 경우 건축 과정에서 모듈화된 제품을 사용하여 재사용률을 높이는 전략이 소개되었는데 이 과정에서 건축 자재를 효과적으로 관리하기 위해 재료 여권이라는 아이디어가 제시되기도 하였다. 재료 여권이란 건축 자재의 생명주기와 사용 이력 등을 기록한 일종의 신분증이다. 이렇게 *Circular Amsterdam*이 강조하는 것은 마스터 플랜을 하향식으로 제시하는 것이 아니라 실험을 통해 혁신을 시도한다는 점이다.

암스테르담의 순환경제는 2019년에 다시 업그레이드되었다. 2016년과 같은 방식으로 전문가들과 시정부 공무원 그리고 시민들이 참여하여 5년간의 순환경제 실현 전략을 수립하고 구체적인 목표와 행동계획을 제안하였다. 이 내용을 담은 문건이 *Amsterdam Circular 2020-2025 Strategy*이다. 이 문건에서는 가장 먼저 순환경제를 통해 추구하고자 하는 지향점들을 제시하고 있는데 그것은 표 12.4에 요약되어 있다. 여기서 중요한 것은 순환경제가 회복력 있고 지속가능한 사회와 효율적인 경제를 추구하는 것뿐 아니라 자원에 대한 접근의 공정성 확보를 통해 현재 세대의 약자에 대한 기회 보장뿐 아니라 미래 세대가 자원을 이용할 수 있도록 하여 현재 세대와 미래 세대 간의 공정성 역시 추구한다는 점이다.

이러한 지향점들에 도달하기 위해 이 문건에서는 크게 세 가지 방향의 실천 방법을 제시하고 있는데 그것은 (1) 규칙 제정과 입법, (2) 경제적 수단, (3) 연성 수단이다. 경제적 수단은 경제적 인센티브 제공 혹은 반대로 벌금의 부과, 재정적 지원, 시장 유인정책 등이 있으며 연성 수단에는 지식이나 노하우의 제공, 데이터 플랫폼을 통한 데이터와 정보의 교환 등이 있다. 흥미로운 것은 규칙 제정과 입법이다. 우선 지금까지는 노동시간을 기준으로 임금을 책정하고 그것에 대해 과세를 했지만 앞으로는 원자재의 사용에 대해 과세를 하여 새 제품의 구매보다 기존 제품의 수리가 세금 절약에 유리

표 12.4 순환하는 암스테르담의 지향점

지향점	내용
더 공정한 사회	생산품을 구매하는 대신 그것이 제공되는 서비스를 구매함으로써 현재 그리고 미래에 누구나 건전하고 가치 있는 생산품에 접근 가능함
회복력 있는 사회	원자재에 덜 의존하는 삶을 통해 자립성을 높이고 수입되는 원자재에의 의존도를 낮추어 회복력 있는 사회를 지향함
더 건강한 세상	제품의 생산, 이용, 폐기 과정에서 발생하는 독성 물질의 발생을 최소화하여 자연과 인간의 건강에 미치는 악영향을 감소시킴
더 효율적인 경제	해당 지역에서 원자재와 생산품을 최대한 수리하고 재사용함으로서 폐기물을 최소화하고 고용 기회를 증대시킴

출처: Amsterdam Circular 2020-2025 Strategy를 바탕으로 저자가 작성함.

하도록 세법을 개정하자는 제안이 가장 돋보인다. 또한 재사용과 재활용에 관한 보다 세부적인 규정과 법을 만들고 생산자 책임제도도 확대해야 함을 주장한다.

이 문건에서는 2016년 문건과 달리 세 개의 가치사슬을 핵심 분야로 지정했는데 그것은 (1) 음식물, (2) 소비재, (3) 건축 부문이다. 각 가치사슬별로 표 12.5에 요약되어 있는 세부 목표들을 확정하였다. 그리고 이 세부 목표들을 추진하기 위해 구체적으로 어떤 실험이 가능한지에 대해 몇몇 예를 제시하였다. 음식물 폐기물로 바이오 디젤 연료를 생산하여 도시 버스에 공급하는 방안, 로컬에서 음식물을 생산하고 소비하여 음식물의 생태사슬의 길이를 최대한 짧게 하는 방안, 건축 자재를 재사용하여 주거와 상업용 건물뿐 아니라 교량과 도로 등 도시 인프라까지도 건설할 수 있는 시스템을 갖추는 것 등이 소개된다.

이러한 순환경제 전략 수립 과정에서 기반이 되는 요인으로서 이 문건은 시민들의 의식 수준을 강조한다. 문건에서는 몇 가지 설문 결과를 소개하는데 그 내용은 다음과 같다. 첫째, 설문에 응답한 암스테르담 시민 중 절반 이상이 작년(2019년)에 중고제품을 구입해 본 경험이 있다. 둘째, 암스테르담 시민 10명 중 7명은 2019년에 제품을 수리해서 사용한 경험이 있다. 셋째, 암스테르담 시민들은 환경보호를 위해 가장 중요한 첫걸음은 분리수거 체제를 개선하는 것이라고 생각한다. 넷째, 3/4이상의 암스테르담 시민들은 환경을 생각해서 새 제품을 덜 구매하는 것에 찬성한다. 다섯째, 대다수의 암스테르담 시민들은 제품 제작자들이 제작할 때 수리가 쉽도록 제품을 디자인해야 한다고 생각한다.

이상에서 본 바와 같이 순환경제는 유럽연합에 속한 국가들의 지속가능 발전을 위한 전략 프로그램(Flagship Program)이며 그중에서도 특히 암스테르담과 같은 네덜란드의 도시들이 선도적으로 추진하고 있다. 제6장에서 본 바와 같이 시민사회의 역할이 강하고 중앙정부보다는 지방정부로 환

표 12.5 세 가지 가치사슬과 세부 목표

가치사슬	세부 목표
음식물	• 도시 지역에서 순환적인 식품 생산 체계 확립 • 건강하고 지속가능한 식품 소비의 장려 • 가게, 소매, 식당, 호텔 등에서 음식물 폐기물의 최소화 • 음식물 폐기물의 분리 수거 및 처리 과정의 고도화 • 음식물 폐기물의 바이오매스화 추진
소비재	• 소비 및 과소비를 억제함 • 복잡한 소비재 재활용의 고도화 • 소비재의 공유 및 장기 사용 추진 • 제품을 수리하고 치료할 수 있는 지역 처리 센터의 건립 • 재사용, 재활용, 수리가 용이하도록 부품의 모듈화 추진
건축	• 도시 설계를 기반으로 한 순환 지역 개발 추진 • 건물과 인프라 건설에서 순환체제 구축을 위한 기준 설정 • 재생 가능한 건축 자재의 재사용 추진 • 기후 위기에 대응한 순환적인 건축의 추진

출처: Amsterdam Circular 2020-2025 Strategy, p. 26.

경정책이 분권화되어있는 유럽의 조건에서 순환경제 역시 도시가 중 행위자가 되었다. 도시들은 각자가 처한 조건에 맞는 전략과 행동계획을 수립해왔는데 여기서 결정적인 역할을 하는 것이 리빙랩이다. 다음 절에서는 유럽 도시들의 리빙랩 활동을 소개한다.

4. 유럽의 리빙랩과 사회적 혁신

리빙랩(Living Lab)이란 지역의 문제를 지역 주민들 스스로가 해결하는 사회적인 혁신 방식이다. 즉 개인의 능력이 아니라 공동체 구성원들의 협력과 연대에 의해 문제가 해결되고 혁신이 일어나는 과정이 리빙랩이다. 리빙랩에는 주민뿐 아니라 지역에 있는 지식/기술 공급기관(대학이나 연구소 등)도 중요한 행위자로 참여한다. 이들은 주민들이 문제에 대한 솔루션을 모색하는 과정에서 전문가로서 해야 할 역할을 한다. 또한 해당 지역의 지방정부 그리고 기업 등도 행정적, 재정적 지원을 담당하며, 다양한 종류의 중간 지원조직이 리빙랩 활동에 있어서 촉진자 역할을 한다. 이렇게 지역에서 주민들 및 다양한 행위자들이 협력하여 문제를 해결하고 그 과정에서 가치가 창출되는 과정이 리빙랩이다.

리빙랩은 공급자 주도가 아닌 사용자 주도 혁신이라는 면에서 큰 장점이 있다. 공급자 주도의 기술혁신은 종종 사용자의 상태와 요구를 고려하지 않은 일방적인 변화인 경우가 많고 이 과정에서 오히려 사용자의 부담을 증가시킨다. 반면 사용자가 혁신을 주도할 때 이 혁신이 왜 필요하고 왜 중요한지에 대한 사회적 합의에서 출발하는 경우가 많을 것이다. 리빙랩은 또한 기존의 하향식 문제해결 방식과도 다르다. 주민들이 지역에서 문제를 발견하면 기존에는 주로 해당 지역의 관청에 민원을 제기하여 문제해결을 촉구한다. 그러나 이는 문제해결과정을 관청, 즉 정부가 주도한다는 점에서 정부의존적인 해결방식이다. 정부가 문제해결에 필요한 자원 그리고 그 자원을 사용할 결정권을 가지고 있으므로, 주민의 요구가 받아들여지지 않는 일도 있고 또 받아들여질 때도 주민들 간의 의견 차이로 인해 추진되지 못하게 될 수도 있다. 이와 반대로 리빙랩은 문제 제기 단계에서부터 지역에서 주민들의 논의와 합의 형성 과정이 진행되고 해결책을 모색하는 과정에서도 이와 마찬가지이다. 그리고 이 과정에서 기존 민원의 경우 관청의 설명과 기존 법과 제도가 주요 기준점이 되지만 리빙랩은 주민들의 문제 제기 그리고 솔루션 모색 과정에서 전문가들의 조언이 주요 기준점이 되고 이 조언이 기존의 행정적 제약을 극복하는 데 도움이 되기도 한다.

현재 전 세계에서 리빙랩이 가장 활발한 곳은 유럽이다. 유럽에서는 2000년대부터 리빙랩이 본격적으로 유행하게 되었고 하나의 사회운동으로 발전했다. 전 유럽 그리고 유럽 외 지역까지도 포함하는 네트워크 결성을 통해 리빙랩과 관련된 성과와 노하우 그리고 아이디어를 공유하고 있다.[17] 또한, 각 도시에서 리빙랩 활동을 위한 플랫폼 역할을 하는 조직들이 있고 이들이 자신의 홈페이지를 통해 도시리빙랩의 정보를 공유하기도 한다.[18] 리빙랩은 환경, 교육, 주거, 교통, 보건, 복지 등 공공정책의 주요 영역들을 망라하여 다양한 주제를 다루는데 특히 환경, 에너지, 기후변화 등은 도시리빙랩에서 가장 중요하게 다루어지는 주제영역들이며 의료, 보건, 젠더, 주거 등 타 영역의 문제들과도 밀접히 연관되어 있다. 특히 리빙랩은 순환경제 실천의 구체적인 과정으로써 활용되고 있다.[19]

리빙랩이라는 용어가 처음 사용된 것은 2004년 미국 MIT 미디어랩의 미첼(William J. Mitchell)교수와 그 연구팀이 새로운 정보통신기술에 최적화된 주거환경을 연구하기 위해 직접 아파트에서 공간 실험을 진행했을 때였다. 그러나 이후 리빙랩은 미국보다는 유럽에서 활발히 시도되었고 그 결과 오늘날 전 세계에서 유럽 도시들이 리빙랩 방식의 혁신을 주도하고 있다. 유럽뿐 아니라 다른 모든 지역에서도 리빙랩은 대체로 도시에서 진행되다 보니 도시리빙랩(ULL: Urban Living Lab)을 리빙랩으로 통칭한다.

과거 도시는 대체로 계획의 대상이었다. 정부는 전통적인 방식으로 도시 구조를 설계하고 발전 전략을 수립하며 미래의 변화를 예측하고 이에 대비해왔다. 그러나 지난 약 20여 년 동안 도시는 점차로 실험의 대상으로 바뀌어 왔다. 실험은 실행을 통한 학습이라는 정신에 근거하여 도시를 주어진 것이 아니라 잠정적이고 변화에 적응하는 방식으로 이해하게 한다. 계획은 주로 정부가 주도하는 하향식 과정이었지만 실험은 다양한 행위자들이 참여하여 더욱 역동적으로 전개된다. 초기 실험은 도시의 특정 이슈를 중심으로 일종의 틈새 전략(experimental niches)으로서 시도되었지만, 실험의 경험과 성과가 축적되면서 다양한 정책 분야에서 더 자유로운 방식으로 진행되고 있으며, 최근에는 스마트 시티 프로젝트와 같이 아예 도시 전체가 하나의 테스트베드(test bed)가 되는 일도 있다. 오늘날 전 세계의 많은 도시는 다양한 실험을 통해 환경, 주거, 교통, 교육, 복지 등 도시가 가진 문제들을 창의적인 방법으로 해결하고 도시를 더욱 지속가능한 형태로 전환하기 위해 노력하고 있다.[20]

리빙랩은 체계적인 사용자 공동창조(co-creation) 접근에 기반을 둔 사용자 중심의 개방적인 혁신 생태계(user-centered, open innovation eco-systems)로서 실제 생활 공동체와 환경에서 연구와 혁신과정을 통합시키는 역할을 한다.[21] 리빙랩 프로젝트에서 가장 중요한 절차는 실험이다 (Steen and van Bueren 2017).[22] 실험의 기획과 실행, 피드백과 적용, 평가 등 모든 단계에서 참여자들의 동등한 소통과 수평적인 상호작용이 중요한데 그 이유는 자유로운 아이디어의 교환이 실험의 핵심이기 때문이다. 따라서 실험 과정에서 행위자들 간의 '정치'가 실험 과정과 결과에 큰 영향을 미친다. 이 실험의 정치(politics of experiment)가 행위자들 간의 상호작용을 보다 제도화된 방식으로 전개하여 갈등을 적절히 관리하는 경우 실험은 호혜와 연대를 기반으로 하여 결국 공동창조로 귀결될 가능성이 크다. 따라서 실험의 정치가 도시리빙랩의 성패에 큰 영향을 미친다.

유럽 리빙랩의 가장 큰 특징은 도시별로 오픈 플랫폼을 가지고 있다는 것이다. 즉 지역 주민들이라면 누구나 지역의 문제를 제기하고 의견을 제시할 수 있는 일종의 공론장이 형성되어 있는 것이다. 유럽에서 리빙랩 활동의 중심 도시 중 하나라고 할 수 있는 암스테르담의 경우 이러한 플랫폼이 여러 개가 있는데 가장 대표적인 것은 Amsterdam Smart City라는 곳이다. 이곳은 다양한 사람들이 서로의 의견과 기술, 지식, 그리고 비전을 공유하는 일종의 자유로운 놀이터이다. 이 놀이터에서 사람들은 자신들이 진행하고 있는 혹은 계획하거나 구상하고 있는 실험을 소개하고 그 실험에 참여할 사람들을 모집한다. 예를 들어, 델프트 공과대학(TU Delft)의 교수와 학생들은 화장실과 그린하우스가 연결되는 프로젝트를 기획하는데 이 화장실은 이용자들이 배출하는 소변이 일정한 자연적 처리 과정을 통해 그린하우스의 화단 및 나무에 비료로 제공되는 시스템을 갖추는 식으로 설계된다. 이 프로젝트의 기획자들은 이러한 계획을 설명하고 참가자를 모집하는데 참가자들은 여기에 자신의 의견을 보탤 수도 있고 재정적 지원자로 참여할 수도 있으며 새로운 기술을 제공하는 역할로 참여할 수도 있다.[23]

오픈 플랫폼은 기존의 정부 민원 사이트와 다르다. 민원 사이트에서는 일반 사람들이 정부에 문제해결을 청원하지만 리빙랩 플랫폼에서는 그러한 수동적인 요구가 아니라 스스로가 문제해결을 주도하고 참여하는 일종의 사회적 연대가 시도된다. 또한, 오픈 플랫폼의 중요한 역할은 성공의 경험뿐 아니라 실패의 경험도 공유된다는 것이다. 만약 어떤 지역의 주민들이 그 지역의 특정 문제를 해결하고자 할 때 다른 지역에서 그 전에 이미 시도했지만 실패한 프로젝트의 실패 과정과 원인이 공유된다면 그 주민들은 그러한 실수를 반복하지 않을 것이다. 이처럼 오픈 플랫폼은 정보와 지식, 의견과 기술을 공유하고 이것을 실제로 프로젝트화 하는 데 있어서 결정적 역할을 하며, 혁신과정을 개방적이며 사회적인 과정으로 만든다. 또한 오픈 플랫폼은 리빙랩 프로젝트에 참가하는 사람들 간의 수평적 유대감을 강화하고 이들 간의 공평하고 자유로운 대화와 협력을 가능하게 한다. 이러한 분위기는 결국 창의성에 기반을 둔 자유로운 실험을 가능하게 하고 이때 발생하는 실험의 정치는 기존 정치보다 효능감, 효율성, 문제해결능력, 가치창출능력 등의 면에서 더 뛰어날 가능성이 크다.

유럽 리빙랩의 두 번째 특징은 유연한 재정확보과정이라고 할 수 있다. 유럽에서 리빙랩 프로젝트가 실제 실행되는 과정을 보면 지역의 문제가 발견되고 그에 대한 솔루션이 제시되면 그때 프로젝트 재원 마련을 위한 노력이 전개된다. 즉 재정이나 계획이 먼저가 아니라 문제 제기와 아이디어 발굴 그리고 솔루션의 모색 과정이 먼저이다. 만약 재정이 전제될 때 재정지원자의 요구에 맞는 방향으로 솔루션이 모색될 가능성이 크며 또한 재정 지원의 조건들이 문제해결과정에 부정적으로 작용할 가능성도 크다. 만약 재정지원기관이 중앙 혹은 지방정부라면 리빙랩의 과정을 좀 더 하향식으로 만들 가능성도 있을 것이다.

유럽에서 리빙랩은 하나의 사회운동으로 발전하였고 도시 간 교류가 확대되어 2006년에는 유럽 전체 차원에서 네트워크가 형성되었다. 그러나 리빙랩은 개개의 프로젝트로 진행되며 이것이 제도화된 형태로 발전하지는 않았다. 이 점은 리빙랩의 정치 그리고 실험의 정치가 기존 정치와 다른 점 중 하나이다. 사실 리빙랩은 문제해결에 초점을 둔 활동이지 지역의 의사결정을 주관하는 활동은 아니다. 그러나 결국 지역의 공동체가 스스로 문제를 해결할 수 있는 능력을 갖춘다면, 그리고 이 문제해결 과정이 지역의 소외된 구성원들을 배려하고 사회의 불평등을 완화하며 주민의 삶의 질을 높이는 데 이바지한다면, 주민들은 지역 행정기관이나 의회 등에 덜 의존하게 될 것이며 이것이 지속되면 점차로 권력의 소재가 정치사회에서 시민사회로 그리고 그중에서도 지역사회, 내가 사는 동네로 이전될 가능성이 커진다.

동네 혹은 마을 공동체는 리빙랩 활동을 더 수월하게 할 것이며 리빙랩 활동이 제도화되고 마을 거버넌스의 틀 속에서 진행되는 방향으로 변화시킬 수 있을지도 모른다. 마을이란 공동체의 구성원들이 연대와 협력 그리고 평등하고 자유로운 참여를 통해 스스로 공동체를 운영하는 공간이다. 마을에서는 구성원들 스스로가 규칙을 만들어 의사결정을 하고 갈등을 관리하며 문제해결 과정을 스스로 주도한다. 마을이 형성되는 데는 구성원들 간의 평등한 의사소통, 대의민주주의를 보완할 수 있는 자발적인 결사체의 조직과 사회적 자본의 역할, 그리고 집단행동의 딜레마를 극복할 수 있는 제도의 마련 등의 조건이 필요하다.[24] 그러나 마을의 존재가 리빙랩 활동의 전제조건은 아니다. 마을이 존재하지 않아도 리빙랩 활동은 조직될 수 있으며 사실 이것이 리빙랩의 장점 중 하나이다. 즉 리빙랩의 임시적 속성 때문에 그 활동이 제도적 기반 없이도 순발력 있게 추진될 수 있는 것이다. 오히려 리빙랩이 마을의 형성을 촉진할 수 있을 것이다. 즉 주민들이 문제해결 과정을 경험하고 이러한 경험이 반복되면 이를 바탕으로 새로운 거버넌스의 창출을 시도할 수도 있을 것이다.

유럽 리빙랩의 세 번째 특징은 시민 과학(citizen science)의 역할이다. 위에서 설명한 바와 같이 주민들이 자발적으로 리빙랩 활동에 참여할 수 있는 것은, 실험을 해 볼 수 있다는 생각 때문이다. 즉 그들이 처음부터 정책을 바꾸거나 대안을 모색하는 것이 아니라 실패할 수도 있고 성공할 수도 있는 실험이 조그맣게나마 시도될 수 있다는 가능성이 참여의 유인이 되는 것이다. 즉 실험의 임시성과 불확실성이 참여하는 주민의 심적 부담을 덜어 주는 것이다. 이 실험에 가장 중요한 부분은 참여자들 스스로가 데이터와 정보를 만들어 내는 과정이다. 예를 들어, 교통 문제를 해결하기 위해 주민들이 직접 시간대별 교통량을 조사하여 데이터를 확보한다면 이를 바탕으로 문제를 더욱 정확히 진단할 수 있을 것이다. 이렇게 시민의 참여로 인해 만들어진 과학적 지식을 시민 과학이라고 한다. 오늘날 스마트폰과 각종 웨어러블 기기들은 시민 과학을 활성화하고 전문가와 일반인들 간의 격차를 줄인다. 시민 과학은 시민들이 데이터를 수집하는 것에 그치지 않고 수집된 데이터의 분석과정에도 직접 참여하며 결국 이를 통해 시민들은 공동창조의 정당한 파트너가 된다.[25] 시민 과학은 리빙랩에 참여하는 주민들을 더욱 행정기관에 덜 의존적으로 만든다. 만약 실험을 통해 시민들이 만든 데이터를 정부가 가지고 있지 않다면 오히려 정부가 시민들에 의존하게 된다. 따라서 시민 과학은 리빙랩의 정치를 활성화하는 데 중요한 역할을 한다.

리빙랩에 참여하는 행위자들은 주민, 정부, 공공기관, 중간지원조직, 기업, 대학이나 연구소, 그리고 각종 시민단체 등이다. 이들은 대부분 해당 지역에 이미 존재하는 행위자들이다. 중간지원조직은 정부의 위탁을 받아 정부 사업을 운영하는 기관으로서 정부로부터 형식적으로는 독립되어 있지만, 재정 면에서는 정부에 의존하고 있다. 리빙랩은 일반적으로는 주민들이 문제를 제기하고 아이디어를 공유하며 이들이 지역의 중간지원조직이나 시민단체에 속한 활동가들과 협의하여 실험을 진행하고, 실험의 결과를 바탕으로 기업이나 공공기관 그리고 대학의 참여로 시제품을 제작하고 이를 실제 상황에 적용해 보는 방식으로 진행된다. 그런데 주민의 역할은 이렇게 초기 문제 제기와 아이디어 공유에만 그치는 것이 아니라 때에 따라서는 실제 실험 과정과 실행과정을 주도하기도 하며 전 과정이 끝날 때까지 같은 정도로 참여하기도 한다. 물론 이것은 사례에 따라 다르므로 학자들은 주민의 참여를 다음과 같이 구분하였다.

표 12.6에서 보는 바와 같이 우선 리빙랩의 과정을 설계, 실행 그리고 평가로 나눈다면 주민들은 이 각각의 단계에 모두 참여할 수도 있고 또 어떤 단계에는 참여를 안 할 수도 있다. 따라서 일단 이 모든 단계에서 참여하는지를 먼저 파악해야 한다. 그리고 참여할 때 그들의 역할이 단순한 정보의 제공에 그치는지, 아니면 프로젝트에 대해 자문을 하거나 협의를 하는 보다 적극적인 역할을 하는지 그리고 최종적으로는 공동창조과정에 직접 참여하는지 등을 파악할 수 있다. 이는 리빙랩의 각 단계에 따라 주민참여의 정도와 질을 측정할 수 있는 지표가 된다.

중요한 것은 결국 주민들이 모든 단계에서 공동창조 수준으로 참여할 수 있는 조건이 무엇인지를 탐구하는 것이다. 유럽 사례들에 관한 기존 연구

표 12.6 리빙랩에서 사용자의 단계별 역할

	설계	실행	평가
비참여			
정보 제공			
자문/협의			
공동 창조			

출처: Menny et al 2018.

들에 의하면 그 해답은 주민들이 처음부터 끝까지 최소한 동등한 권력을 가지고 리빙랩 과정에 참여할 수 있는 거버넌스가 마련되어야 한다는 것이다. 즉 참여자들 간에 위계질서가 형성되면 안 되며, 양적 참여보다는 질적 참여가 중요하다는 것이다. 또한 주민들이 결정 과정에서 배제되는 순간 이들의 참여는 의미가 없어진다. 결국 행위자들 간의 정치와 거버넌스가 중요한 것이다.[26] 물론 실제 리빙랩 활동에서 평등한 참여가 보장되는 거버넌스가 형성되기는 매우 어렵다. 그러나 각 단계에서 주민들이 배제되지 않고 참여자들 간의 협력적인 관계가 유지될수록 문제 해결을 위한 창조적인 아이디어가 만들어질 가능성이 커지는 것은 당연한 일일 것이다.

리빙랩에서 주민참여의 질과 정도를 측정하는 한 기존 연구는 사용자를 정보제공자(informants), 검증자(testers), 기여자(contributors), 그리고 공동창조자(co-creaters)로 분류한다. 이들의 연구에 의하면 물론 주민의 역할 중 가장 바람직하고 중요한 것은 공동창조자의 역할이지만, 실제 유럽 사례들을 보면 대부분 기여자의 역할이 많이 발견된다.[27] 또 다른 연구의 경우 주민의 참여를 다섯 단계로 구분하는데 그것은 (1) 정보제공, (2) 자문/협의, (3) 협력, (4) 협업, (5) 역량 강화이다. 여기서는 주민들이 단순히 협력의 파트너로서가 아니라 협력을 통해 질적으로 새로운 가치를 창출해 내고 협업의 실질적 주체가 되는 것을 바람직하게 여긴다. 또한 이를 통해 궁극적으로 주민들의 역량이 강화되고 실제 권한이 주민들에게 부여되는 단계가 최종적으로 가장 완벽한 주민 참여의 수준이다.[28]

도표 12.3은 일반적인 리빙랩의 단계를 보여준다. 먼저 1단계는 아이디어를 모색하는 과정인데 사실 이 과정이 가장 중요하다. 리빙랩은 다른 형태의 문제해결과정과 달리 혁신적인 아이디어의 창출이 전제된다. 왜냐하면 리빙랩은 지역 문제의 해결에 그치지 않고 그 해결과정이 가치의 창출로 연결되는 것이 특징이기 때문이다. 아이디어의 창출은 앞서 언급한 바와 같이 구성원 개개인의 창의성 그리고 이들 간의 협력이 가능한 공평한 논의의

장이 전제되어야 한다. 그런데 이에 못지않게 중요한 것은 지배적인 패러다임의 전환이다. 최근 유럽에서는 자신이 샤워한 물을 다시 끌어 올려 정화한 후 일정한 온도를 유지하게 하여 다시 샤워에 쓰게 하는 물순환 샤워기(Upfall Shower)라는 장치가 개발된 리빙랩 사례가 있다. 물론 이 과정에서 소요되는 전력은 재생에너지로 충당되고 정화 장치도 화학적 과정이 아닌 자연적 과정이다. 그런데 이러한 혁신적인 아이디어가 시도된 것은 온수를 사용하는 데 들어가는 에너지와 그것을 만드는 과정에서 발생하는 이산화탄소를 줄이고자 하는 동기가 작용했기 때문이다. 즉 과거에는 사람들이 기후 위기에 대해 심각하게 생각하지 않았지만 이제 그것에 대응하고자 하는 생각과 노력이 사회의 지배적인 패러다임이 되면서 과거에 하찮게 여겼던 것들에 대해 다시 생각하게 되는 것이다.[29]

그 외의 단계들은 앞서 설명한 바와 같이 아이디어를 확정하고 여러 행

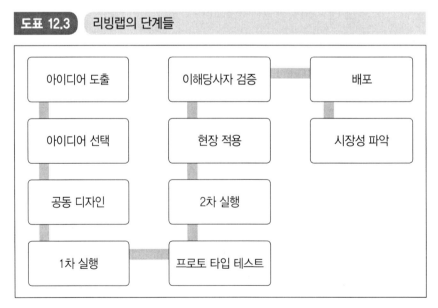

도표 12.3　　**리빙랩의 단계들**

출처: Coenen, Tanguy, Shenja van der Graaf, and Nils Walravens, "Firing Up the City – A Smart City Living Lab Methodology" *Interdisciplinary Studies Journal*, 3(4): 118–128, 2014.

위자가 합의하여 실험을 설계한 후 이를 실행하여 시제품을 제작하고 그것을 실제 상황에 검증해 보는 과정이다. 검증된 아이디어와 시제품은 사용자들의 평가를 받게 되고 이것이 혁신 사례로서 전파되어 이를 발판으로 하여 또 다른 혁신과 가치 창조의 기회가 제공되는 것이다. 예를 들어, 위에서 언급한 물순환 샤워기의 경우 몇 년 전부터 유럽에서 실제 제품이 생산되어 시장에서 판매됨으로서 개발자들이 이익을 얻고 있음은 물론 이러한 혁신을 바탕으로 해서 후속 주자들이 이와 관련된 한 차원 더 높은 기술혁신을 시도하여 더 큰 가치를 창출할 기회를 제공하는 것이다. 물론 이 단계들은 성공했을 경우를 가정한 것이며 실제로는 실험이 실패하여 중간에 중단되기도 하고 실험은 성공했지만, 경제적, 행정적 이유로 인해 그 솔루션이 상용화되지 않는 경우도 많다.

　표 12.7에서 보는 바와 같이 리빙랩의 필수 구성 요소는 다음의 7가지이다. 첫 번째는 거버넌스로서 서로 다른 행위자들이 공존하고 협력할 수 있는 정치적 질서가 필요한 것이다. 두 번째는 재정이다. 이는 프로젝트를 실행할 재원을 확보하는 것이다. 재원은 주로 정부 등 공적 자금이 제공되지만, 프로젝트가 성공하여 특허가 출원되거나 개발된 신기술이 적용된 상품이 출시되는 과정이 수반될 때 이를 예상하고 기업이 투자를 할 수도 있다. 세 번째는 아이디어가 교환되고 토론되는 온·오프라인 공간 그리고 실험이 진행되는 현장 등 장소가 필요하다. 이 장소는 물론 해당 리빙랩이 다루고자 하는 문제가 발견되는 현장이기도 하다. 네 번째는 실험이 진행되고 검증되는 과정으로서 구체적으로 혁신의 발생을 의미한다. 다섯 번째는 사용자인 주민 및 모든 관련된 행위자들이다. 여섯 번째는 데이터를 수집하고 분석하는 접근법이며 마지막으로 일곱 번째는 실험과 데이터 수집을 가능하게 하는 기술적 장치들이다. 여섯 번째와 일곱 번째는 위에서 언급한 시민과학과 직접 관련된 구성 요소들이다.

　리빙랩의 평가는 크게 볼 때 리빙랩 활동이 도시 전환에 얼마나 기여했

표 12.7 리빙랩의 구성 요소와 핵심 속성

구성 요소	핵심 속성
(1) 거버넌스	정치 질서
(2) 재정	프로젝트 비용 및 혁신 가치
(3) 장소	토론 장소 및 문제의 현장
(4) 혁신	실험 과정 및 결과
(5) 행위자	주민 등
(6) 접근법	데이터 수집 및 분석 방법
(7) 기술 및 기반시설	웨어러블 기기 등

느냐일 것이다. 그런데 현실에서 이는 결국 정도의 문제로 판단될 것이다. 그리고 실제 기여를 하지 못했다고 할지라도 기여할 수 있는 잠재력(trans-formative potential)이 얼마나 큰지를 평가하는 경우도 있다. 이 밖에 리빙랩 활동은 다양한 방식으로 그 효과성과 효율성을 측정하고 평가할 수 있는데 해당 문제의 해결 여부, 해당 주민들의 해결책에 대한 만족도 등이 가능하며 또한 활동 과정이 얼마나 민주적이었느냐, 즉 주민들의 의사는 얼마나 잘 반영되었으며 이를 위한 통로는 잘 만들어져있는가 등을 평가지표로 이용하기도 한다. 따라서 실제 많은 연구에서 이 지표들이 종속변수인 리빙랩 활동의 효과성이나 효율성의 지표로 사용된다.[30]

5. 한국에의 함의

한국에서는 아직 순환경제가 활발히 시도되고 있지는 않다. 그러나 리빙랩의 경우 비교적 활성화되어 있다. 한국에서 리빙랩은 대체로 2010년대 초반부터 본격적으로 시행되었다. 한국 리빙랩은 정부주도형, 민간주도형, 대학주도형, 기업주도형, 중간조직주도형 등으로 구분될 수 있지만 사실 모든 유형이 다 기본적으로는 정부의 지원을 받아 진행되는 하향식이라고 할 수 있다. 정부 내 부처들인 미래창조과학부, 과학기술정보통신부, 행정안전부 등이 사회문제해결형 기술개발사업, 사회혁신사업 등 다양한 이름으로 리빙랩 사업을 기획하고 공모를 통해 사업팀을 선발하여 리빙랩 실험을 진행한다. 사업팀은 정부 공모 사업의 일정 지원 금액, 주제 등에 맞추어 사업 아이템과 실험활동을 기획하고 그 결과 역시 기획 단계에서 이미 어느 정도 예측할 수 있다. 따라서 일종의 '실패할 수 없는 실험'일 가능성이 크고 주민들이 가지고 있는 절실한 문제들이 있어도 정부가 정한 실험 및 결과 보고 일정에 맞지 않으면 공모에 참여할 수 없는 경우도 많다.

또한 한 지역에서 주민들이 자유롭게 의견을 개진할 수 있는 오픈 플랫폼을 상시로 운영하는 경우가 많지 않다. 따라서 리빙랩의 1단계 조건이 충족되지 못하는 것이다. 즉 주민들이 지역의 문제를 제기하고 이를 공유하거나 토론할 수 있는 놀이터가 없는 것이다. 오히려 오픈 플랫폼은 각 공모전의 주체들이 운영하고 있다. 이 공모전 홈페이지에는 공모전에 관한 정보가 주로 게재되어 있는데 이 중 가장 중요한 것은 공모전에 참여한 실제 사례에 대한 설명일 것이다. 그런데 이 설명은 요약되어 있는 경우가 대부분이다. 그렇다고 해서 공모전 홈페이지들이 공론장 역할을 하는 것도 아니다. 결국 공론장이 없다 보니 지역의 주민과 전문가들이 만나서 문제의 진단 과정에서부터 아주 간단하게나마 의견을 교환해 볼 수 있는 기회가 매우 제한되어 있다. 한국의 많은 대학들이 리빙랩 활동을 하고 있지만 대학에서 지·산·학을 담당하는 부서 혹은 대학 교수 개인이 주도하는 교육 및 연구 활동이 대부분이며 지역과 대학이 만날 수 있는 안정적이고 체계적인 통로가 있는 경우는 매우 드물다.

이러한 실행 방식의 차이에도 불구하고 한국에서도 많은 리빙랩 사례들이 계속 나오고 있다. 대전 갑천의 범람을 스마트폰에 알려주는 건너유 프로젝트와 서울 북촌 한옥마을의 주민이나 방문자를 위한 다양한 서비스 제공 실증연구 등은 사물인터넷 기술을 활용한 초기 리빙랩 사례들이다. 이후 독산동 공유주차공간 프로젝트, 구로 생활 안전 리빙랩 프로젝트 등 많은 활동이 이어졌다. 그리고 위에서 언급한 바와 같이 매년 정부가 주도하는 각종 공모 사업을 통해 많은 리빙랩 성공사례가 축적되고 있다. 이들은 인체에 해를 끼치지 않는 다회용 생리대를 개발하여 일회용품 폐기물을 줄이고 건강하고 안전한 생리대를 보급하는 프로젝트를 진행하기도 하고 하루에도 수없이 많이 버려지는 마스크를 안전하고 효율적으로 수거하여 재활용하는 방안을 모색하는 프로젝트를 수행하기도 한다. 그리고 노인이나 장애인 그리고 다문화 가정 등 사회적 약자들의 의료 및 복지 문제 등을 기술적으로 해결하기 위한 리빙랩을 운영하기도 하며 이 과정에서 사회적 기업이 만들어지고 특허가 출원되는 경우도 많다.

한국의 리빙랩이 유럽과 같은 방식으로 변화하기 위해서는 다음과 같은 문제들이 해결되어야 한다. 첫째, 무엇보다도 개방형 플랫폼이 필요하다. 현재 한국에서는 지역에서 이러한 플랫폼을 운영하는 경우는 많지 않다. 특정 지역에서 리빙랩을 실행하면 그 지역민들이 자유롭게 참여할 수 있고 정보를 공유할 수 있는 플랫폼이 필요하다. 플랫폼을 통해 주민들이 다양한 성공 및 실패 사례들을 공유한다면 이들의 리빙랩 활동은 더욱 효과적으로 될 것이다. 더 나아가서 이러한 각 지역의 플랫폼들이 연결되어 전국적인 네트워크로 발전될 수도 있을 것이다. 현재도 한국리빙랩네트워크가 있어 다양한 정보를 제공해 주고 있지만, 지역의 소규모 플랫폼들을 기반으로 이러한 전국 네트워크가 만들어진다면 더욱 효과적인 교류 협력이 가능할 것이다.

둘째, 재정 운영상의 유연성이 확보되어야 한다. 한국에서 진행되는 리빙랩은 위에서 언급한 바와 같이 결국 정부 혹은 공공기관 예산으로 운영된다. 따라서 예산 집행의 시기 및 용도 등에 있어서 유연성이 부족하다. 공공예산이 유연성 부족 문제를 해결하지 못한다면 프로젝트 재정 확보를 위한 다른 방안을 모색해야 한다. 이 문제는 또한 리빙랩을 어떤 방식으로 기획하고 진행하는지와 관련이 있다. 만약 특정 지역의 주민들이 상식적으로 문제를 제기하고 그에 관한 의견을 교환할 수 있는 개방형 플랫폼이 있다면 실험을 진행할 수 있는 소액의 재정으로 리빙랩 활동을 일상적으로 진행해 볼 수 있을 것이다. 그리고 이러한 실험들이 지역 소재 대학이나 연구기관과 연결되어 조금 더 전문적인 실험으로 발전되고 또 기술기반 해결책이 도출될 수 있다고 판단되면 이러한 일차적 성과를 바탕으로 하여 더 큰 규모의 정부 공모 사업에 지원하는 방식이 가능할 것이다.

셋째, 대학의 역할이 강화되어야 한다. 대학의 교수와 연구자들이 지역의 문제에 관심을 가지고 이를 그들의 연구와 교육에 직접 연결할 수 있어야 하고 이러한 제도적 장치가 필요하다. 예를 들어, 대학이 교수의 승진 심사에서 지·산·학 협력 실적이 중요한 업적으로 인정된다거나 지역 공동체 기반 학습(community-based learning)을 장려하고 지원하는 등의 제도를 만들어 볼 수 있을 것이다. 현재 한국의 대학 대부분은 이러한 시스템을 갖추고 있지 못하다. 대다수 교수에게 대학이 소재하고 있는 지역은 별 의미가 없으며 지·산·학 협력은 그것을 전담하는 교수들의 임무라고 생각한다. 또한 대학들은 말로는 융복합 교육을 지향한다고 하지만 학과 간, 전공 간의 벽은 여전히 높고 융복합 연구는 그나마 시도되고 있지만, 융복합 교육을 위한 기본 체계가 갖추어진 대학은 하나도 없다. 그러나 리빙랩이 지역 기반학습의 형태로 실천되기 위해서는 융복합형 교육 모델이 필요하다.

| 글상자 12.1 | 대학 수업에서의 리빙랩 활동 |

수업에서 조별 활동을 통해 리빙랩 활동을 기획해 보자. 먼저 각 조에서 조원들은 각자 자신이 생각하는 자기 지역의 문제를 소개한다. 조원들은 합의를 통해 이 중 하나의 문제를 정하고 이 문제에 대한 기존의 해결책은 어땠는지, 다른 지역에서 이 문제를 해결한 사례가 있는지, 그리고 조원들이 생각해 내는 새로운 해결방법이 있는지를 토론한다.

이때 문제에 대해 합의하고 해결책을 모색하는 과정에서 조원들끼리 협력하는 과정을 강사가 관찰하고 혹시 문제가 있는 경우 이들이 어떻게 이 문제를 해결하는지를 주의 깊게 살펴보아야 한다. 그리고 만약 새로운 해결 방법에 대한 합의까지 만들어졌다면 그 단계까지의 과정을 문제의 정의 → 문제의 원인 진단 → 문제에 대한 해결책의 제시 등의 순서로 간단히 서술하게 한다.

이후 이 해결책이 정말로 가능한지를 실험해야 한다. 따라서 조원들은 실험 계획을 세워야 한다. 언제 누가 어떤 실험을 할 것인지, 그리고 이에 드는 예산은 얼마이고 어떻게 마련할 것인지, 실험 과정에서 관련된 행위자들의 구체적인 역할 분담은 어떻게 할 것인지 등을 논의하여 결정한다. 이 실험 계획도 일목요연하게 서술하게 한다.

이렇게 되면 실제 리빙랩 활동 중 절반 이상이 벌써 끝난 것이다. 수업에서는 실제 실험을 진행하지 않더라도 학생들이 리빙랩 활동의 전 과정을 이해할 수 있으며 이 과정에서 리빙랩이 어떤 장단점이 있는지를 스스로 알게 된다. 더 나아가 이렇게 만들어진 리빙랩 계획을 가지고 실제 정부가 주관하는 다양한 공모전에 참가할 수 있다.

13장

배출권 거래제도와
동북아시아 탄소시장의 미래

환경 및 기후변화정책을 크게 두 가지 종류로 나눈다면 전통적인 명령·통제형(command and control) 정책과 시장 유인형(market incentive) 정책으로 나눌 수 있을 것이다. 전자는 정책을 집행하는 주체인 정부가 환경기준이나 법을 제정하고 이를 위반하는 개인이나 기업 등을 처벌하는 방식으로 규제를 하는 것이다. 반면 후자는 개인이나 기업이 시장에서의 유인으로 환경기준이나 법에 따르도록 하는 방식으로서 전자보다 신축적이며 유연하다. 후자는 전자보다 규제(감시와 처벌)에 들어가는 비용을 절감할 수 있는 장점이 있는데 후자라고 해서 규제 비용이 전혀 발생하지 않는 것은 아니다. 즉 시장 유인에 기반을 둔 정책 역시 모니터링이 필요하고 처벌 규칙도 필요하며 이를 집행하는 주체의 역할도 필요하다. 따라서 이 두 유형의 정책은 상호 보완적인 관계라고 할 수 있다.[1] 이 장에서는 후자인 시장 유인 정책 중에서 특히 이산화탄소 배출권 거래제도를 다룬다. 이 장에서는 먼저

363

동북아시아 3국인 한국, 중국, 일본의 탄소배출권 거래제도를 비교의 관점
에서 소개하고 이후 이 3국의 탄소시장이 통합될 가능성에 대해 논의한다.

1. 배출권 거래제도란?

배출권 거래제도란 정부가 온실가스나 오염물질을 배출하는 경제 주체에게
배출 허용 총량을 설정하여(cap) 배출권을 무상 또는 유상으로 할당하고,
여기에 참여하는 경제주체들은 시장에서 배출권 여분을 판매하여 이익을 취
하거나 부족분을 구매하여 배출 허용 총량 기준을 맞추어 전체적으로 온실
가스나 오염물질 배출을 비용 효과적으로 줄이도록 한 제도이다. 온실가스
나 오염물질을 배출하는 주체들은 자신의 배출량이 허용 총량을 초과하게
될 때 두 가지 선택을 할 수 있다. 하나는 시장에서 배출권을 구매하는 것이
고 다른 하나는 스스로 배출량을 줄이는 것이다. 이 둘 중 어느 것을 선택할
것인지를 결정하는 데 있어서 많은 변수가 중요하게 작용할 것이다. 이런 의
미에서 이 제도는 세부 규칙들을 어떻게 정하느냐가 중요한데 구체적으로는
(1) 이 제도에 참여하는 주체들 전체를 총괄하는 배출 총량을 어떻게 설정할
것인가, (2) 이 총량을 부문별, 기업별로 어떻게 공정하게 배분(할당)할 것
인가, (3) 각 주체의 배출량을 어떻게 모니터하고 검증하여 신뢰성을 제고할
것인가 (4) 거래소와 거래 과정의 투명성을 어떻게 제고할 것인가, (5) 배출
량 제한을 맞추지 못한 주체들을 어떻게 제재할 것인가 등이다.[2]

이렇게 총량과 부문별, 기업별 할당이 결정되고 실제 거래를 가능하게 하
는 장치들과 규칙들이 정비되고 나면 더욱 세부적인 제도적 디자인을 결정
해야 한다. 이 세부적 디자인 역시 배출권 거래제도의 효과성과 효율성에
영향을 미친다. 이 세부적인 디자인의 예를 들면, (1) 배출권이 부족할 때
다음 해에 할당된 배출권을 미리 차입(borrowing)하거나 반대로 남을 때

다음 해로 이월(banking)하는 것을 허용해 줄 것인지, (2) 배출 주체들의 배출량을 파악하고 보고하고 검증하는(MRV: Measurement, Report, and Verification) 절차는 어떤지, (3) 외부 시장에서 감축한 실적을 상쇄배출권으로 인정해 줄 것인지, (4) 가격조정을 위해 관리주체가 시장에 개입하는 도구가 있는지, (5) 배출 주체들이 의무 이행을 하지 않았을 때 처벌 규정 특히 벌금의 액수는 어느 정도인지 등이다.

배출권 거래제도는 제8장에서 본 바와 같이 1997년 채택된 교토의정서에서 회원국들의 의무 감축 이행을 돕기 위해 만들어진 세 개의 유연성 메커니즘(flexibility mechanisms) 중 하나로서 2005년에 이 조약이 발효되면서 유럽을 중심으로 본격적으로 시작되었다. 현재는 크게 나누어 전국 단위로 모든 배출 주체들이 의무적으로 참여하는(mandatory) 방식으로 운영하는 경우가 있고 반대로 이 제도를 원하는 특정 지역에서만 의무적으로 운영하는 경우가 있다. 전자는 유럽연합, 한국, 뉴질랜드, 중국, 스위스, 노르웨이, 아이슬란드, 리히텐슈타인, 카자흐스탄 등이 있고 후자는 미국, 일본, 캐나다 등이 있다. 미국의 경우 북동부 9개 주가 참여하는 미국 북동부 배출권 거래시장(RGGI: Regional Greenhouse Gas Initiative)를 2009년에 출범시켰다. 이는 전국 단위는 아니지만, 미국 최초의 의무적 배출권 거래제도이며 주로 화력발전소를 대상으로 하고 있다. 중국의 경우 약 5년간의 성공적인 시범 사업들을 지방 도시들에서 진행한 후 중앙정부가 2017년 12월부터 공식적으로 의무 버전의 전국 단위 배출권 거래제도를 시행하는 것을 선포하였지만, 2020년 12월 현재 아직도 실제로 본격적으로 시행을 하고 있지는 않다. 따라서 엄밀히 말하자면 여전히 전자 그룹에 속한다고 할 수는 없다. 그러나 만약 실제로 시행한다면, 전 세계에서 가장 큰 거래시장이 만들어지는 것은 당연한 일이 될 것이다. 일본은 동경도 및 사이타마현에서만 빌딩 부분을 중심으로 배출권 거래제도를 시행하고 있다.

따라서 현재 전 세계 배출권 거래제도는 유럽연합의 배출권 거래제도

(EU ETS)의 제도적 디자인이 일종의 표준 역할을 하고 있다. 그러나 만약 중국이 본격적으로 이 제도를 실행하면 중국이 정하는 기준이 세계 표준이 될 가능성도 있다. 또한, 단순히 시장규모를 떠나서 중국의 배출권 거래제도는 같은 비서구권 비선진국으로서 다른 개도국에 의미 있는 신호를 보낼 수 있다는 점에서도 일종의 게임을 바꾸는 과정(game changing process)이라고 할 수도 있다.[3] 또한, 중국이 실제로 이 제도를 실행하면 동북아시아 3국의 탄소시장이 연결될 가능성 또한 당연히 예측해 볼 수 있다. 실제 이러한 가능성을 3국 환경부 대표들이 비공식적으로 논의를 하기도 했다. 파리기후변화협약 제6조에는 시장 메커니즘을 통한 국가 간 협력이 가능함을 명시하고 있다. 이 조항의 역할은 각국이 외부에서 온실가스 감축을 추진하고 이를 서로 인정해 줌으로써 사실상 탄소시장을 연결하거나 통합할 가능성을 높여주었다는 점이다. 따라서 각국이 자유롭게 탄소클럽을 형성할 가능성이 있고 특히 동북아시아 3국의 탄소시장이 연결되거나 통합되면 위에서 언급한 대로 게임의 규칙을 바꾸기에 충분한 힘을 발휘하게 될 것이다.

도표 13.1에서 보는 바와 같이 한중일 3국은 2019년 전 세계 이산화탄소 배출량의 35%를 차지한다. 따라서 이 3국이 전국 단위의 의무적인 배출권 거래제도를 본격적으로 시행하고 또 세부 디자인을 통일하면 글로벌 차원의 이산화탄소 절감과 파리협정의 이행에도 기여할 뿐 아니라 글로벌 탄소시장을 주도할 가능성이 있다. 앞서 언급한 대로 일본은 일부 지역에서만 이 제도를 시행하고 있고 중국은 아직 총량 제한을 하는 본격적인 제도를 시행하고 있지 않기 때문에 한국의 제도를 비교적 자세하게 소개할 것이다. 그러나 3국 모두 최고 지도자가 탄소중립 계획을 선언했으며 유럽연합의 탄소 국경세 등 국제사회의 압력에 직면하고 있기 때문에 이 제도의 역할은 더욱 확대될 것이다.

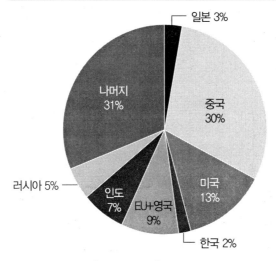

도표 13.1　이산화탄소 배출량 (2019년)

출처: https://edgar.jrc.ec.europa.eu/overview.php?v=booklet2020

2. 일본의 배출권 거래제도

동경도의 배출권 거래제도는 2010년 4월에 시작되었다. 이는 일본 최초이
기도 했고 아시아 최초이기도 했다. 이는 전국 단위는 아니지만, 의무적 제
도이며 세계 최초로 상업용 및 사무용 빌딩들이 주요 주체가 되는 배출권
거래제도이다. 사이타마현의 경우 1년 뒤인 2011년 4월에 배출권 거래제
도를 시행하였고 이 두 시장은 연결되어 있어 상호 거래가 가능하다. 중앙
정부는 2005년에 환경성이 일본 자발적 배출권 거래제도(JVETS: Japan
Voluntary Emission Trading Scheme)를 제안한 적이 있지만, 의무적 제
도를 추진하지는 않았다. 이에 비해 동경도는 2007년에 지방정부 최초로
'동경도 기후변화전략'을 발표했고 2008년 6월에 이시하라 신타로(石原慎
太郎) 도지사가 동경도 내의 주요 온실가스 배출원에 대해 의무적으로 총량
을 제한하고 배출권 거래를 허용하는 법안을 동경도 의회에 제출하였고 의

회가 이를 승인하여 이 제도가 출범되게 되었다. 이시하라 도지사는 이미 2000년에 전국 최초로 디젤 자동차 규제에 관한 조례를 통과시켰고 친환경 자동차에 대한 보조금정책을 펴는 등 환경 및 기후변화정책을 주도하였고 이러한 그의 리더십이 이 제도의 도입에 결정적인 역할을 했다. 또한, 공장보다는 상업지구와 사무실이 대부분인 동경도의 조건 역시 이 제도의 도입 결정을 촉진시켰다. 사실 사이타마 역시 대부분의 배출 주체가 상업용 혹은 사무용 건물들이다.[4]

동경도는 경제 규모 면에서나 이산화탄소 배출량 면에서나 매우 큰 지방 자치단체이다. 동경도가 배출하는 이산화탄소의 양은 스웨덴이나 덴마크가 배출하는 양과 비슷하며 국내총생산(GDP)은 캐나다나 스페인보다도 많다. 동경도의 이산화탄소 배출량은 전국 배출량의 약 5%를 차지한다. 동경도 내에서 배출권 거래제도에 의무적으로 참여해야 하는 사업장은 2019년 현재 총 1,123개인데 이 중 954개가 상업용 혹은 사무용 빌딩이다. 건물주는 당연히 의무적으로 참여해야 하지만 임차인도 임차 면적 규모가 클 경우 건물주와 공동으로 참여해야 한다. 동경도는 2017년 64.8MtCo2e의 이산화탄소를 배출했는데 이 중에서 배출권 거래제도가 포함하는 상업용/사무용 빌딩 부문과 산업 부문의 배출량은 약 40%를 차지한다.

동경도 배출권 거래제도는 다음의 세 시기로 나누어 진행되고 있다, 첫 번째 시기는 2010년부터 2014년까지로서 목표는 기준 년도에 비해 8%에서 6%를 감축하는 것이다 (참고로 거래 기간은 이 각각의 기간 종료부터 18개월의 조정 기간을 추가로 포함한다. 예를 들어, 제1기 거래 기간은 2011년 4월 1일부터 2016년 9월까지이다). 두 번째 시기는 2015년부터 2019년까지로서 감축 목표는 17%에서 15%다. 마지막으로 세 번째 시기는 2020년부터 2024년까지로서 감축 목표는 27%에서 25%다. 각 감축 목표는 두 값으로 구성되어 있는데 이 중 큰 값은 사무실 빌딩과 지역냉난방 발전소의 목표이며 작은 값은 지역냉난방 발전으로 인한 전기를 20% 이상 사용하는 공장이나 사무용 빌딩의 목표를 말한다. 2010년부터 2018년까지 지속적으로 매년 목표를 초과 달성했는데 예를 들어, 2017년과 2018년에는 각각 27%를 감축했다. 이러한 주로 감축은 빌딩 에너지 구조를 새로운 기술에 바탕을 둔 장치를 통해 개선하는 작업에 의해 이루어졌다. 2018년에는 21%의 감축 의무 주체들이 감축 목표를 달성하지 못했고 나머지 79%는 초과 달성하였다.

　배출 허용량은 각 배출 주체들 단위로 결정되는데 이는 기준 배출량에 의해 결정된다. 기준 배출량은 2002년부터 2007년까지의 기간 중 각 배출 주체가 자유롭게 결정한 연속된 3년의 배출량의 평균값이다. 이 기준선 이하로 배출한 주체들에게 배출권이 지급된다. 이월은 바로 다음 준수 기간까지만 허용되고 차입은 허용되지 않는다. 상쇄의 경우 다음의 네 가지에 의해 가능하다. 첫째, 의무적으로 참여해야 하는 주체 외의 중소규모 배출 주체들의 감축분을 인정받을 수 있다. 둘째, 동경도 외부의 대규모 배출 주체들의 감축분을 인정받을 수 있다. 셋째, 재생에너지로 인한 배출권은 2차 감축 기간이 끝나는 기간까지는 1.5배의 가치를 인정받을 수 있으며 제3차 기간부터는 1:1의 가치로 계산되어 인정받을 수 있다. 넷째, 사이타마의 배출권은 탄소시장 연계를 통해 인정받을 수 있다. 이 중 두 번째인 외부 감축분을 제외하고 나머지는 양적 제한이 없다. 배출량 파악, 보고, 검증은 제3자가 검증하는 연차보고서의 제출을 의무화하고 있으며, 준수하지 않았을 경우 벌금은 1단계에서는 부족 부분의 1.3배에 해당하는 감축을 이행해야 하며 2단계에서는 명단이 공개되고 약 5,000달러의 벌금이 부과되며 1단계에서와 마찬가지로 부족 부분의 1.3배를 감축해야 한다.[5]

　일본정부는 2030년까지 2013년 대비 온실가스 26% 감축을 목표로 하고 있으며 2050년 탄소중립을 선언하였다. 이에 상응하여 동경도에서도 (1) 2020년까지 2000년 대비 온실가스 25% 감축, (2) 2030년까지 2000년 대비 온실가스 30% 감축, (3) 2050년까지 넷제로 탄소배출을 목표로 설정하고 이를 추진하고 있다. 동경도 배출권 거래제도는 이러한 국가 목표와 동경도 목표를 달성하는 데 중요한 역할을 해 오고 있다. 비록 이 제도가 포함하는 온실가스 배출량이 전체 일본의 배출량 중 매우 작은 부분이지만 최소한 지속적으로 감축 목표 초과 달성 기록을 보여주고 있다는 점에서는 매우 긍정적으로 평가될 수 있다. 다만 이러한 온실가스 감축이 과연 배출권 거래제도에 의한 것인가에 대해서는 논쟁이 있을 수 있다. 한 연구에 의하면 감축 성과의 반 정도는 이 제도에 의한 것이고 나머지 반 정도는 2011년 동일본 대지진 이후 상승된 전기가격으로 인한 것으로 분석하고 있다.[6] 또한, 동경도의 이러한 성공적인 경험이 타 지자체로 확산되는 것이 중요한데 동경도와 사이타마의 경우 비교적 감축이 쉬운 상업용 혹은 사무용 건물들이 주요 참여 주체라는 점에서 다른 산업도시들은 이 제도를 수용하기가 쉽지 않을 것이다. 사실 이것이 동경도가 배출권 거래제도를 성공적으로 운영하여 온실가스 감축을 이루어냄과 동시에 경제가 발전되는 결과를 가지게 된 이유일 것이다.[7]

3. 중국의 배출권 거래제도

앞서 언급한 대로 중국은 5년간의 성공적인 시범사업에 이어 2017년 12월에 전국 단위 의무적 배출권 거래제도의 시작을 선포했으나 아직 실제 거래가 이루어지고 있지는 않다. 여기서는 우선 먼저 시범 사업을 소개하고 이후 전국 단위 제도를 실행 계획을 중심으로 소개한다.

중국정부는 2010년에 발표한 「제12차 5개년 규획」에서 이산화탄소 감축 목표를 수립하고 그 실행 방안으로서 탄소배출권 거래제도 시범 사업 추진을 공표하였다. 국가발전개혁위원회는 2011년 10월 29일에 「탄소배출권 거래 시범 사업 업무에 관한 통지」를 발표하여 베이징시, 상하이시, 광둥성, 후베이성, 텐진시, 충칭시, 선전시 등 7개 성시를 탄소배출권 거래 시범

사업 지역으로 선정하였다. 이후 2013년 6월부터 약 1년 동안 위의 7개 성시에서 시범 사업이 시작되었고 2016년 12월에는 푸젠성이 자발적으로 탄소배출권 시장을 개장함으로써 8번째 시범 사업 지역이 되었다.[8] 푸젠성은 다른 지역과는 달리 국무원이 주도한 국가생태문명시범지구 사업의 하나로 시작되었다.

시범 지역들은 모두 총량 제한 및 거래 방식(cap and trade)을 택하고 있으며 감축 대상 온실가스는 충칭을 제외하면 모두 이산화탄소이다. 참고로 배출권 거래제도는 크게 총량제한 및 거래방식과 감축승인권 거래방식(baseline and credit system)으로 나눌 수 있다. 전자는 이 장에서 다루는 배출권 거래제도로서 전체 총량을 제한하고 이 전제하에 개별 사업장에게 배출권을 할당하는 방식이며 후자는 청정개발체제(CDM)와 같이 전체 총량 제한을 설정하지 않고 개별 사업장들이 탄소 절감 활동 결과를 인정받아 이 권리를 사고파는 방식이다. 충칭은 유엔이 지정한 6개의 온실가스를 모두 포함한다. 표 13.1에서 보는 바와 같이 각각의 지역마다 자체적으로 탄소집약도 목표를 설정하고 있다. 탄소집약도란 에너지 소비량에 대한 탄소배출량의 비율이다. 탄소집약도가 높다는 것은 탄소배출량이 많은 에너지를 더 많이 사용하고 있다는 것을 의미한다. 또한, 각각의 지역마다 감축 대상 기업과 부문 그리고 이들이 차지하는 비율을 설정했다. 전력이나 철강 그리고 제조업 등은 거의 모든 지역에 공히 포함된 부문이지만 세밀하게는 지역에 따라 다르며 또한 각 부문 내에서도 일정량 이상의 이산화탄소 배출 기업이 포함되는 규정이 있는데 이 배출량 기준도 지역마다 다르다.

최초 시범 사업의 거래 기간은 2013년부터 2015년까지였으나 이 기간 이후에도 2020년 현재까지 시장에서 거래는 계속되고 있다. 즉 여전히 시범 사업의 형식이지만 이 지역들의 탄소시장은 활성화되어있다. 그리고 국가 전체적으로 배출권 거래제도 업무가 국가발전개혁위원회 소관이었다가 생태환경부로 이관된 것과 마찬가지로 이들 지역에서도 처음에는 지역의 발전개

표 13.1   중국 배출권 거래제도 시범사업 현황

	광동	후베이	상하이	텐진	선전	베이징	충칭	푸젠
시작일	2013. 12.19	2014. 04.02	2013. 11.26	2013. 12.26	2013. 06.18	2013. 11.28	2014. 06.19	2016. 12.22
방식	총량 제한 및 거래방식							
온실가스	CO_2^*							
온실가스 집약도 목표 (%) (2015년 대비)	-20.5	-19.5	-20.5	-20.5	-45	-20.5	-19.5	-19.5
대상 부문	전력, 철강, 제지, 석유 화학 등	전력, 제조업 등	전력, 항공, 물류 등	전력, 석유 화학, 철강 등	전력, 제조업, 교통 등	전력, 석유 화학, 제조업 등	전력, 금속, 시멘트 등	전력, 석유 화학, 항공 등
대상 기업 수	242 (2019)	338 (2018)	298 (2018)	113 (2019)	794 (2017)	903 (2018)	195 (2018)	255 (2018)
시 전체 탄소배출량 에서 ETS가 커버하는 탄소량 (%)	60	45	57	55	40	45	50	60
CO_2 배출량** MtCO2e	610.5 (2012)	463.1 (2012)	297.7 (2012)	215 (2012)	83.45 (2010)	188.1 (2012)	300 (2018)	240 (2014)
배출권 가격 (USD)	3.36	4.64	5.86	1.98	1.98	11.37 (2019)	1.41	2.35
할당 방식	무상 및 일부 유상	무상 및 일부 유상	무상 및 일부 유상	무상 및 일부 유상	무상	무상 및 일부 유상	무상	무상 및 일부 유상
이월	허용							
차입	불허							

출처: 각 지역에 대한 ICAP의 보고서를 바탕으로 저자가 작성함.

* 충칭의 경우 예외적으로 CO2를 포함하여 유엔이 지정한 6개 온실가스를 모두 포함한다.

** LULUCF(토지 이용 및 산림에 의한 탄소 절감 실적)을 제외한 수치임

혁위원회가 이 업무를 주관했다가 모두 지방정부 생태환경부로 이전되었다.

할당은 모든 지역에서 무상할당을 기본으로 하고 3년 차인 2015년에 부분적으로 유상할당을 위한 규정을 만들거나 직접 시도하였다. 모든 지역에서 이월은 허용하되 차입은 금지하고 있다. 또한, 모든 지역에서 배출량 파악, 보고 및 검증을 위한 체계가 마련되어 있으며 상쇄 배출권의 인정에 관한 질적, 양적 제한 규정을 두고 있다. 또한, 모든 지역에서 가격이 불안정할 경우 시장에 개입하여 조정할 수 있는 제도를 갖추고 있다.

이처럼 시범 사업은 다양한 조건을 가진 지역에서 시도되었으며 모든 지역에서 거래가 활발히 진행되고 있고 이산화탄소 감축 효과도 분명히 보여주고 있다. 예를 들어, 선전은 광둥성이나 후베이성과 함께 거래가 가장 활발한 지역 중 하나이다. 2018년 7월 기준으로 총 누적 거래액은 1억 6,500만 달러이며 총 누적 거래량은 3,570만 톤이다.[9] 선전은 8개 지역 중 유일하게 성급 행정 단위가 아닌 부성급 도시이지만 매우 성공적인 실적을 보여주고 있다.

시범 사업과는 별도로 중국정부는 2016년 1월 「전국 탄소배출권 거래시장 개설을 위한 중점 업무 추진에 관한 통지」를 발표하여 2017년 말부터 전국 단위 제도를 시행할 것을 공표하였고 실제로 2017년 12월에 일단 공식적으로 출범이 선포되었다. 앞서 8장에서 본 바와 같이 중국도 다른 나라들처럼 파리협정을 비준하고 국가감축기여(NDC)를 제출하였고 전국 단위 의무적 배출권 거래제도의 시행이 중국정부에 의해 더욱 중요하게 취급되었다. 국무원은 우선 발전 부문의 거래를 위한 실행계획을 승인하였는데 약 1,700여 개의 발전소들이 이 계획에 포함되었다. 발전 부문 거래가 시작되면 이 제도가 포함하는 이산화탄소량은 국가 전체 배출량의 약 30%를 차지한다.

구체적인 실행계획은 다음과 같이 3단계로 설정되었다. 첫 번째는 약 1년 동안의 기간으로서 거래를 위한 기본적인 인프라를 구축하는 것이다. 두 번째는 시뮬레이션(모의실험)으로서 거래를 시도하는 시기로서 이 역시 약

1년을 계획하였다. 세 번째는 실제 거래를 활성화하고 제도를 심화시키는 단계이다. 원래 중국정부는 1단계를 2018년에 시작하고 2019년에는 2단계, 그리고 2020년부터 3단계가 시작되는 것으로 공표하였으나 실제로 이 계획대로 정확히 진행되지는 않았다. 결국, 2020년 12월 현재까지도 거래를 위한 준비 중이라고 할 수 있다. 한편, 이 계획대로 진행되었을 경우 기존 8개 지역의 시범 사업들도 전력 부문을 제외하고 기존대로 계속 진행하는 것으로 발표하였다. 따라서 어떤 의미에서 이 제도는 전국 단위이면서도 동시에 당분간은 9번째 제도라고 할 수도 있다.

이러한 단계를 거치는 동안 앞서 언급한 바와 같이 주무 부서가 국가발전개혁위원회에서 생태환경부로 이관되었고 생태환경부에서 세부 규정들을 완성하고 있으나 기술적인 문제들과 배출량과 저감량 데이터의 신뢰성 문제로 인해 출범이 늦어지고 있다고 설명하고 있다. 언론 보도에 의하면 제14차 5개년 계획 기간인 2021년부터 2025년의 기간에 반드시 전국 단위 배출권 거래제도가 정식 출범할 것으로 예상되기는 하지만 아직 확실하지는 않다.[10]

4. 한국의 배출권 거래제도[11]

한국의 배출권 거래제도는 2015년 1월 1일에 출범하였다. 이로써 한국은 유럽연합과 뉴질랜드에 이어 세계에서 세 번째로, 그리고 동아시아에서는 첫 번째로 전국 단위의 의무적인 배출권 거래제도를 시행하는 국가가 되었다. 규모 면에서도 한국의 탄소시장은 유럽연합에 이어 두 번째로 크다. 2020년 12월 현재 약 600여 개가 이상의 사업장이 참여하고 있으며 이들이 배출하는 이산화탄소의 양은 전국 배출량의 약 70% 정도를 차지한다. 제8장에서 제시된 바와 같이 한국은 온실가스 배출량에 있어서 절대량으로는 세계 10위 안에 있으며 일인당 배출량은 5위이다. 따라서 온실가스 감축이 중요한 국가 과제이며 배출권 거래제도는 이 과제 수행을 위한 대표적인 정책 수단으로 시행되게 되었다.

1) 도입 배경 및 도입 과정

한국에서 배출권 거래제도가 도입되는 배경 요인은 크게 국제적 요인과 국내적 요인으로 나눌 수 있다. 국제적 요인은 기후변화 국제협력 및 탄소 절감 노력에의 동참이라는 국제사회의 직간접적인 압력과 전반적인 분위기를 들 수 있을 것이다. 반면 국내적 요인은 과거 정권과 차별화된 성장전략과 비전을 제시해야 했던 이명박정부가 녹색성장이라는 주제를 택하고 그 구체적인 실행 방안의 하나로서 이 제도의 도입을 모색하게 된 것을 들 수 있다.

국제적 압력의 경우 한국의 이산화탄소 배출량이 지속적으로 증가하여 2000년대 중반부터는 절대량 기준으로 세계 10위권 안에 들기 시작하면서 국제사회에서 탄소절감을 시급히 시행해야 할 국가 중 하나로 주목을 받기 시작한 것이 가장 근본적인 요인이라고 할 수 있다. 한국은 이산화탄소 배출량 증가 속도가 가장 빠른 국가 중 하나이다. 1990년과 2014년 사이에 한국의 탄소배출량은 두 배 이상으로 증가했다.[12] 또한 일인당 이산화탄소 배출량이 세계 5위 정도라는 것은 한국의 사회와 경제가 전반적으로 고탄소형임을 말해주고 있다. 표 13.2에서 보는 바와 같이 한국은 주요 전력원 중 재생에너지가 차지하는 비율이 다른 국가들에 비해 현저히 낮다. 한국보다 하위인 국가들은 재생에너지 수요가 거의 없는 중동 산유국으로서 한국이 사실상 최하위권이다.[13] 따라서 과거에는 국제기후협상에서 협약을 준수하지 않는다거나 협약의 체결을 반대하는 국가들이 비난을 받았으나 이제는 협약과 상관없이 온실가스를 대량으로 배출하는 국가들이 감축에 소극적일 때에도 비난을 받고 이들에 대한 국제사회 전체의 압력이 심해진다.

표 13.2 주요국의 에너지원 중 재생에너지가 차지하는 비중, 2019년 (%)

노르웨이	66.18	프랑스	11.73
스웨덴	42.24	일본	9.31
브라질	45.02	미국	8.71
뉴질랜드	35.40	호주	8.57
캐나다	27.64	인도	7.78
베트남	15.22	멕시코	7.22
독일	17.48	태국	6.18
스페인	16.97	인도네시아	6.09
이탈리아	16.29	말레이시아	6.01
영국	14.45	러시아	5.87
중국	12.66	한국	2.54

출처: https://ourworldindata.org/renewable-energy

국제적 압력에 비해 국내적 요인에 대한 선행연구나 주장은 많지 않지
만, 이 제도의 도입을 추진했던 당시 정권의 정치적 동기는 중요한 요인으
로 지적되지 않을 수 없다. 이명박정부는 2008년 정권 출범 이후 8월 15
일 대한민국 건국 60주년 기념사에서 국가발전의 기본 패러다임으로서 '저
탄소 녹색성장 전략'을 발표하였다. 이는 두 번의 진보정권 이후 탄생한 보
수정권으로서 과거의 보수와는 차별화된 새로운 국가 비전을 수립하고 성
장 동력을 제시함으로써 국민의 지지를 얻고자 하는 목적으로 만들어낸 일
종의 정권의 브랜드 상품이었다. 이명박정부는 2009년 12월 코펜하겐에서
열린 제15차 기후변화 당사국총회에서 한국 역사상 최초로 정부가 국제사
회에서 자발적으로 온실가스 감축 공약을 발표하였다. 공약의 내용은 2020
년까지 온실가스 배출 전망치(BAU) 대비 30%를 감축한다는 것이었다. 이
후 2010년에는 이 공약의 이행을 위해 '저탄소녹색성장기본법'과 동법 시

행령이 발효되었다. 이 법의 세 가지 핵심 요소는 1) 시행령 제25조에 코펜하겐에서 공약한 감축 목표를 법으로 명시한 것, 2) 코펜하겐 공약의 실행을 위해 기본법 제42조에 온실가스·에너지 종합정보관리체계의 구축을 명시한 것 그리고, 3) 제46조에 총량 제한 배출권 거래제도를 도입할 수 있게 하는 법적 근거를 마련한 점 등이다.

이 중 특히 온실가스·에너지 목표관리제는 배출권 거래제도가 도입되고 시행되는 데 결정적인 역할을 했다. 목표관리제는 정부가 온실가스를 배출하는 업체와의 협의를 통해 배출목표치를 매년 설정하고 업체가 매년 배출량에 관한 기록을 보고하면 정부가 이를 검증하고 배출량 데이터를 체계적으로 관리하는 제도를 말한다. 이 제도는 시장유인에 기반을 둔 정책이 아니라 반대로 전형적인 명령·통제형 정책이지만 이 제도로 인해 기업들은 배출량 파악, 보고 및 검증 체계를 마련하였고 이것이 배출권 거래제도 도입에서의 기본 조건을 충족시켰다.

이러한 입법과정에서 문제가 되었던 것 중 하나는 정부의 어느 부서에서 이 제도를 주관하는지였다. 애초에 녹색성장기본법에 온실가스·에너지 목표관리제와 배출권 거래제도의 시행 주체를 '정부'로만 표기하고 주무 부처를 명시하지 않았는데 이는 이 제도의 도입 과정에서 지식경제부와 환경부 간의 갈등이 심했기 때문이었다. 결국, 환경부가 주관하게 되었지만, 이 두 부서 간의 갈등은 사실 이 제도 도입가 운영에 대한 산업계의 반발을 말해주는 것이다. 산업계의 주장은 애당초 우리나라는 교토의정서의 의무 감축 국가도 아닐 뿐더러 이 제도를 시행할 경우 해당 기업들의 수출경쟁력이 저하되어 결국 우리 경제에 타격을 줄 것이며 또한 무엇보다도 우리의 주 무역 상대국인 미국, 일본, 중국 등이 전면 시행하고 있지 않은 상태에서 한국만이 전국 단위 의무 버전의 제도를 먼저 시행할 필요가 없다는 것이었다. 그리고 이 제도를 도입한다고 하더라도 할당 방식이나 상쇄 허용 여부 그리고 언제부터 시행할 것인지 등에 대해 산업계는 지속적으로 문제를 제기하였다.

이러한 반대에도 불구하고 결국 '온실가스 배출권의 할당 및 거래에 관한 법률' 및 동법 시행령이 2012년 12월 5일에 제정되었다. 이 법 3조에는 한국 배출권 거래제도 시행의 5대 원칙이 다음과 같이 명시되어 있다. 첫째, 기후변화에 관한 국제연합 기본협약 및 관련 의정서에 따른 원칙을 준수하고 기후변화와 관련된 국제협상을 고려한다. 둘째, 배출권 거래제도가 한국 경제의 국제경쟁력에 미치는 영향을 고려한다. 셋째, 국가 온실가스 감축 목표를 효과적으로 달성하기 위한 시장 기능을 활용해야 한다. 넷째, 시장 거래 원칙에 따른 공정하고 투명한 배출권 거래를 유도한다. 다섯째, 국제 탄소시장과의 연계를 고려한 국제적 기준에 적합한 정책을 운용한다. 이를 종합해 보면 결국 이 제도를 통해 한국이 제시한 온실가스 감축 목표를 달성하는 것이 궁극적인 목표이고 이를 위해 공정하고 효율적인 제도를 통해 시장에서의 거래를 활성화하되 국가경쟁력 제고를 위해 민감 업종을 고려하고 유연한 제도 운용을 모색한다는 것이다.

2014년 1월 기획재정부는 이 법에 근거하여 제1차 배출권 거래제도 기본계획을 수립·공표하였고 이후 9월에 할당계획을 발표하였다. 1차 기본계획은 배출권 거래제도의 시행을 크게 세 시기로 나누어 설정하였다. 표 13.3에서 보는 바와 같이 1차 계획 기간인 2015년부터 2017년까지는 이 제도의 안착을 주요 목표로 하고 있으며, 2차 계획 기간인 2018년부터 2020년 그리고 3차 계획 기간인 2021년부터 2025년까지는 본격적인 감축을 하도록 계획되었다. 1차 기간에는 전략 무상할당하며 목표관리제 시행 경험을 활용하여 배출량 파악, 보고 및 검증 시스템을 구축함으로써 제도의 안착을 하는 것이 주요 사업 내용이다. 반면 2차 기간에는 부분적으로 유상할당을 시작하고 할당 방식도 다양화하며 각종 기준도 고도화하여 거래가 더욱 활발하게 이루어질 수 있도록 하는 것을 목표로 한다. 마지막으로 3차 기간에는 유상할당 비율을 대폭 확대하고 제도운영상의 유연성을 더욱 높이어 적극적으로 온실가스 감축 효과가 발생할 수 있도록 한다.

표 13.3　제1차 기본계획상 기간별 운영 방향

	1차 계획 기간 (2015~2017)	2차 계획 기간 (2018~2020)	3차 계획 기간 (2021~2015)
주요 목표	경험 축적 및 거래제 안착	상당 수준의 온실가스 감축	적극적인 온실가스 감축
제도 운영	• 상쇄인정범위 등 제도의 유연성 제고 • 정확한 배출량 파악, 보고, 검증 집행을 위한 인프라 구축	• 거래제 범위 확대 및 목표 상향 조정 • 배출량 보고 및 검증 등 각종 기준 고도화	• 신기후체제 대비 자발적 감축 유도 • 제3자 거래제 참여 등 유동성 공급 확대
할당	• 전량 무상할당 • 목표관리제 경험 활용	• 유상할당 개시 (3%) • 벤치마크 할당 등 할당 방식 선진화	• 유상할당 확대 (10%) • 선진적 할당방식 정착

출처: 기획재정부, 『배출권 거래제 기본계획(안)』(2014.4.30).

　또한, 1차 기본계획에는 배출권 거래제도의 도입에 의한 기대효과를 다음과 같은 세 가지로 서술하고 있다. 첫째는 비용효과적인 온실가스 감축 추진이다. 즉 이 제도는 목표관리제와 같은 명령·통제형 정책보다 규제 비용이 절약되며 업체 간 감축 비용의 차이를 거래를 통해 해소함으로써 경제 전체로 볼 때 감축 비용이 줄어든다는 것이다. 둘째는 기업의 기술개발 유인 극대화이다. 즉 기업이 재생에너지 기술개발 등에 투자하여 감축 비용을 줄이는 동기를 제공하고 장기적으로는 에너지 저소비 및 저탄소형 경제구조로의 전환을 기대할 수 있다는 것이다. 셋째는 국제사회에서의 이미지 제고이다. 한국은 교토체제하에서 의무 감축 국가가 아님에도 불구하고 이 제도를 시행함으로써 모범국의 이미지를 제고하고 향후 협상에서 선제 대응할 수 있는 것이다.

　2021년 현재 시점에서 돌이켜 본다면 첫 번째 효과의 경우 비용 절감 효과를 측정하는 데 있어서 여러 변수가 작용할 수 있고 이들을 어떻게 계산하느냐에 따라 결과가 다를 것이지만 대체로 유럽이나 미국의 예를 본다면,

일정 정도는 긍정적으로 예측할 수 있을 것이다. 그러나 물론 한국의 경우 이에 대한 보다 체계적인 연구가 진행되어야 한다. 그러나 두 번째 효과의 경우 아직 한국 기업들이 배출권 거래제도를 계기로 본격적으로 재생에너지 기술개발을 추진하고 이에 기반을 둔 경제구조로의 전환을 시도하고 있다는 증거는 없다고 할 수 있다. 그리고 세 번째도 아직은 확실히 나타나고 있는 효과라고 볼 수는 없다. 한국의 온실가스 배출량은 이 제도 시행에도 불구하고 최근까지 계속 증가해왔다. 공교롭게도 한국은 이 제도가 출범된 지 1년 후인 2016년 4월에 국제환경단체인 기후행동추적(Climate Action Tracker)으로부터 사우디아라비아, 오스트레일리아, 뉴질랜드와 함께 기후 악당으로 불리기까지 했다. 저먼워치(Germanwatch)에서 발표하는 기후변화대응지수(Climate Change Performance Index)의 2020년 결과에서 한국은 61개 국가 중 58위를 기록했다 (참고로 61위는 미국임).

위에서 언급한 대로 1차 기본계획이 공표되고 난 후 8개월이 지난 2014년 9월에는 온실가스 배출권 거래제도 제1차 계획 기간 국가 배출권 할당계획이 수립·공표되었다. 이 계획에는 할당 대상이 되는 부문과 업종, 배출 허용 총량, 배출권 총수량, 업종별 할당량(sector specific cap), 업체별 할당 기준, 배출권 예비분, 상쇄 기준 등 할당에 관한 세부 규칙들이 포함되어 있다. 배출 허용 총량은 전체 할당 대상 업체의 온실가스 배출 총허용량으로서 배출권 거래제도에 의해 관리되는 목표배출량을 의미한다. 배출권 총수량은 배출 허용 총량 및 추가로 설정되는 예비분까지 포함하여 계획 기간 중 정부가 할당 또는 보유하게 되는 배출권의 전체 수량을 의미한다. 그런데 2015년 파리협정 이후 한국이 제출한 국가감축기여에서 정부는 2030년까지 배출 전망치 대비 37%를 감축하겠다고 하였기 때문에 2016년 6월에 저탄소 녹색성장기본법 시행령을 개정하고 '2030년 국가 온실가스 감축 목표 달성을 위한 기본 로드맵'을 발표하였다. 그런데 이 로드맵에 배출권 거래제도 1차 기간의 마지막 해인 2017년이 포함되어 있기 때문에 2017년 1월에 할당

계획을 변경하여 할당량을 재산정하고 예비분을 조정하였다.

2) 1차 계획 기간 실행 과정 및 결과

1차 기간의 적용 대상은 온실가스 배출권의 할당 및 거래에 관한 법률 제8조 제1항 제1조에 따라 최근 3년간 온실가스 배출량의 연평균 총량이 12만 5,000톤 이상인 업체이거나 2만 5,000톤 이상인 사업장의 해당 업체로 규정되었다. 이에 따라 1차에서는 5개 부문, 23개 세부 업종, 그리고 525개 업체가 대상이 되었다. 5개 부문은 산업, 빌딩, 교통(항공 포함), 에너지, 공공(수자원, 하수 및 폐기물 처리)인데 이 중 산업이 온실가스 배출량의 70%를 차지하였다. 할당 대상업체로 지정되면 배출권을 할당받은 연도부터 온실가스·에너지 목표관리제의 적용에서 배제된다. 1차 계획 기간이 끝난 시점에서 최종적으로 1차의 총 할당 업체는 603개가 되었다.

 할당 방식은 1차 기간에는 전면 무상할당이 되었다. 무상할당은 크게 두 가지 방식이 가능하다. 첫째는 과거 배출량 기반 방식(grandparenting)으로 할당되었으나 정유, 항공, 시멘트 등 일부 업종에서는 과거 활동 자료량 기반 방식(benchmarking)으로 할당되었다. 전자는 과거 배출량을 기준으로 그 수준에 상응하거나 혹은 그 수준 이하로 할당하는 것이며 후자는 제품생산량 등 업체별 과거 활동자료를 근거로 설비 효율성을 고려하여 배출권을 할당하는 방식이다. 전자는 다소 기계적으로 과거 기록을 바탕으로 하므로 고효율 설비를 갖춘 업체에 오히려 불리하게 할당량이 정해질 수 있다는 단점이 있다. 이 문제를 보완하고 형평성을 높이기 위해 유럽에서 후자 방식이 시도되었고 이 방식으로 할당되는 비중을 점차 확대했다. 이 방식에서는 벤치마킹 계수를 이용하는데 이는 제품생산량 등 단위 활동자료 당 온실가스 배출량 실적 및 성과를 국내외 동종 배출시설 또는 공정과 비교하여 산정한 값이다. 따라서 이 계산대로라면 생산 1단위당 배출량이 낮은 기업

즉 효율성이 높은 기업에 유리하게 할당되며 이는 기업에게 고효율 설비를 갖추는 유인이 된다. 다만 보통 재정적 여유가 많지 않은 중소기업의 경우 이 설비를 갖추기가 힘들 것이기 때문에 이 제도 역시 이러한 설비 능력을 갖춘 대기업에 유리하다고 볼 수도 있다. 2018년부터 시작된 2차 기간에는 기존 3개 업종뿐 아니라 발전, 집단에너지, 산업단지, 폐기물 업계가 추가로 이 방식으로 할당받을 수 있게 되었다.

이렇게 해서 1차 기간 첫해인 2015년 말에 약 5억 4,000만 톤, 2016년 말에 5억 6,000만 톤, 그리고 2017년 말에 약 5억 8,000만 톤이 할당되었고 1차 3년 기간 동안 최종적으로 약 16억 600만 톤이 할당되었다. 여기에는 약 8,900만 톤의 예비분(reserve)이 포함되어 있는데 이는 시장 안정화를 위한 분량이나 조기 경매 등을 위한 것으로서 이 중 84.5%에 해당하는 7,550만 톤 정도가 사용되었다. 최종할당량이란 사전할당량이 결정된 후 이행 기간 중 발생하는 업체별 변동사항(신규진입, 조기감축실적, 할당조정, 할당취소, 권리의무승계 등)을 반영하여 결정되는 할당량을 말한다. 업종별로는 도표 13.2에서 보는 바와 같이 발전 및 에너지가 6억 8,860만 톤으로 가장 많으며 이는 전체의 약 41%를 차지한다. 그 뒤로는 철강이 3억 1,800만 톤(19%), 석유화학이 1억 5,580만 톤(9%), 시멘트가 1억 3,400만 톤(8%), 정유가 6,300만 톤(4%) 등이다. 기타에는 산업단지, 디스플레이, 폐기물, 비철금속, 집단에너지, 섬유, 자동차, 조선, 통신, 항공 등이 포함되어 있다.

이렇게 정부가 할당해 준 할당 배출권 외에 상쇄배출권도 있는데 이는 외부에서 감축한 실적을 인정해 주는 것을 말한다. 한국의 경우 할당배출권은 KAU(Korean Allowance Unit)로 표기하며 상쇄배출권은 KCU(Korean Credit Unit)로 표기한다. 이 외에 외부사업 감축량 인증실적(KOC: Korean Offset Credit)도 있는데 이것은 거래는 가능하지만 배출권 제출 가능 대상은 아니다. 따라서 KOC를 제출하기 위해서는 KCU로 전환해야 하므로 실

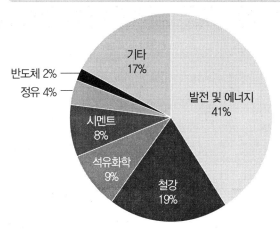

도표 13.2　제1차 계획기간 업종별 최종할당량 비율 (%)

기타
17%

반도체 2%
정유 4%

시멘트
8%

석유화학
9%

철강
19%

발전 및 에너지
41%

출처: 환경부 온실가스종합정보센터, 2019, 『제1차 계획기간(2015~2017) 배출권거래제 운영 결과 보고서』를 바탕으로 저자가 작성함.

제로는 이 거래량은 KCU의 거래량에 포함되게 된다.

1차 계획 기간의 첫해인 2015년에는 거래가 많지 않았다. 총거래량은 480만 톤이었고 이는 최종 제출량의 1%를 차지하였다. 그러나 2016년에는 1,410만 톤(3%), 그리고 2017년에는 4,000만 톤(7%)으로 증가하였다. 이렇게 해서 제1차 계획 기간 배출권 총거래량은 5,890만 톤이 되었고 이 중 KAU는 5,550만 톤 그리고 KCU는 340만 톤을 차지하였다. 1차 계획 기간의 준수 결과를 보면 표 13.4에서 보는 바와 같이 총 할당량인 16억 8,600만 톤보다 총배출량은 16억 6,900만 톤을 기록함으로써 약 1,660만 톤 정도의 잉여가 발생하였다. 연도별로는 첫해에는 배출량이 할당량을 초과하였으나 2016년부터 잉여가 발생하였다.

3) 한국 배출권 거래제도의 특징

한국 배출권 거래제도의 특징을 파악하기 위해서는 유럽연합의 제도와 비

표 13.4 1차 계획기간 요약   (단위: 백만 톤)

범주	2015	2016	2017	전체
업체 수	524	562	592	
총 할당량	538.8	560.8	586	1,685.6
배출량	542.7	554.3	572	1,669
결과	−3.9	6.5	14	16.6

출처: Ministry of Environment, 2018, K-ETS Progress and Operational Status.

교하는 것이 가장 기본적으로 필요하다. 사실 한국이 이 제도를 도입하는 과정에서 유럽연합의 제도가 가장 중요한 기준 사례가 되었다. 따라서 기본적으로 한국의 제도는 유럽의 1기와 유사하다고 할 수 있다. 그러나 세부적으로는 차이점이 있다.

먼저 할당 방식의 경우 앞서 언급한 대로 한국은 1차 기간에는 전면 무상할당을 실시했고 2차와 3차 기간에는 유상할당 비율을 각각 3%와 10%로 늘리도록 계획하였다. 실제로 2차 기간 중 2019년 1월에 최초의 경매가 시작되었는데 총 7개 기업이 참여하여 4개 기업이 성공적으로 할당을 받았다. 유럽도 처음에는 전량 무상할당을 실시했다가 이후 시기별로 유상할당 비율을 높여나갔고 3기부터는 전력 부문에서는 전량 유상할당을 하고 있다. 그리고 할당량 산정에 있어서는 한국의 경우 1차 기간에는 대부분 과거 배출량 기반 방식으로 할당되었고 일부 업종에서는 과거 활동 자료량 기반 방식으로 할당되었고, 유럽이 경우도 일부 업종에서만 후자 방식으로 할당하고 있다.

이월의 경우 한국은 제한적으로 실시하고 있으며 유럽은 2차 기간부터는 전면 무제한으로 실시하고 있다. 한국에서는 법 28조에 의거하여 할당 대상업체가 보유하고 있는 배출권 혹은 배출권 제출 이후 남은 배출권을 해당 계획 기간 내의 다음 이행연도 또는 다음 계획 기간의 최초 이행연도로 이월할 수 있다. 이러한 이월 기간 제한은 1차 기간에 정부가 업체들의 지나친 이월을 막고 매도를 적극적으로 유도하여 시장 수급 불균형을 해소하는 조치였다. 1차 기간에 실제로 이월된 배출권은 8,580만 톤으로 전체 배출

표 13.5 한국과 유럽의 배출권 거래제도 세부 규정 비교

	유럽연합	한국
시작연도	2005	2015
온실가스 배출량[*]	4,323 MtCO2e	709.1 MtCO2e
기간	1차(2005~2007) 2차(2008~2012) 3차(2013~2020)	1차(2015~2017) 2차(2018~2020) 3차(2021~2025)
전체 배출량 중 ETS가 커버하는 비중	45(%)	70(%)
가격(2019년 평균)	27.81 USD	25.59 USD
무상/유상 비율	1차: 무상 100% 2차: 무상 90% 3차: 무상 43% (전력부문은 100% 유상임)	1차: 무상 100% 2차: 무상 97% 3차: 무상 90%
할당 방식	기본적으로 과거 배출량 기반 방식이며 일부 과거 활동 자료량 기반 방식	
이월	2차 기간부터 무제한 허용	제한적으로 허용
차입	불허	제한적으로 허용
상쇄	양적, 질적으로 제한적으로 허용	
대상 기업 수	10,744	610
배출량 산정, 보고, 검증 (MRV)	연도별 보고서 제출, 제3자 검증	
시장안정화 조치	2019년부터 상한선과 하한선 설정	할당위원회의 양적 조정 제도

출처: ICAP 자료를 바탕으로 저자가 작성함.

[*] 2017년도 배출량이며 LULUCF(토지 이용 및 산림에 의한 탄소 절감 실적)을 제외한 수치임.

권 제출량(16억 6,890만 톤)의 5% 수준이었으며 거의 모든 업종에서 이월하였다. 2차 계획 기간에는 이월 제한 규정이 더욱 세분되어 절대량 기준에 순매도량 기준이 추가되었다. 그러나 한국도 향후 거래량이 충분할 경우 유럽과 같이 이월 제한이 완화될 수 있다.

차입의 경우 유럽은 불허하지만, 한국은 제한적으로 허용하고 있다. 한국에서는 법 28조에 의거하여 할당 대상업체가 배출권을 제출할 때, 제출해야 하는 수량보다 보유한 배출권의 수량이 부족하여 제출 의무를 이행하기 곤란한 경우 동일 계획 기간 내의 다른 이행 연도분의 할당배출권을 일부 차입할 수 있다. 다만 차입 한도를 두고 있는데 1차 기간 차입 한도는 할당 대상업체가 제출해야 하는 배출권의 20%에 해당하며, 2차 기간에는 이러한 단일 한도 기준 대신 이행연도별 차입 기준을 세분화함으로써 배출권 시장의 수요가 분산될 수 있도록 했다. 단 1차 및 2차 기간 모두 다음 계획 기간으로부터의 차입은 불가능하다. 즉 동일 기간 내에서의 차입만 가능하다. 이러한 제한에도 불구하고 차입에 대한 허용은 기본적으로 업체에 유리한 제도라고 할 수 있으며, 따라서 이 제도로 인해 해당 연도의 거래가 위축될 가능성도 있다.

상쇄(offset)제도는 기본적으로 조직 외부에서 감축한 실적을 인정해 주는 제도이다. 한국의 경우 법 29조에 의거하여 할당 대상업체의 감축 의무 이행시 조직 경계 내의 자체 감축 그리고 배출권 거래 외에도 감축 활동의 선택에 유연성을 부여하기 위해 업체 조직 경계 외부에서 발생한 온실가스 감축 실적(KOC)을 보유 또는 취득한 경우 이를 상쇄배출권(KCU)으로 전환하여 시장 거래 및 배출권 제출 등에 활용하도록 허용하고 있다. 단 여기에도 제한이 있는데 1차 기간에 사용 가능한 상쇄배출권은 국내에서 시행하여 획득한 외부 감축 실적이어야 하며 각 이행연도에 제출해야 하는 배출권의 10% 이내까지만 허용된다. 2차 기간의 경우 양적 한도는 동일하지만 각 이행연도에 제출해야 하는 배출권의 5% 이내에서 국내 업체가 해외에서 시행하여 획득한 CDM 사업의 2016년 6월 1일 이후 감축 실적을 허용해 주고 있다. 유럽의 경우 KETS와 마찬가지로 양적, 질적 제한을 두고 있는데 1기에는 CDM과 공동이행제도(Joint Implementation)를 무제한 허용하였으나, 2기에는 핵발전소 부문과 토지 이용 및 산림에 의한 탄소 절감 실적은 제어하였으며 양적으로도 제한을 두기 시작했다. 3기에는 신규로 발생하는 외부사업 감축분은 최빈국에서 시행한 것만 인정하며 양적으로도 총 감축분의 50%까지만 인정을 해 주고 있다.

4) 1차 기간 실행의 문제점

1차 기간이 종료되고 현재 2차 기간 또한 종료되고 있는 시점에서 1차 기간을 전반적으로 평가한다면 총 3년 기간 동안 제도가 안착하였으며 거래 역시 점차로 활성화되고 가격도 안정화되어가는 긍정적인 면들이 있다. 그런데도 다음과 같은 세 가지 문제점들이 발견되었다.

첫째, 제1차 기간임을 고려하더라도 기본적으로 거래량이 부족했다고 할 수 있다. 1년 중 배출권 제출 시점인 6월을 전후로 한 몇 달 동안에 거래가 집중적으로 발생했고 그 외 기간에는 거래가 활발하지 않았다. 사실 유럽도 제도가 처음 시행되었던 초기 몇 년간은 거래량이 충분하지 않았다. 이러한 거래 부족의 근본적인 이유는 초기에는 아무래도 기업들의 반발을 고려해 배출권이 과잉 할당되어 공급 과잉이 되었기 때문이다. 2차 기간에는 유상 할당이 늘어나기는 하지만 전체 초기 할당량은 1차 기간에 비해 큰 변화가 없으므로 유동성 저하 그리고 거래 부진 문제는 여전히 남아 있다. 또한, 근본적으로는 우리나라의 국가감축기여가 특정 기준시점 대비가 아닌 배출전망치 대비이기 때문에 국가감축목표 자체가 불확실하여 기업들의 감축의지 역시 확고하지 않은 면도 있을 것이다.

거래량이 충분하지 못하다 보니 실제 온실가스 감축 효과도 발생하지 않았다. 표 13.6에 의하면 배출권 거래제도 시행 후에도 2018년까지 배출량은 모든 분야에서 계속 증가했다. GDP당 배출량은 지속적으로 감소하고 있지만 1인당 배출량은 반대로 감소하지 않고 있다. 2018년 기준으로 보면 에너지 부문이 전체 배출량의 87%를 차지하며 그다음으로는 산업공정이 약 8%를 차지한다.

둘째, 주무 부처의 변경이다. 처음 이 제도가 출범할 당시에는 환경부가 주관하였으나 2016년 6월 기획재정부로 바뀌었다가 다시 2018년 1월에 환경부로 변경되었다. 1차 기본계획에 명시된 시행체계와 역할 분담을 보면 기획재정부가 기본계획을 수립하고 환경부가 주무관청이 되어 할당계획을 수립하고 할당을 시행하며 산정·보고·검증 및 과징금 부과 등 제도 전반을 운영하는 것으로 되어 있다. 그러나 2016년에 온실가스 배출 및 할당에 관

표 13.6 한국 분야별 온실가스 배출량 （단위: 백만 톤 CO2eq)

분야	온실가스 배출량						
	1990	2000	2010	2015	2016	2017	2018(비중)
에너지	240.4	411.8	566.1	600.8	602.7	615.8	632.4 (86.9%)
산업공정	20.4	51.3	54.7	54.4	52.8	56.0	57.0 (7.8%)
농업	21.0	21.2	21.7	20.8	20.5	20.4	21.2 (−2.9%)
LULUCF	−37.7	−58.3	−53.8	−42.4	−43.9	−41.6	−41.3 (−5.7%)
폐기물	10.4	18.8	15.0	16.3	16.5	16.8	17.1 (−2.3%)
GDP당 총 배출량[*]	695.5	612.9	519.7	472.0	458.7	455.7	402.0
1인당 총 배출량[**]	6.8	10.7	13.3	13.6	13.5	13.8	14.1

출처: https://www.gihoo.or.kr/portal/kr/biz/inventory.do

한 법이 개정되면서 주무 부서가 기획재정부로 이관되었는데 이는 산업계의 요구를 반영한 것이라고 볼 수 있다.[14] 기획재정부가 운영 전반을 맡게 되자 산업통상자원부, 농림축산식품부, 환경부, 국토교통부가 세부 업무를 담당하게 되었으며 이들 간의 협의도 대통령실에서 총리실 산하 기구로 격하되었다. 그러다가 다시 문재인정부가 출범하면서 체제가 개편되어 2018년 1월에 환경부 총괄체제로 재편되었다. 이러한 주무 부서의 변동은 정책 일관성을 저하할 뿐 아니라 참여 주체들에게 불확실성이라는 시그널을 보내는 효과가 있을 수 있다.

　마지막으로는 시장안정화정책 등 정부의 적절한 개입 문제이다. 유럽의 경우 최근 가격상한제를 도입하여, 배출량이 상한선을 초과하는 경우 상한선의 12%에 해당하는 물량을 예비분으로 비축하고, 반대로 하한선 미만으로 떨어질 때 하한선의 12%를 예비분에서 시장으로 방출하는 제도를 운용하고 있다. 한국은 시장 가격이 6개월 연속으로 지난 2년간의 평균 가격에 비해 3배 이상 상승했을 때, 그리고 지난달의 시장 가격이 지난 2년간의 평균 가격에 비해 두 배 이상으로 상승하고 거래량도 지난 2년의 같은 달에 비해 두 배 이상 증가했을 때 등의 조건에 따라 예비분을 추가 할당하거나 이월 및 차입의 양을 조절하는 제도를 갖추고 있다. 그러나 일단 거래량이 적기 때문에 거래 자체를 활성화하기 위한 개입 규정이 마련되어야 할 것이다.

5. 한중일 탄소시장의 통합 가능성

이상에서 살펴본 바와 같이 일본은 일부 지역에서 의무 버전의 제도를 시행하고 있고 중국은 전국 단위의 의무 버전의 시행을 선언했으나 아직 거래 준비 중이며 한국은 유일하게 전국 단위 의무 버전의 제도를 시행하고 실제 거래가 이루어지고 있으나 아직 거래량이 충분하지는 않다.[15] 그럼에도 불

구하고 세 나라 제도의 연계 또는 통합 가능성에 대한 논의가 빈번히 이루
어지고 있다. 3국의 이산화탄소 배출량은 전 세계의 약 30%를 차지하여 만
약 탄소시장이 통합될 경우 이 세 나라의 배출권 거래제도는 존 세계 배출
량의 약 22%까지 포함할 수 있다.[16)]

통합은 구체적으로 탄소시장의 연계(linkage), 즉 개별 국가에서 거래되
는 배출권 혹은 자체 크레딧이 국가를 넘어서서 거래되는 것이다. 자체 크레
딧이란 일본이 시행하고 있는 공동크레딧메커니즘(JCM: Joint Crediting
Mechanism) 혹은 중국이 만든 중국 공인인증감축량(CCER: China Cerfified
Emissions Reduction) 등을 말한다. 여러 나라의 배출권 거래제도가 통합
되면 당장 참여하는 업체의 수가 늘어나고 거래량이 증가하는 효과가 발생
할 것이다. 이 때문에 각국에서는 배출권 거래제도를 처음 만들 때부터 연
계를 염두에 두고 설계하는 경우가 많다. 노르웨이의 경우 2005년 처음 배
출권 거래제도를 출범시킬 때부터 유럽연합의 배출권 거래제도와의 연계를
고려하였으며 2008년에 실제로 연계되었다.[17)] 2013년 10월에 연계 협정을
체결하고 2014년 1월부터 실제 연계된 캘리포니아주와 퀘벡도 또 다른 예
이며 실제로 통합 이후 거래량이 대폭 증가하였다. 여기에 2017년 9월에
온타리오 주가 합류하였다. 또한, 유럽연합의 배출권 거래제도와 스위스의
배출권 거래제도도 2017년 11월에 연계가 성사되었다.[18)]

동북아 3국의 경우도 만약 시장이 연계된다면 거래가 늘어나고 결과적
으로 탄소 감축 효과가 더 커질 수 있다. 그러나 당장 일본의 경우 전국 단
위로의 시행을 고려하기보다는 오히려 JCM에 집중하여 해외감축을 늘리
는 방안을 추진하고 있다. 또한, 중국 역시 실제적인 거래 개시가 지연되고
있으므로 가까운 시일 내에 3국의 제도가 통합될 가능성은 작다고 볼 수 있
다. 그럼에도 불구하고 3국의 정부 대표들이 실제로 비공개회의를 통해 통
합 논의를 시작했음이 언론에서 확인되고 있다. 따라서 만약 통합이 시도되
면 3국 제도의 공통점과 차이점이 무엇인지를 파악할 필요는 있다.

일단 가장 기본적으로 3국 모두 상쇄를 허용한다는 점이 기본적으로 통합에 긍정적인 조건이다. 상쇄는 조직 외부에서 발생한 감축 실적을 인정해주는 것이다. 이월의 경우 3국 모두 허용하고 있고 차입은 한국을 제외하고

표 13.7 한중일 배출권 거래제도의 특징 비교

	한국	일본	중국
시작연도	2015	2010	2017
적용범위	전국	동경도 및 사이타마	전국
기간	1차(2015~2017) 2차(2018~2020) 3차(2021~2025)	1차(2010~2014) 2차(2015~2019) 3차(2020~2024)	1차(기반구축) 2차(시뮬레이션) 3차(실제 거래)
온실가스 배출량 (2017, Mt)[*]	670.81	1,240	11,780
전체 배출량 중 배출권 거래제도가 차지하는 비중	70	20[**]	30
취급하는 온실가스	CO_2, CH_4, N_2O, PFCs, HFCs, SF6		CO_2
업종	전력, 산업, 빌딩, 교통, 폐수, 공공	상업/산업용 빌딩의 연료, 열, 전기소비	전력 (향후 확대)
할당 방식[***]	사전 할당 (무상/ 유상), GP/BM	GP	무상/유상, GP/BM
이월	제한적으로 허용	연속되는 다음 기간 으로만 이월 가능	허용
차입	제한적으로 허용	불허	불허
상쇄	양적, 질적 제한을 두고 허용	양적 제한은 없고 4 가지 방식으로 허용	부분적 허용
산정, 보고, 검증	연도별 보고서 제출, 제3자 검증 (EU ETS방식)		

출처: ICAP 자료를 바탕으로 저자가 작성함.

[*] 출처는 https://www.climatewatchdata.org/

[**] 동경도 이산화탄소 배출량의 20%를 차지함

[***] GP는 과거 배출량 기반 방식(grandparenting), BM은 과거활동자료량 기반 방식(benchmarking)을 말함

는 불허하고 있지만, 이것은 통합의 결정적인 방해 요인이 되지는 않을 것
이다. 산정, 보고, 검증체계의 경우 3국 모두 유럽연합의 기준을 따르고 있
으며, 시장안정화 대책의 경우 중국은 아직 불확실하고 일본은 전국 단위로
시행되면 새롭게 기준을 마련할 것이기 때문에 이 역시 통합에 방해 요인
으로 작용하지는 않을 것이다. 다만 할당 방식의 경우 약간의 차이가 있다.
한국은 전형적인 사전 할당을 하지만 일본은 감축을 초과 달성한 경우에만
이를 배출권으로 인정하여 이것을 당사자끼리 거래하는 방식을 택하고 있
다.[19] 중국의 경우 한국처럼 사전 할당을 하지만 아직 사실상 실험 단계이기
때문에 과거 활동 자료량 기반 방식의 비중이 어느 정도인지는 아직도 불확
실하다.

　　이러한 세부 규정의 차이점을 극복하는 데 있어서 결국 가장 중요한 것은
이 세 나라 지도자들이 이 제도를 본격적으로 시행할 의지가 얼마나 강력한
지일 것이다. 즉 통합의 기술적 장벽의 제거보다 중요한 것은 통합의 정치
적 의지를 확인하는 것이다.[20] 특히 최근 한중일의 지도자들이 탄소중립 선
언을 했기 때문에 그에 상응하는 후속 조치의 일환으로서 배출권 거래제도
의 실질적 시작 또는 실질적 활성화를 시도할 수도 있을 것이다. 이렇게 3
국에서 실질적으로 제도가 활성화되면 위에서 언급한 대로 시장이 커짐으
로 인한 이익을 기대하면서 3국 정부가 자연스럽게 시장 통합을 시도할 것
으로 예측되며 세부적인 규정의 차이들은 큰 문제 없이 극복될 것이다.

6. 탄소중립과 배출권 거래제도의 미래

제1장에서 설명한 바와 같이 환경정치란 생태학적 환경문제를 둘러싸고 관
련된 행위자들이 전개하는 상호작용의 여러 양상이다. 따라서 한 나라에서
배출권 거래제도가 도입되면 이 제도와 관련이 있는 각 행위자가 자신의 이

익을 극대화하기 위해 노력할 것이고 이 과정에서 갈등도 생기고 그것을 해결하기 위한 정치도 시도될 것이다. 한국의 경우 이러한 정치 과정을 잘 볼 수 있다. 산업계의 반발에도 불구하고 정책결정자들은 정권의 국정 목표로서 '저탄소 녹색성장'을 설정하고 이를 추진하는 방안 중 하나로 이 제도의 도입을 결정했다. 그러나 적어도 1차 기간에는 배출권을 과잉 할당하여 업체들의 손실을 최소화하는 방향으로 제도를 운용했고 결과적으로 거래도 감축도 제대로 이루어지지 않았다. 향후 한국에서 이 제도가 어떻게 운용되는지는 이 제도를 둘러싼 행위자들 간의 정치적 상호작용을 통해 결정될 것이다. 물론 이는 한국뿐 아니라 일본과 중국에도 해당된다. 하지만 동북아 3국 중 정치가 가장 역동적인 한국에서 이 과정을 더욱 명백히 볼 수 있을 것이다. 다만 3국 모두 이 제도와 관련된 결정에서는 국내정치적 요인뿐 아니라 전체 지구 차원에서의 기후변화 완화 노력이라는 글로벌 수준의 정치 역시 큰 영향을 미친다. 위에서 언급한 바와 같이 3국 정상들의 탄소중립 선언이 향후 이 제도에 영향을 미치게 될 것이다.

글상자 13.1   대학에서의 배출권 거래제도

대학 캠퍼스 내에서 배출권 거래제도가 가능할까? 필자는 약 10년 전에 필자가 속해 있는 캠퍼스 내 각 건물을 배출 주체라고 가정하고 이들 간의 배출권 거래제도를 학생들과 함께 구상했다.

먼저 각 건물의 평균 전력 사용량을 파악한다. 이를 통해 각 건물에 배출 허용량을 할당한다. 그리고 한 학기가 지나서 이 양을 초과하여 사용한 건물이 있다면 그 건물은 배출권(전력 사용권)을 구매하여 부족분을 충당해야 한다.

수업에서는 학생들이 이 제도를 우리 캠퍼스에서 실행할 것을 가정하고 배출권 거래제도의 세세한 규칙까지 만들어 보는 활동을 진행했다. 물론

계속 ▶▶

직접 실행하지는 않았지만 이 활동을 통해 학생들이 이 제도에 대해 더 잘 이해할 수 있었다.

이와 별도로 실제로 미국 대학들은 탄소중립을 선언하거나 재생에너지 사용률 100% 목표를 달성하는 등 캠퍼스 차원에서 다양한 기후변화 대응정책을 실현하고 있다. 그리고 미국 고등교육기관 지속가능성 성취 연합회(Association for the Advancement of Sustainability in Higher Education)와 같은 기관들이 대학들의 이러한 노력을 평가하여 순위를 매기기도 한다.

한국에서는 2020년 경북대학교가 탄소중립 캠퍼스 조성 사업을 계획함으로써 대학 차원에서 최초로 탄소중립 계획을 제시했다. 이는 경북대가 지자체와 민간 기업과 협력하여 2040년까지 신재생에너지 기반 탄소중립 캠퍼스를 구축하는 계획이다.

출처: https://news.unn.net/news/articleView.html?idxno=508774

결론: 탄소중립으로의 먼 길

인류가 살아남기 위해 그리고 더욱 풍요롭고 질 높은 삶을 영위하기 위해 노력했던 지난 역사는 자연에 대한 적극적인 개발(혹은 착취) 그리고 변형 (또는 파괴)의 역사였다. 어느 순간부터 인류는 이 과정의 부작용을 자각하게 되었고 이에 대해 적극적으로 대응하게 되었다. 이 책에서는 누가 언제 어떤 노력을 해왔고 그 결과는 어땠는지를 전반적으로 살펴보았다. 결과도 중요하지만, 과정도 중요하다. 우선 삶의 질 향상을 위해 자연을 개발하고 자연에 간섭하기 시작한 시점 그리고 자각을 하고 대책을 마련하기 시작한 시점이 국가마다 다르고 또 한 국가 내에서도 사람마다 다르다. 따라서 문제에 대한 진단과 그 처방에 대한 합의가 쉽지 않은 것이다. 또 합의가 되었다고 해도 누가 어떤 노력을 얼마나 할 것인지를 정하는 것도 쉽지 않다. 이러한 문제는 국제정치에서 일반적인가? 아니면 지구환경정치의 특성인가? 국가들 간의 협력이 어렵다면 다른 행위자들은 협력하는가? 갈등과 협력이 반복되는 과정에서 결국 지구환경정치는 우리가 당면한 문제를 어느 정도 해결했는가? 이 과정에서 일정한 질서가 형성되었는가? 이 장에서 우리는 이 문제들에 대한 잠정적인 결론을 모색해 볼 것이다. 또한, 탄소중립의 실현을 위한 먼 길을 가는 과정에서 어떠한 정치적 요인들이 중요하게 작용할 것인지를 논의할 것이다.

1. 지구환경거버넌스의 변화

지금까지 이 책에서는 지구환경정치의 전개 과정과 특징, 다양한 행위자의 역할, 지구환경정치를 분석하는 도구 역할을 하는 국제정치접근법, 국제환경법과 국제환경조약의 성장과 쇠퇴, 주요 국가들의 국내 환경정치의 다양한 모습, 주권국가 외 새로운 행위자들의 역할, 기후변화의 국제정치 등 지구환경정치의 구조와 행위자 그리고 이론을 기본적으로 배웠고, 이후 미국의 기후변화외교와 그린뉴딜의 정치, 한국의 핵발전정책과 공론화위원회의 경험, 중국의 중앙-지방관계와 기후변화정책, 유럽 도시들의 순환경제체제 구축 노력과 리빙랩 실험의 역할, 그리고 동북아 3국의 배출권 거래제도와 탄소시장의 통합가능성 등 각국 환경정치의 핵심 현안과 쟁점을 이해하였다.

이제 서론에서 제기했던 세 문제를 다시 논의하면서 결론을 내리고자 한다. 첫째, 지구환경정치의 역사는 전반적으로 성과가 있었다고 평가할 수 있는가? 이 문제는 물론 보는 관점에 따라 낙관적인 면을 주로 평가할 수도 있고 반대로 부정적인 면을 중심으로 평가할 수도 있을 것이다. 그러나 분명한 것은, 인류가 환경문제에 직면하여 끊임없이 문제해결을 위해 노력했다는 점이다. 이 과정에서 행위자 간의 의견대립과 갈등이 있었지만 이를 극복하려는 노력 또한 항상 있었다. 우리는 5장에서 조약의 효과성을 측정하는 다양한 방법에 대해 배웠다. 이를 지구환경정치의 역사에 적용해 본다면, 전반적으로 문제해결의 측면에서는 그다지 큰 성과를 거두었다고 할 수는 없지만, 국가 및 국가 이외 행위자들의 행동을 변화시키는 데는 다소 성과가 있었다고 평가할 수 있을 것이다. 또한, 대기오염이나 수질오염 등 산업공해 처리에 있어서는 다소 성과를 보였지만 기후변화나 사막화와 같은 문제에서는 성과가 미비했다고 볼 수도 있다.

둘째, 지구환경정치의 행위자들은 언제 어떤 조건에서 협력하는가? 이 역시 큰 질문 하나를 여러 질문으로 나누어 대답해 보는 것이 현명할 것이다. 예를 들어, 주권국가 간 협력에 비해 도시 간 협력이 더 쉬운가? 혹은 우리가 이 책에서 배웠듯이 무역 금지 접근법(trade ban approach)을 사용하는 조약이 그렇지 않은 조약보다 더 효과적으로 협력하는가? 와 같은 질문도 가능할 것이다. 또한, 이 문제에 있어서 우리는 국제정치학의 각 접근법이 매우 다른 관점과 이론을 발전시켜왔음을 이해할 수 있었으며 지구환경정치의 역사에서 각 접근법을 지지할 수 있는 증거가 되는 사례를 찾아낼 수 있을 것이다. 무엇보다도 1992년의 리우회의에서의 희망과 자신감이 이후 기후변화의 글로벌 정치 국면이 시작되면서 점차로 무너지게 되었던 것은 국제환경협력에 큰 부정적 영향을 미쳤음이 지적되어야 한다. 그러나 우리가 보았듯이 협력은 주권국가 간에만 일어나는 것은 아니다. 최근 RE100 현상에서도 보듯이 기업이 형성하는 일종의 클럽과 같은 형식의 연합도 협력의 사례로 볼 수 있다.

셋째, 지구환경정치가 전개되어 그 결과 어떤 질서가 형성되었는가? 만약 형성되었다면 어떤 유형의 거버넌스인가? 이 질문은 역사적 변화과정에 주목하여 대답하는 것이 가장 적절할 것이다. 국제환경정치가 형성되고 발전했던 1970년대와 1980년대에는 주권국가들이 국제법을 만들어내는 과정이 국제환경정치의 질서라고 볼 수 있을 정도로 국제환경조약의 역할이 매우 컸다. 그러나 1990년대 이후 더 많은 종류의 행위자들이 참여하게 되면 국제환경정치는 지구환경정치로 변하게 되었고, 그에 따라 이들이 만들 어내는 질서도 더욱 복잡해지고 무질서해졌다. 그러나 제도를 만들려는 노 력을 포기한 것은 결코 아니었다. 기존의 레짐 중심의 질서에서 수많은 작 은 제도들이 공존하는 복잡한 체제로 전환되었다고 하는 것이 정확한 표현 일 것이다. 도시들은 도시 간 연합을 추진하고 기업은 생산 표준을 통해 배 타적인 연합을 결성하려고 하며 국가들이 선도하여 향후 기후 질서를 좌우 할 표준을 만들기 위해 서로 경쟁하고 있다.

한 가지 확실한 것은 시간이 지남에 따라 점차로 중앙정부보다는 지방정 부가 주도하고 국가보다는 시민사회가 주도하는 방향으로 지구환경정치가 변하고 있다는 것이다. 도표 14.1에서는 I 단면에서 IV 단면으로 이동하고 있다. 물론 이 변화의 방향이 과연 바람직한지, 전 지구 차원에서 모든 나라 가 추진할 수 있는 보편적인 변화인지, 그리고 효과적인 결과를 가져올 수 있는 변화인지 등에 대해서는 앞으로 연구와 논의가 계속 필요할 것이다. 일단 서구 선진국의 경험을 보면 이 변화는 환경 및 기후변화정책을 집행하 고 연대하는 데 있어서 효과적이다. 그러나 서구의 경험에서도 분권화되고 시민사회 중심의 거버넌스가 무조건 효율성을 보장해 주는 것은 아니다. 여

도표 14.1   지구환경거버넌스의 변화

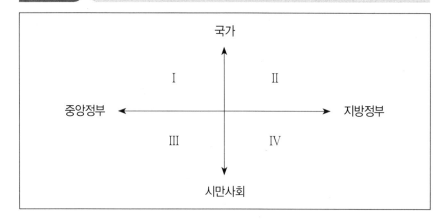

기에는 민주주의 등 정치체제의 성격과 정치제도, 투명성 등 정치의 질, 효율성과 분배의 정의가 균형 있게 추구되는 경제정책, 창의력과 문제해결 능력이 배양되는 교육, 배제가 최소화되는 사회체제 등 많은 조건이 필요할 것이다. 물론 서구 선진국이 이런 조건을 다 잘 갖추고 있다는 것은 아니다. 그러나 이 조건들이 갖추어질 때 더 환경정치가 국내에서든 국제체제에서든 더 효과적인 결과를 가져올 가능성이 크다.

서론에서 설명한 것과 같이 환경정치는 환경문제를 둘러싸고 공동체 구성원들이 전개하는 상호작용의 다양한 모습이다. 정치학의 관점에서 보면 국제체제에서든 국내에서든 행위자들이 환경문제로 협력하거나 갈등하는 모습의 본질은 정치이다. 정치학자는 환경정치에서 누가 무엇을 왜 추구하는지를 이해하고 이들의 상호작용을 좀 더 제도화된 방식으로 전개할 수 있는지를 탐구하고자 한다. 이미 지구환경정치에서는 많지는 않지만 이렇게 제도를 만들고 유지하는 것에 성공한 사례가 있다. 또 이 과정에서 제도뿐 아니라 때로는 힘 있는 행위자의 행동 그리고 규범과 관념적 요인도 중요한 역할을 한다는 것도 이해하게 되었다. 만약 제도가 만들어진다면 그에 이어 협력도 기대할 수 있다. 이 말은 제도가 만들어지고 유지된다고 해도 구성원 간의 협력이 자동으로 생겨나지는 않는다는 것이다. 우리는 기후변화의 국제정치를 통해 이 점을 확인하였다. 사실 이 책 전체를 통해 계속 강조되고 있는 것은, 구성원들이 환경문제의 심각성을 잘 이해하고 있고 이로 인한 손해를 입고 있음에도 이를 해결하려는 노력과 그 과정에서의 협력이 매우 어렵다는 것이다.

그러나 서론에서 설명했듯이 인간이 공동체를 만들고 유지하는 한 정치는 계속되고 구성원들은 될 수 있으면 정치가 효과적이기를 기대한다. 즉 구성원들 간의 상호작용이 이왕이면 바람직한 결과를 가져오기를 원하는 것이다. 장벽은 아직도 많고 공유지의 비극은 여전히 극복하기 힘들지만 다양한 행위자들이 각자의 위치에서 새로운 시도를 하여 환경문제에 대응하고 있다. 중국은 비록 지속가능한 방법은 아니지만, 중앙정부의 강력한 직접 감찰이라는 방법으로 고질적인 대기오염을 줄이는 데 상당한 성과를 거두었다. 도시들은 나름대로 기후변화에 대응하기 위한 다양한 실험을 전개하고 있고 새로운 아이디어를 통한 혁신으로 지구기후변화정치에 기여하고 있다. 결론은 글로벌 차원의 문제를 로컬에서 해결하는 과정이 향후 지구환경정치를 주도하게 될 것이라는 점이다.

2. 탄소중립과 그린뉴딜의 세계정치

파리협정 이후 지구환경정치는 각국이 선언한 탄소중립과 그린뉴딜의 정치 국면으로 전환되었다. 유럽연합과 미국 등 서구 선진국뿐 아니라 한국, 일본, 중국 등 지구기후변화정치에서 중요한 역할을 하는 행위자들이 연이어 자국의 계획을 선언하고 있다. 이 중 특히 유럽연합과 미국은 앞에서 탄소국경조정제도에서도 보았듯이 게임의 법칙을 만들려고 하고 있고 이를 통해 이 정치를 선점하고자 한다. 과거 교토체제에서는 기후변화의 미중관계가 중요했으나 이제 탄소중립과 그린뉴딜의 정치에서는 중국의 역할이 적어도 현재까지는 축소되었다. 사실 중국뿐 아니라 인도나 브라질 등 지구기후변화에 영향을 미치는 큰 규모의 개발도상국들이 이 새로운 정치에서는 아직은 큰 역할을 하지 못한다. 이 새로운 정치는 적어도 지금까지는 유럽연합과 미국이 주도하려고 한다. 만약 동북아시아에서도 이 주도권 경쟁에 뛰어드는 국가가 있다면 어떤 국가가 이를 선도할 것인가? 그리고 그에 앞서 지역 내에서도 동북아시아의 어떤 국가 탄소중립과 그린뉴딜의 모델을 지역 내에서 제시할 수 있을까?

2021년 4월 13일 일본정부는 후쿠시마 제1원전 오염수 처리 문제의 해결 방법으로 해양 방류를 결정했다. 스가(菅義偉) 총리는 "정부는 처리수의 안전을 절대적으로 보장할 것이며 잘못된 정보에 대처하기 위한 모든 조처를 할 것"이라고 설명했다. 즉 정부는 방류하기로 했으니 이에 대해 이견을 제기하는 것은, 정보의 왜곡 그리고 여론의 교란으로 간주하겠다는 것이다. 이 결정 하나만으로도 일본은 지역 내에서 모델을 제시할 수 있는 자격을 잃었다. 일본은 모델은커녕 지역의 악당이 되어 가고 있다. 그리고 중국 역시 탄소중립과 그린뉴딜에 있어서는 별다른 할 말이 없다. 사실 중국정부가 제시한 계획 자체가 모범이 되지 못한다. 결국, 동북아시아 주요국 중 동남아시아나 역내 다른 국가에 모델을 제시할 수 있는 나라는 한국이 유일할 것이다.

한국이 동북아시아뿐 아니라 동아시아 전체에서 탄소중립과 그린뉴딜을 선도하고 일종의 K-그린뉴딜이라는 모델을 제시하여 역내 협력을 유도할 수 있다고 예측할 수 있는 또 다른 이유는 국내정치 특히 민주주의와 시민사회의 성장이다. 이 책의 여러 장에서 보았듯이 한국은 한중일 3국 중 가장 지방의 자율성 정도가 높고 시민사회가 활성화되어있다. 따라서 글로벌 문제들을 로컬에서 실험하고 실천하는 것이 가능하고 실제 활발히 진행되고 있다. 한국이 만드는 모델은 지속가능하고 가치가 창출되는 것뿐 아니라 포용적이고 약자를 배려하는 성격을 가지게 될 것이다. 실제로 한국정부가 제시하고 있는 탄소중립의 3대 정책 방향은 경제구조의 저탄소화, 신 유망 저탄소산업 생태계 조성, 그리고 탄소중립 사회로의 공정 전환이다.

동아시아 전체에서는 한국이 이 과정을 선도할 가능성이 크지만, 국내에서는 이 과정이 적어도 지금까지는 전형적인 하향식으로 진행되고 있다. 정부 그것도 중앙정부가 주도하여 위원회를 만들었고 이 위원회에 정부 부처 장관들 그리고 사회 각계의 전문가들이 배치되어 있으며 정부와 민간이 협력하여 정책 방향을 잡고 세부 정책을 마련한다. 이는 집권당이 어떤 정당이든지 상관없이 한국에서 주로 해 오던 방식이다. 이 방식은 전문가의 참여를 통해 기본 방향을 설정하고 국가 전략을 수립하는 데는 적합하지만,

지역에서의 다양한 시도와 실험이 정책결정과정에 포함되는 또 하나의 트랙과 병행되어야 할 것이다. 저탄소사회로 가는 데 있어서 중요한 역할을 할 에너지 전환의 경우도 이미 지역에서 다양한 시도가 진행되고 있다. 이렇게 중앙과 지방에서 이중의 트랙으로 탄소중립과 그린뉴딜을 기획하고 실천하며 더 나아가 역내에서 바람직한 모델이 되기를 희망한다.

부록

환경과 개발에 관한 리우선언(1992)

원칙1

인간을 중심으로 지속 가능한 개발이 논의되어야 한다. 인간은 자연과 조화를 이룬 건강하고 생산적인 삶을 향유하여야 한다.

원칙2

각 국가는 유엔 헌장과 국제법 원칙에 조화를 이루면서 자국의 환경 및 개발 정책에 따라 자국의 자원을 개발할 수 있는 주권적 권리를 갖고 있으며, 자국의 관리구역 또는 통제 범위 내에서의 활동이 다른 국가나 관할 범위 외부 지역의 환경에 피해를 끼치지 않도록 할 책임을 갖고 있다.

원칙3

개발의 권리는 개발과 환경에 대한 현세대와 차세대의 요구를 공평하게 충족할 수 있도록 실현되어야 한다.

원칙4

지속 가능한 개발을 성취하기 위하여, 환경 보호는 개발 과정의 중요한 일부를 구성하며 개발 과정과 분리시켜 고려되어서는 아니 된다.

원칙5

모든 국가와 국민은 생활수준의 격차를 줄이고 세계 대다수 사람들의 기본 수요를 충족시키기 위하여, 지속 가능한 개발의 필수 요건인 빈곤의 퇴치라는 중대한 과업을 위해 협력하여야 한다.

원칙6

개발도상국, 특히 극빈 개도국과 환경적으로 침해받기 쉬운 개도국의 특수 상황과 환경 보전의 필요성은 특별히 우선적으로 고려 대상이 되어야 한다. 또한, 환경과 개발 분야에 있어서의 국제적 활동은 모든 나라의 이익과 요구를 반영해야 한다.

원칙7

각 국가는 지구 생태계의 건강과 안전성을 보존, 보호 및 회복시키기 위하여 범세계적인 동반자 정신으로 협력해야 한다. 지구의 환경 악화에 대한 제각기 다른 책임을 고려하여, 각 국가는 공통된 그러나 차별적인 책임을 가진다. 선진국들은 그들이 지구환경에 끼친 영향과 그들이 소유하고 있는 기술 및 재정적 자원을 고려하여 지속 가능한 개발을 추구하기 위한 국제적 노력에 있어서 분담하여야 할 책임을 인식해야 한다.

원칙8

지속 가능한 개발과 모든 사람의 보다 나은 생활의 질을 추구하기 위하여, 각 국가는 지속 불가능한 생산과 소비 패턴을 줄이고 제거해야 하며 적절한 인구 정책을 촉진해야 한다.

원칙9

각 국가는 과학적, 기술적 지식의 교환을 통하여 과학적 이해를 향상시키고, 새롭고 혁신적인 기술을 포함한 기술의 개발, 적용, 존속, 전파 그리고 이전을 증진시킴으로써, 지속 가능한 개발을 위한 내재적 능력을 형성, 강화하도록 협력해야 한다.

원칙10

환경문제는 적절한 수준의 모든 관계 시민들의 참여가 있을 때 가장 효과적으로 다루어진다. 국가 차원에서 각 개인은 지역 사회에서의 유해 물질과 처리에 관한 정보를 포함하여 공공 기관이 가지고 있는 환경 정보에 적절히 접근하고 의사 결정 과정에 참여할 수 있는 기회를 부여 받아야 한다. 각 국가는 정보를 광범위하게 제공함으로써 공동 인식과 참여를 촉진하고 증진시켜야 한다. 피해의 구제와 배상 등 사법 및 행정적 절차에 효과적으로 접근할 수 있어야 한다.

원칙11

각 국가는 효과적인 환경 법칙을 규정해야 한다. 환경 기준, 관리 목적, 그리고 우선 순위는 이들이 적용되는 환경과 개발의 정황이 반영되어야 한다. 어느 한 국가에서 채택된 기준은 다른 국가, 특히 개도국에게 부적당하거나 지나치게 경제적, 사회적 비용을 초래할 수도 있다.

원칙12

각 국가는 환경 악화 문제에 적절히 대처하기 위하여, 모든 국가의 경제 성장과 지속 가능한 개발을 도모함에 있어 도움이 되고 개방적인 국제경제체제를 증진시키도록 협력해야 한다. 환경적 목적을 위한 무역 정책 수단은 국제 무역에 대하여 자의적 또는 부당한 차별적 조치나 위장된 제한을 포함해서는 아니 된다. 수입국의 관할지 역 밖의 환경적 문제에 대응하기 위한 일방적 조치는 회피되어야 한다. 국경을 초월하거나 지구적 차원의 환경문제에 대처하는 환경적 조치는 가능한 한 국제적 합의에 기초해야 한다.

원칙13

각 국가는 환경 오염이나 기타 환경 위해의 피해자에 대한 책임과 배상에 관한 국제법을 발전시켜야 한다. 각 국가는 자국의 관할권 또는 통제 지역 내에서의 활동이 자국의 관리 범위 이외 지역에 초래한 악영향에 대한 책임과 배상에 관한 국제법을 보다 발전시키기 위하여 신속하고 확실한 방법으로 협력해야 한다.

원칙14

각 국가는 환경 악화를 심각하게 초래하거나 인간의 건강에 위해한 것으로 밝혀진 활동이나 물질을 다른 국가로 재배치 또는 이전하는 것을 억제하거나 예방하기 위하여 효율적으로 협력해야 한다.

원칙15
환경을 보호하기 위하여 각 국가의 능력에 따라 예방적 조치가 널리 실시되어야 한다. 심각한 또는 회복 불가능한 피해의 우려가 있을 경우, 과학적 불확실성이 환경 악화를 지양하기 위한 비용/효과적인 조치를 지연시키는 구실로 이용되어서는 아니 된다.

원칙16
국가 당국은 오염자가 원칙적으로 오염의 비용을 부담해야 한다는 원칙을 고려하여 환경 비용의 내부화와 경제적 수단의 이용을 증진시키도록 노력해야 한다. 이에 있어서 공공 이익을 적절히 고려해야 하며 국제 무역과 투자를 왜곡시키지 않아야 한다.

원칙17
환경에 심각한 악영향을 초래할 가능성이 있으며 관할 국가 당국의 의사 결정을 필요로 하는 사업 계획에 대하여 환경 영향 평가가 국가적 제도로서 실시되어야 한다.

원칙18
각 국가는 다른 국가의 환경에 급격한 위해를 초래할 수 있는 어떠한 자연 재해나 기타의 긴급 사태를 상대방 국가에 즉시 통고해야 한다. 국제 사회는 이러한 피해를 입은 국가를 돕기 위하여 모든 노력을 기울여야 한다.

원칙19
각 국가는 국경을 넘어서 환경에 심각한 악영향을 초래할 수 있는 활동에 대하여 피해가 예상되는 국가에게 사전에 적시적인 통고 및 관련 정보를 제공하여야 하며 초기단계에서 성실하게 이들 국가와 협의해야 한다.

원칙20
여성은 환경 관리 및 개발에 있어서 중대한 역할을 수행한다. 따라서 지속 가능한 개발을 달성하기 위해서는 그들의 적극적인 참여가 필수적이다.

원칙21

지속 가능한 개발을 성취하고 모두의 밝은 미래를 보장하기 위하여, 전 세계 청년들의 독창성, 이상, 그리고 용기가 결집되어 범세계적 동반자관계가 구축되어야 한다.

원칙22

토착민과 그들의 사회, 그리고 기타의 지역 사회는 그들의 지식과 전통적 관행으로 인하여 환경 관리와 개발에 있어서 중요한 역할을 수행한다. 각 국가는 그들의 존재와 문화 및 이익을 인정하고 적절히 지지하여야 하며, 또한 지속 가능한 개발을 성취하기 위하여 그들의 효과적인 참여가 가능하도록 해야 한다.

원칙23

압제, 지배 및 점령하에 있는 국민의 환경과 자연 자원은 보호되어야 한다.

원칙24

전쟁은 본질적으로 지속 가능한 개발을 파괴한다. 따라서 각 국가는 무력 분쟁시 환경 보호를 규정하는 국제법을 존중하여야 하며, 필요한 경우에는 이의 발전을 위하여 협력해야 한다.

원칙25

평화, 발전, 환경 보호는 상호 의존적이며 불가분의 관계에 있다.

원칙26

국가는 그들의 환경 분쟁을 유엔 헌장에 따라 평화적으로 또한 적절한 방법으로 해결하여야 한다.

원칙27

각 국가와 국민들은 이 선언에 구현된 원칙을 준수하고, 지속 가능한 개발 분야에 있어서의 관련 국제법을 한층 발전시키기 위하여, 성실하고 동반자 정신으로 협력해야 한다.

지구환경정치 연표

- 1962년 미국의 생물학자이자 자연사 저술가인 카슨(Rachel Carson)이 DDT와 같은 살충제의 위험성을 경고하는 등의 내용을 포함한 『침묵의 봄(Silent Spring)』이라는 책을 발표했다. 이 책은 미국 환경운동 역사의 출발점으로 일컬어진다.

- 1967년 대형 유조선인 토리 캐년(Torrey Canyon)호가 영국 서부 해안에서 난파되어 12만 톤의 원유를 유출하여 막대한 해양오염을 초래했다.

- 1971년 글로벌 싱크탱크였던 로마 클럽(Club of Rome)의 학자들이 폭스바겐재단의 지원을 받아 수행한 리서치 프로젝트의 결과물로서 『성장의 한계(*Limits to Growth*)』라는 책이 출판되었다. 이 프로젝트는 자원이 제한된 상태에서 경제 성장과 인구증가가 기하급수적일 경우 인류가 직면하게 될 위험에 대한 모의실험이었다. 이 책으로 인해 선진국들 사이에서 환경문제 및 자원 고갈에 대한 자각과 이에 대한 노력이 본격화되었다.

- 1972년에 스웨덴의 스톡홀름에서 근대 역사상 최초의 환경과 관련된 국제회의가 유엔의 주도하에 개최되었다.

- 1973년 멸종위기에 처한 야생동·식물종의 국제거래에 관한 협약(CITES: Convention on International Trade in Endangered Species of Wild Fauna and Flora)이 채택되었다.

- 1974년 미국의 화학자인 로렌드(Sherwood Rowland) 교수와 멕시코의 몰리나(Mario Molina) 박사가 염불화탄소(CFCs)가 오존층을 파괴하고 있다는 결론을 발표하였다. 이 두 사람은 이러한 공로로 1995년에 노벨화학상을 공동 수상하였다.

- 1979년 미국 펜실베니아주 쓰리마일섬(Three Mile Island)의 원자로가 부분적으로 멜트다운(Meltdown) 즉 노심이 및 용기 일부가 파괴되는 사고가 발생했다. 비록 소량의 방사능 가스가 누출되었지만, 환경론자들은 이로 인해 최소한 300명 이상이 치명적인 암에 걸렸다고 주장하였다.

- 1984년 인도 중부 보팔(Bhopal)에서 미국의 다국적 기업인 유니온 카바이드(Union Carbide India Ltd)에서 유독가스가 방출되어 주민 3천여 명이 즉사하고 그 뒤 몇 달 동안 15,000여 명이 사망하는 대형 사고가 발생하였다. 이 사건으로 화학산업의 안전 문제 그리고 다국적 기업의 개도국에서의 환경 책임 문제가 본격적으로 제기되었다.

- 1985년 남극 대륙에서 처음으로 오존 구멍(Ozone Hole)이 과학자들에 의해 발견되어 학술지 『네이처(*Nature*)』에 보고되었다.

- 1986년 구소련의 체르노빌(Chernobyl)의 핵발전소에서 대규모 폭발사고가 발생하여 방사성 물질이 소련 서쪽 지역 및 유럽에 유출되었다. 소련정부는 핵발전소를 폐쇄하고 방사능물질을 봉합하기 위해 50만 명의 인원을 동원하였다.

- 1987년 오존층 파괴물질의 사용을 규제하는 몬트리올의정서(Montreal Protocol)가 체결되었다.

- 1988년 브라질의 고무 채취 노동자이자 노조 지도자이며 환경운동가였던 치코 멘데스(Chico Mendes)가 벌목회사들로부터 아마존 열대우림을 보호하고 그 속에 거주하고 있는 원주민들의 삶을 보호하기 위해 투쟁하다가 암살자에 의해 목숨을 잃었다.

- 1989년 엑슨(Exxon)의 유조선 엑슨 발데즈(Exxon Valdez)호가 알래스카 남부 연안에서 좌초하여 사상 최대 규모인 약 70만 배럴 이상의 원유가 유출되는 사고가 발생하였다.

- 1992년 브라질 리우에서 유엔이 조직한 환경과 개발에 관한 정상회의가 개최되었다. 이 회의에서 국가들은 기후변화, 사막화, 그리고 생물다양성 등의 문제에 힘을 합하기로 결의하였다.

- 1995년 기후변화에 관한 정부 간 패널(IPCC: Intergovernmental Panel on Climate Change)에서 글로벌 기후변화와 지구온난화가 인간의 활동으로 발생하는 현상이라는 취지의 보고서를 발표하였다.

- 1997년 일본 교토에서 열린 유엔 기후변화기본협약 제3차 당사국총회에서 '교토의정서(Kyoto Protocol)'이 채택되었다. 이 의정서는 서명국들의 차등적이고 순차적인 온실가스 의무 감축 계획이 명시되어 있다.

- 2002년 남아프리카의 요하네스버그에서 리우회의 이후 10년이 지난 시점에서 환경정상회의가 개최되었다.

- 2005년 교토의정서가 발효되었다.

- 2008년 교토의정서의 제1차 의무 감축 기간이 시작되었다.

- 2011년 일본의 동북 지방에서 발생한 대지진과 지진해일(쓰나미)로 인해 후쿠시마 제1 원자력발전소가 침수되고 파괴되어 다량의 방사성 물질이 유출되는 사고가 발생하였다. 인류의 핵 역사상 이 사고는 체르노빌 사고와 함께 유일하게 가장 높은 등급의 심각성을 가진 사고로 기록되었다.

- 2015년 교토의정서를 대체하는 파리기후변화협약(Paris Agreement)이 체결되었다. 회원국들은 산업화 이전 대비 지구 평균온도가 2°C 이상 상승하지 않도록 온실가스를 자발적으로 감축하는 데 합의하였다.

주

1부 | 지구환경정치의 기원과 전개

1장 서론

1) Stephen D. Krasner (ed.), *International Regimes* (Ithaca: Cornell University Press, 1983).
2) 엘리너 오스트롬 지음, 윤홍근·안도경 옮김, 『공유의 비극을 넘어』 (서울: 랜덤하우스, 2010), p. 388.
3) Oran R. Young, *Governance in World Affairs* (Ithaca: Cornell University Press, 1999).
4) Magali A. Delmas and Oran R. Young (eds.), *Governance for the Environment: New Perspectives* (Cambridge: Cambridge University Press, 2009); Kenneth W. Abbott, "The transnational regime complex for climate change," *Environment and Planning C: Government & Policy* 30 (2012), pp. 571–590; Harriet Bulkeley, Liniana Andonova, Karin Bäckstrand, Mitchele Betsill, Daniel Compagnon, Rosaleen Duffy, Ans Kolk, Matthew Hoffmann, David Levy, Peter Newell, Tori Milledge, Matthew Paterson, Philipp Pattberg, Stacy Vandeveer, "Governing climate change transnationally: assessing the evidence from a database of sixty initiatives," *Environment and Planning C: Government & Policy* 30, (2012).
5) Bruce Russett, Harvey Starr and David Kinsella, *World Politics: The Menu for Choice, Eighth Edition* (Belmont: Thomson, Wadsworth 2006).
6) Scott Kennedy and He Fan, *The United States, China, and Global Governance:*

A New Agenda for a New Era (Bloomington IN: The Research Center for Chinese Politics and Business, Indiana University 2013), p. 6.

2장 문제의 출발: 공유의 비극

1) Garrett Hardin, "The Tragedy of the Commons," *Science* 162 (December 13, 1968), pp. 1243–1238.
2) Ken Conca and Geoffrey D. Dabelko (eds.), *Green Planet Blues: Four Decades of Global Environmental Politics*, Fourth Edition (Philadelphia, Westview Press, 2010), p. 19.
3) Susan J. Buck, "No Tragedy of the Commons," in Ken Conca and Geoffrey D. Dabelko (eds.), *Green Planet Blues: Four Decades of Global Environmental Politics*, Fourth Edition (Philadelphia, Westview Press, 2010), pp. 46–54.
4) 도넬라 H. 메도즈, 데니스 L. 메도즈, 요르겐 랜더스 저, 김병순 역 『성장의 한계』 (서울: 갈라파고스, 2021).
5) M. Jr. Olson, *The Logic of Collective Action* (Cambridge: M. A: Harvard University Press, 1965).
6) Magali A. Delmas and Oran R. Young (eds.), *Governance for the Environment: New Perspectives* (Cambridge: Cambridge University Press, 2009), pp. 15–6.
7) Bruce Russett, Harvey Starr and David Kinsella, *World Politics: The Menu for Choice, Eighth Edition* (Belmont: Thomson, Wadsworth 2006), p. 246.
8) C. R. Ostrom, "Contending International Approaches to the Problem of Sustaining African Elephant Populations," Paper prepared for delivery at the International Studies Association-West Conference (October 10–12, 1996).
9) 엘리너 오스트롬 지음, 윤홍근·안도경 옮김, 『공유의 비극을 넘어』 (서울: 랜덤하우스코리아, 2010), pp. 34–41.
10) Andrew Hurrell and Benedict Kingsbury (eds.), *The International Politics of the Environment* (Oxford: Oxford University Press, 1992).
11) Barbara Ward, *Spaceship Earth* (New York: Columbia University Press, 1966).
12) Pamela S. Chasek, David L. Downie, and Janet Welsh Brown (eds.), *Global Environmental Politics*, Seventh Edition (Boulder: Westview Press, 2017), pp. 243–244.
13) Chasek, Downie, Brown (2017), p. 247.
14) Oran R. Young (ed.), *The Effectiveness of International Environmental Regimes: Causal Connections and Behavioral Mechanisms* (Cambridge: The MIT Press, 1999).
15) 소프트 파워와 그람시의 패권 개념을 이해하기 위해서는 Andrew Heywood 지음, 김계동 옮김, 『국제관계와 세계정치』 (서울: 명인문화사, 2013), pp. 75–77, 222–224 를 참고할 것.

16) 로버트 액설로드 지음, 이경식 옮김, 『협력의 진화: 이기적 개인의 팃포탯 전략』(서울: 마루벌, 2009)를 참조.

17) Robert Axelrod and Robert O. Keohane, "Achieving Cooperation Under Anarchy: Strategies and Institutions," *World Politics* 38(1) (October 1985); Kenneth A. Oye, "Explaining Cooperation Under Anarchy: Hypotheses and Strategies," *World Politics* 38(1) (October 1985).

▇▇ 3장   지구환경정치의 진화

1) Kate O'Neill, *The Environment and International Relations* (Cambridge: Cambridge University Press, 2009), p. 25.

2) David Hunter, James Salzman, and Durwood Zaelke (eds.), *International Environmental Law and Policy*, Fifth Edition (St. Paul: Foundation Press, 2015), p. 138.

3) Marvin S. Soroos, "Global Institutions and the Environment: An Evolutionary Perspective," in Regina S. Axelrod, David Leonard Downie, and Norman J. Vig (eds.), *The Global Environment: Institutions, Law, and Policy*, the Second Edition (Washington D. C.: The CQ Press, 2005), pp. 24–5.

4) David Hunter, James Salzman, and Durwood Zaelke (eds.), (2015), pp. 138–40.

5) O'Neill (2009), p. 52.

6) Hunter, Salzman, Zaelke (eds.), (2015), pp. 141–2. 원칙 1과 원칙 21의 한글 번역은 UNEP 한국협회의 자료를 따랐다. 다음을 참조할 수 있다. https://unep.or.kr/sub/sub05_02.php?mNum=5&sNum=2&boardid=data2&mode=view&idx=89.

7) Ibid, p. 142.

8) 문진영, 김은미, 최은혜, "국제사회의 장거리이동 대기오염 대응사례와 시사점"『대외경제정책연구원 연구자료』17–11, 2017.

9) Hunter, Salzman, Zaelke (eds.), (2015), p. 145.

10) The World Commission on Environment and Development, *Our Common Future* (Oxford: Oxford University Press, 1987), p. 8.

11) Hunter, Salzman, Zaelke (ed.) (2015), p. 152–3.

12) James Gustave Speth, *Red Sky at Morning: America and the Crisis of the Global Environment* (New Haven: Yale University Press, 2004).

13) Maurice Strong, *Where on Earth Are We Going?* (Vintage Canada Edition, Random House of Canada Limited, 2001).

14) Ronnie D. Lipschutz with Judith Mayer, *Global Civil Society and Global Environmental Governance: The Politics of Nature from Place to Planet* (Albany: SUNY Press, 1996); Paul Wapner, *Environmental Activim and World Civil Politics* (Albany: SUNY Press, 1996).

15) Chico Mendes with Tony Gross, "Fight for the Forest," in Ken Conca and Geoffrey D. Dabelko (eds.), *Green Planet Blues: Four Decades of Global Environmental*

Politics, Fourth Edition (Philadelphia: Westview Press, 2010), pp. 94–98; Margaret E. Keck and Kathryn Sikkink, *Activists Beyond Borders: Advocacy Networks in International Politics* (Ithaca: Cornell University Press, 1998).

▪▪ 4장 국제정치접근법과 환경문제

1) 개념이나 이론, 가설, 그리고 패러다임이나 접근법에 대한 저자의 정의는 다른 학자들의 정의나 설명과 다를 수 있다. 이를 위해서는 Peter Burnham, Karin Gillard Lutz, Wyn Grant, and Zig Layton-Henry 지음, 김계동 등 옮김, 『정치학 방법론』 (서울: 명인문화사, 2010) 그리고 Bruce Russett, Harvey Starr and David Kinsella, *World Politics: The Menu for Choice, Eighth Edition* (Belmont: Thomson, Wadsworth 2006), pp. 32–48 등을 참고할 것.
2) 존 베일리스, 스티브 스미스 편저, 하영선 외 옮김, 『세계정치론』 (서울: 을유문화사, 2003), pp. 222–225를 참고할 것.
3) 국제관계학의 이론이나 접근법에 대해서는 Robert Jackson and Georg Sørensen, *Introduction to International Relations: Theories and Approaches* (Oxford: Oxford University Press, 2003); Peter J. Katzenstein (ed.), *The Culture of National Security: Norms and Identity in World Politics* (New York: Columbia University Press, 1996) 등을 참고할 것.
4) E. H. 카 저, 김태현 편역, 『20년의 위기』 (서울: 녹문당, 2005).
5) 전재성, "현실주의," 한국정치학회 편, 『정치학 이해의 길잡이 5: 국제정치와 안보』 (서울: 법문사, 2008), pp. 6–8.
6) 전재성, "현실주의," pp. 8–9. 월츠의 책은 케네스 월츠, 『인간 국가 전쟁: 전쟁의 원인에 대한 이론적 고찰』 (서울: 아카넷, 2007) 이다.
7) 국가가 단일한 행위자라는 가정을 해제함으로써 외교정책 결정과정의 다면성을 잘 보여준 연구의 대표적인 예로서 그래엄 앨리슨(Graham Allison) 저, 김태현 역, 『결정의 엣센스』 (서울: 모음북스, 2005)가 있다.
8) 남궁곤, "자유주의," 한국정치학회 편, 『정치학 이해의 길잡이 5: 국제정치와 안보』 (서울: 법문사, 2008), pp. 50–59.
9) 남궁곤 (2008), pp. 51–52.
10) 남궁곤 (2008), pp. 56.
11) 합리적 선택 이론에 기초한 국제정치 연구로서 David A. Lake and Robert Powell (eds.), *Strategic Choice and International Relations* (Princeton: Princeton University Press, 1999)을 참고할 것.
12) 신욱희, "구성주의: 국제관계의 사회적 구성과 전환," 한국정치학회 편, 『정치학 이해의 길잡이 5: 국제정치와 안보』 (서울: 법문사, 2008), p. 108.
13) Alexander Wendt, "Anarchy is What States Make of It: The Social Construction of Power Politics," *International Organization* 46:2 (1992).
14) 신욱희 (2008), p. 113.

15) 신욱희 (2008), p. 112.
16) 근대화이론과 종속이론을 비교의 시각에서 이해하기 위해서는 Alvin So, *Social Change and Development: Modernization, Dependency and World-System Theories* (Sage Publication, 1990)을 참조할 것.
17) 월러스틴의 세계체제론에 대해서는 이수훈, 『세계체제론』 (서울: 나남출판사, 1993)을 참조할 것.
18) 그람시의 사상을 이해하기 위해서는 안토니오 그람시 저, 이상훈 역, 『옥중수고 1, 2 권』 (서울: 거름출판사, 2006)을 참조할 것.
19) Charles P. Kindleberger, "The Rise of Free Trade in Western Europe," in Jeffry A. Frieden and David A. Lake (eds.), *International Political Economy: Perspectives on Global Power and Wealth*, Fourth Edition (London: Routledge, 2003), pp. 73–89.
20) 존 베일리스, 스티브 스미스 편저 (2003), pp. 280–281.
21) Peter M. Haas, "Introduction: Epistemic Communities and International Policy Coordination," *International Organization* 46:1 (1992).
22) Jim MacNeill, Pieter Winsemius, and Taizo Yakushiji, "The Shadow Ecologies of Western Economies," in Ken Conca and Geoffrey D. Dabelko (eds.), *Green Planet Blues: Environmental Politics from Stockholm to Kyoto*, Second Edition (Boulder, Westview Press, 1998), pp. 94–96.

2부 ┃ 레짐의 형성과 다양한 행위자들의 등장

▚ 5장   국제환경법과 국제환경조약의 진화

1) Ronald B. Mitchell, *International Politics and the Environment* (Los Angeles, SAGE 2009), pp. 48–65.
2) Kate O'Neill, *The Environment and International Relations* (Cambridge: Cambridge University Press, 2009), p. 77.
3) Philippe Sands, "Environmental Protection in the Twenty-first Century: Sustainable Development and International Law," in Norman J. Vig and Regina S. Axelrod (eds.), *The Global Environment: Institutions, Law, and Policy* (Washington D. C.: CQ Press, 1999), p.125.
4) 이재곤, 박덕영, 박병도, 소병천, 『국제환경법』 (서울: 박영사, 2015), p. 31.
5) O'Neill (2009), pp. 77–78.
6) O'Neill (2009), p. 78.
7) Edith Brown Weiss, "The Emerging Structure of International Environmental Law," in Norman J. Vig and Regina S. Axelrod, (eds.), *The Global Environment:*

Institutions, Law, and Policy (Washington D. C.: CQ Press, 1999), pp. 102–104.

8) O'Neill (2009), pp. 80–81.

9) Peter M. Haas, "Introduction: Epistemic Communities and International Policy Coordination," *International Organization* 46:1 (1992).

10) Gareth Porter and Janet Welsh Brown, *Global Environmental Politics*, the Second Edition (Boulder, Westview Press, 1996), p. 172.

11) Oran R. Young, "Hitting the Mark: Why Are Some International Environmenal Agreements More Successful than Others?" *Environment* 41(8) (1999).

12) Oran R. Young (ed.), *The Effectiveness of International Environmental Regimes: Causal Connections and Behavioral Mechanisms* (Cambridge: The MIT Press 1999).

13) Edith Brown Weiss and Harold K. Jacobson (eds.), *Engaging Countries: Strengthening Compliance with International Environmental Accords* (Cambridge: The MIT Press, 2000).

14) Young (1999).

15) Harold K. Jacobson and Edith Brown Weiss, "Strengthening Compliance with International Environmental Accords: Preliminary Observations from a Collaborative Project," *Global Governance* 1(2) (1995).

16) Peter H. Sand, "Lessons Learned in Global Environmental Governance," *Boston College Environmental Affairs Law Review* 18(2) (1991).

17) Jørgen Wettestad, "Acid lessons? LRTAP implementation and effectiveness," *Global Environmental Change* 7(3) (1997).

18) Rolf Lidskog and Goran Sundqvist, "The Role of Science in Environmental Regimes: The Case of LRTAP," *European Journal of International Relations* 8(1) (2002).

19) Jørgen Wettestad, "Designing Effective Environmental Regimes: The Case of the Convention on Long-Range Transboundary Air Pollution (CLRTAP)," *Energy & Environment*, 10(6) (1999).

20) Ronald Mitchell, Moira L. McConnell, Alexei Roginko, and Ann Barrett, "International Vessel-Source Oil Pollution," in Oran R. Young (eds.), *The Effectiveness of International Environmental Regimes: Causal Connections and Behavioral Mechanisms* (Cambridge: The MIT Press 1999).

21) Ronald B. Mitchell, "Regime Design Matters: Internatioanl Oil Pollution and Treaty Compliance," *International Organization*, 48(2) (1994).

22) David Hunter, James Salzman, and Durwood Zaelke (eds.), (2015), p. 801.

23) Ronald B. Mitchell, Liliana B. Andonova, Mark Axelrod, Jörg Balsiger, Thomas Bernauer, Jessica F. Green, James Hollway, Rakhyun E. Kim, and Jean-Frédéric Morin, "What We Know (and Could Know) About International Environmental Agreements," *Global Environmental Politics*, 20(1), (February 2020).

■■ 6장   주요 국가들의 환경제도화 과정

1) 이 두 지표의 선정은 다음의 연구를 따랐다. David A. Sonnenfeld and Arthur P. J. Mol, "Environmental Reform in Asia: Comparisons, Challenges, Next Steps," *Journal of Environment & Development* 15:2 (2006), p. 122.
2) Margaret E. Keck and Kathryn Sikkink, *Activities Beyond Borders: Advocacy Networks in International Politics* (Ithaca: Cornell University Press , 1998).
3) Alexander Gerschenkron, *Economic Backwardness in Historical Perspective: A Book of Essays* (Cambridge: Harvard Univesity Press, 1962).
4) David O'Conner. *Managing the Environment with Rapid Industrialization: Lessons from the East Asian Experience* (Paris: OECD Development Center, 1994).
5) 서울대학교 국제문제연구소 편, 『동아시아에서 정책의 이전과 확산』 (서울: 사회평론, 2012), p. 5.
6) Miranda A. Schreurs, *Environmental Politics in Japan, Germany, and the United States* (Cambridge: Cambridge University Press, 2002), pp. 32-35.
7) Schreurs (2002), pp. 38-48.
8) Schreurs (2002), p. 56.
9) Schreurs (2002), pp. 56-59.
10) Schreurs (2002), pp. 61-66; 미국의 환경제도화 과정은 다음의 글 또한 참조할 수 있다. Michael E. Kraft, "Environmental Policy and Politics in the United States: Toward Environmental Sustainability?" in Uday Desai (ed.), *Environmental Politics and Policy in Industrialized Countries* (Cambridge: The MIT Press, 2002).
11) Jeffrey Broadbent, "Japan's Environmental Regime: The Political Dynamics of Change," in Uday Desai (ed.), *Environmental Politics and Policy in Industrialized Countries* (Cambridge: The MIT Press, 2002), pp. 321-2.
12) Schreurs (2002), pp. 69-75.
13) Schreurs (2002), pp. 76-87.
14) Helmut Weidner, "Environmental Policy and Politics in Germany," in Uday Desai (ed.), *Environmental Politics and Policy in Industrialized Countries* (Cambridge: The MIT Press, 2002).
15) O'Conner (1994)를 예로 들 수 있다. 그리고 특히 후발 주자들이 이미 개발된 기술의 혜택을 누린다는 기술적 도약(technological leapfrogging)에 관한 주장은 Richard Perkins, "Environmental Leapfrogging in Developing Countries: A Critical Assessment and Recontruction," *Natural Resources Forum* 27, No. 3 (2002)을 참고할 수 있다.
16) 신상범, "후발성의 이점과 중국의 환경정치," 『아세아연구』 제50권 4호 (2007), pp. 143-144.
17) 신상범 (2007), p. 145.
18) 신상범(2007), p. 146.
19) 신상범(2007), p. 156-157.
20) Susan J, Pharr and Ming Wan, "Yen for the Earth: Japan's Pro-active China En-

vironmental Policy," in Michael B. McElroy, Chris P. Nielsen, and Peter Lydon (eds.), *Energizing China: Reconciling Environmental Protection and Economic Growth* (Cambridge: Harvard University Press, 1999).

21) 이 절의 내용은 주로 Shin, "Environmental Policy in East Asia: Institutions in comparative perspective," in Paul G. Harris and Greame Lang (eds.), *Routledge Handbook of Environment and Society in Asia* (London: Routledge, 2015)를 축약하여 집필하였다.

22) 예를 들어, Meredith Woo-Cumings (ed.), *The Developmental State* (Ithaca: Cornell University Press, 1999)이 있다.

23) Michael R. Rock, *Pollution Control in East Asia: Lessons from Newly Industrializing Economies* (Wasington D. C. RFF Press, 2002), p. 23.

24) 각국의 환경제도화 과정은 주로 각국 환경부 홈페이지에 게재된 정보를 바탕으로 작성된 것이다.

25) Paruedee Nguitragool, *Environmental Cooperation in Southeast Asia: ASEAN's regime for transboundary haze pollution* (London: Routledge, 2011).

7장 다양한 행위자들의 등장

1) Detlef Sprinz and Tapani Vaahtoranta, "The Interest-based explanation of international environmental policy," *International Organization*, 48(1), (1994).

2) Kate O'Neill, *The Environment and International Relations* (Cambridge: Cambridge University Press, 2009), p. 50.

3) https://www.unenvironment.org/annualreport/2019/index.php

4) Pamela S. Chasek, David L. Downie, and Janet Welsh Brown (eds.), *Global Environmental Politics*, Seventh Edition (Boulder: Westview Press, 2017), pp. 65–66.

5) Marvin S. Soroos, "Global Institutions and the Environment: An Evolutionary Perspective," in Regina S. Axelrod, David Leonard Downie, and Norman J. Vig (eds.), *The Global Environment: Institutions, Law, and Policy*, the Second Edition (Washington D. C.: The CQ Press, 2005), p. 31.

6) Paul Wapner, "Politics Beyond the State: Environmental Activism and World Civic Politics," *World Politics*, 47(3), 1995; Lucy Ford, "Transnational actors in global environmental politics," in Gabriela Kütting and Kyle Herman (eds.), *Global Environmental Politics: Concepts, Theories and Case Studies*, Second Edition (London: Routledge, 2018).

7) https://news.mongabay.com/2020/01/indonesia-environment-ministry-klhk-wwf-partnership-forest-conservation/

8) Margaret E. Keck and Kathryn Sikkink, *Activities Beyond Borders: Advocacy Networks in International Politics* (Ithaca: Cornell University Press , 1998).

9) https://www.foei.org/take-action/victories

10) Virginia Haufler, "Transnational actors and global environmental goverannce," in Magali A. Delmas and Oran R. Young (eds.), *Governance for the Environment: New Perspectives* (Cambridge: Cambridge University Press, 2009), pp. 127–128.

11) 각 프로젝트들은 홈페이지에 소개되어 있다. https://www.wbcsd.org/

12) https://www.ksa.or.kr/ksa_kr/978/subview.do

13) Archie Carroll, "A Three-Dimensional Conceptual Model of Corporate Performance," *Academy of Management Review*, 4(4), 1979.

14) 참여 기업 명단은 https://www.there100.org/ 에서 확인할 수 있다.

15) https://www.yna.co.kr/view/AKR20180319056551004.

16) https://www.rggi.org/.

17) https://www.iclei.org/en/Home.html. 그리고 한국사무소는 http://www.icleikorea.org/main.

18) Sangbum Shin, "East Asian Environmental Cooperation: Central Pessimism, Local Optimism," *Pacific Affairs*, 80(1), 2007.

19) http://www.mofa.go.kr/www/wpge/m_22713/contents.do

20) 신상범, "공공외교의 관점에서 본 한국 보건외교의 현황과 과제," 아세아연구, 62(3), 2019.

■■ 8장 기후변화의 정치

1) https://www.un.org/en/sections/issues-depth/climate-change/.

2) https://www.gihoo.or.kr/portal/kr/change/globalWarming.do.

3) https://www.epa.gov/ghgemissions/overview-greenhouse-gases.

4) https://www.index.go.kr/potal/main/EachDtlPageDetail.do?idx_cd=1464.

5) 서울대학교 국제문제연구소 편 (이태동 책임편집), 『기후변화와 세계정치』, (서울: 사회평론아카데미, 2019) p. 6.

6) Pamela S. Chasek, David L. Downie, and Janet Welsh Brown (eds.), *Global Environmental Politics*, Seventh Edition (Boulder: Westview Press, 2017), p. 162.

7) 보고서는 1986년에 발간되었다. 보고서 원본은 다음의 링크에서 확인할 수 있다. https://library.wmo.int/index.php?lvl=notice_display&id=6321#.X21QmGgzZPY

8) https://public.wmo.int/en/bulletin/history-climate-activities.

9) 각 보고서들은 https://www.ipcc.ch/reports/ 에서 확인할 수 있다.

10) 조너선 닐 지음, 김종환 옮김, 『기후위기와 자본주의』 (서울: 책갈피, 2019), p. 278.

11) 외교부 기후변화환경외교국 녹색환경외교과 저, 『기후환경외교편람 2017』 2017. http://www.mofa.go.kr/www/brd/m_20152/view.do?seq=366343&srchFr=&srchTo=&srchWord=&srchTp=&multi_itm_seq=0&itm_seq_1=0&itm_seq_2=0&company_cd=&company_nm=&page=2

12) 의정서의 제24조에 발효 조건이 명시되어 있다. https://unfccc.int/documents/2409

13) 조녀선 닐 (2019), p. 296; 러시아의 갑작스러운 비준에 대한 보다 체계적인 설명으로는 Laura A. Henry and Lisa McIntosh Sundstrom, "Russia and the Kyoto Protocol: Seeking an Alignment of Interests and Image," *Global Environmental Politics*, 7(4) (2007) 을 참조할 것.

14) https://cop23.unfccc.int/process/the-kyoto-protocol/mechanisms.

15) Sangbum Shin, "Domestic side of the clean development mechanism: the case of China," *Environmental Politics*, 19(2) (2010).

16) https://unfccc.int/process/conferences/the-big-picture/milestones/bali-road-map

17) 오형나, "기후변화와 국제협력," 정진영 편 『일반인을 위한 기후변화의 과학과 정치』, p.128. (서울: 경희대학교 출판문화원, 2019).

18) https://www.bbc.com/news/science-environment-54256826.

19) https://www.carbonbrief.org/analysis-will-china-build-hundreds-of-new-coal-plants-in-the-2020s.

20) Raymond Clémençon, "The Two Sides of the Paris Climate Agreement: Dismal Failure or Historic Breakthrough?" *Journal of Environment & Development*, 25(1) (2016); Raymond Clémençon, ""Zweckoptimismus" and the Paris Process Will Not Save the World from Climate Catastrophe," *Integrated Environmental Assessment and Management*, 14(2) (2017).

21) https://unfccc.int/news/cut-global-emissions-by-76-percent-every-year-for-next-decade-to-meet-15degc-paris-target-un-report.

22) http://www.stats.gov.cn/tjsj/ndsj/2019/indexeh.htm.

23) https://climateactiontracker.org/countries/china/current-policy-projections/.

24) 한희진, "일본의 기후변화정책과 거버넌스," 김연규 엮음, 『글로벌 기후변화 거버넌스와 한국의 전략』 (서울: 한울엠플러스, 2018).

25) https://ourworldindata.org/co2/country/japan?country=~JPN.

26) https://climateactiontracker.org/countries/japan/.

27) https://ourworldindata.org/co2/country/japan?country=~JPN.

28) 여기에 수력발전 8.1%를 합치면 재생에너지 비율이 총 16%이다. https://www.enecho.meti.go.jp/en/category/special/article/energyissue2019_01.html.

29) https://www.climatechangenews.com/2016/11/04/south_korea_climate_villains/.

30) 우르술라 허트필터(Ursula Fuentes Hutfliter), 라이언 윌슨(Ryan Wilson), 매튜 기든(Matthew Gidden), 거라브 간티(Gaurav Ganti), 데보라 라말로페(Deborah Ramalope), 빌 헤어(Bill Hare) 지음, 『탈탄소 사회로의 전환: 파리협정에 따른 한국의 과학 기반 배출 감축 경로』 (Climate Analytics, 2020년 5월).

31) https://www.index.go.kr/potal/main/EachDtlPageDetail.do?idx_cd=1339.

32) https://ourworldindata.org/energy/country/south-korea?country=~KOR.

33) http://www.korea.kr/special/policyCurationView.do?newsId=148867400.

3부 ┃ 새로운 도전과 각국의 대응

■■ 9장   미국의 기후변화정책과 그린뉴딜

1) https://ourworldindata.org/contributed-most-global-co2
2) Amy Royden, "U.S. Climate Change Policy Under President Clinton: A Look Back," *Golden Gate University Law Review*, 32(4) (2002), pp. 415–478.
3) Armin Rosencranz, "U.S. Climate Change Policy under G.W. Bush," *Golden Gate University Law Review*, 32(4) (2002), pp. 479–491.
4) https://georgewbush-whitehouse.archives.gov/ceq/clean-energy.html
5) Harland Prechel, "Corporate power and US economic and environmental policy, 1978–2008," *Cambridge Journal of Regions, Economy and Society*, 5 (2012), pp. 357–375.
6) 김보람·안세현, "오바마 기후변화정책의 국제정치경제적 매커니즘: 미국의 환경·에너지 정치와 파리기후변화협약과의 연관성 분석," 『동서연구』 제28권 3호 (2016), pp. 95–124.
7) 박시원, "미국 오바마 행정부의 기후변화 에너지정책," 『환경법연구』 37권 1호 (2015), pp. 207–248.
8) https://www.eesi.org/papers/view/fact-sheet-timeline-progress-of-president-obama-climate-action-plan
9) 최현정, "바이든 시대, 미국의 기후변화정책과 쟁점," 『아산정책연구원 이슈 브리프』 2021–15 (2021).
10) https://www.pewresearch.org/fact-tank/2020/02/28/more-americans-see-climate-change-as-a-priority-but-democrats-are-much-more-concerned-than-republicans/
11) 박시원, "미국 오바마 행정부의 기후변화 에너지정책," 『환경법연구』 37권 1호 (2015), pp. 217–218.
12) 정하윤, "미국 주 차원의 기후변화정책 실험 – 규범기업가의 기후변화 프레이밍을 통한 확산과정을 중심으로," 『담론 201』 제18권, 3호 (2015), pp. 137–168.
13) 오경택, "캘리포니아의 기후변화정책과 정치: 환경과 경제의 통합," 『동서연구』 제33권 2호 (2021), pp. 63–93.
14) https://www.iea.org/reports/key-world-energy-statistics-2020
15) https://www.carbonbrief.org/the-carbon-brief-profile-united-states
16) https://www.carbonbrief.org/the-carbon-brief-profile-united-states
17) https://rhg.com/research/chinas-emissions-surpass-developed-countries/
18) 손병권, 『기후변화 대처와 미국 패권의 딜레마: 국제적 공공재 창출에 대한 국내적 저항』 (서울: 서강대학교 출판부, 2012).
19) https://www.state.gov/u-s-china-joint-glasgow-declaration-on-enhancing-climate-action-in-the-2020s/
20) Taedong Lee, Myungsung Kim, and Natalie Chifamba, "Political Framework of

Green New Deal: A comparative analysis of the EU and US proposals," *Korean Journal of International Studies* 19(2) (2021), pp. 221-246.
21) 손병권, "미국의 그린뉴딜: 진보적 시민운동의 그린뉴딜에서 바이든 대통령의 '미국 일자리 계획'까지," 신상범, 한희진, 이태동 편, 『탄소중립과 그린뉴딜: 정치와 정책』 (서울: 한울출판사, 2021).
22) 손병권 (2021), pp. 405-407.
23) 손병권 (2021), pp. 421-427.

██ 10장   한국의 핵발전정책과 공론화

1) 예를 들어, Manus I. Midlarsky, "Democracy and the Environment: An Empirical Assessment," *Journal of Peace Research* 35(3) (1998); Margrethe Winslow, "Is Democracy Good for the Environment?" *Journal of Environmental Planning & Management* 48(5) (2005); Bruce Gilley, "Authoritarian environmentalism and China's response to climate change," *Environmental Politics* 21(2) (2012); Sarah Eaton and Genia Kostka, "Authoritarian environmentalism undermined? Local Leaders' Time Horizons and Environmental Policy Implementation in China," *The China Quarterly* 218 (2014); Heejin Han, "Authoritarian environmentalism under democracy: Korea's river restoration project," *Environmental Politics* 24(5) (2015); 정수현, "민주주의와 국제환경협약의 준수"『국제정치논총』제52집 3호 (2012), pp. 33-56.
2) 진상현, "한국 원자력정책의 경로의존성에 관한 연구," 『한국정책학회보』제 18권 4호 (2009), pp. 129-131.
3) 지식경제부· 한국수력원자력주식회사, 『2009 원자력발전백서』(2009년 6월).
4) 박진희, 2014, "원자력 진흥에 속박된 원전의 안전," 『역사비평』(2014. 8), pp. 35-64.
5) International Energy Agency, *Energy Policies of IEA Countries: The Republic of Korea 2012 Review* (OECD/IEA, 2012), p. 99.
6) 진상현, 2011, "후쿠시마 사고 전후 한국 원자력정책의 변화와 전망," 『역사비평』(2011. 8), p. 143.
7) https://npp.khnp.co.kr/index.khnp에서 원전의 실시간 운영 현황을 파악할 수 있다.
8) 윤순진, "우리나라 원전 거버넌스의 과제와 방향," 『환경법과 정책』 14 (2015), p. 9.
9) https://www.world-nuclear.org/information-library/current-and-future-generation/nuclear-power-in-the-world-today.aspx
10) https://pris.iaea.org/PRIS/WorldStatistics/NuclearShareofElectricityGeneration.aspx
11) https://www.statista.com/statistics/267158/number-of-nuclear-reactors-in-operation-by-country/
12) https://www.world-nuclear.org/information-library/current-and-future-generation/nuclear-power-in-the-world-today.aspx

13) https://www.world-nuclear.org/information-library/current-and-future-generation/plans-for-new-reactors-worldwide.aspx.

14) http://www.kaif.or.kr/?c=nws&s=6_2.

15) https://www.armscontrol.org/act/2018-10/features/japan%E2%80%99s-misguided-plutonium-policy

16) https://energytransition.org/2020/06/eu-recovery-plan-goes-green-and-excludes-nuclear/; https://www.euractiv.com/section/energy-environment/news/do-no-harm-nuclear-squeezed-out-of-eu-green-finance-scheme/

17) https://opis.kins.re.kr/opis?act=KROCA1100R.

18) Siwon Park, "Korea's Nuclear Energy Policy in the Climate Era: Policy Change after the Fukushima Accident," 『환경법연구』 제37권 2호 (2015).

19) 윤순진 (2015), p. 24.

20) 진상현, "후쿠시마 사고 전후 한국 원자력정책의 변화와 전망," 『역사비평』 (2011. 8), p. 150-155.

21) James Bohman, Public Deliberation: Pluralism, Complexity, and Democracy (Cambridge: The MIT Press, 1996).

22) Dennis F. Thompson, "Deliberative Democratic Theory and Empirical Political Science," Annual Review of Political Science, Vol. 11, pp. 497-520 (2008).

23) 박진희, 2014, "원자력 진흥에 속박된 원전의 안전," 『역사비평』 (2014. 8), p. 40. 그리고 지식경제부·한국수력원자력주식회사, 『2009 원자력발전백서』 (2009년 6월), p. 100.

24) David S. Kelleher, "Public Participation in the Siting of Nuclear Waste Facilities: International Lessons and the Korean Experience," Korea Observer 48(2) (July 2017).

25) 전홍찬, "사용후핵연료 공론화위원회의 운영 개선 방안: 프랑스 경험이 주는 교훈을 바탕으로," 『사회과학연구』 57(2) (2018), pp. 265-268.

26) 정정화, "공론화를 통한 사회적 합의형성의 성공조건," 『한국정책과학학회보』 제22권 제1호 (2018), pp. 114-117.

27) 정정화 (2018), pp. 111-113.

28) https://www.world-nuclear.org/information-library/country-profiles/countries-g-n/japan-nuclear-power.aspx.

29) https://nonukesnews.kr/1924

30) https://www.voanews.com/east-asia-pacific/voa-news-china/china-track-supplant-us-top-nuclear-energy-purveyor

31) https://www.yeosijae.org/research/1019

11장   중앙-지방관계와 중국의 환경, 기후변화정책

1) Hiroaki Suzuki, Arish Dastur, Sebastian Moffatt, Nanae Yabuki, and Hinako

Maruyama, *Eco2 Cities: Ecological Cities as Economic Cities* (Washington D. C.: The World Bank, 2010).

2) Richard Register, *Ecocity Berkeley: Building Cities for a Healthy Future* (Berkeley CA: North Atlantic Books, 1987).

3) Elizabeth C. Economy, *The River Runs Black: The Environmental Challenge to China's Future* (Ithaca: Cornell University Press, 2004).

4) https://www.wired.com/2015/03/opinion-us-embassy-beijing-tweeted-clear-air/

5) https://qz.com/159105/2013-will-be-remembered-as-the-year-that-deadly-suffocating-smog-consumed-china/

6) B. Van Rooij, Qiaoqiao Zhu, and Wang Qiliang, "Centralizing Trends and Pollution Law Enforcement in China," *The China Quarterly*, 231 (2017), pp. 583–606; Ran Ran, "Perverse Incentive Structure and Policy Implementation Gap in China;s Local Environmental Politics," *Journal of Environmental Policy & Planning*, 15(1) (2013), pp. 17–39; Ye Qi and Lingyun Zhang, "Local Environmental Enforcement Constrained by Central-Local Relations in China," *Environmental Policy & Governance* 24 (2014), pp. 216–232; Ran Ran, "Understanding Blame Politics in China's Decentralized System of Environmental Governance: Actors, Strategies and Context," *The China Quarterly*, 231 (2017), pp. 634–661.

7) Bruce Gilley, "Authoritarian environmentalism and China's response to climate change," *Environmental Politics*, 21(2) (2012), pp. 287–307; Anna L. Ahlers and Yongdong Shen, "Breathe Easy? Local Nuances of Authoritarian Environmentalism in China's Battle Against Air Pollution," *The China Quarterly*, 234 (2018), pp. 299–319; Geoffrey C. Chen and Charles Lees, "The New, Green, Urbanization in China: Between Authoritarian Environmentalism and Decentralization," *Chinese Political Science Review*, 3 (2018), pp. 212–231; Xiaoliang Li, Xiaojin Yang, Qi Wei, and Bing Zhang, "Authoritarian environmentalism and environmental policy implementation in China," *Resources, Conservation, and Recycling*, 145 (2019), pp. 86–93.

8) Sarah Eaton, and Genia Kostca, "Authoritarian Environmentalism Undermined? Local Leaders' Time Horizons and Environmental Policy Implementation in China," *The China Quarterly*, 218 (2014), pp. 359–380.

9) https://thediplomat.com/2014/11/beijing-smog-the-day-after-apec-blue/

10) Anna L. Ahlers and Yongdong Shen, "Breathe Easy? Local Nuances of Authoritarian Environmentalism in China's Battle Against Air Pollution," *The China Quarterly*, 234 (2018), pp. 299–319.

11) Sangbum Shin and Myeongji Kang, "The effectiveness of the central environmental inspection in China: The case of air pollution control inspections from 2016 to 2019," 『한중관계연구』 제7권, 제2호 (2021).

12) 중국 대기오염 데이터의 경우 https://www.aqistudy.cn/historydata/ 를 참조할 수 있다. 이 데이터는 중국통계연감 그리고 환경통계연감의 데이터와 거의 같으며 오히려 더 자세하며 누락된 수치가 적다는 장점이 있다.

13) 탕구와 한구 지역의 악명 높은 수질오염에 대해서는 다음 책을 참고할 수 있다. Fan

Shen, Gang of One: Memoirs of a Red Guard (University of Nebraska Press, 2006).
14) Sangbum Shin, "Domestic political constraints on Sino-foreign environmental co-operation: the case of eco-city building in China," 『동서연구』 제28권 1호 (2016).
15) https://www.macrotrends.net/countries/CHN/china/gdp-per-capita

■■ 12장   유럽 도시들의 순환경제체제 구축과 리빙랩

1) https://ec.europa.eu/energy/topics/technology-and-innovation/energy-and-smart-cities_en
2) https://www.covenantofmayors.eu/about/covenant-initiative/covenant-in-figures.html
3) Angel Hsu, Jonas Tan, Yi Ming Ng, Wayne Toh, Regina Vanda, & Nihit Goyal, "Performance determinants show European cities are delivering on climate miti-gation," Nature Climate Change, 10, (2020), pp. 1015–1022.
4) 순환경제가 발생하는 긍정적 경제적 효과에 대한 연구로는 Andrew McCarthy, Rob Dellink, and Ruben Bibas, "The Macroeconomics of the Circualr Economy Transition: A Critical Review of Modelling Approaches," OECD Environment Working Papers No. 130 (OECD Publishing, Paris, 2018) 등이 있다. 또한 순환경제가 노동시장에 미치는 영향에 대한 연구로서는 다음을 참조할 수 있다. European Commission, Impact of circular economy on the labor market: Final report (European Union, 2018).
5) Karel Van den Berghe, and Martijn Vos. "Circular Area Design or Circular Area Functioning? A Discourse – Institutional Analysis of Circular Area Developments in Amsterdam and Utrecht, The Netherlands," Sustainability 11, 4875 (2019).
6) 여기 말하는 자원은 화석연료, 금속, 비금속광물, 바이오매스 등을 의미한다. OECD, Global Material Resources Outlook to 2060: Economic drivers and environmental consequences (OECD, 2018).
7) https://www.nationalgeographic.com/environment/article/plastic-pollution
8) United Nations Environmental Program, Global Resources Outlook 2019: Summary for the Policymakers (UNEP, 2019).
9) Ellen Macarthur Foundation, Completing the Picture: How the circular economy tackes climate change, 2021 Report (Ellen Macarthur Foundation, 2021).
10) ERMA의 홈페이지는 https://erma.eu/이다.
11) https://ec.europa.eu/growth/sectors/raw-materials/areas-specific-interest/critical-raw-materials_en.
12) https://ec.europa.eu/environment/topics/waste-and-recycling_en
13) European Commission, Circular Economy Action Plan: For a Cleaner and More Competitive Europe (European Union, 2020).
14) Circular Economy, The Circularity Gap 2021.

15) https://www.government.nl/topics/circular-economy/accelerating-the-transition-to-a-circular-economy

16) https://www.government.nl/latest/news/2017/01/25/more-than-180-signatories-for-the-national-raw-materials-agreement

17) 유럽리빙랩 네트워크의 주소는 https://enoll.org/이다.

18) 예를 들어, 암스테르담의 경우 https://www.ams-institute.org/how-we-work/living-labs/ 를 참조할 수 있다.

19) 신상범, 『순환경제와 제주』 (제주평화연구원 평화의 섬 시리즈1, 2020).

20) Harriet Bulkeley, Lars Coenen, Niki Frantzeskaki, Christian Hartmann, Annica Kronsell, Lindsay Mai, Simon Marvin, Kes McCormick, Frank van Steenbergen, and Yuliya Voytenko Palgan, "Urban living labs: governing urban sustainability transitions," *Current Opinion in Environmental Sustainability* 22 (2016): 13–17.

21) https://enoll.org/about-us/.

22) Kris Steen and Ellen van Bueren, "The Defining Characteristics of Urban Living Labs," *Technology Innovation Management Review* 7(7) (2017), pp. 21–33.

23) https://www.ams-institute.org/urban-challenges/circularity-urban-regions/cinderela-living-lab/

24) 이태동 외, 『마을학 개론』 (서울: 푸른길, 2017).

25) Carina Veeckman and Laura Temmerman, "Urban Living Labs and Citizen Science: From Innovation and Science towards Policy Impacts," *Sustainability* 13: 526 (2021).

26) Mascha Menny, Yuliya Voytenko Palgan, Kes McCormick, "Urban Living Labs and the Role of Users in Co-Creation," *GAIA* 27 (2018), 68–77.

27) Anna-Greta Nyström, Seppo Leminen, Mika Westerlund, and Mika Kortelainen, "Actor roles and role patterns influencing innovation in living labs," *Industrial Marketing Management* 43 (2014), pp. 485–495.

28) Menny et al (2018_에서 재인용함.

29) 물순환 샤워기(Upfall Shower)는 다음을 참조할 것. http://www.myupfallshower.com/

30) 김은지·박영일, "도시재생 리빙랩 평가지표 개발에 관한 연구," 『한국지역개발학회지』 31(5) (2019), pp. 17–44.

▪▪ 13장   배출권 거래제도와 동북아 탄소시장의 미래

1) Kansai Research Center, IGES, *Market-based Instruments for Improving Company Carbon Performance in Northeast Asia* (IGES Research Report No. 2014–01, 2014).

2) Susan Vermillion, "Lessons from China's Carbon Markets for U. S. Climate Change Policy," *William & Mary Environmental Law and Policy Review* 457 (2015).

3) Noah Kaufman and Jonathan Elkind, *Can China's CO2 Trading System Avoid*

the Pitfalls of Other Emissions Trading Schemes? (SIPA Center on Global Energy Policy, Columbia University, 2018).

4) 신상범, "배출권 거래제도를 통해 본 지구기후변화정치: 중국을 중심으로," 『아세아 연구』 제53권, 제3호 (2010).

5) International Carbon Action Partnership, *Japan – Tokyo Cap-and-Trade Program* (24, November 2020).

6) Toshi H. Arimura and Tatsuya Abe, "The Impact of the Tokyo emissions trading scheme on office buildings: what factor contributed to the emission reduction?" *Environmental Economics and Policy Studies* (2020).

7) https://ndcpartnership.org/news/nineteen-percent-how-tokyo%E2%80%99s-emission-trading-scheme-cuts-carbon-and-supports-climate-action

8) 추장민 외, "한·중 탄소 배출권거래제 비교 및 협력방안 연구," 『경제·인문사회연구회 합동총서 19-68-08』, 대외경제정책연구원, 한국환경정책·평가연구원, 2019.

9) 선전 icap 보고서 (China-Shenzhen Pilot ETS).

10) https://www.weforum.org/agenda/2020/11/china-national-emissions-trade-scheme-within-five-years/.

11) 이 절의 내용은 신상범, "한국 배출권 거래제도의 현황과 동북아 탄소 시장의 통합 가능성," 『기후변화와 세계정치』 31 (서울대학교 국제문제연구소 편, 이태동 책임편집, 2019)을 참조하였다.

12) https://climateactiontracker.org/countries/south-korea/current-policy-projections/.

13) https://www.yna.co.kr/view/AKR20200801043400003.

14) Asian Development Bank (ADB), 2018, *The Korea Emissions Trading Scheme: Challenges and Emerging Opportunities*.

15) Hyungna Oh and Il-Young Oh, "Possible Linkage among Emissions Trading Systems in East Asia," in Robert N. Stavins and Robert C. Stowe (eds.), *International Cooperation in East Asia to Address Climate Change* (Harvard Project on Climate Agreements, 2018).

16) Zhen Jin, and Eri Ikeda, *The Latest Progress of Emission Trading Schemes in Japan, China, and the Republic of Korea* (IGES Issue Brief, 2017-08).

17) Jackson Ewing, "Introduction: Incentives and Impediments to Carbon Market Cooperation in Northeast Asia," in Jackson Ewing (ed.), *Carbon Market Cooperation in Northeast Asia: Assessing Challenges and Overcoming Barriers* (An Asia Society Policy Institute Report, 2018).

18) Michael A. Mehling, "Linking Carbon Markets: Legal and Institutional Issues and Lessons for Northeast Asia," in Jackson Ewing (ed.), *Carbon Market Cooperation in Northeast Asia: Assessing Challenges and Overcoming Barriers* (An Asia Society Policy Institute Report, 2018).

19) Fabrice Mattei, "Comparing Carbon Emission Trading Schemes of China, Japan & Korea," *ROUSE* (21 Sep 2018).

20) Fei Teng, "Linking NDCs through Article 6 of the Paris Agreement," in Robert N. Stavins and Robert C. Stowe (eds.), *International Cooperation in East Asia to Address Climate Change* (Harvard Project on Climate Agreements, 2018).

그레엄 앨리슨 저, 김태현 역. 2005. 『결정의 엣센스』. 서울: 모음북스.

김미자 지음. 2010. 『환경정치론』. 경북대학교 출판부.

김보람·안세현. 2016. "오바마 기후변화정책의 국제정치경제적 매커니즘: 미국의 환경·에너지 정치와 파리기후변화협약과의 연관성 분석." 『동서연구』 제28권 3호. pp. 95-124.

김은지·박영일. 2019. "도시재생 리빙랩 평가지표 개발에 관한 연구." 『한국지역개발학회지』 31(5). pp. 17-44.

도넬라 H. 메도즈, 데니스 L. 메도즈, 요르겐 랜더스 저, 김병순 역. 2012. 『성장의 한계』. 갈라파고스.

로버트 액설로드 지음, 이경식 옮김. 2009. 『협력의 진화: 이기적 개인의 텃포탯 전략』. 서울: 마루벌.

문진영, 김은미, 최은혜. 2017. "국제사회 장거리이동 대기오염 대응사례와 시사점." 『대외경제정책연구원 연구자료 17-11』.

박시원. 2015. "미국 오바마 행정부의 기후변화 에너지정책." 『환경법연구』 37권 1호. pp. 207-248.

박완수. 2012. 『명품 도시의 창조』. 서울: 매일경제신문사.

박진희. 2014. "원자력 진흥에 속박된 원전의 안전" 『역사비평』 8.

서울대학교 국제문제연구소 편. 2019. 『기후변화와 세계정치』. 서울: 사회평론아카데미.

서울대학교 국제문제연구소 편. 2012. 『동아시아에서 정책의 이전과 확산』. 서울: 사회평론사.

손병권. 2012. 『기후변화 대처와 미국 패권의 딜레마: 국제적 공공재 창출에 대한 국내적 저항』. 서울: 서강대학교 출판부.

손병권. 2021. "미국의 그린뉴딜: 진보적 시민운동의 그린뉴딜에서 바이든 대통령의

'미국 일자리 계획'까지." 환경정치연구회 편『탄소중립과 그린뉴딜: 정치와 정책』. 서울: 한울출판사.

신상범. 2019. "공공외교의 관점에서 본 한국보건외교의 현황과 과제."『아세아연구』제 62권, 제3호.

＿＿＿. 2010. "배출권 거래제도를 통해 본 지구기후변화정치: 중국을 중심으로."『아세아연구』제53권, 제3호.

＿＿＿. 2020.『순환경제와 제주』제주평화연구원 평화의 섬 시리즈 1.

＿＿＿. 2012. "일본 키타큐슈시(北九州市) 환경 거버넌스와 기후변화정책."『아세아연구』제55권, 제1호.

＿＿＿. 2019. "한국 배출권 거래제도의 현황과 동북아 탄소 시장의 통합 가능성."『세계정치』31 (서울대학교 국제문제연구소 편, 이태동 책임편집).

＿＿＿. 2016. "한국 지방 도시 공공자전거 정책의 도입과 지속 요인 – 창원시 누비자 사례를 중심으로-."『대한지리학회지』제51권 제1호.

＿＿＿. 2007. "후발성의 이점과 중국의 환경정치."『아세아연구』제50권, 제4호.

＿＿＿. 2016. "Domestic political constraints on Sino-foreign environmental co-operation: the case of eco-city building in China."『동서연구』제28권 1호.

신상범·조정원. 2015. "생태도시 건설의 정치: 중국 상하이 동탄 생태성 건설 실패 사례."『아세아연구』제58권, 제4호.

안토니오 그람시 저, 이수훈 역. 200에너지정책6.『옥중수고 1, 2』. 서울: 거름출판사.

엘리너 오스트롬 지음, 윤홍근·안도경 옮김. 2010.『공유의 비극을 넘어』. 서울: 랜덤하우스.

오경택. 2021. "캘리포니아의 기후변화정책과 정치: 환경과 경제의 통합."『동서연구』제33권 2호. pp. 63-93.

오형나. 2019. "기후변화와 국제협력," 정진영 편.『일반인을 위한 기후변화의 과학과 정치』. 서울: 경희대학교 출판문화원.

윤순진. 2015. "우리나라 원전 거버넌스의 과제와 방향,"『환경법과 정책』14. pp. 1-48.

이수훈. 1993.『세계체제론』. 서울: 나남출판사.

이재곤, 박덕영, 박병도, 소병천. 2015.『국제환경법』. 서울: 박영사.

이태동 외. 2017.『마을학개론』. 서울: 푸른길.

전홍찬. 2018. "사용후핵연료 공론화위원회의 운영 개선 방안: 프랑스 경험이 주는 교훈을 바탕으로"『사회과학연구』57(2). pp. 259-294.

정수현. 2012. "민주주의와 국제환경협약의 준수."『국제정치논총』제52집 3호. pp. 33-56.

정정화. 2018. "공론화를 통한 사회적 합의형성의 성공조건."『한국정책과학회보』22(1). pp. 101-124.

정하윤. 2015. "미국 주 차원의 기후변화정책 실험-규범기업가의 기후변화 프레이밍을 통한 확산과정을 중심으로."『담론 201』제18권, 3호. pp. 137-168.

조너선 닐 지음, 김종환 옮김. 2019.『기후위기와 자본주의』. 서울: 책갈피.

존 베일리스, 스티브 스미스 편저, 하영선 외 옮김. 2003.『세계정치론』. 서울: 을유문화사.

진상현. 2009. "한국 원자력정책의 경로의존성에 관한 연구." 『한국정책학회보』 제18권 4호.

진상현. 2011. "후쿠시마 사고 전후 한국 원자력정책의 변화와 전망." 『역사비평』 2011년 8월.

최현정. 2021. "바이든 시대, 미국의 기후변화정책과 쟁점." 『아산정책연구원 이슈 브리프』 2021-15.

추장민 외. 2019. 「한-중 탄소 배출권거래제 비교 및 협력방안 연구」, 『경제·인문사회연구회 합동총서 19-68-08』 (대외경제정책연구원, 한국환경정책·평가연구원).

케네츠 월츠. 2007. 『인간 국가 전쟁: 전쟁의 원인에 대한 이론적 고찰』. 서울: 아카넷.

티모시 도일, 더그 맥케이컨 지음, 이유진 옮김. 2001. 『환경정치학』. 서울: 한울 아카데미.

한국정치학회 편. 2008. 『정치학 이해의 길잡이 5: 국제정치와 안보』. 서울: 법문사.

한희진. 2018. "일본의 기후변화정책과 거버넌스." 김연규 엮음 『글로벌 기후변화 거버넌스와 한국의 전략』. 서울: 한울엠플러스.

Andrew Heywood 지음, 김계동 옮김. 2013. 『국제관계와 세계정치』. 서울: 명인문화사.

E. H. Carr 저, 김태현 편역. 2005. 『20년의 위기』. 서울: 녹문당.

James Gustave Speth & Peter M. Haas 지음, 차재권 옮김. 2009. 『지구와 환경: 녹색혁명의 도전과 거버넌스』. 서울: 명인문화사.

Peter Burnham, Karin Gillard Lutz, Wyn Grant, and Zig Layton-Henry 지음, 김계동 외 옮김. 2010. 『정치학 방법론』. 서울: 명인문화사.

Abbott, Kenneth W. 2012. "The transnational regime complex for climate change." *Environment and Planning C: Government & Policy* 30. pp. 571-590.

Ahlers, Anna, L., and Yongdong Shen. 2018. "Breathe Easy? Local Nuances of Authoritarian Environmentalism in China's Battle Against Air Pollution." *The China Quarterly* 234. pp. 299-319.

Arimura, Toshi H., and Tatsuya Abe. 2020. "The Impact of the Tokyo emissions trading scheme on office buildings: What factor contributed to the emission reduction?" *Environmental Economics and Policy Studies*, 2020.

Axelrod, Regina, David Leonard Downie, and Norman J. Vig (eds.). 2005. *The Global Environment: Institutions, Law, and Policy*, Second Edition. Washington D. C.: The CQ Press.

Axelrod, Robert, and Robert O. Keohane. 1985. "Achieving Cooperation Under Anarchy: Strategies and Institutions." *World Politics* 38(1).

Bohman, James. 1996. *Public Deliberation: Pluralism, Complexity, and Democracy*. Cambridge: The MIT Press.

Broadbent, Jeffrey. 2002. "Japan's Environmental Regime: The Political Dynamics of Change," in Uday Desai (ed.) *Environmental Politics and Policy in Industri-*

alized Countries. Cambridge: The MIT Press.

Brown Weiss, Edith. 1999. "The Emerging Structure of International Environmental Law," in Norman J. Vig and Regina S. Axelrod (eds.). *The Global Environment: Institutions, Law, and Policy*. Washington D. C.: CQ Press.

Buck, Susan J. 2010. "No Tragedy on the Commons," in Ken Conca and Geoffrey D. Dabelko eds., *Green Planet Blues: Four Decades of Global Environmental Politics*, Fourth Edition. Philadelphia, Westview Press.

Bulkeley, Harriet, Lars Coenen, Niki Frantzeskaki, Christian Hartmann, Annica Kronsell, Lindsay Mai, Simon Marvin, Kes McCormick, Frank van Steenbergen, and Yuliya Voytenko Palgan. 2016. "Urban living labs: governing urban sustainability transitions." *Current Opinion in Environmental Sustainability* 22. pp. 13-17.

Bulkeley, Harriet, Liniana Andonova, Karin Bäckstrand, Mitchele Betsill, Daniel Compagnon, Rosaleen Duffy, Ans Kolk, Matthew Hoffmann, David Levy, Peter Newell, Tori Milledge, Matthew Paterson, Philipp Pattberg, Stacy Vandeveer. 2012. "Governing climate change transnationally: assessing the evidence from a databasse of sixty initiatives." *Environment and Planning C: Government & Policy* 30.

Carroll, Archie. 1979. "A Three-Dimensional Conceptual Model of Corporate Performance." *Academy of Management Review* 4(4).

Chasek, Pamela S., David L. Downie, and Janet Welsh Brown (eds.). 2017. *Global Environmental Politics*. Seventh Edition. Boulder, Westview Press.

Chen, Geoffrey C, and Charles Lees. 2018. "The New, Green, Urbanization in China: Between Authoritarian Environmentalism and Decentralization." *Chinese Political Science Review* 3, pp. 212-231.

Clémençon, Raymond. 2016. "The Two Sides of the Paris Agreement: Dismal Failure or Historic Breakthrough?' *Journal of Environment & Development* 25(1).

_____. 2017. ""Zweckoptimismus" and the Paris Process Will Not Save the World from Climate Catastrophe." *Integrated Environmental Assessment and Management* 14(2).

Coenen, Tanguy, Shenja van der Graaf, and Nils Walravens. 2014. "Firing Up the City — A Smart City Living Lab Methodology." *Interdisciplinary Studies Journal* 3(4). pp. 118-128.

Conca, Ken, and Geoffrey D. Dabelko (eds.). 1998. *Green Planet Blues: Environmental Politics from Stockholm to Kyoto*. Second Edition. Boulder: Westview Press.

Conca, Ken, and Geoffrey D. Dabelko eds. 2010. *Green Planet Blues: Four Decades of Global Environmental Politics*. Fourth Edition. Philadelphia: Westview Press.

Delmas, Magali A., and Oran R. Young (eds.). 2009. *Governance for the Environ-*

ment: New Perspectives. Cambridge: Cambridge University Press.

Eaton, Sarah, and Genia Kostka. 2014. "Authoritarian environmentalism undermined? Local Leaders' Time Horizons and Environmental Policy Implementation in China." *The China Quarterly* 218.

Economy, Elizabeth C. 2004. *The River Runs Black: The Environmental Challenge to China' Future*. Ithaca: Cornell University Press.

Ewing, Jackson. 2018. *Carbon Market Cooperation in Northeast Asia: Assessing Challenges and Overcoming Barriers*. An Asia Society Policy Institute Report.

Ford, Lucy. 2018. "Transnational actors in global environmental politics." in Gabriela Kütting and Kyle Herman (eds.). *Global Environmental Politics: Concepts, Theories and Case Studies*. Second Edition. London: Routledge.

Gerschenkorn, Alexander. 1962. *Economic Backwardness in Historical Perspective: A Book of Essays*. Cambridge: Harvard University Press.

Gilley, Bruce. 2012. "Authoritarian environmentalism and China's response to climate change." *Environmental Politics* 21(2).

Haas, Peter M. 1992. "Introduction: Epistemic Communities and International Policy Coordination." *International Organization* 46(1).

Han, Heejin. 2015. "Authoritarian environmentalism under democracy: Korea's river restoration project." *Environmental Politics* 24(5).

Hardin, Garrett. 1968. "The Tragedy of the Commons." *Science* 162. pp. 1243–1238.

Haufler, Virginia. 2009. "Transnational actors and global environmental governance." in Magali A. Delmas and Oran R. Young (eds.). *Governance for the Environment: New Perspectives*. Cambridge: Cambridge University Press.

Henry, Laura A., and Lisa McIntosh Sundstrom. 2007. "Russia and the Kyoto Protocol: Seeking an Alignment of Interests and Image." *Global Environmental Politics* 7(4).

Hunter, David, James Salzman, and Durwood Zaelke (eds.). 2015. *International Environmental Law and Policy*. Fifth Edition. St. Paul: Foundation Press.

Hurrell, Andrew, and Benedict Kingsbury eds. 1992. *The International Politics of the Environment*. Oxford: Oxford University Press.

Institute for Global Environmental Strategies (IGES). 2018. "Proposals to Strengthen Japan's Domestic Measures and Regional Cooperation on Stable and Environmentally Sound Plastic Scrap Recycling: Response to China's Ban on Imports of Plastic Scrap." *Policy Brief* No. 41, October 2018.

International Energy Agency. 2012. *Energy Policies of IEA Countries: The Republic of Korea 2012 Review*. OECD/IEA.

Ivanova, Maria. 2005. "Assessing UNEP as Anchor Institution for the Global Environment: Lessons for the UNEO Debate." *Yale Center for Environmental Law & Policy Working Paper Series* 05/01.

Ivanova, Maria. 2007. "Designing the United Nations Environment Programme: A Story of Compromise and Confrontation." *International Environmental Agreements* 7. pp. 337−61.

Jackson, Robert, and Georg Sørensen. 2003. *Introduction to International Relations: Theories and Approaches.* Oxford: Oxford University Press.

Jacobson, Harold K., and Edith Brown Weiss. 1995. "Strengthening Compliance with International Environmental Accords: Preliminary Observations from a Collaborative Project." *Global Governance* 1(2).

Jin, Zhen, and Eri Ikeda. 2017. *The Latest Progress of Emissions Trading Schemes in Japan, China, and the Republic of Korea.* IGES Issue Brief 2017−18.

Kansai Research Center, IGES. 2014. *Market-based Instruments for Improving Company Carbon Performance in Northeast Asia.* IGES Research Report No. 2014−01.

Katzenstein, Peter J., (ed.). 1996. *The Culture of National Security: Norms and Identity in World Politics.* New York: Columbia University Press.

Kaufman, Noah, and Jonathan Elkind. 2018. *Can China's CO2 Trading System Avoid the Pitfalls of Other Emissions Trading Schemes?* SIPA Center on Global Energy Policy, Columbia University.

Keck, Margaret E., and Kathryn Sikkink. 1998. *Activists Beyond Borders: Advocacy Networks in International Politics.* Ithaca: Cornell University Press.

Kelleher, David S. 2017. "Public Participation in the Siting of Nuclear Waste Facilities: International Lessons and the Korean Experience." *Korea Observer* 48(2).

Kennedy, Scott, and He Fan. 2013. *The United States, China, and Global Governance: A New Agenda for a New Era.* Bloomington IN: The Research Center for Chinese Politics and Business, Indiana University.

Keohane, Robert O. 1984. *After Hegemony: Cooperation and Discord in World Political Economy.* Princeton: Princeton University Press.

Kindleberger, Charles P. 2003. "The Rise of Free Trade in Western Europe." in Jeffry A. Frieden and David A. Lake (eds.). *International Political Economy: Perspectives on Global Power and Wealth.* London: Routledge.

Kraft, Michael E. 2002. "Environmenal Policy and Politics in the United States: Toward Environmental Sustainability?" in Uday Desai (ed.). *Environmental Pol-itics and Policy in Industrialized Countries.* Cambridge: The MIT Press.

Krasner, Stephen D. 1983. ed. *International Regimes.* Ithaca: Cornell University Press.

Kütting, Gabriela, and Kyle Herman (eds.). 2018. *Global Environmental Politics: Concepts, Theories and Case Studies.* Second Edition. London: Routledge.

Lake, David A., and Robert Powell (eds.). 1999. *Strategic Choice and International Relations.* Princeton: Princeton University Press.

Lee, Taedong, and Wooyeal Paik. 2020. "Asymmetric barriers in atmospheric politics of transboundary air pollution: a case of particulate matter (PM) cooperation between China and South Korea." *International Environmental Agreements: Politics, Law and Economics* 20(1). pp. 123–140.

Lee, Taedong, Myungsung Kim, and Natalie Chifamba. 2021. "Political Framework of Green New Deal: A comparative analysis of the EU and US proposals." *Korean Journal of International Studies* 19(2). pp. 221–246.

Li, Xiaoliang, Xiaojin Yang, Qi Wei, and Bing Zhang. 2019. "Authoritarian environmentalism and environmental policy implementation in China." *Resources, Conservation, and Recycling* 145. pp. 86–93.

Lidskog, Rolf, and Goran Sundqvist. 2002. "The Role of Science in Environmental Regimes: The Case of LRTAP." *European Journal of International Relations* 8(1).

Lipschutz, Ronnie D., with Judith Mayer. 1996. *Global Civil Society and Global Environmental Governance: The Politics of Nature from Place to Planet.* Albany: SUNY Press.

Meadows, Donella H., Dennis L. Meadows, Jørgen Randers, and William W. Behrens III. 2010. "The Limits to Growth." in Ken Conca and Geoffrey D. Dabelko (eds.). *Green Planet Blues: Four Decades of Global Environmental Politics.* Fourth Edition. Philadelphia: Westview Press.

Meadows, Donella H., Jørgen Randers, and Dennis L. Meadows. 2004. *Limits to Growth: The 30-Year Update.* Chelsea Green Publishing Company.

Menny, Mascha, Yuliya Voytenko Palgan, Kes McCormick. 2018. "Urban Living Labs and the Role of Users in Co-Creation." *GAIA* 27. pp. 68–77.

Midlarsky, Manus I. 1998. "Democracy and the Environment: An Empirical Assessment." *Journal of Peace Research* 35(3).

Mitchell, Ronald B. 1994. "Regime Design Matters: International Oil Pollution and Treaty Compliance." *International Organization* 48(3).

_____. 2009. *International Politics and the Environment.* Los Angeles: SAGE.

Nguitragool, Paruedee. 2011. *Environmental Cooperation in Southeast Asia: ASEAN's regime for transboundary haze pollution.* London: Routledge.

Nyström, Anna-Greta, Seppo Leminen, Mika Westerlund, and Mika Kortelainen. 2014. "Actor roles and role patterns influencing innovation in living labs." *Industrial Marketing Management* 43. pp. 485–495.

O'Conner, David. 1994. *Managing the Environment with Rapid Industrialization: Lessons from the East Asian Experience.* Paris: OECD Development Center.

O'Neill, Kate. 2009. *The Environment and International Relations.* Cambridge: Cambridge University Press.

Oh, Hyungna, and Il-Young Oh. 2018. "Possible Linkage among Emissions Trading Systems in East Asia." in Robert N. Stavins and Robert C. Stowe (eds.). *International Cooperation in East Asia to Address Climate Change.* Harvard Project on Climate Agreements.

Olson, M. Jr. 1965. *The Logic of Collective Action*. Cambridge M. A: Cambridge University Press.

Ortiz-Moya, Ferdando. 2020. "Green growth strategies in a shrinking city: Tackling urban revitalization through environmental justice in Kitakyushu City, Japan." *Journal of Urban Affairs* 42(3).

Ostrom, C. R. 1996. "Contending International Approaches to the Problem of Sustaining African Elephant Populations." Paper prepared for delivery at the International Studies Association-West Conference. October 10-12, 1996.

Oye, Kenneth A. 1985. "Explaining Cooperation Under Anarchy: Hypotheses and Strategies." *World Politics* 38(1).

Park, Siwon. 2015. "Korea's Nuclear Energy Policy in the Climate Era: Policy Change after the Fukushima Accident." 『환경법연구』 제37권 2호.

Perkins, Richard. 2003. "Environmental Leapfrogging in Developing Countries: A Critical Assessment and Reconstruction." *Natural Resources Forum* 27(3).

Pharr, Susan J. and Ming Wan. 1999. "Yen for the Earth: Japan's Pro-active China Environmental Policy." in Michael B. McElroy, Chris P. Nielsen, and Peter Lydon (eds.). *Energizing China: Reconciling Environmental Protection and Economic Growth*. Cambridge: Harvard University Press.

Porter, Gareth, and Janet Welsh Brown. 1996. *Global Environmental Politics*. the Second Edition. Boulder: Westview Press.

Prechel, Harland. 2012. "Corporate power and US economic and environmental policy, 1978-2008." *Cambridge Journal of Regions, Economy and Society* 5. pp. 357-375.

Qi, Ye and Lingyun Zhang. 2014. "Local Environmental Enforcement Constrained by Central-Local Relations in China." *Environmental Policy & Governance* 24, pp. 216-232.

Ran, Ran. 2013. "Perverse Incentive Structure and Policy Implementation Gap in China;s Local Environmental Politics." *Journal of Environmental Policy & Planning* 15(1). pp. 17-39.

Ran, Ran. 2017. "Understanding Blame Politics in China's Decentralized System of Environmental Governance: Actors, Strategies and Context." *The China Quarterly* 231. pp. 634-661.

Register, Richard. 1987. *Ecocity Berkeley: Building Cities for a Healthy Future*. Berkeley CA: North Atlantic Books.

Rock, Michael T. 2002. *Pollution Control in East Asia: Lessons from Newly Industrialzing Economies*. Washington D. C.: RFF Press.

Rosencranz, Armin. 2002. "U.S. Climate Change Policy under G.W. Bush." *Golden Gate University Law Review* 32(4). pp. 479-491.

Royden, Amy. 2002. "U.S. Climate Change Policy Under President Clinton: A

Look Back." *Golden Gate University Law Review* 32(4). pp. 415–478.

Russett, Bruce, Harvey Starr, and David Kinsella (eds.). 2006. *World Politics: The Manu for Choice.* Eighth Edition. Thomson Wadsworth.

Sand, Peter H. 1991. "Lessons Learned in Global Environmental Governance." *Boston College Environmental Affairs Law Review* 18(2).

Sands, Philippe. 1999. "Environmental Protection in the Twenty-first Century: Sustainable Development and International Law." in Norman J. Vig and Regina S. Axelrod (eds.). *The Global Environment: Institutions, Law, and Policy.* Washington D. C.: CQ Press.

Schreurs, Miranda A. 2002. *Environmental Politics in Japan, Germany, and the United States.* Cambridge: Cambridge University Press.

Shen, Fan. 2006. *Gang of One: Memoirs of a Red Guard.* University of Nebraska Press.

Shin, Sangbum, and Myeongji Kang. 2021. "The effectiveness of the central environmental inspection in China: The case of air pollution control inspections from 2016 to 2019." 『한중관계연구』 제7권, 제2호.

Shin, Sangbum. 2007. "East Asian Environmental Cooperation: Central Pessimism, Local Optimism." *Pacific Affairs* 80(1).

_____. 2010. "Domestic side of the clean development mechanism: the case of China." *Environmental Politics* 19(2).

_____. 2014. "Green Foreigners in China: Transnational Climate Cooperation and Domestic Constraints." *New Asia* 21(3). pp. 73–102.

_____. 2015. "Bicycle Sharing Schemes in Trouble: A Comparative Case Study of Four Cities in Korea." *Korean Political Science Review* 49(6).

_____. 2015. "Environmental Policy in East Asia: Institutions in comparative perspective." in Paul G. Harris and Greame Lang eds. *Routledge Handbook of Environment and Society in Asia.* London: Routledge.

_____. 2016. "Domestic political constraints on Sino-foreign environmental cooperation: the case of eco-city building in China." 『동서연구』 제28권 1호.

So, Alvin. 1990. *Social Change and Development: Modernization, Dependency and World-System Theories.* Sage Publication.

Sonnenfeld, David A., and Arthur P. J. Mol. 2006. "Environmental Reform in Asia: Comparisons, Challenges, Next Steps." *Journal of Environment & Development* 15(2).

Speth, James Gustave. 2004. *Red Sky at Morning: America and the Crisis of the Global Environment.* New Haven: Yale University Press.

Steen, Kris, and Ellen van Bueren. 2017. "The Defining Characteristics of Urban Living Labs." *Technology Innovation Management Review* 7(7). pp. 21–33.

Strong, Maurice. 2001. *Where on Earth Are We Going?* Vintage Canada Edition. Random House of Canada Limited.

Suzuki, Hiroaki, Arish Dastur, Sebastian Moffatt, Nanae Yabuki, and Hinako Maruyama. 2010. *Eco2 Cities: Ecological Cities as Economic Cities*. Washington D. C. : The World Bank.

Tessum, Christopher W., David A. Paolella, Sarah E. Chambliss, Joshua A. Apte, Jason D. Hill, and Julian D. Marshall. 2021. "PM2.5 polluters disproportionately and systematically affect people of color in the United States." *Science Advances* 7(18).

The World Commission on Environment and Development. 1987. *Our Common Future*. Oxford: Oxford University Press.

Van Rooij, B., Qiaoqiao Zhu, and Wang Qiliang. 2017. "Centralizing Trends and Pollution Law Enforcement in China." *The China Quarterly* 231. pp. 583–606.

Veeckman, Carina, and Laura Temmerman. 2021. "Urban Living Labs and Citizen Science: From Innovation and Science towards Policy Impacts." *Sustainability* 13, 526.

Vermillion, Susan. 2015. "Lessons from China's Carbon Markets for U. S. Climate Change Policy." *William & Mary Environmental Law and Policy Review* 457.

Vig, Norman J., and Regina S. Axelrod (eds.). 1999. *The Global Environment: Institutions, Law, and Policy*. Washington D.C.: The CQ Press.

Von Moltke, Konrad. 1996. "Why UNEP Matters." *Green Globe Yearbook 1996*.

Wapner, Paul. 1996. *Environmental Activism and World Civic Politics*. Albany: SUNY Press.

Ward, Barbara. 1966. *Spaceship Earth*. New York: Columbia University Press.

Weidner, Helmut. 2002. "Environmental Policy and Politics in Germany." in Uday Desai (ed.). *Environmental Politics and Policy in Industrialized Countries*. Cambridge: The MIT Press.

Weiss, Edith Brown, and Harold K. Jacobson (eds.). 2000. *Engaging Countries: Strengthening Compliance with International Environmental Accords*. Cambridge: The MIT Press.

Wendt, Alexander. 1992. "Anarchy is What States Make of It: The Social Construction of Power Politics." *International Organization* 46(2).

Wettestad, Jørgen. 1997. "Acid lessons? LRTAP implementation and effectiveness." *Global Environmental Change* 7(3).

Wettestad, Jørgen. 1999. "Designing Effective Environmental Regimes: The Case of the Convention on Long-Range Transboundary Air Pollution (CLRTAP)." *Energy & Environment* 10(6).

Winslow, Margrethe. 2005. "Is Democracy Good for the Environment?" *Journal of Environmental Planning & Management* 48(5).

Woo-Cumings, Meredith (ed.). 1999. *The Developmental State*. Ithaca: Cornell University Press.

Young, Oran R. 1999a. *Governance in World Affairs*. Ithaca: Cornell University

Press.

Young, Oran R. 1999b. "Hitting the Mark: Why Are Some International Environmental Agreements More Successful than Others?" *Environment* 41(8).

Young, Oran R. (ed.). 1999c. *The Effectiveness of International Environmental Regimes: Causal Connections and Behavioral Mechanisms.* Cambridge: The MIT Press.

찾아
보기

ㄱ

신상범 _ sshin@yonsei.ac.kr

고려대학교 역사교육과 졸업
고려대학교 정치학 석사
미국 인디애나대학교 정치학 박사

현 연세대학교 국제관계학과 교수
  연세대학교 리빙랩연구센터 센터장
  연세대학교 빈곤문제국제개발연구원 원장

주요 논저
"The Effectiveness of the Central Environmental Inspection in China" (공저,
  『한중관계연구』)
"Learning by Creating: Making Games in a Political Science Course" (PS:
  Political Science & Politics)
"Credible Empowerment and Deliberative Participation: A Comparative
  Study of Two Nuclear Energy Policy Deliberation Cases in Korea" (공저,
  Review of Policy Research)
『탄소중립과 그린뉴딜: 정치와 정책』 (공저, 한울) 외 다수

명인문화사 정치학 관련 서적

정치학 분야

정치학의 이해 Roskin 외 지음 / 김계동 옮김
정치학개론: 권력과 선택, 제15판 Shively 지음 / 김계동,
민병오, 윤진표, 이유진, 최동주 옮김
비교정부와 정치, 제12판 McCormick & Hague &
Harrop 지음 / 김계동, 민병오, 서재권, 이유진, 이준한 옮김
정치이론 Heywood 지음 / 권만학 옮김
정치학방법론 Burnham 외 지음 / 김계동 외 옮김
정치 이데올로기: 이론과 실제 Baradat 지음 / 권만학 옮김
민주주의국가이론 Dryzek, Dunleavy 지음 / 김욱 옮김
사회주의 Lamb 지음 / 김유원 옮김
자본주의 Coates 지음 / 심양섭 옮김
신자유주의 Cahill, Konings 지음 / 최영미 옮김
정치사회학 Clemens 지음 / 박기덕 옮김
정치철학 Larmore 지음 / 장동진 옮김
복지국가: 이론, 사례, 정책 정진화 지음
시민사회, 제3판 Edwards 지음, 서유경 옮김
포커스그룹: 응용조사 실행방법 Krueger 외 지음 /
민병오, 조대현 옮김
거버넌스의 정치학: 한국정치의 새로운 패러다임 모색 김의영 지음
한국현대사의 재조명 한국전쟁학회 편
여성, 권력과 정치 Stevens 지음 / 김영신 옮김

국제관계 분야

국제관계와 세계정치 Heywood 지음 / 김계동 옮김
글로벌 거버넌스: 도전과 과제 Weiss 외 지음 / 이유진 옮김
국제정치경제 Balaam, Dillman 지음 / 민병오 외 옮김
국제관계이론 Daddow 지음 / 이상현 옮김
글로벌연구: 이슈와 쟁점 McCormick 지음 / 김계동 외 옮김
국제개발: 사회경제이론, 유산, 전략 Lanoszka 지음 /
김태î, 문경연, 송영훈, 최규빈, 김보경 옮김
국제기구의 이해: 글로벌 거버넌스의 정치와 과정, 제3판
Karns, Mingst, Stiles 지음 / 김계동, 김현욱 외 옮김
현대외교정책론, 제4판 김계동, 김태환, 김태효 외 지음
세계화와 글로벌 이슈, 제6판 Snarr 외 지음 / 김계동 외 옮김
세계화의 논쟁: 국제관계 접근에서의 찬성과 반대논리, 제2판
Haas, Hird 엮음 / 이상현 옮김
현대 한미관계의 이해 김계동, 김준형, 박태균 외 지음
현대 북러관계의 이해 박종수 지음
중국의 외교정책과 대외관계 Shambaugh 편저 /
김지용, 서윤정 옮김
한국의 외교정책과 대외관계 김계동, 김태균, 김태환 외 지음
글로벌 환경정치와 정책 Chasek 외 지음 / 이유진 옮김
핵무기의 정치 Futter 지음 / 고봉준 옮김
비핵화의 정치 전봉근 지음

지역정치 분야

동아시아 국제관계 McDougall 지음 / 박기덕 옮김
동북아 정치: 변화와 지속 Lim 지음 / 김계동 옮김
일본정치론 이가라시 아키오 지음 / 김두승 옮김
현대 중국의 이해, 제3판 Brown 지음 / 김흥규 옮김
현대 미국의 이해 Duncan, Goddard 지음 / 민병오 옮김
현대 러시아의 이해 Bacan 지음 / 김진영 외 옮김
현대 일본의 이해 McCargo 지음 / 이승주, 한의석 옮김
현대 유럽의 이해 Outhwaite 지음 / 김계동 옮김
현대 동남아의 이해, 제2판 윤진표 지음
현대 아프리카의 이해 Graham 지음 / 김성수 옮김
현대 동북아의 이해 Holroyd 지음 / 김석동 옮김
현대동아시아의 이해 Kaup 편 / 민병오, 김영신 외 옮김
미국외교는 도덕적인가: 루스벨트부터 트럼프까지
Nye 지음 / 황재호 옮김
미국정치와 정부 Bowles, McMahon 지음 / 김욱 옮김
한국정치와 정부 김계동, 김욱, 박명호, 박재욱 외 지음
세계질서의 미래 Acharya 지음 / 마상윤 옮김
일대일로의 국제정치 이승주 편
중일관계 Pugliese, Insisa 지음 / 최은봉 옮김

북한, 남북한 관계분야

북한의 외교정책과 대외관계: 협상과 도전의 전략적 선택
김계동 지음
북한의 체제와 정책: 김정은시대의 변화와 지속
체제통합연구회 편
북한의 통치체제: 지배구조와 사회통제 안희창 지음
남북한 체제통합론: 이론·역사·경험·정책, 제2판 김계동 지
한반도 평화: 분단과 통일의 현실 이해 김학성 지음
한국전쟁, 불가피한 선택이었나 김계동 지음
한반도 분단, 누구의 책임인가? 김계동 지음
한류, 통일의 바람 강동완, 박정란 지음

안보, 정보 분야

국가정보학개론: 제도, 활동, 분석 Acuff 외 지음 / 김계동 옮
국제안보의 이해: 이론과 실제 Hough 외 지음 / 고봉준 외
전쟁과 평화 Barash, Webel 지음 / 송승종, 유재현 옮김
국제안보: 쟁점과 해결 Morgan 지음 / 민병오 옮김
사이버안보: 사이버공간에서의 정치, 거버넌스, 분쟁
Puyvelde & Brantly 지음 / 이상현, 신소현, 심상민 옮김
국제분쟁관리 Greig & Owsiak 외 지음 / 김용민, 김지용 옮
국가정보: 비밀에서 정책까지 Lowenthal 지음 / 김계동 옮
국가정보의 이해: 소리없는 전쟁 Shulsky, Schmitt 지음 /
신유섭 옮김
테러리즘: 개념과 쟁점 Martin 지음 / 김계동 외 옮김